滿語常用會話

莊吉發編譯

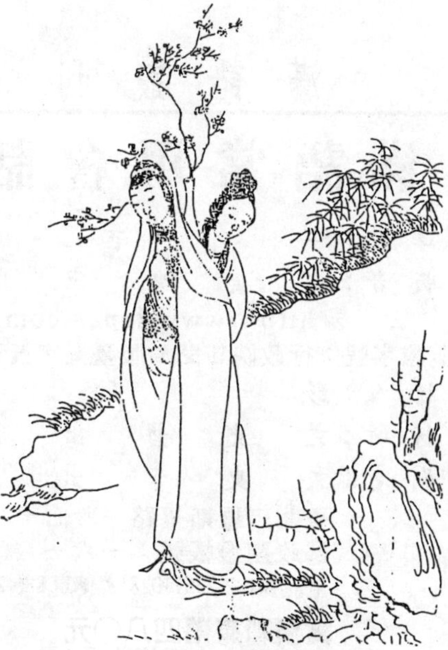

滿語叢刊

文史哲出版社印行

國家圖書館出版品預行編目資料

滿語常用會話 / 莊吉發編譯. -- 初版. -- 臺北市：文史哲, 民95
頁： 公分 （滿語叢刊；14）
ISBN 957-549-661-2 (平裝)

1.滿洲語 － 會話

802.9188 95005378

滿 語 叢 刊 14

滿語常用會話

編譯者：莊 吉 發
出版者：文 史 哲 出 版 社
http://www.lapen.com.tw
登記證字號：行政院新聞局版臺業字五三三七號
發行人：彭 正 雄
發行所：文 史 哲 出 版 社
印刷者：文 史 哲 出 版 社
臺北市羅斯福路一段七十二巷四號
郵政劃撥帳號：一六一八〇一七五
電話886-2-23511028 · 傳真886-2-23965656
實價新臺幣六〇〇元

中華民國九十五年(2006)四月初版

ISBN 957-549-661-2

滿語常用會話

目 次

一 、 請安問好……1
二 、 今年幾歲……13
三 、 有名有姓……23
四 、 早睡早起……35
五 、 勤修精進……47
六 、 讀書明理……61
七 、 生日快樂……71
八 、 佳餚美饌……83
九 、 新鮮野意……95
十 、 酒逢知己……105
十一、粗茶淡飯……117
十二、好戲開鑼……139
十三、休閒活動……157
十四、你猜我猜……167
十五、巧奪天工……175
十六、好山好水……189
十七、美化人生……201
十八、青梅竹馬……211
十九、你儂我儂……225
二十、千金一笑……241

二十一、同病相憐……253
二十二、狗嘴象牙……263
二十三、嘴尖齒俐……277
二十四、月裡嫦娥……293
二十五、禮尚往來……301
二十六、不諳世務……311
二十七、坦白從寬……321
二十八、嚴父慈母……333
二十九、鐵面無私……343
三 十、偶感風寒……357
三十一、民俗醫療……369
三十二、妙手回春……379
三十三、俚諺俗語……399
三十四、生寄死歸……409
三十五、幻想破滅……421
三十六、陰陽順逆……435
三十七、參禪悟道……445
三十八、盛筵必散……455
三十九、仙機隱語……471
四 十、阿彌陀佛……483
附錄一：滿文字母表……492
附錄二：滿文運筆順序……496

出版說明

我國歷代以來，就是一個多民族的國家，各兄弟民族多有自己的民族語言和文字。滿文是由蒙古文字脫胎而來，成吉思汗征伐乃蠻時，曾俘獲乃蠻太陽汗的掌印官塔塔統阿。成吉思汗見他爲人忠誠，就派他繼續掌管印信。塔塔統阿是維吾爾人，於是令塔塔統阿以老維吾爾文書寫蒙古語音，這是蒙古族正式使用自己新文字的開始。後世出土的碑銘，有所謂《成吉思汗石碑文書》，是宋理宗寶慶元年（1225）成吉思汗次弟合撒兒之子也孫格所豎立的紀功碑。碑文由上而下，從左至右，直行書寫，與老維吾爾文的字體相似，後世遂稱這種老維吾爾體的蒙古文字爲舊蒙文或老蒙文，其字母較容易書寫，流傳較久，而成爲蒙古通行文字，許多精通老維吾爾文的維吾爾人開始大量登用，或任必闍赤即秘書等職，或教諸皇子讀書。蒙古文字的創制，更加促進了蒙古文化的發展。

元世祖忽必烈汗爲繙譯梵文和藏文佛經的方便，於中統元年（1260）命國師八思巴喇嘛創造新字。八思巴喇嘛將梵文和藏文融合的蘭札體字母改造成四方形的音標，自左至右書寫，稱爲蒙古新字，於元世祖至元六年（1269）正式頒佈使用。元順帝至正八年（1348）所立莫高窟六字真言，分別以漢文、西夏文、梵文、藏文、老蒙文及蒙古新字等六體文字書寫。碑文居中右側爲漢文，作「唵嘛呢八谜吽」（Om mani padme hūm）。居中左側左起一行就是老維吾爾體由上而下直行書寫的老蒙文，滿文的創造，就是由老維吾爾體的老蒙文脫胎而來。

女真族是滿族的主體民族，蒙古滅金後，女真遺族散居於混同江流域，開元城以北，東濱海，西接兀良哈，南鄰朝鮮。由於元朝蒙古對東北女真的統治以及地緣的便利，在滿族崛起以前，女真與蒙古的接觸，已極密切，蒙古文化對女真產生了很大的影響，女真地區除了使用漢文外，同時也使用蒙古語言文字。明朝後期，滿族的經濟與文化，進入迅速發展的階段，但在滿族居住的地區，仍然沒有滿族自己的文字，其文移往來，主要使用蒙古文字，必須「習蒙古書，譯蒙古語通之。」使用女真語的民族書寫蒙古文字，未習蒙古語的女真族則無從了解，這種現象實在不能適應新興滿族共同的需要。明神宗萬曆二十七年（1599）二月，清太祖努爾哈齊爲了文移往來及記注政事的需要，即命巴克什額爾德尼、扎爾固齊噶蓋仿照老蒙文創制滿文，亦即以老蒙文字母爲基礎，拼寫女真語，聯綴成句，而發明了拼音文字，例如將蒙古字母的「ᠠ」（a）字下接「ᠮᠠ」（ma）字，就成「ᠠᠮᠠ」（ama），意即父親。這種由老維吾爾體老蒙文脫胎而來的初期滿文，在字旁未加圈點，未能充分表達女真語言，無從區別人名、地名的讀音。清太宗天聰六年（1632）三月，皇太極命巴克什達海將初創滿文在字旁加置圈點，使音義分明，同時增添一些新字母，使滿文的語音、形體更臻完善，區別了原來容易混淆的語音。清太祖時期的初創滿文，習稱老滿文，又稱無圈點滿文。天聰年間，巴克什達海奉命改進的滿文習稱新滿文，又稱加圈點滿文，滿文的創制，就是滿族承襲北亞文化的具體表現。臺北國立故宮博物院典藏清史館纂修《國語志》稿本，其卷首有奎善撰〈滿文源流〉一文。原文有一段敘述說：「文字所以代結繩，無論何國文字，其糾結屈曲，無不含有結繩遺意。然體制不一，則又以地勢而殊。歐洲多水，故英、法諸國文字橫行，如風浪，如水紋。滿洲故里多山林，故文字矗立高聳，如古樹，如孤峰。蓋造文字，本乎人心，人心之靈，實根於天地自然之理，非偶然也。」滿文是一種拼音文字，由上而下，由左而右，直行書寫，字形矗立高聳，滿文的創造，有其文化、地理背景，的確不是偶然的。從此，滿洲已有能準確表達自己語言的新文字，由於滿文的創造及改進，更加促進了滿洲文化的發展。

錫伯族是我國東北地區的少數民族之一，使用科爾沁蒙古方言。清太宗崇德年間（1636-1643），錫伯族同科爾沁蒙古一起歸附於滿洲，編入蒙古八旗。清聖祖康熙三十一年（1692），將科爾沁蒙古所屬錫伯族編入滿洲八旗，從此以後，錫伯族普遍開始學習並使用滿洲語文。乾隆中葉，清軍統一新疆南北兩路，爲了加強西北地區的防務，陸續從瀋陽、開原、遼陽、義州、金州等地抽調錫伯兵到新疆伊犁河南岸一帶屯墾戍邊，編爲八個牛彔，組成錫伯營。嘉慶七年（1802），在察布查爾（cabcal）山口開鑿大渠，引進伊犁河水。嘉慶十三年（1808），大渠竣工，長達一百八十里，命名爲察布查爾大渠，開墾了七萬八千多畝的良田。錫伯族的口語，與滿語雖然有不少差異，但其書面語，與滿語則基本相似。清代通行的新滿文，共有十二字頭，第一字頭含有一百三十一個字母，是第二至第十二字頭的韻母。錫伯文雖然廢除了發音重複的十三個音節字母，爲解決有音無字的問題，又另行創制了三個字母，合計共一百二十一個音節字母，但在基本上仍然襲用滿文。錫伯族具有注重文化教育的優良傳統，他們西遷到伊犁河谷以來，不僅將許多漢文古籍譯成滿文，同時還繙譯了不少外國文學作品，譯文細膩生動。光緒八年（1882），在察布查爾錫伯營的八個牛彔，都先後開辦了義學。民國二年（1913），又開始普遍興辦了學校，各小學所採用的錫伯文課本，基本上就是滿文教材。一九五四年三月，成立錫伯自治縣，廢除寧西舊稱，改用錫伯族喜愛的察布查爾渠名作爲自治縣的名稱，定名爲察布查爾錫伯自治縣。西遷到伊犁的錫伯族，由於地處邊陲，受到外界的影響較少，所以能繼續使用本民族的語言文字，同時對滿文的保存作出了重大貢獻。

工欲善其事，必先利其器。爲了充實滿文基礎教學，蒐集滿文教材，是不可或缺的工作。穆旭東先生繙譯錫伯文《紅樓夢》（fulgiyan taktu i tolgin），共四冊，於 1993 年 7 月由烏魯木齊新疆人民出版社出版。原書譯文，兼顧信雅達，對滿文的學習，提供了珍貴的教材。本書輯錄部分對話，編爲四十個篇目，並將滿文轉寫羅馬拼音，對照漢文，題爲《滿語常用會話》，對於初學滿文者，或可提供一定的參考價值。《滿語常用會話》的滿文部分，在北京排版，承中國第一歷史檔案館滿文部主任吳元豐先生逐句核對，細心校正。漢文字意與滿文不合之處，亦承郭美蘭女士修正潤飾，衷心感謝。羅馬拼音及漢文，由中央研究院歷史語言研究所王健美小姐、國立政治大學歷史研究所林士鉉、溫浩堅同學、國立臺灣師範大學歷史研究所曾雨萍同學協助校對，在此一併致謝。

二〇〇六年四月一日
莊吉發 識

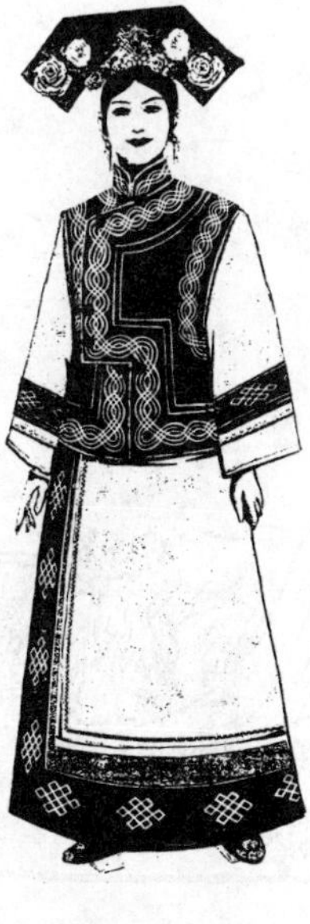

滿族服飾

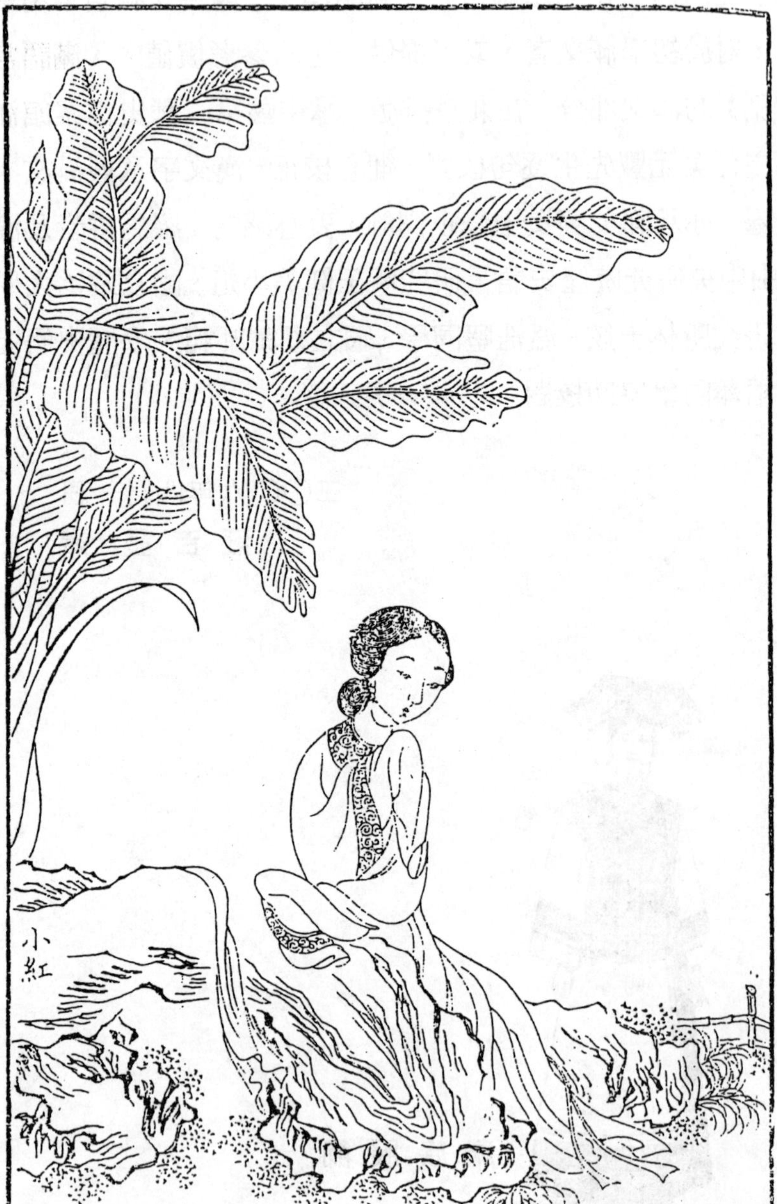
小紅

一、請安問好

ᠠ: [illegible] ᠰᡳᠨᡳ [illegible] [illegible]?
[illegible] [illegible] ::

ᠪ: [illegible] [illegible] [illegible] ᡳ [illegible] [illegible] [illegible] [illegible], [illegible] [illegible] [illegible]

ᠴ: [illegible] [illegible] [illegible], [illegible] [illegible] [illegible]?
[illegible], [illegible] [illegible] [illegible] ᡳ [illegible] [illegible] [illegible] [illegible] [illegible] ::
[illegible] [illegible]? [illegible] [illegible] [illegible] [illegible] [illegible] [illegible] [illegible]
[illegible] [illegible] [illegible], [illegible] [illegible] [illegible] [illegible] [illegible] [illegible] [illegible]

ᠪ: [illegible] [illegible] [illegible], [illegible] [illegible] [illegible] [illegible] [illegible]

ᠴ: [illegible] [illegible] [illegible] [illegible] ::

ᠠ: [illegible] ᠰᡳᠨᡳ [illegible] [illegible] [illegible] ::

一、請安問好

i ：jang yeye elhe baime dosinjihabi.

a ：hūdun terebe wehiyeme gaju.

e ：enteheme jalafungga fucihi, sakda mafa ere ucuri hūturi jalafun elhe nikton, gerenofi nai nai siyoo jiye se elhe taifin dere? fu de geneme elhe be baihakū inenggi goidaha, loo tai tai i cirai fiyan ele sain ohobi.

a ：sakda enduri endurin, beye saiyūn nio?

e ：loo tai tai i hūturi karman de akdafi, buya doose hono katun guigu.

i ：jang yeye beye elheo?

---

i ：張爺爺進來請安了。

a ：快去攙他來。

e ：無量壽佛，老祖宗近來可福壽康寧，眾位奶奶姑娘康安？好久沒到府裡請安，老太太氣色越發好了。

a ：老神仙，身體可好？

e ：托老太太福佑，小道也還康健。

i ：張爺爺身體可安好？

---

i ：张爷爷进来请安了。

a ：快去搀他来。

e ：无量寿佛，老祖宗近来可福寿康宁，众位奶奶姑娘康安？好久没到府里请安，老太太气色越发好了。

a ：老神仙，身体可好？

e ：托老太太福佑，小道也还康健。

i ：张爷爷身体可安好？

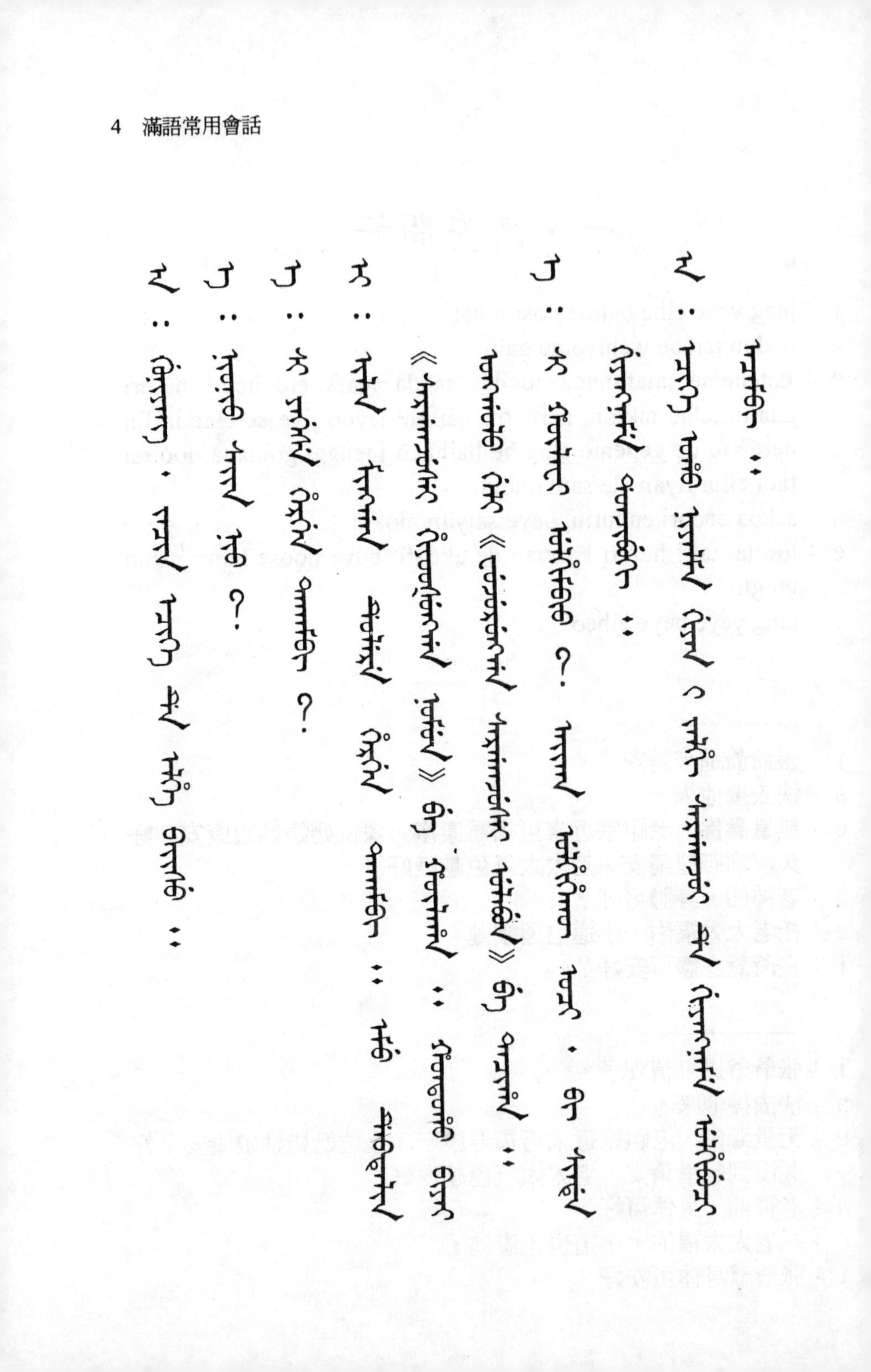

a ：guniyang, jacin ecike de elhe baisu。
e ：nionio sain nio？
e ：si yagese hergen takambi？
i ：ilan minggan dulere hergen takambi, emu debtelin 《sarganjusei hiyoošungga nomun》be hūlaha, hontoho biyai onggolo geli 《fujurungga sarganjusei ulabun》 be taciha.
e ：si hūlafi ulhimbio？aika ulhihekū oci，bi sinde giyangname donjibuki。
a ：ecike oho niyalma giyan i jalhi sarganjui de giyangname ulhibuci acambi。

---

a ：姑娘，給二叔叔請安。
e ：妞妞好嗎？
e ：你能認多少字？
i ：能認三千多字，念了一本《女孝經》，半個月前又學了《列女傳》。
e ：你念了能懂嗎？你要不懂，我倒是講給你聽吧！
a ：做叔叔的也該講給姪女兒聽聽。

---

a ：姑娘，给二叔叔请安。
e ：妞妞好吗？
e ：你能认多少字？
i ：能认三千多字，念了一本《女孝经》，半个月前又学了《列女传》。
e ：你念了能懂吗？你要不懂，我倒是讲给你听吧！
a ：做叔叔的也该讲给侄女儿听听。

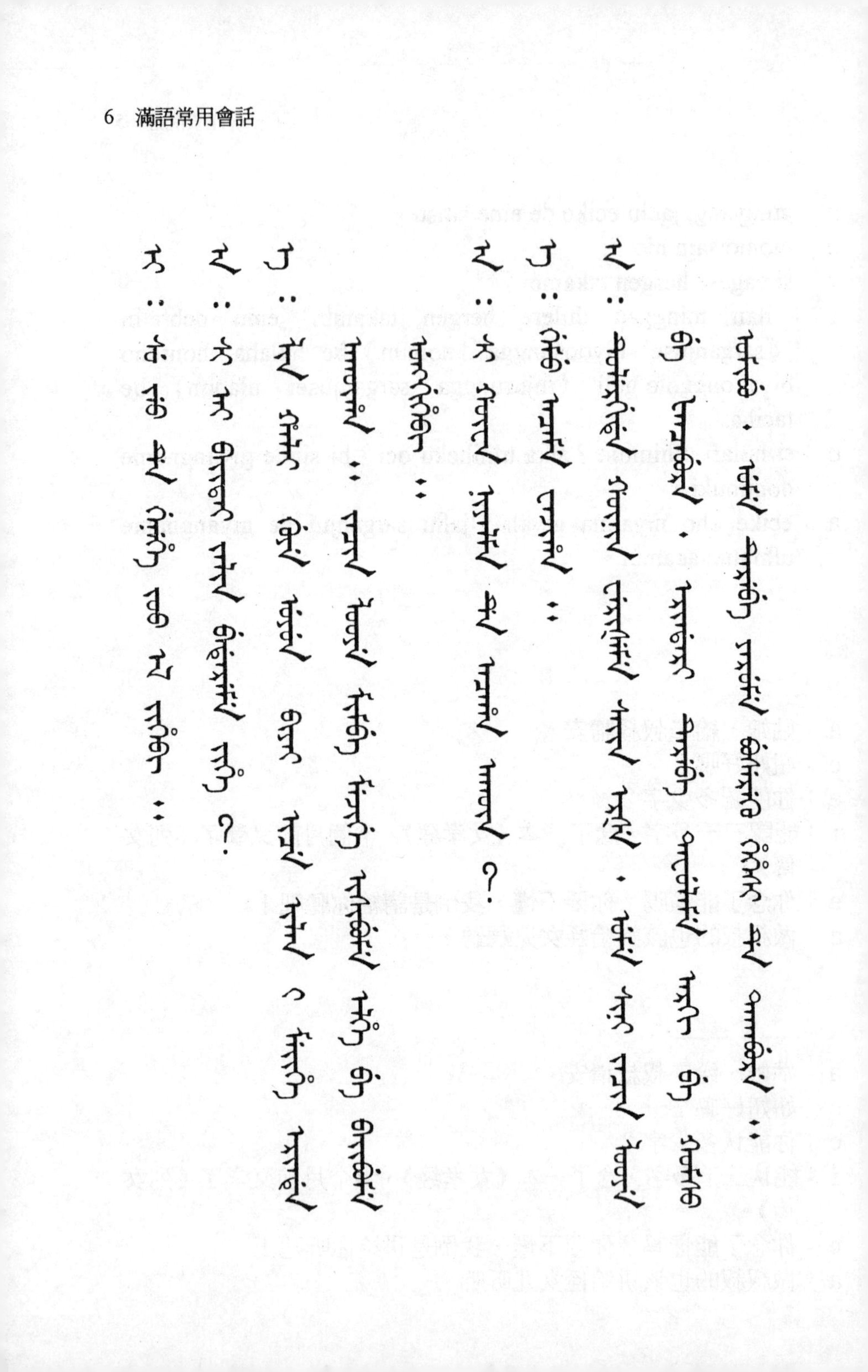

i：su jeo de genehe joo el jihebi.
a：si ai baitai jalin bedereme jihe?
e：lin halai guye uyun biyai ice ilan i meihe erinde akūha, jacin looye mimbe mejige isibume elhe be baibume unggihebi.
a：si gūwa niyalma de acaha akūn?
e：gemu acame wajiha.
a：tulergide gūnin werišeme sain erše, ume sini jacin looye be fancabure; erindari terebe tafulame arki be komso omibu, ume terebe yarume busereku hehesi de takabure.

---

i：去蘇州的昭兒來了。
a：你爲什麼事回來了？
e：林姑爺是九月初三巳時沒的，二爺打發小的來報信請安。
a：你見過別人了沒有？
e：都見過了。
a：在外好生小心服侍，不要惹你二爺生氣。時時勸他少吃酒，別勾引他認得混帳女人。

---

i：去苏州的昭儿来了。
a：你为什么事回来了？
e：林姑爷是九月初三巳时没的，二爷打发小的来报信请安。
a：你见过别人了没有？
e：都见过了。
a：在外好生小心服侍，不要惹你二爷生气。时时劝他少吃酒，别勾引他认得混帐女人。

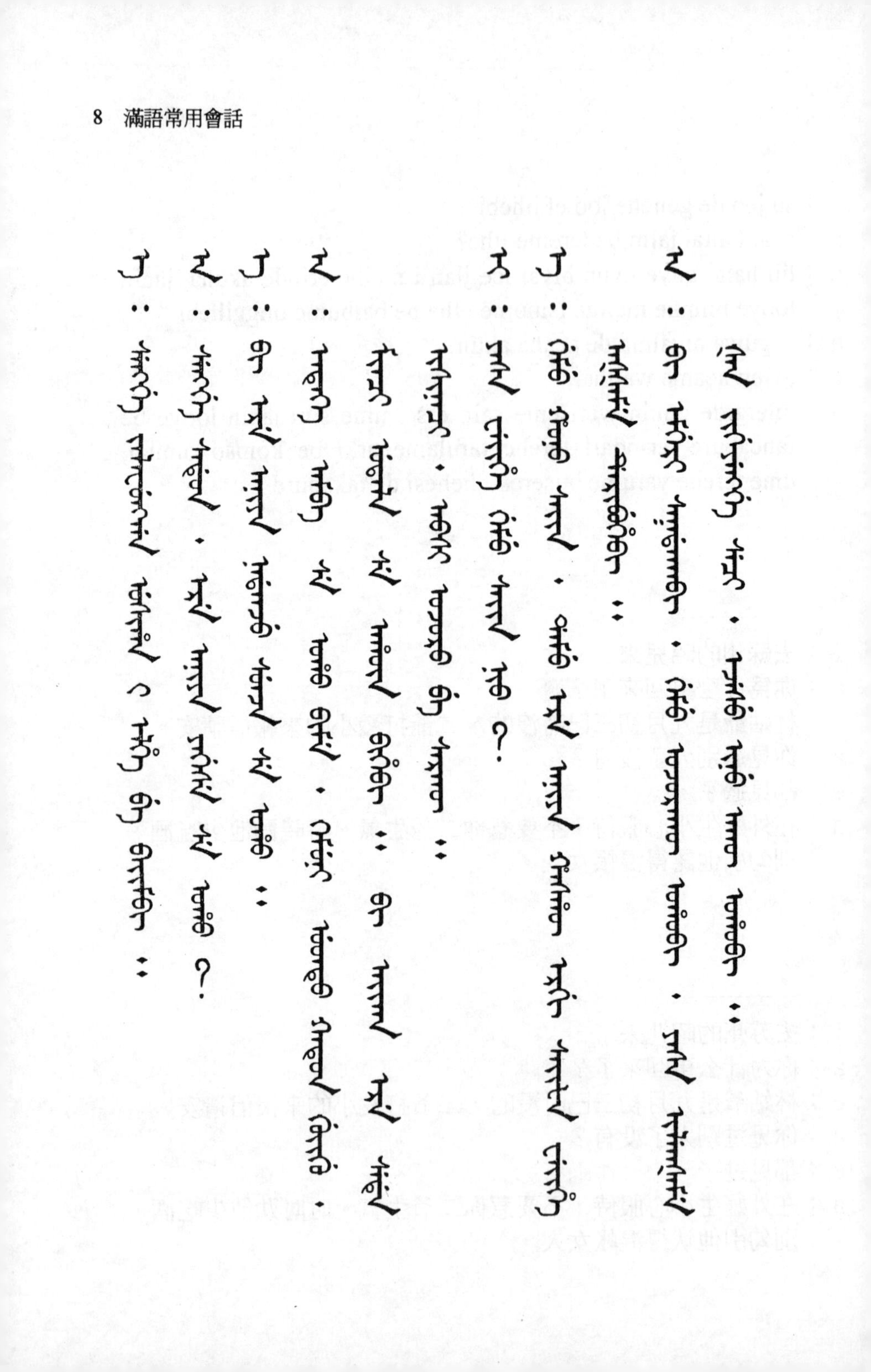

e：sengge jalafungga usiha i elhe be baimbi.
a：sengge sadun, ere aniya yagese se oho?
e：bi ere aniya nadanju sunja se oho.
a：enteke amba se oho bime, kemuni uttu katun guigu, minci utala se ahūn bihebi. bi aika ere sede isinaci, absi ojoro be sarkū.
i：yasa weihe gemu sain nio?
e：gemu hono sain, damu ere aniya hashū ergi saifa weihe aššame deribuhebi.
a：bi emgeri sakdakabi, gemu ojorakū ohobi, yasa ilgašame šan jigeyengge seci, ejesu inu akū ohobi.

---

e：請老壽星安。
a：老親家，今年多大年紀了？
e：我今年七十五了。
a：這麼大年紀了，還這麼硬朗，比我大好幾歲呢！我要到了這個年紀，還不知會怎麼樣呢！
i：眼睛牙齒還好？
e：都還好，就是今年左邊的槽牙開始活動了。
a：我已經老了，都不中用了，眼花耳背，記性也沒有了。

---

e：请老寿星安。
a：老亲家，今年多大年纪了？
e：我今年七十五了。
a：这么大年纪了，还这么硬朗，比我大好几岁呢！我要到了这个年纪，还不知会怎么样呢！
i：眼睛牙齿还好？
e：都还好，就是今年左边的槽牙开始活动了。
a：我已经老了，都不中用了，眼花耳背，记性也没有了。

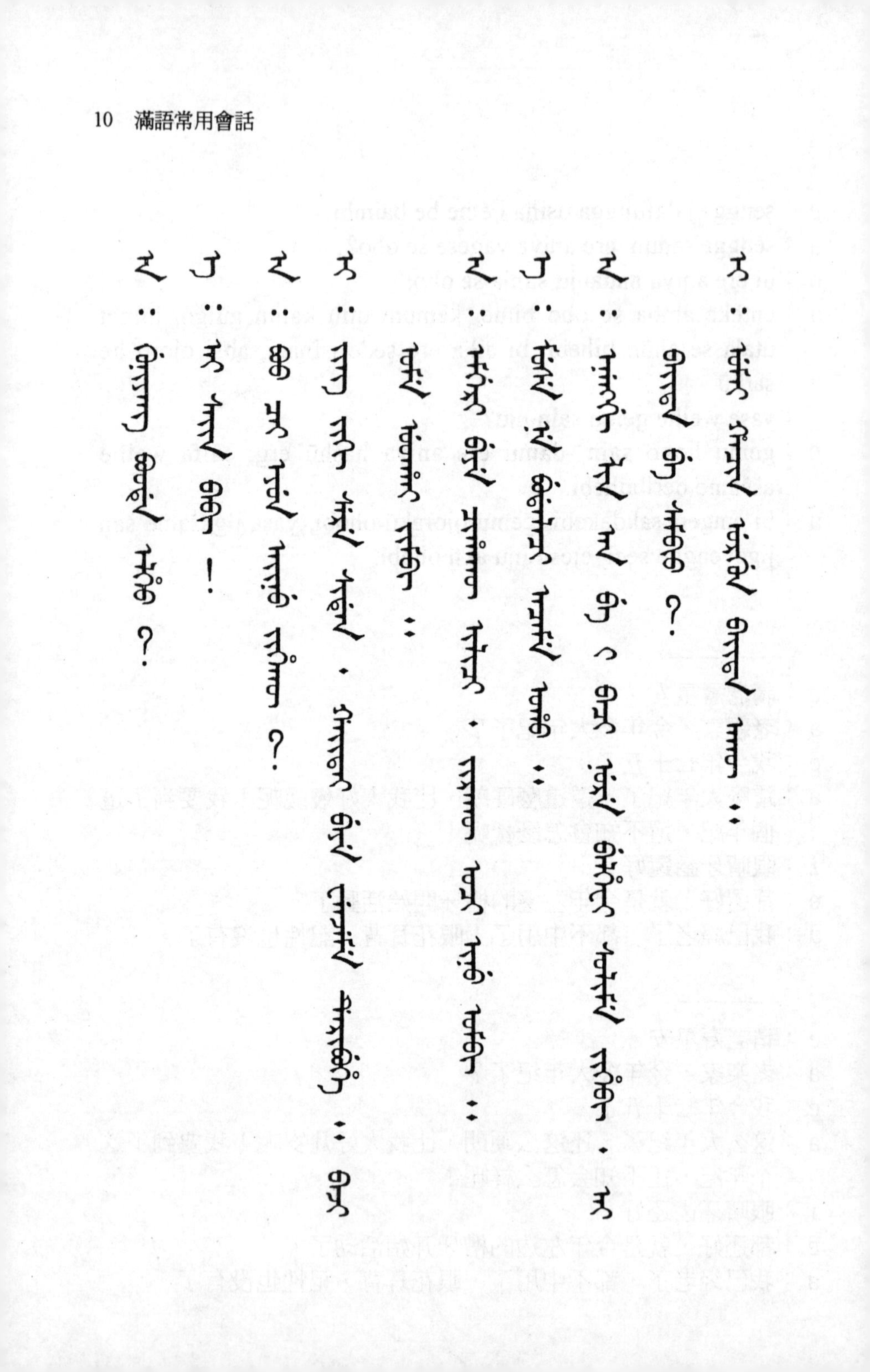

a ：guniyang boode elheo？
e ：ai sain babi！
a ：boo cai eyun ainu jihekū？
i ：jing jiki sere siden, gaitai beye wenjeme deribuhe, baji ome uthai jimbi.
a ：emgeri beye cihakū ilici, jirakū oci inu ombi.
e ：muse ne budalaci acame oho.
a ：enenggi lin an be i baci nure belhefi solime jihebi, ai baita be sambio？
i ：umai hacin urgun baita akū.

---

a ：姑娘在家可好？
e ：有什麼好的！
a ：寶姐姐爲何不來？
i ：正要過來，突然身上發熱，過一會兒就來。
a ：既是身上不好，不來也罷。
e ：偺們現在應該吃飯了。
a ：今兒臨安伯那裡來請吃酒，知道是什麼事嗎？
i ：並沒什麼喜事。

---

a ：姑娘在家可好？
e ：有什么好的！
a ：宝姐姐为何不来？
i ：正要过来，突然身上发热，过一会儿就来。
a ：既是身上不好，不来也罢。
e ：咱们现在应该吃饭了。
a ：今儿临安伯那里来请吃酒，知道是什么事吗？
i ：并没什么喜事。

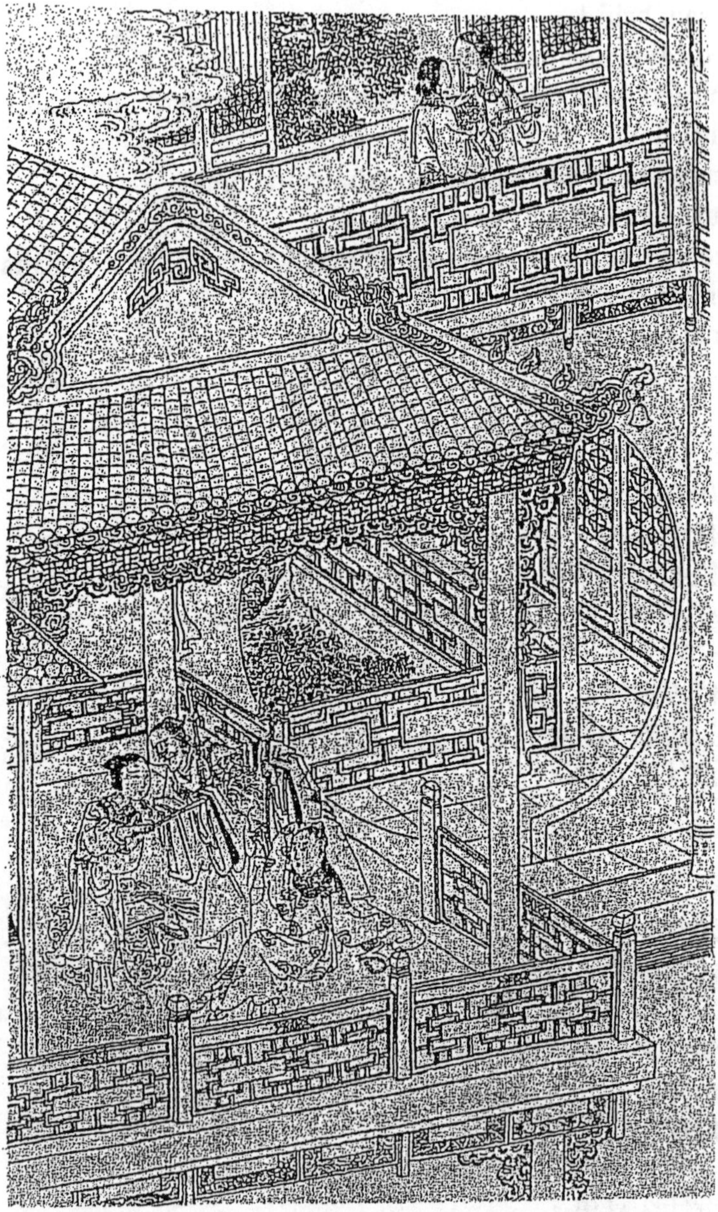

二、今年幾歲

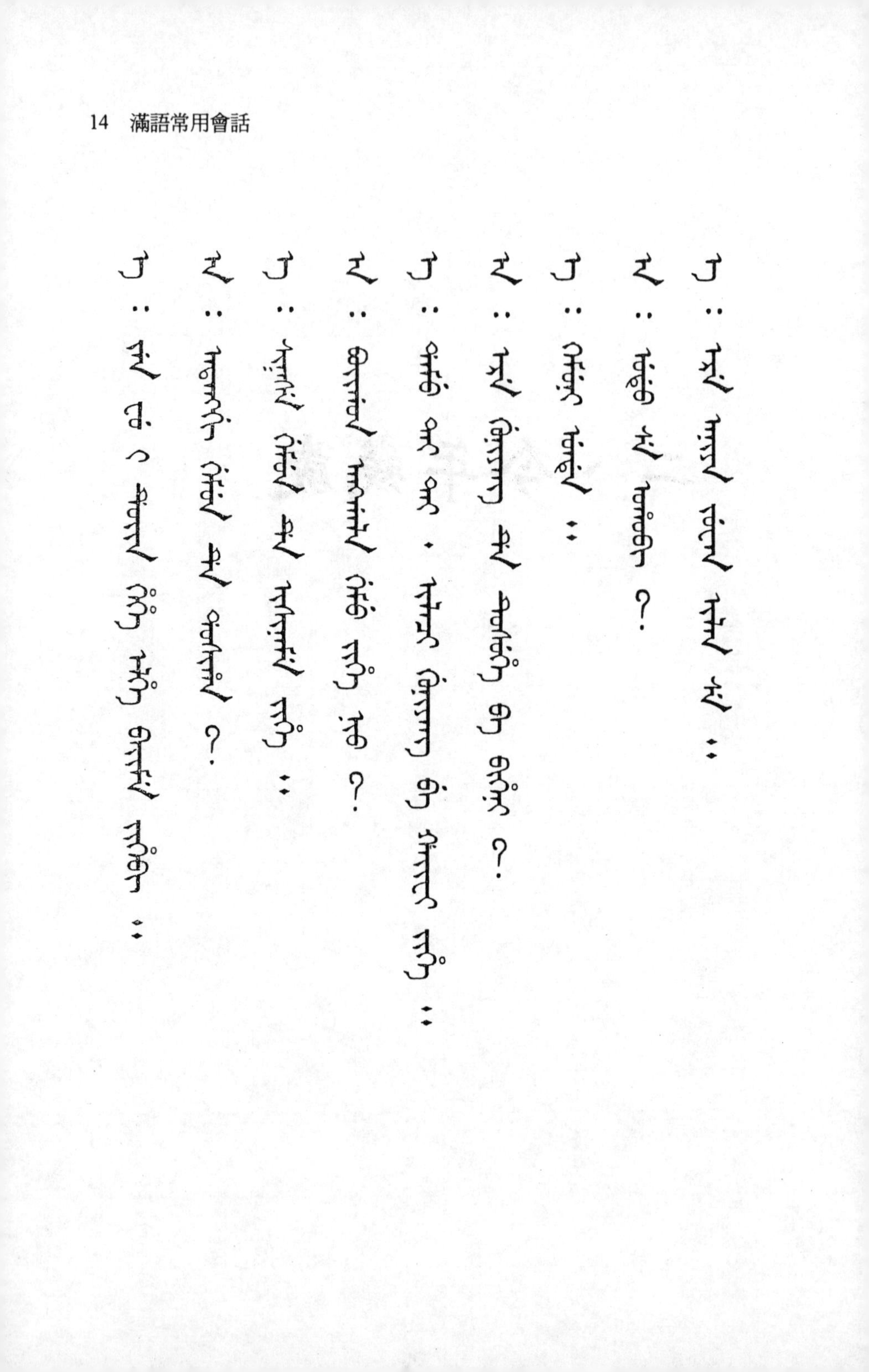

ᠠ : [illegible] ::

ᡝ : [illegible] ?

ᠠ : [illegible] ::

ᡝ : [illegible] ?

ᠠ : [illegible] . [illegible] ::

ᡝ : [illegible] ?

ᠠ : [illegible] ::

ᡝ : [illegible] ?

ᠠ : [illegible] ::

二、今年幾歲

e ：jen fu i duin hehe elhe baime jihebi.
a ：atanggi gemun de dosiha?
e ：sikse gemun de isiname jihe.
a ：boigon anggala gemu jihe nio?
e ：damu tai tai, ilaci guniyang be gaifi jihe.
a ：ere guniyang de tusuhe ba biheni?
e ：kemuni unde.
a ：udu se ohobi?
e ：ere aniya juwan ilan se.

---

e ：甄府四個女人來請安。
a ：多早晚進京的?
e ：昨兒進的京。
a ：家眷都來了?
e ：就只太太帶了三姑娘來了。
a ：這姑娘有人家沒有?
e ：還沒有呢!
a ：幾歲了?
e ：今年十三歲。

---

e ：甄府四个女人来请安。
a ：多早晚进京的?
e ：昨儿进的京。
a ：家眷都来了?
e ：就只太太带了三姑娘来了。
a ：这姑娘有人家没有?
e ：还没有呢!
a ：几岁了?
e ：今年十三岁。

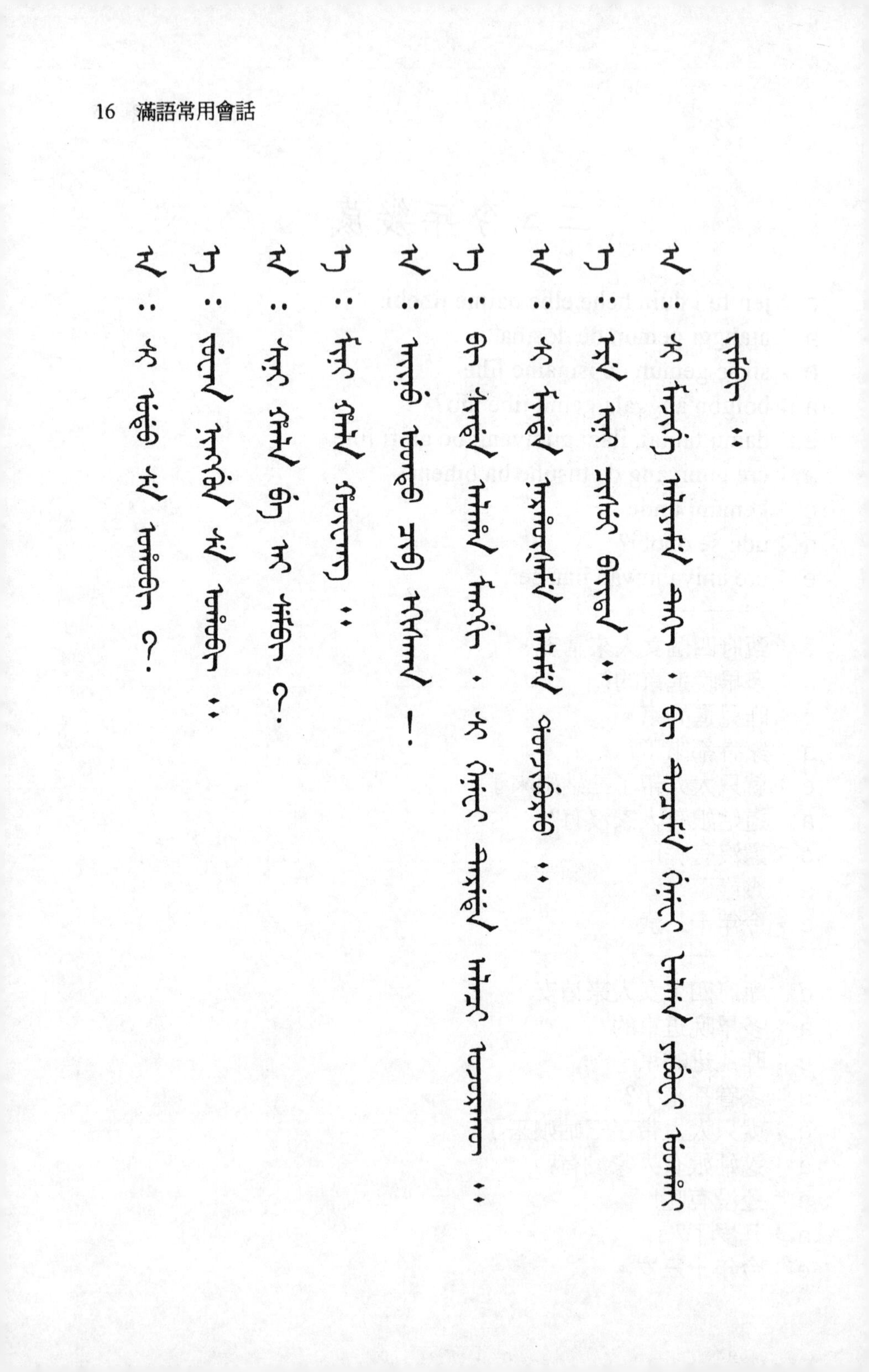

a ：si udu se ohobi？
e ：juwan ninggun se ohobi。
a ：sini hala be ai sembi？
e ：mini hala hūwang。
a ：ainu uttu cib ekisaka！
e ：bi sinde alaha manggi, si genefi terede alaci ojorakū。
a ：si minde narhūšame alame donjibureo。
e ：ere ini cisui baita。
a ：si majige aliyame teki, bi tucime genefi falga yabufi uthai jimbi。

---

a ：你幾歲了？
e ：十六歲了。
a ：你姓什麼？
e ：我姓黃。
a ：怎麼這樣靜悄悄的？
e ：我告訴你後，你可不許去告訴他。
a ：你仔細地告訴我聽。
e ：這是自然的事。
a ：你略坐一坐，我出去走走就來。

---

a ：你几岁了？
e ：十六岁了。
a ：你姓什么？
e ：我姓黄。
a ：怎么这样静悄悄的？
e ：我告诉你后，你可不许去告诉他。
a ：你仔细地告诉我听。
e ：这是自然的事。
a ：你略坐一坐，我出去走走就来。

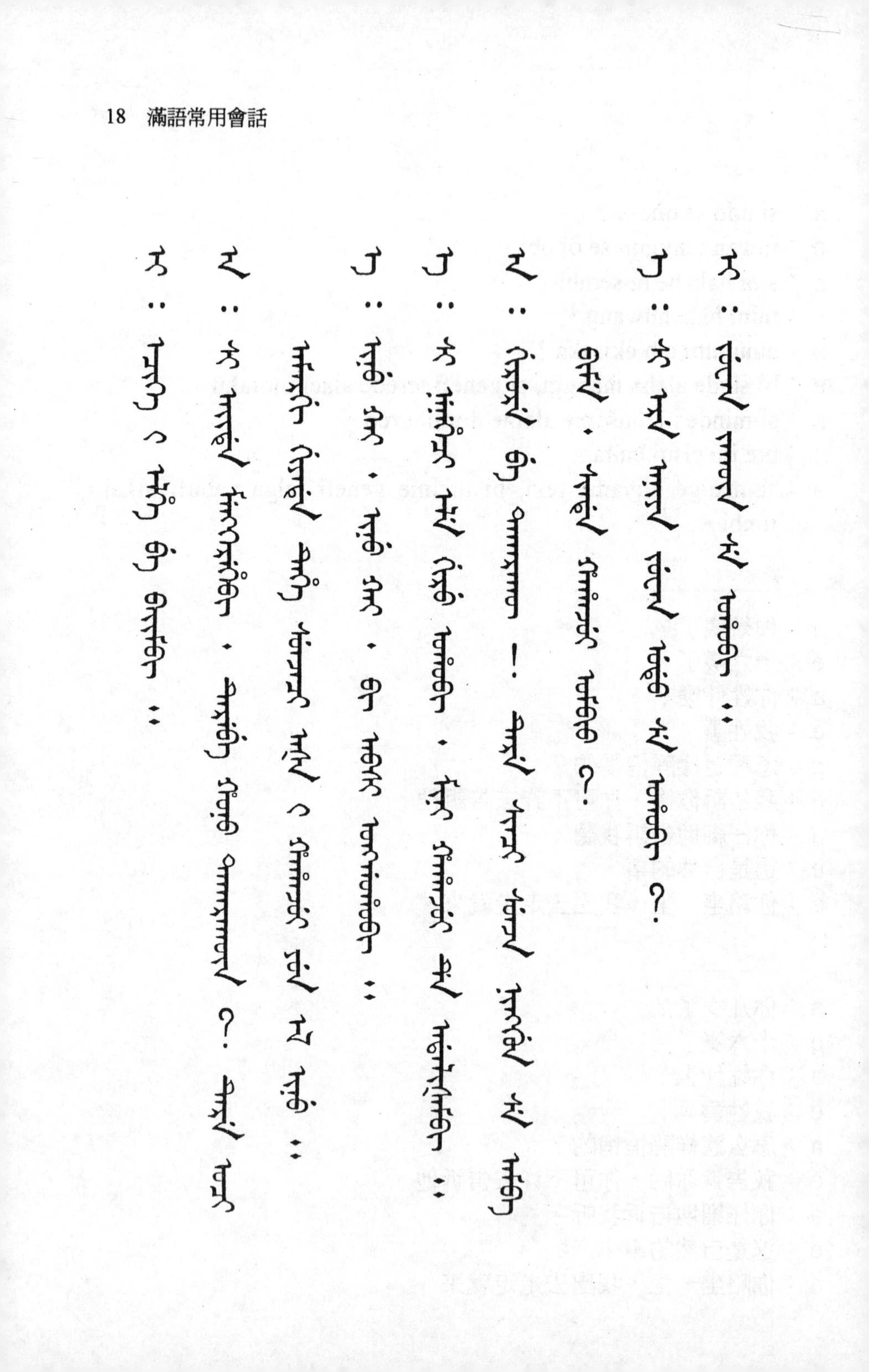

i ：ecike i elhe be baimbi.

a ：si aide mengkerehebi, terebe hono takarakūn? tere oci amargi giyade tehe sunjaci aša i hahajui yun el inu.

e ：inu kai, inu kai, bi absi onggohobi.

e ：si neneheci ele giru ohobi, mini hahajui de adališambi.

a ：girure be takarakū! tere sinci sunja ninggun se amba bime, sinde hahajui ombio?

e ：si ere aniya juwan udu se ohobi?

i ：juwan jakūn se ohobi.

---

i ：請叔叔安。

a ：你怎麼發獃？連他也不認得？他是後街住的五嫂子的兒子芸兒。

e ：是了，是了，我怎麼就忘了。

e ：你倒比先前越發出挑了，倒像我的兒子。

a ：好不害臊！人家比你大五、六歲呢，就給你做兒子了！

e ：你今年十幾歲了？

i ：十八歲了。

---

i ：请叔叔安。

a ：你怎么发呆？连他也不认得？他是后街住的五嫂子的儿子芸儿。

e ：是了，是了，我怎么就忘了。

e ：你倒比先前越发出挑了，倒像我的儿子。

a ：好不害臊！人家比你大五、六岁呢，就给你做儿子了！

e ：你今年十几岁了？

i ：十八岁了。

a ：si udu se? gebube ai sembi? sini ama eme ai baita icihiyambi? boo ecike i boode udu aniya oho? emu biyade yagese jiha bahambi? boo ecike i boode uheri udu sarganjui bi?
e ：tere uthai siyoo hūng inu, si terebe fonjifi ainambi?
a ：nun si amgahabi！
e ：we amgahani?
a ：guniyang emgeri getehebi,dosime jifi erše.
e ：suweni sain cai be minde emu moro gaju!
a ：meningge aibici sain cai bimbi?

---

a ：你幾歲了？名字叫什麼？你父母做什麼？在寶叔房裡幾年了？一個月多少錢？寶叔屋裡共有幾個女孩子？
e ：她就是小紅，你問她作什麼？
a ：妹妹睡覺呢！
e ：誰睡覺了？
a ：姑娘已經醒了，進來伺候。
e ：把你們的好茶沏碗給我喝。
a ：我們哪裡有好茶？

---

a ：你几岁了？名字叫什么？你父母做什么？在宝叔房里几年了？一个月多少钱？宝叔屋里共有几个女孩子？
e ：她就是小红，你问她作什么？
a ：妹妹睡觉呢！
e ：谁睡觉了？
a ：姑娘已经醒了，进来伺候。
e ：把你们的好茶沏碗给我喝。
a ：我们哪里有好茶？

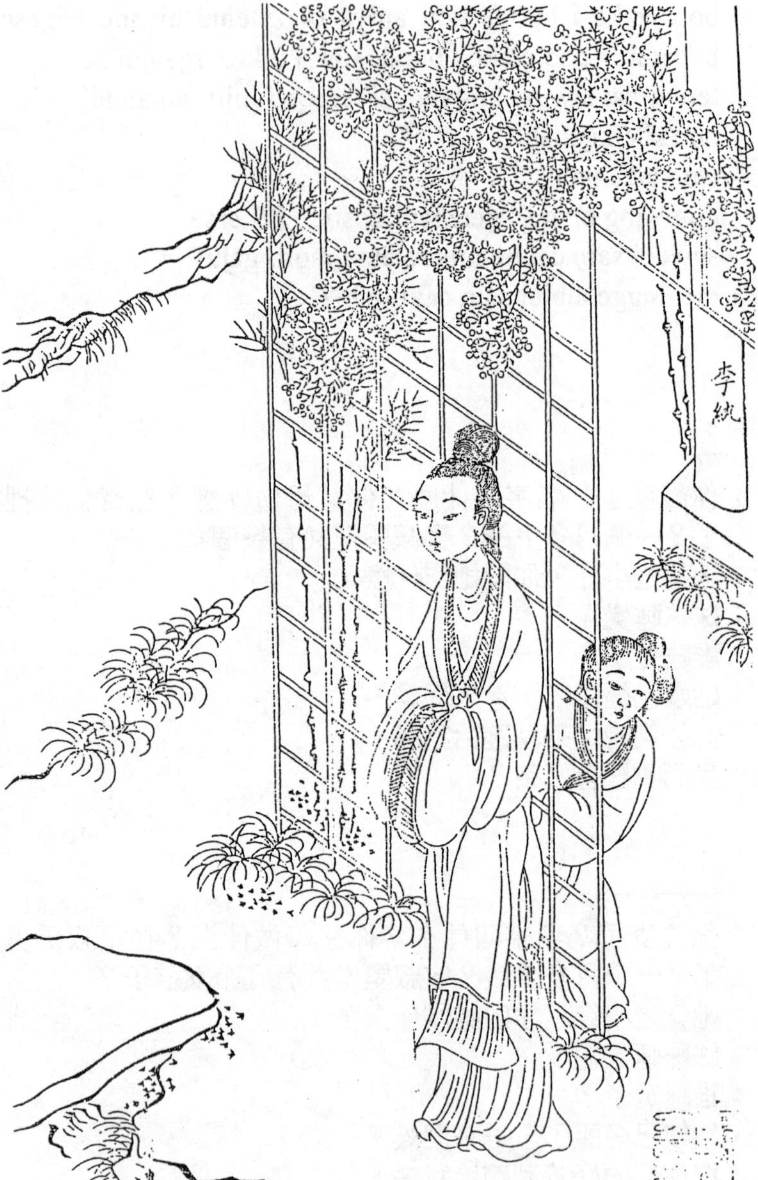
李紈

三、有名有姓

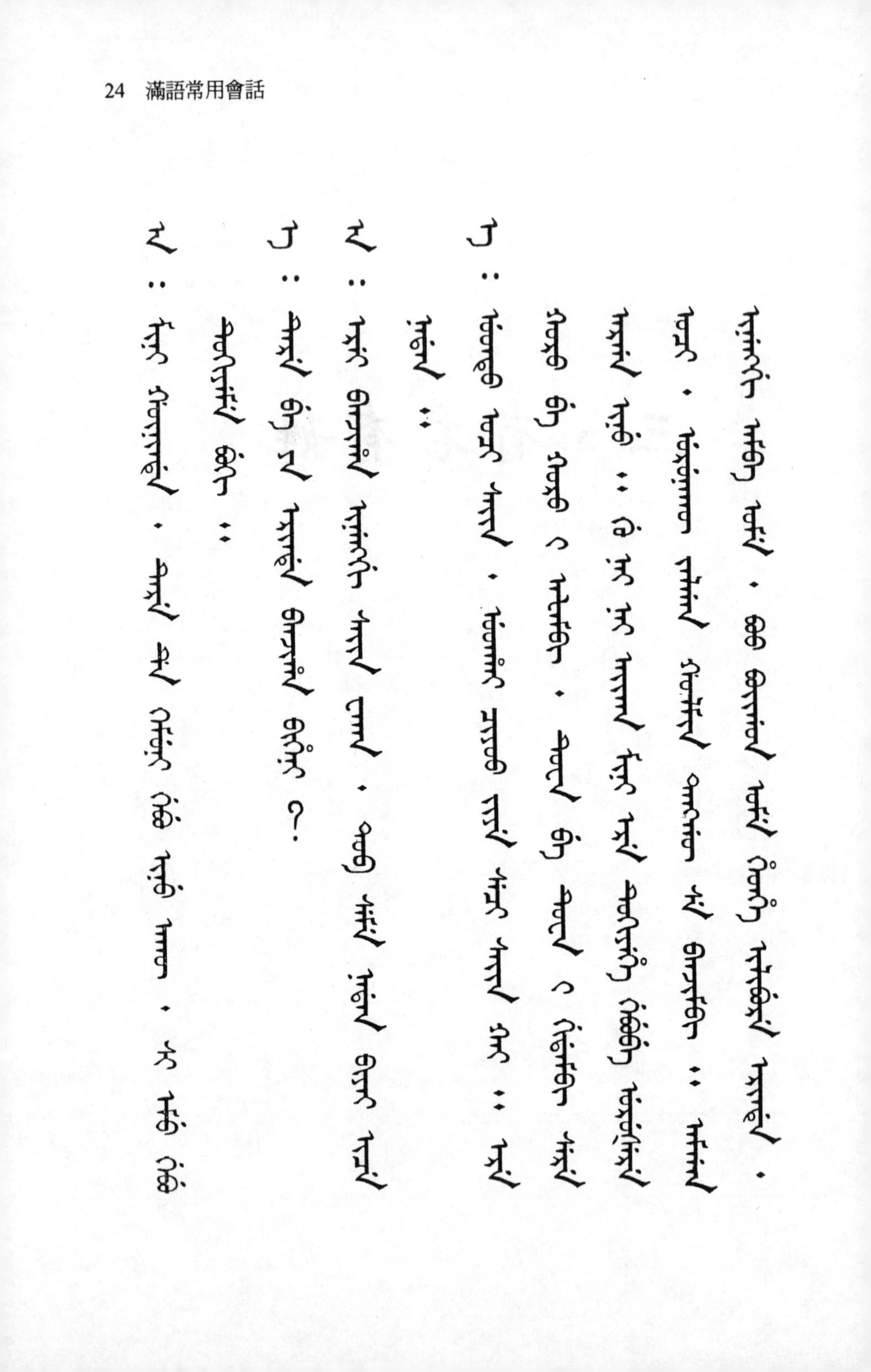

三、有名有姓

a：mini gūninde, tere de kemuni gebu inu akū，si emu gebu tukiyeme buki。

e：tere be ya erinde banjiha biheni？

a：erei banjiha inenggi sain waka，tob seme nadan biyai ice nadan。

e：uttu oci sain，uthai ciyoo jiye seci sain kai。ere koro be koro i afambi，tuwa be tuwa i gidambi sere arga inu。gu nai nai aika mini ere tukiyehe gebube urušere oci，urunakū jalgan golmin tanggū se banjimbi。amaga inenggi amba ome，boo boigon ome hethe ilibure erinde

---

a：我想，他還沒有名字，請你給他起個名字吧。

e：他是幾時生的呢？

a：正是生的日子不好，可巧是七月初七日。

e：如此正好，就叫做巧姐好了。這是以毒攻毒，以火攻火的辦法。姑奶奶若是依我起的這個名字，必然長命百歲，日後大了，成家立業時，

---

a：我想，他还没有名字，请你给他起个名字吧。

e：他是几时生的呢？

a：正是生的日子不好，可巧是七月初七日。

e：如此正好，就叫做巧姐好了。这是以毒攻毒，以火攻火的办法。姑奶奶若是依我起的这个名字，必然长命百岁，日后大了，成家立业时，

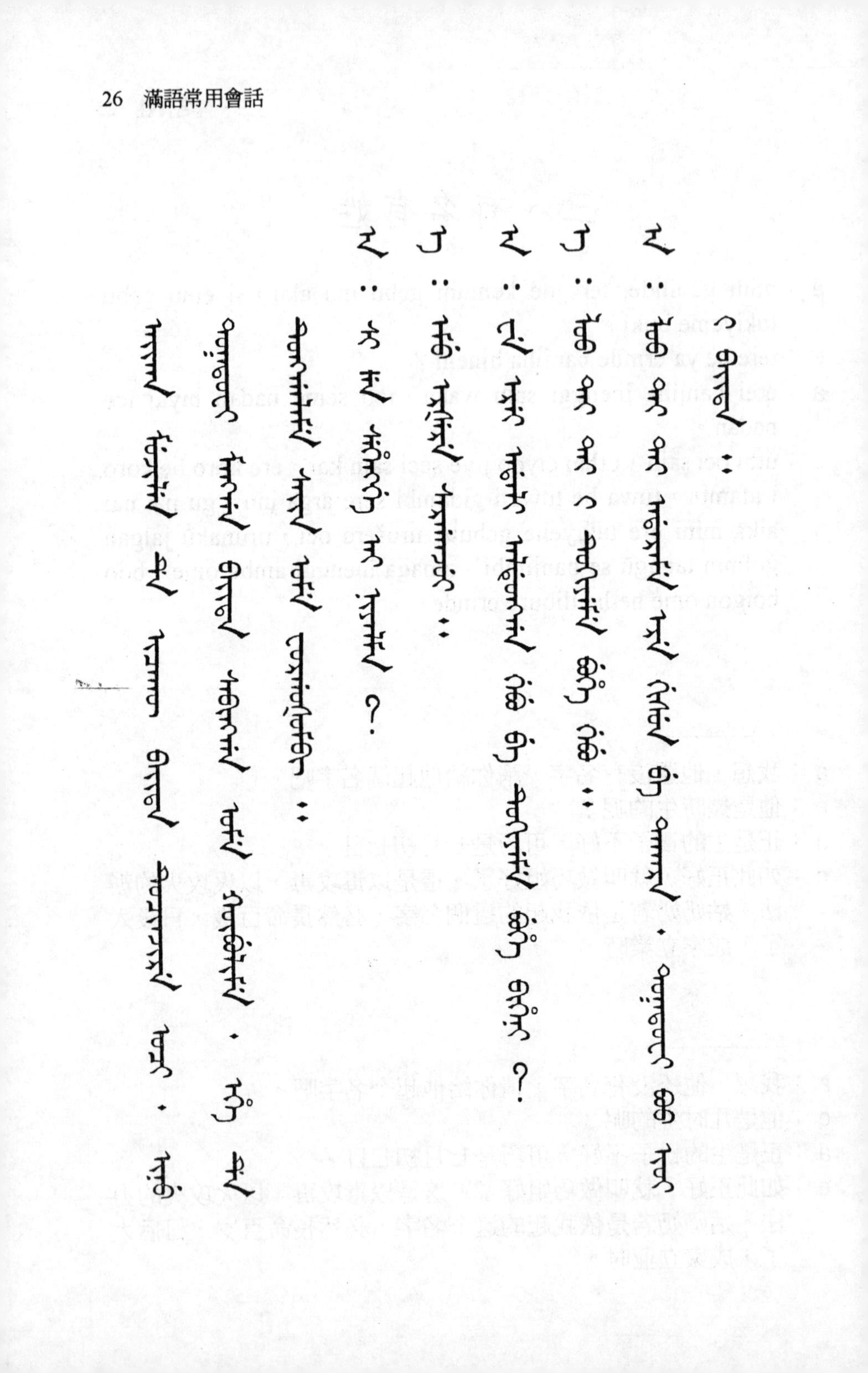

[illegible]

[illegible]

[illegible]

[illegible]

[illegible]

[illegible]

[illegible]

[illegible]

aika mujilen de icakū baita tucinjire oci，inu toktofi mangga baita sabingga ome kūbulime，ehe de tunggalame sain ome forgošombi。

a：si žen sehengge ai niyalma?

e：emu eršere sarganjui.

a：we erei adali aldungga gebu be tukiyeme buhe biheni?

e：loo tai tai i tukiyeme buhe gebu.

a：loo tai tai adarame ere gisun be takara, toktofi boo ioi i baita.

或有不遂心的事，也必定遇難成祥，逢兇化吉。

a：襲人是何人？

e：是個丫頭。

a：是誰給起的這樣怪異的名字？

e：是老太太給起的。

a：老太太如何曉得這樣的話？必是寶玉的事。

或有不遂心的事，也必定遇难成祥，逢凶化吉。

a：袭人是何人？

e：是个丫头。

a：是谁给起的这样怪异的名字？

e：是老太太给起的。

a：老太太如何晓得这样的话？必是宝玉的事。

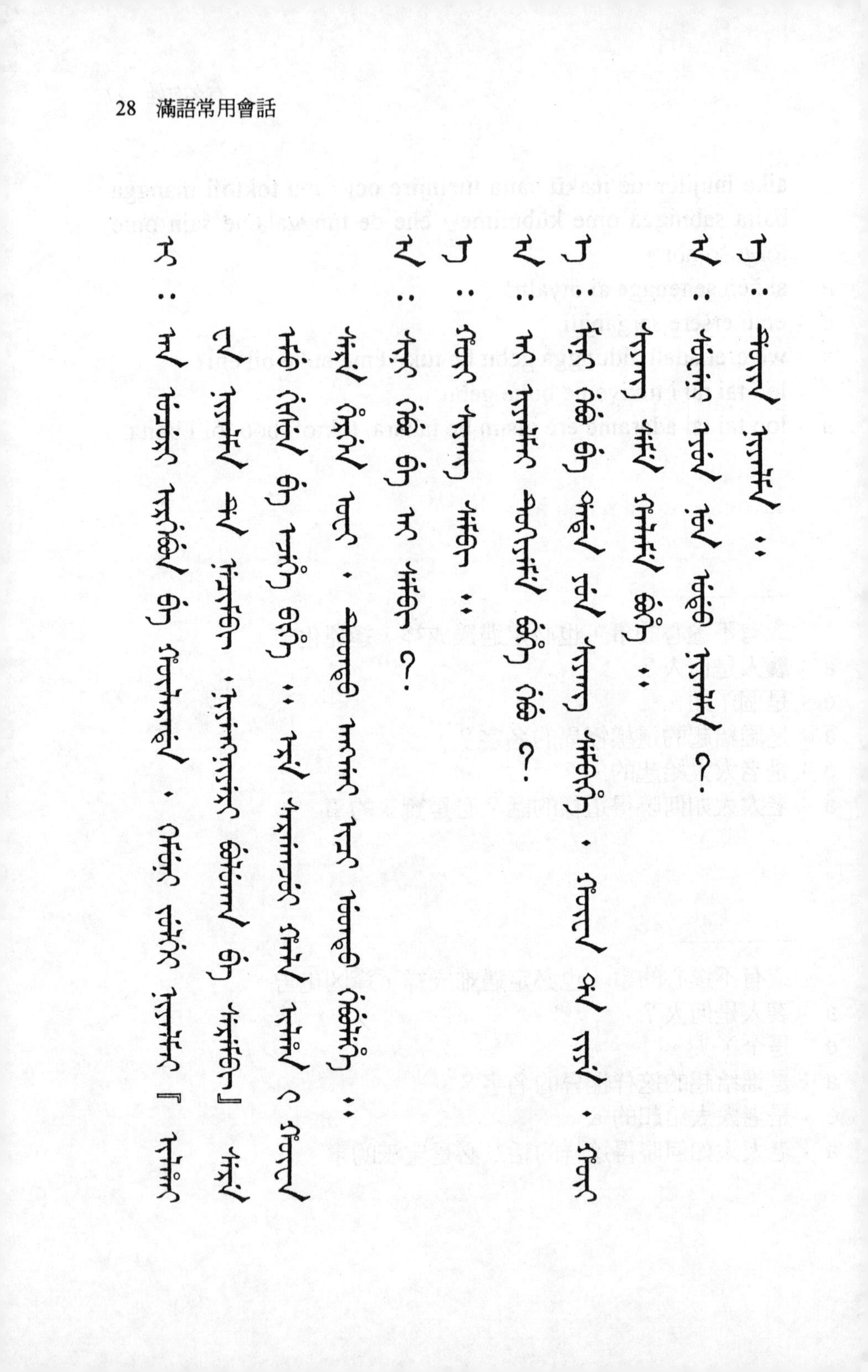

i：an ucuri irgebun be hūlarade, kemuni julgei niyalmai "ilhai wa niyalma de necimbi, niyengniyeri bulukan be serembi" sere emu gisun be ejehe bihe, ere sarganjui hala ilha i hūwa sere hergen ofi, tuttu anggai ici uttu gebulehe.
a：sini gebu be ai sembi?
e：hūi siyang sembi.
a：ai niyalmai tukiyeme buhe gebu?
e：mini gebu be dade yun siyang sembihe, hūwa da jiye, hūi siyang seme halame buhe.
a：suweni eyun nun udu niyalma?
e：duin niyalma.

---

i：因素日讀時，曾記得古人有句詩云：「花氣襲人知春暖」。因這丫頭姓花，便隨口起的。
a：你叫什麼名字？
e：叫蕙香。
a：是誰起的名字？
e：我原叫芸香，是花大姐改蕙香的。
a：你們姐妹幾個？
e：四個。

---

i：因素日读时，曾记得古人有句诗云：「花气袭人知春暖」。因这丫头姓花，便随口起的。
a：你叫什么名字？
e：叫蕙香。
a：是谁起的名字？
e：我原叫芸香，是花大姐改蕙香的。
a：你们姐妹几个？
e：四个。

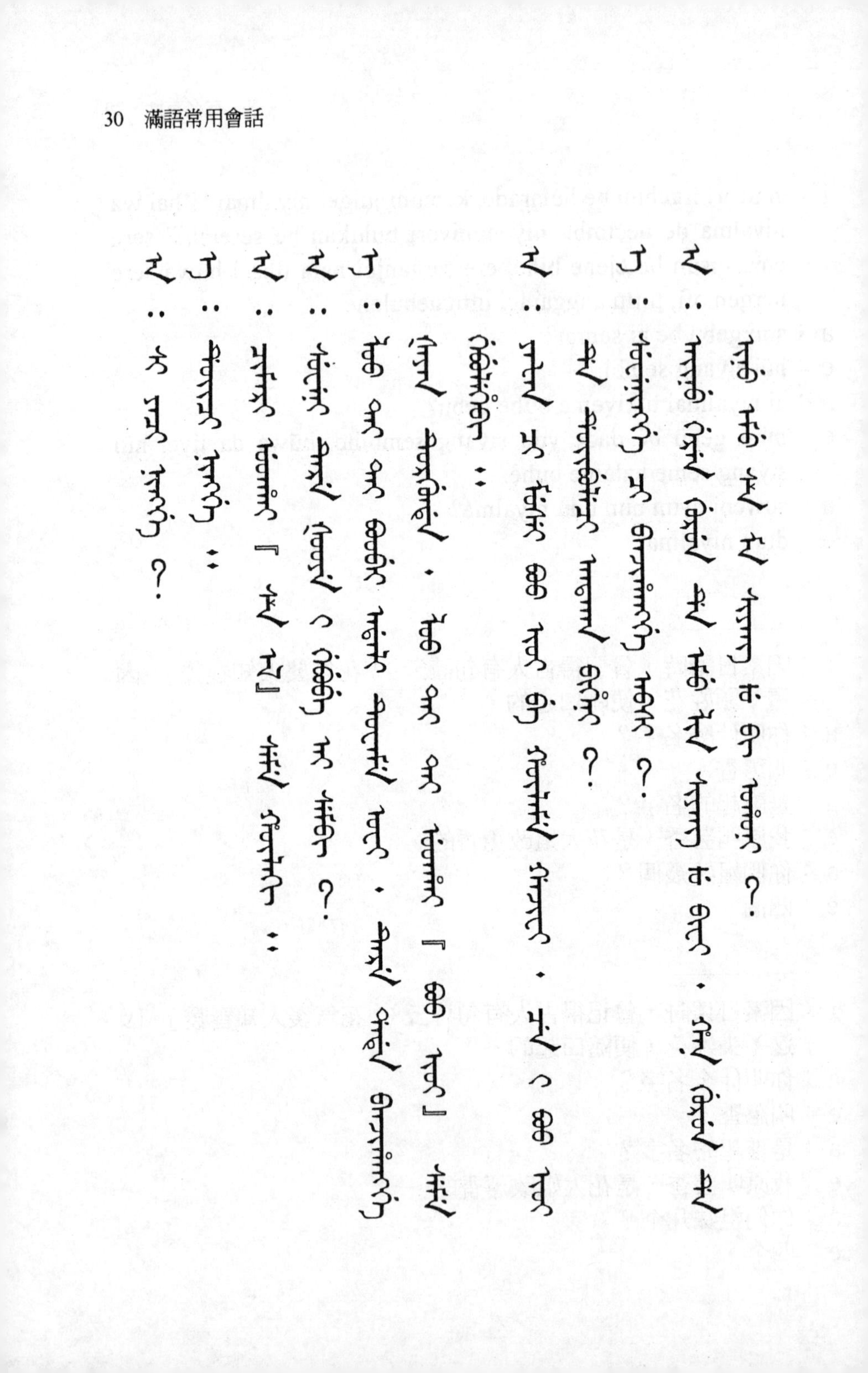

a ：si yaci ningge?
e ：duici ningge.
a ：cimari uthai “sy el” seme hūlaki
a ：suweni tere šooye i gebube ai sembi?
e ：loo tai tai boobei adali tuwame ofi, tere dade banjihangge šayan turgunde, loo tai tai uthai boo ioi seme gebulehebi.
a ：yafan ci musei boo ioi be hūlame gajifi, ce i boo ioi de duibuleci antaka biheni?
e ：suweningge ci banjihangge absi?
a ：ainu geren gurun de emu lin siyang žu bifi, han gurun de inu emu sy ma siyang žu bi ohoni?

---

a ：你第幾個？
e ：第四。
a ：明日就叫四兒。
a ：你們這少爺叫什麼名子?
e ：因老太太看作寶貝一樣，況且他又長的白，老太太便起名叫寶玉。
a ：園裡把偺們的寶玉叫了來，比他們的寶玉如何?
e ：比你們的長的如何?
a ：怎麼列國有個藺相如，漢朝又有個司馬相如呢?

---

a ：你第几个？
e ：第四。
a ：明日就叫四儿。
a ：你们这少爷叫什么名子?
e ：因老太太看作宝贝一样，况且他又长的白，老太太便起名叫宝玉。
a ：园里把咱们的宝玉叫了来，比他们的宝玉如何?
e ：比你们的长的如何?
a ：怎么列国有个蔺相如，汉朝又有个司马相如呢?

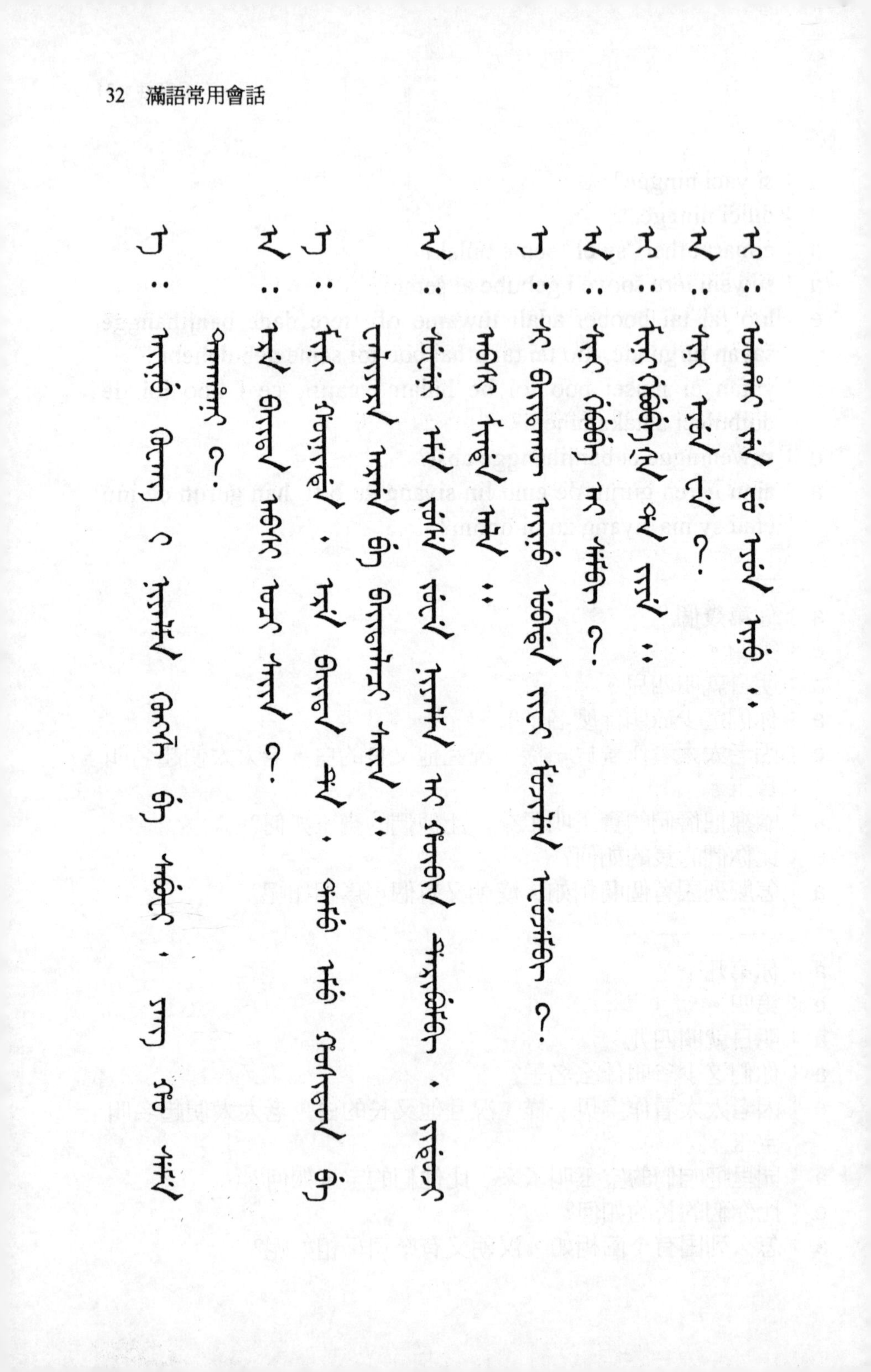

[illegible] ?

[illegible] ?

[illegible] ?

[illegible]

[illegible] ?

[illegible] ?

[illegible] ᠉

[illegible] ?

[illegible] ᠉

e：ainu kuwang i niyalma kungdz be sabufi, yang ho seme takahani?
a：ere baita absi oci sain？
e：mini gūninde, ere baita de, damu emu hositon be waliyara arga be baitalaci sain.
a：suweni eme juse juwe niyalma ai hūbin deribumbi, jiduji absi minde ala.
e：si baitakū ainu ubade jifi mujilen efujembi？
a：sini gebube ai sembi？
i：mini gebube ša da jiye.
a：sini eyun we？
i：uthai jen ju eyun inu.

---

e：怎麼匡人看見孔子，只是當陽貨呢?
a：這件事可怎麼好？
e：依我看，這件事，只能用一個掉包兒的法子。
a：你們娘兒倆搞什麼鬼，到底怎麼樣告訴我呀！
e：你好好的爲什麼在這裡傷心？
a：你名字叫什麼？
i：我叫傻大姐兒。
a：你姐姐是哪一個？
i：就是珍珠姐姐。

---

e：怎么匡人看见孔子，只是当阳货呢?
a：这件事可怎么好？
e：依我看，这件事，只能用一个掉包儿的法子。
a：你们娘儿俩搞什么鬼，到底怎么样告诉我呀！
e：你好好的为什么在这里伤心？
a：你名字叫什么？
i：我叫傻大姐儿。
a：你姐姐是哪一个？
i：就是珍珠姐姐。

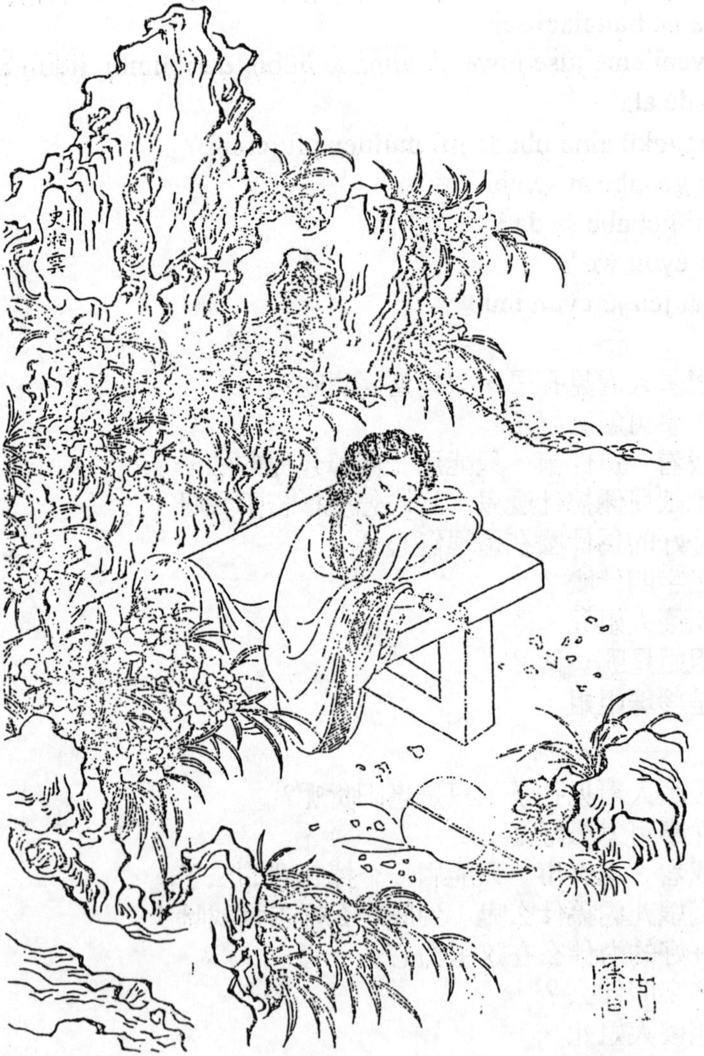
史湘雲

四、早睡早起

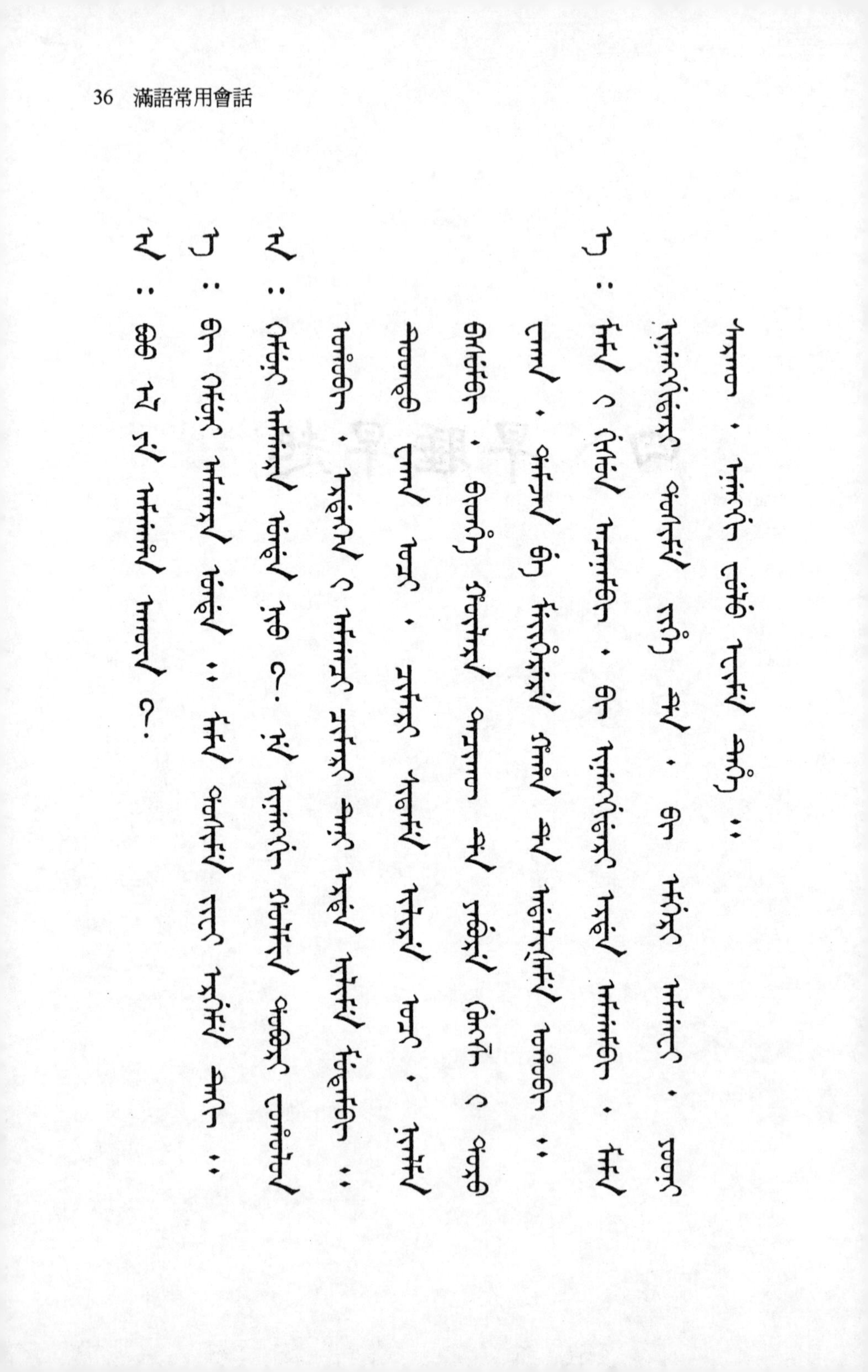

四、早睡早起

a：boo el ye amgaha akūn？

e：bi kemuni amgara unde. mama dosime jifi ergeme teki。

a：kemuni amgara unde nio？ne inenggi golmin dobori foholon ohobi, erdeken i amgaci cimari teni erde ilime mutembi, tuttu waka oci,cimari sitame ilire oci, niyalma basumbi, bithe hūlara tacikū de yabure gungdz i doro waka, damjan be meiherere haha de adališame ohobi。

e：mama i gisun acanambi. bi inenggidari erde amgambi; mama inenggidari dosime jihe de, bi emgeri amgafi, yooni sarkū, enenggi fulu efime tehe。

---

a：寶二爺睡下了沒有？

e：我還沒睡呢，媽媽進來歇歇。

a：還沒睡呢！如今天長夜短，早些睡，明日方起的早；不然，到了明日起遲了，大家笑話，不是個讀書上學的公子了，倒像那挑腳夫了。

e：媽媽說的是，我每日都睡的早，媽媽每日進來，可都是我不知道的，已經睡了，今日多玩了一會兒。

---

a：宝二爷睡下了没有？

e：我还没睡呢，妈妈进来歇歇。

a：还没睡呢！如今天长夜短，早些睡，明日方起的早；不然，到了明日起迟了，大家笑话，不是个读书上学的公子了，倒像那挑脚夫了。

e：妈妈说的是，我每日都睡的早，妈妈每日进来，可都是我不知道的，已经睡了，今日多玩了一会儿。

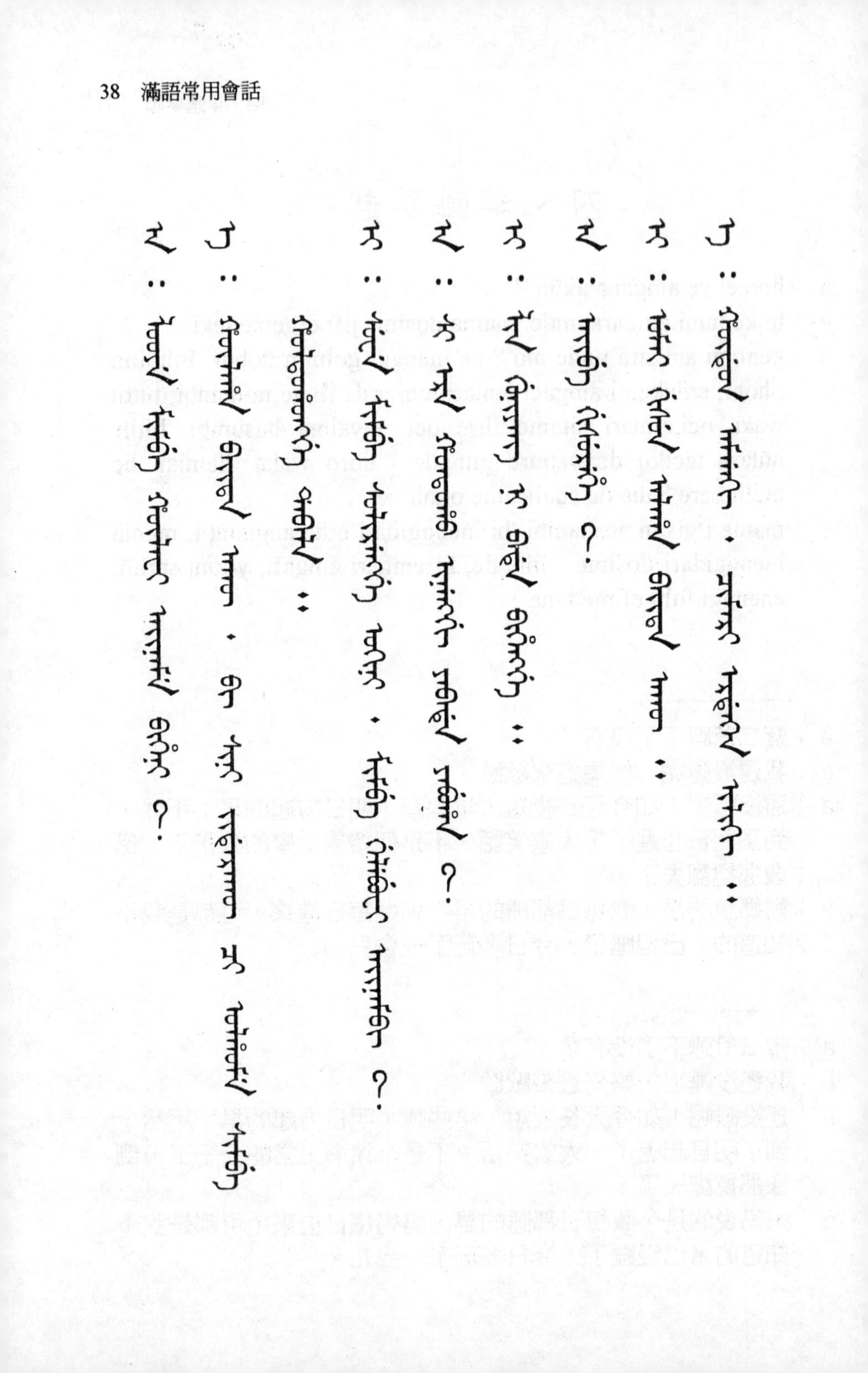

ᠠ : [illegible] ᠈ [illegible] ᠉

ᡨ : [illegible] ᠉

ᡝ : [illegible] ?

ᡨ : [illegible] ᠉

ᡝ : [illegible] ?

ᡨ : [illegible] ᠈ [illegible] ?
[illegible] ᠉

ᠠ : [illegible] ᠈ [illegible]

ᡝ : [illegible] ?

a ：looye mimbe hūlafi ainame biheni？
e ：hūlaha baita akū, bi sini jiderakū ci olhome simbe holtohongge dabala。
i ：suwe mimbe solirengge okini, mimbe gelebufi ainambi？
a ：si ere hontoho inenggi yabade yabuha？
i ：lin guniyang ni bade bihengge。
a ：aibe gisurehe？
i ：umai gisun alaha baita akū。
e ：hūdun amgaki, cimari erdeken iliki。

---

a ：老爺叫我作什麼？
e ：沒有叫，我怕你不來，纔哄你的。
i ：你們請我也罷了，何苦來嚇我？
a ：你這好半天到哪裡去了？
i ：在林姑娘那邊。
a ：說些什麼？
i ：沒有說什麼。
e ：快睡吧，明日早些起來。

---

a ：老爷叫我作什么？
e ：没有叫，我怕你不来，纔哄你的。
i ：你们请我也罢了，何苦来吓我？
a ：你这好半天到哪里去了？
i ：在林姑娘那边。
a ：说些什么？
i ：没有说什么。
e ：快睡吧，明日早些起来。

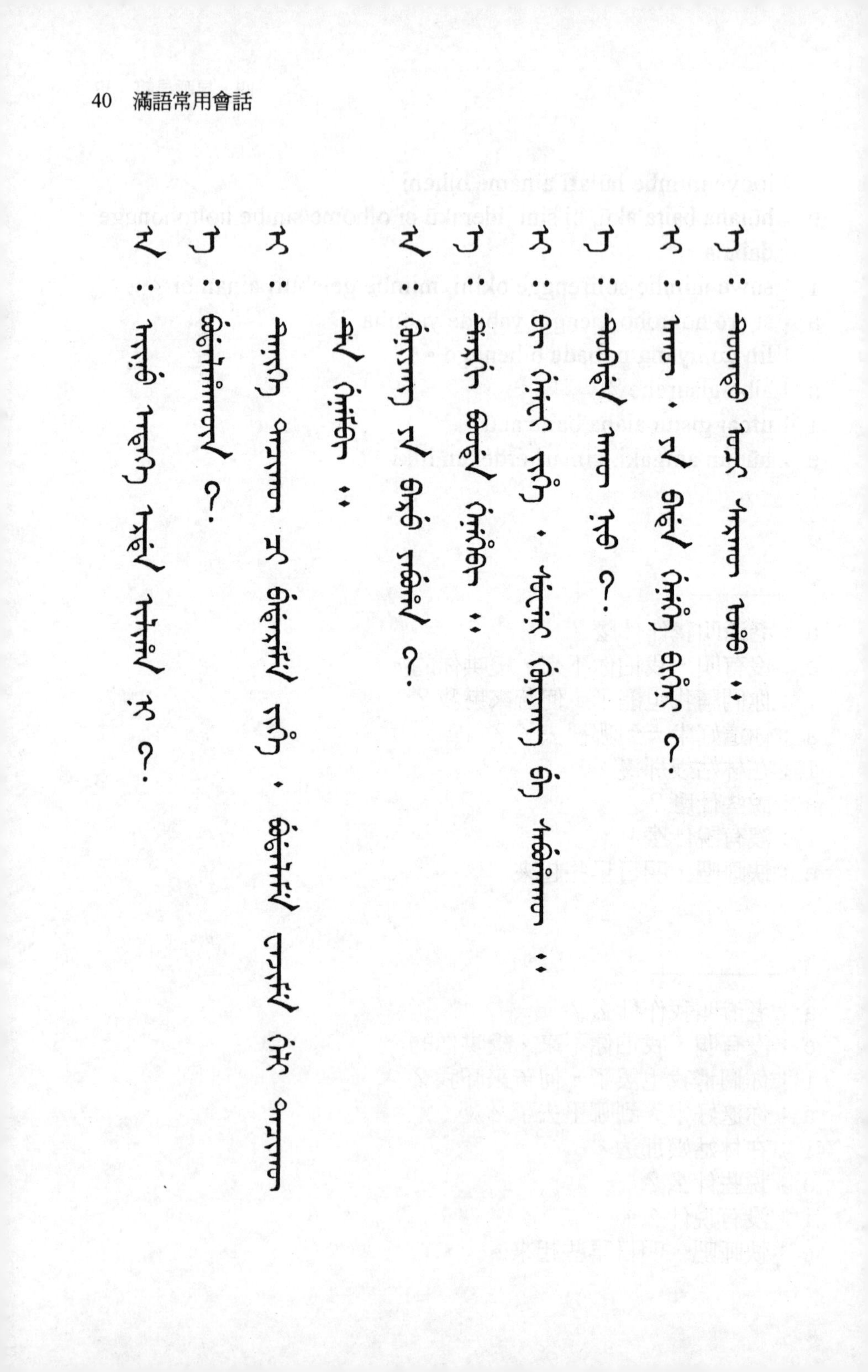

[illegible]

[illegible]

[illegible]

[illegible]

[illegible]

[illegible]

[illegible]

[illegible]

[illegible]

[illegible]

a ：ainu enteke erde iliha ni？
e ：budalahakūn？
i ：tenike tacikū ci bedereme jihe, budalame wajime geli tacikū de genembi。
a ：guniyang ya baru yabuha？
e ：dergi boode genehebi。
i ：bi genefi jihe, suweni guniyang be sabuhakū。
e ：tubade akū nio？
i ：akū, ya bade genehe biheni？
e ：tuttu oci sarkū oho。

---

a ：怎麼這麼早就起來了？
e ：沒吃飯嗎？
i ：纔從學堂回來，吃完飯還要去學堂。
a ：姑娘去哪裡了？
e ：去上屋裡了。
i ：我去了來的，沒有看見你們的姑娘。
e ：沒在那裡嗎？
i ：沒有，到底去哪裡了？
e ：那就不知道了。

---

a ：怎么这么早就起来了？
e ：没吃饭吗？
i ：纔从学堂回来，吃完饭还要去学堂。
a ：姑娘去哪里了？
e ：去上屋里了。
i ：我去了来的，没有看见你们的姑娘。
e ：没在那里吗？
i ：没有，到底去哪里了？
e ：那就不知道了。

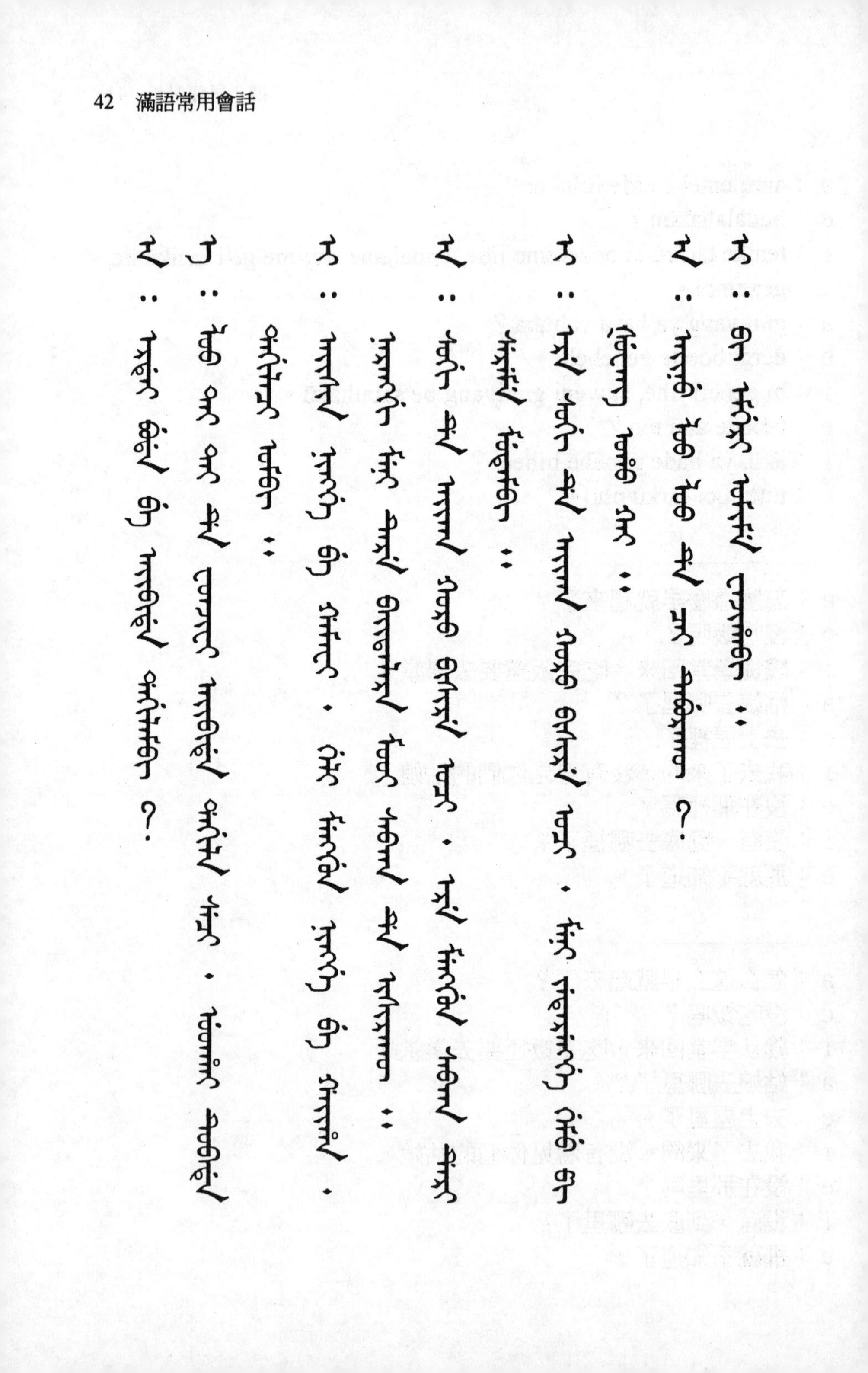

a：erdei buda be aibide dagilambi？

e：loo tai tai de fonjifi aibide dagila seci, uthai tubade dagilaci ombi.

i：aisin ningge be gamafi, geli menggun ningge be gajiha, naranggi meni tere baitalara mooi sabka de isirakū.

a：sogi de aika koro bisire oci, ere menggun sabka deri sereme mutembi.

i：ere sogi de aika koro bisire oci, meni jeterengge gemu pi šuwang oho kai.

a：ainu loo loo de cai teburakū.

i：bi emgeri omime wajihabi.

---

a：早飯在哪裡擺？

e：問老太太在哪裡擺，就在那裡擺。

i：去了金的，又拿來銀的，到底不及我們用的那個木筷子.

a：菜裡要是有毒，這銀筷子下去就能試得出來。

i：這個菜裡要是有毒，我們吃的都成了砒霜了。

a：爲什麼不給姥姥倒茶？

i：我已經吃過了。

---

a：早饭在哪里摆？

e：问老太太在哪里摆，就在那里摆。

i：去了金的，又拿来银的，到底不及我们用的那个木筷子.

a：菜里要是有毒，这银筷子下去就能试得出来。

i：这个菜里要是有毒，我们吃的都成了砒霜了。

a：为什么不给姥姥倒茶？

i：我已经吃过了。

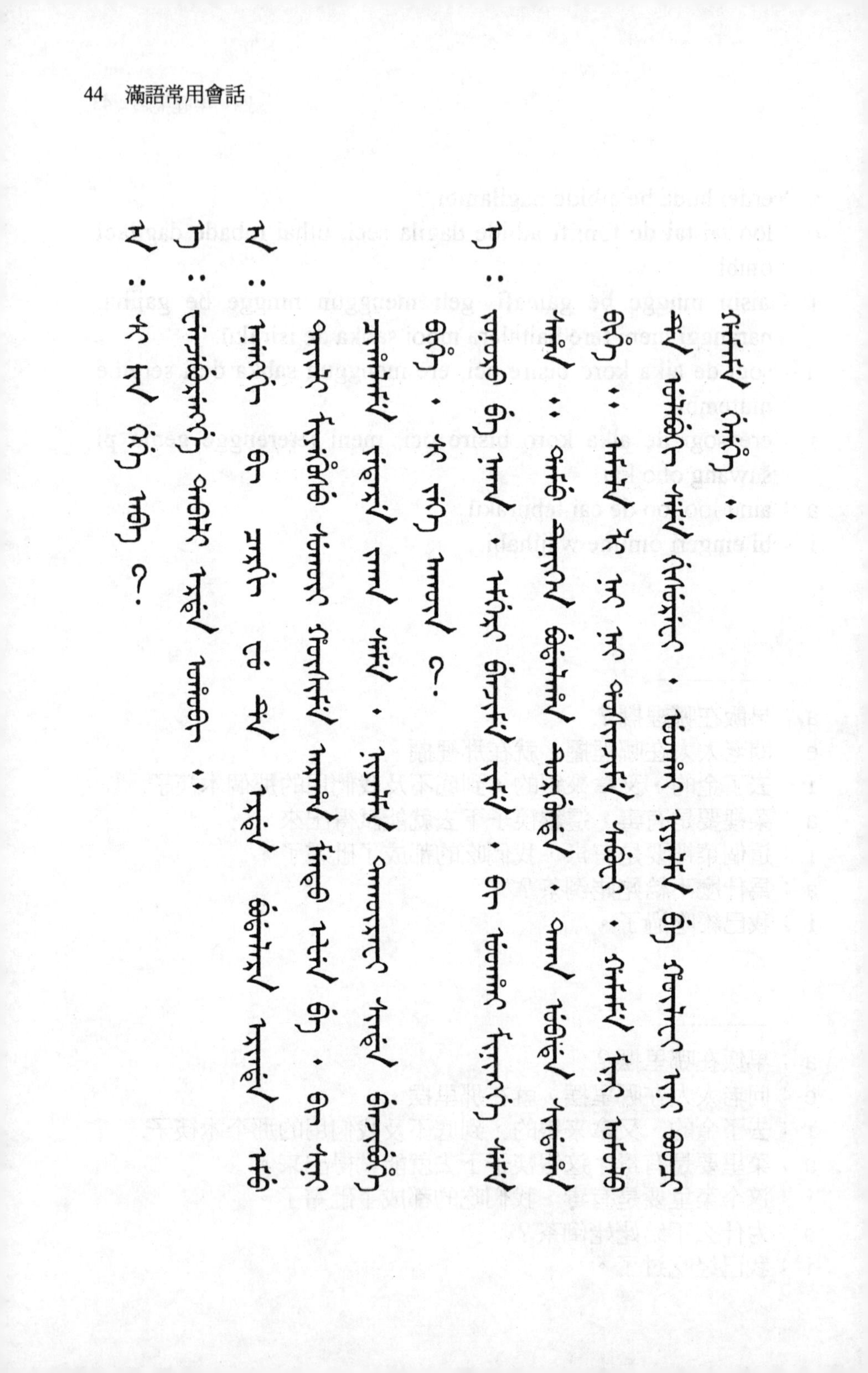

[illegible]

[illegible]

[illegible]

[illegible]

[illegible]

[illegible]

[illegible]

[illegible]

[illegible]

a：si žin gege aba?
e：wenjeburengge dabali erde ohobi.
a：enenggi bi cargi fu de erde budalara erinde emu taili miyehusu sukūi hūsime araha mentu efen be, bi sini cihalame jetere jaka seme, niyalma takūrafi sinde benjibuhe bihe, si jeke akūn?
e：jonoro be naka, emgeri benjime jime, bi uthai miningge seme saha, damu teniken budalaha turgunde, taka ubade sindaha bihe, amala li nai nai dosinjime sabufi, gamame mini omolo de ulebuki seme gisurefi, uthai niyalma be hūlafi ini booci gamame genehe.

---

a：襲人姐姐在哪兒？
e：好啊！這麼早就睡了。
a：今兒我在那府裡吃早飯，有一碟子豆腐皮兒的包子，我想著你愛吃，叫人送過來的，你可吃了？
e：快別提了，一送了來，我就知道是我的，偏纔吃了飯，就擱在這，後來李奶奶來看見了，說拿去給我孫子吃吧，就叫人拿了家去。

---

a：袭人姐姐在哪儿？
e：好啊！这么早就睡了。
a：今儿我在那府里吃早饭，有一碟子豆腐皮儿的包子，我想着你爱吃，叫人送过来的，你可吃了？
e：快别提了，一送了来，我就知道是我的，偏纔吃了饭，就搁在这，后来李奶奶来看见了，说拿去给我孙子吃吧，就叫人拿了家去。

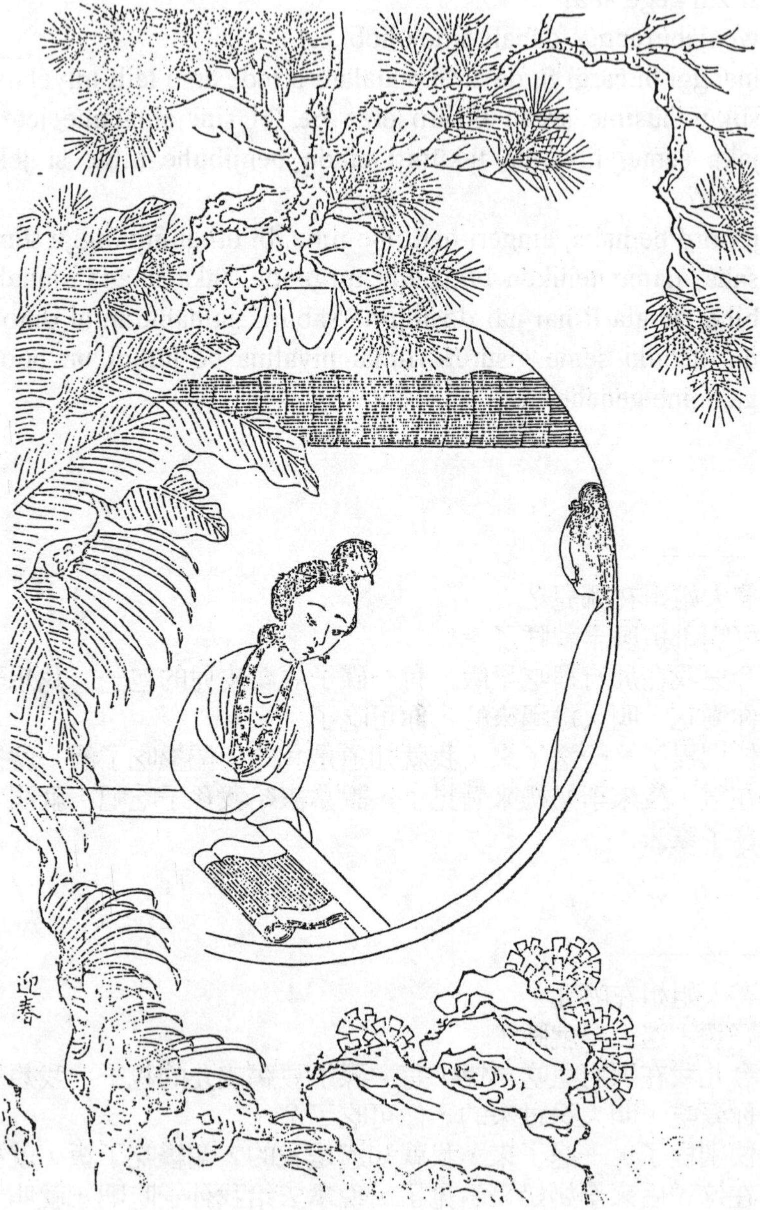
迎春

五、勤修精進

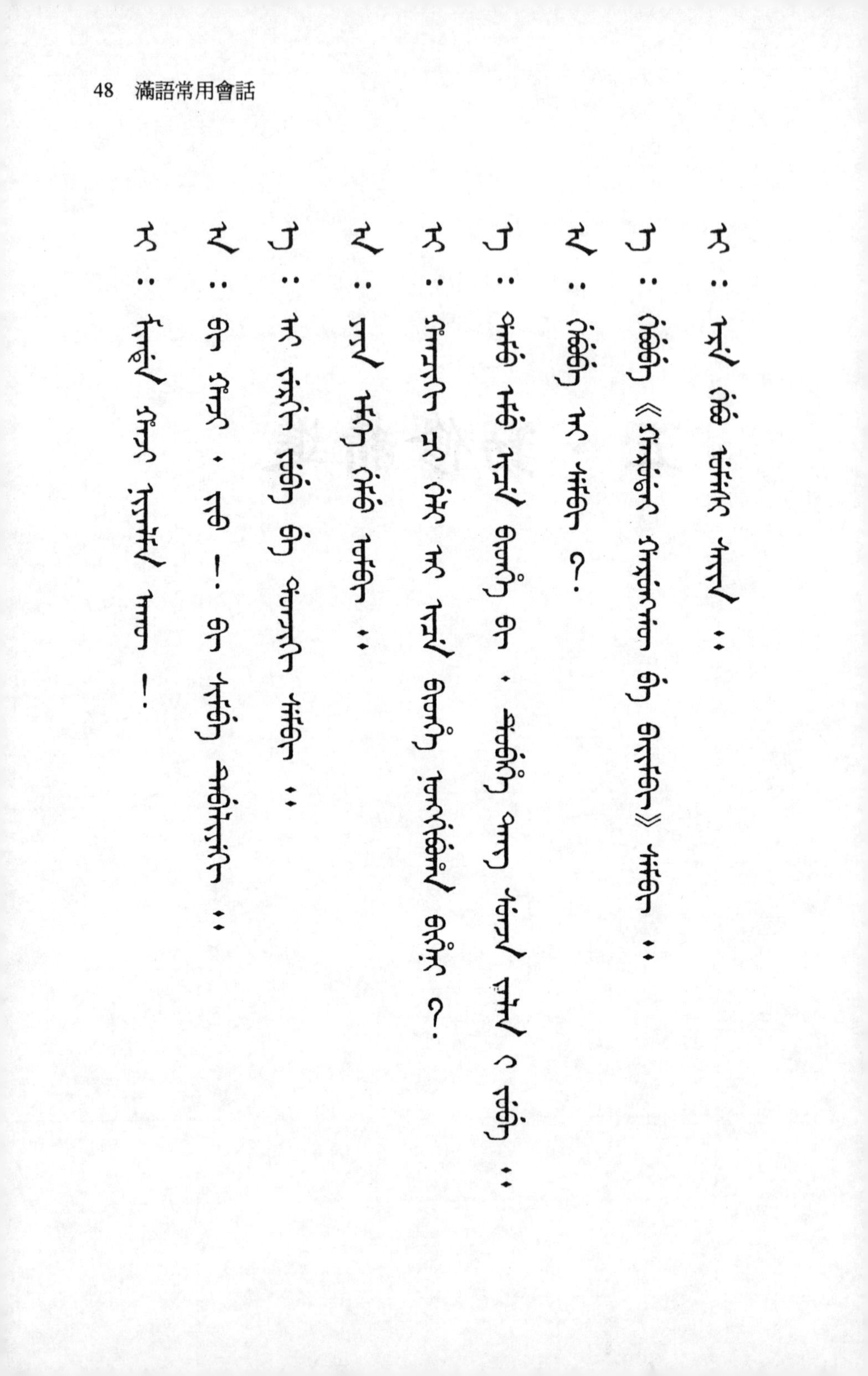

五、勤修精進

i ：minde haji niyalma akū!
a ：bi haji, jio! bi simbe tebeliyeki.
e ：ai jergi jube be donjiki sembi.
a ：yaya emke gemu ombi.
i ：hanciki ci geli ai ice bithe nonggibuha biheni?
e ：damu emu ice bithe bi, dubehe tang sunja jalan i jube.
a ：gebube ai sembi?
e ：gebube《garudai garunggū be baimbi》sembi.
i ：ere gebu umesi sain.

---

i ：我是沒人疼的！
a ：我疼，來吧！我摟著你。
e ：想聽些什麼故事？
a ：不拘什麼都好。
i ：近來可又添些什麼新書呢？
e ：倒有一本新書，是晚唐五代的故事。
a ：是何名？
e ：這叫做《鳳求鸞》。
i ：這個名字倒好。

---

i ：我是没人疼的！
a ：我疼，来吧！我搂着你。
e ：想听些什么故事？
a ：不拘什么都好。
i ：近来可又添些什么新书呢？
e ：倒有一本新书，是晚唐五代的故事。
a ：是何名？
e ：这叫做《凤求鸾》。
i ：这个名字倒好。

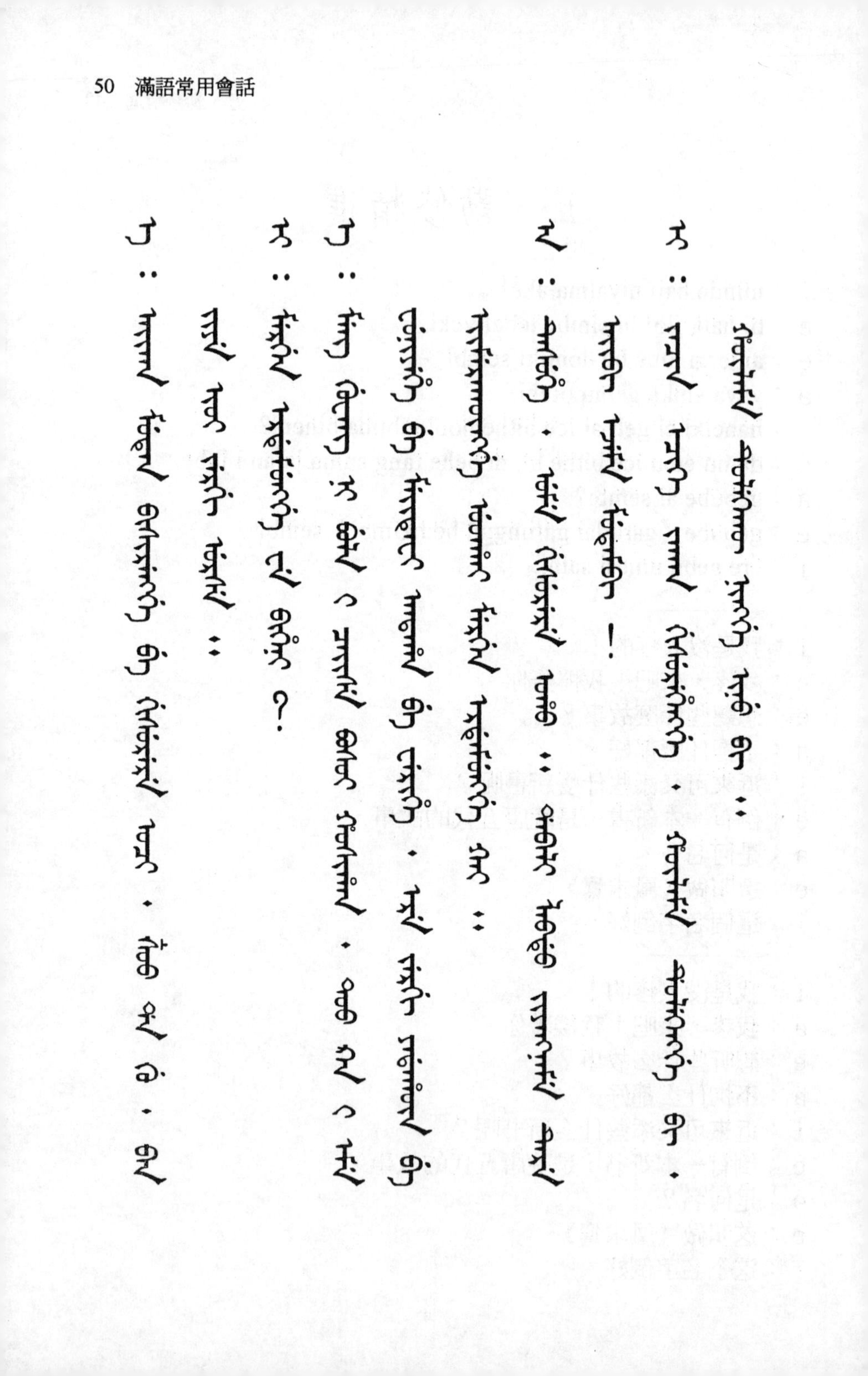

e：aika muten bisirengge be gisurere oci, ts'oo da gu、ban jiye ioi jergi urse。

i：mergen erdemungge we biheni？

e：meng guwang ni bula i caise bosoi hosihan, too k'an i eme funiyehe be meitefi antaha be werihe. ere jergi yadahūn be eimerakūngge uthai mergen erdemungge kai。

a：tesuhe, ume gisurere oho, dabali labdu jiyangname tere aibi ejeme mutembi！

i：jacin ecike jakan gisurehengge: hūlame dulekengge bi, hūlame dulekekū ningge inu bi。

---

e：若說有才的，是曹大家、班婕妤諸人。

i：那賢德的呢？

e：孟光的荆釵布裙，陶侃母的截髮留賓，這些不厭貧的就是賢德了。

a：夠了，不用說了，講得太多，他哪裡記得呢？

i：二叔叔纔說的：也有念過的，也有沒念過的。

---

e：若说有才的，是曹大家、班婕妤诸人。

i：那贤德的呢？

e：孟光的荆钗布裙，陶侃母的截发留宾，这些不厌贫的就是贤德了。

a：够了，不用说了，讲得太多，他哪里记得呢？

i：二叔叔纔说的：也有念过的，也有没念过的。

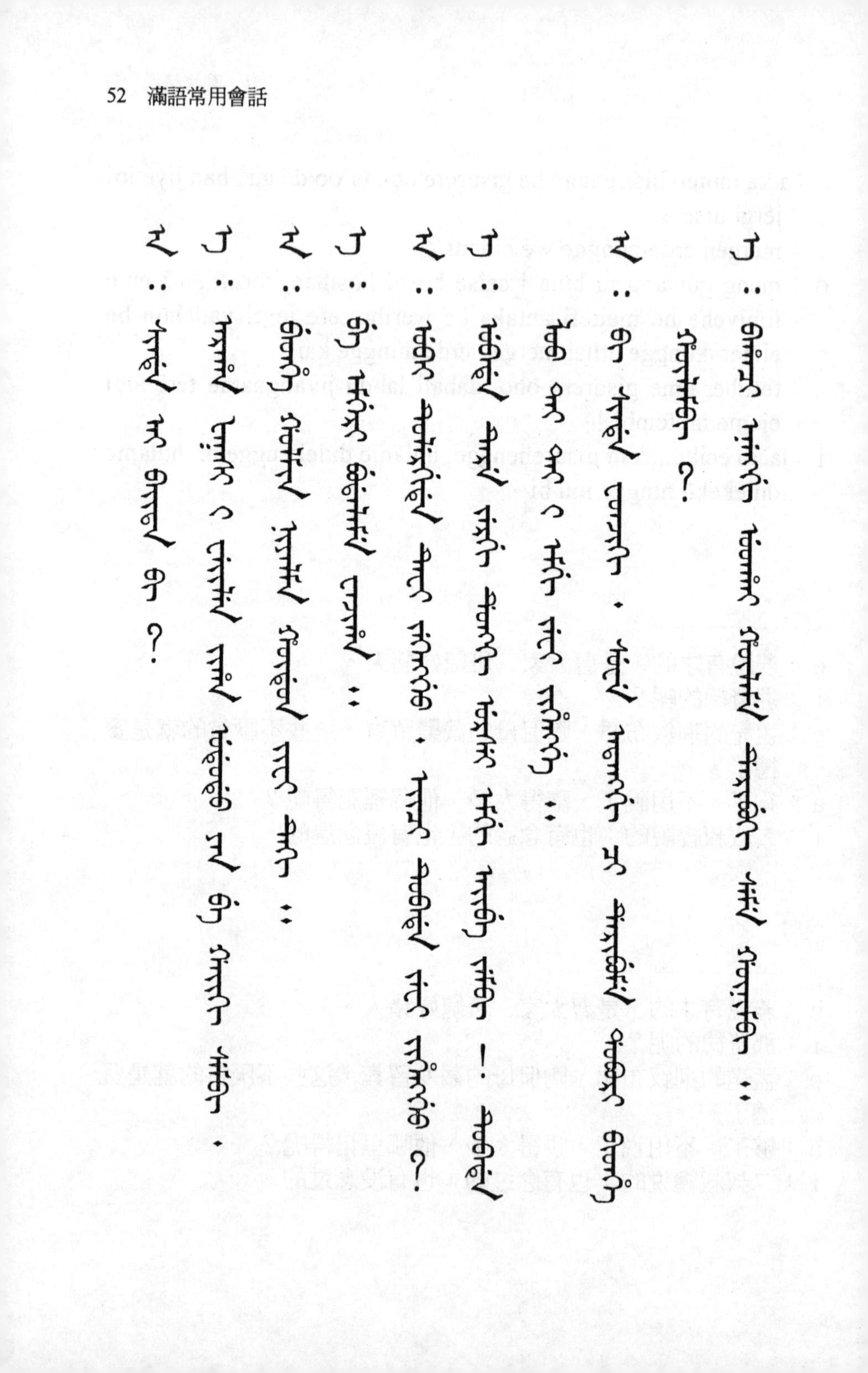

ᠠ : [illegible] ?

ᡝ : [illegible] ::

ᠠ : [illegible]

ᡝ : [illegible] ?

ᠠ : [illegible] ::

ᡝ : [illegible] ::

ᠠ : [illegible]

ᡝ : [illegible] ?

a：sinde ai baita bi?
e：araha faksi i weilen jiha ududu yan be gaiki sembi.
i：bethe golmin niyalma hūdun jifi teki.
e：be emgeri budalame wajiha.
a：ubai tulergide tefi jekenggeo, eici tubade jefi jihenggeo?
e：ubade tere jergi dungki ursei emgi aibe jembi! tubade loo tai tai i emgi jefi jihengge.
a：bi sinde fonjiki, suwe atanggi ci deribume dobori bithe hūlambi?
e：bahaci enenggi uthai hūlame deribuki seme gūnimbi.

---

a：你有什麼事？
e：想領取裁縫工銀若干兩。
i：好長腿子！快上來坐吧！
e：我們已經吃過飯了。
a：是在這邊外頭坐著吃的，還是在那邊吃的？
e：在這兒同那些混帳人吃什麼？還是那邊跟著老太太吃了來的。
a：我且問你，你們什麼時候才開始念夜書呢？
e：巴不得今日就開始念纔好。

---

a：你有什么事？
e：想领取裁缝工银若干两。
i：好长腿子！快上来坐吧！
e：我们已经吃过饭了。
a：是在这边外头坐着吃的，还是在那边吃的？
e：在这儿同那些混帐人吃什么？还是那边跟着老太太吃了来的。
a：我且问你，你们什么时候才开始念夜书呢？
e：巴不得今日就开始念纔好。

[illegible]

a：si aika geli tacikū de genembi sere gisun be gisurere oci, mimbe gemu yertebume wambi. mini gisun be dahaci, si naranggi sini efin be efici acambi. si mini falan be fehume nantuhūrabure, mini ucede latume nantuhūrabure be olhošo!

e：suwe inenggidari terebe dahalame tacikū de genembi, tere jiduji ai jergi bithe be hūlaha biheni?

i：gungdz emgeri 《irgebun nomun》i ilaci debtelin de hūlame isinahabi, hūlara gisun"buhū kūtacarangge u u sembi, šun ilhai abdaha inggari orho"sembi, buya niyalma bi gelhun akū holo gisurerakū.

---

a：你要再提「上學」的話，連我都羞死了！若依我的話，你索性玩你的去是正經。小心站髒了我這個地，靠髒了我這個門！

e：你們成天跟他上學，他到底念了些什麼書？

i：公子已經念到《詩經》第三冊，什麼「攸攸鹿鳴，荷葉浮萍」，小的不敢撒謊。

---

a：你要再提「上学」的话，连我都羞死了！若依我的话，你索性玩你的去是正经。小心站脏了我这个地，靠脏了我这个门！

e：你们成天跟他上学，他到底念了些什么书？

i：公子已经念到《诗经》第三册，什么「攸攸鹿鸣，荷叶浮萍」，小的不敢撒谎。

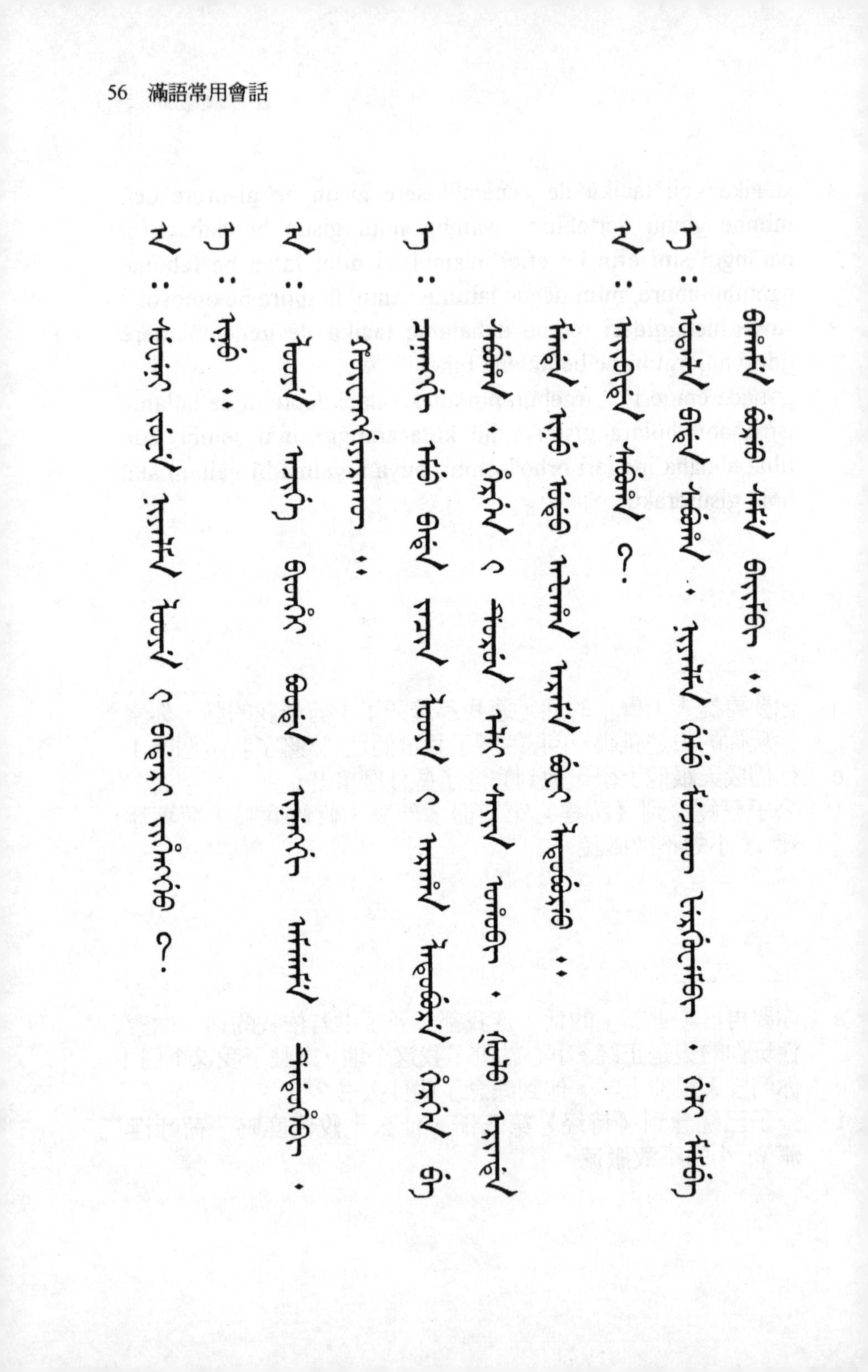

a：suweni juwe niyalma looye i baderi jihenggeo？
e：inu.
a：looye ajige bithei boode inenggi amgame deduhebi, hūwanggiyarakū.
e：cananggi emu bade jacin looye i araha latubure hergen be sabuha, hergen i durun elei sain ohobi, šolo erinde mende inu udu afaha arame bufi latubureo.
a：aibide sabuha？
e：utala bade sabuha, niyalma gemu mujakū ferguwembi, geli membe bahame bureo seme baimbi.

---

a：你們兩人是從老爺那裡來的嗎？
e：是。
a：老爺在小書房睡午覺呢，無妨。
e：前天在某處看見二爺寫的字帖了，字形更好了。空閒時也給我寫幾張貼上。
a：在何處見的。
e：在數處見的，人都很欣賞，還求我給請到。

---

a：你们两人是从老爷那里来的吗？
e：是。
a：老爷在小书房睡午觉呢，无妨。
e：前天在某处看见二爷写的字帖了，字形更好了。空闲时也给我写几张贴上。
a：在何处见的。
e：在数处见的，人都很欣赏，还求我给请到。

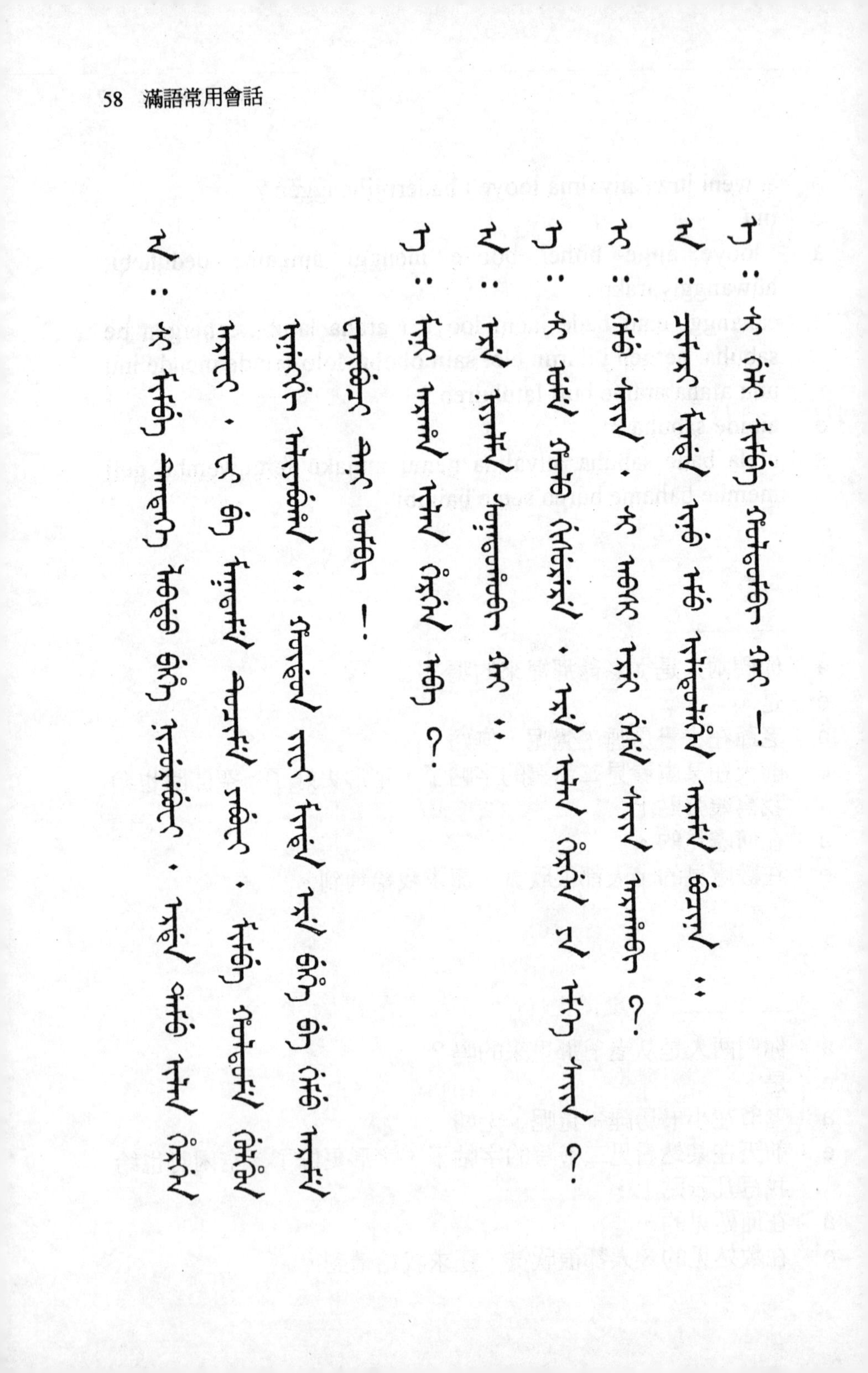

a ：si mimbe tenteke labdu behe nijurebufi, erde damu ilan hergen arafi, fi be maktame tucime yabufi, mimbe holtome gulhun inenggi aliyabuha. hūdun jifi minde ere behe be gemu arame wajibuci teni ombi!
e ：mini araha ilan hergen aba?
a ：ere niyalma soktohobi kai.
e ：si ume holo gisurere, ere ilan hergen ya emke sain?
i ：gemu sain, si absi erei gese sain arahabi?
a ：cimari minde inu emu iletulehen arame bucina.
e ：si geli mimbe holtombi kai!

---

a ：你叫我研了那麼多的墨，早起只寫了三個字，扔下筆就走了，哄我等了這一天，快來給我寫完了這些墨纔算呢！
e ：我寫的那三個字在哪裡呢？
a ：這個人可醉了。
e ：你別撒謊，你看這三個字，哪一個好？
i ：個個都好。你怎麼寫的這樣好法？
a ：明兒也替我寫個匾。
e ：你又哄我了。

---

a ：你叫我研了那么多的墨，早起只写了三个字，扔下笔就走了，哄我等了这一天，快来给我写完了这些墨纔算呢！
e ：我写的那三个字在哪里呢？
a ：这个人可醉了。
e ：你别撒谎，你看这三个字，哪一个好？
i ：个个都好。你怎么写的这样好法？
a ：明儿也替我写个匾。
e ：你又哄我了。

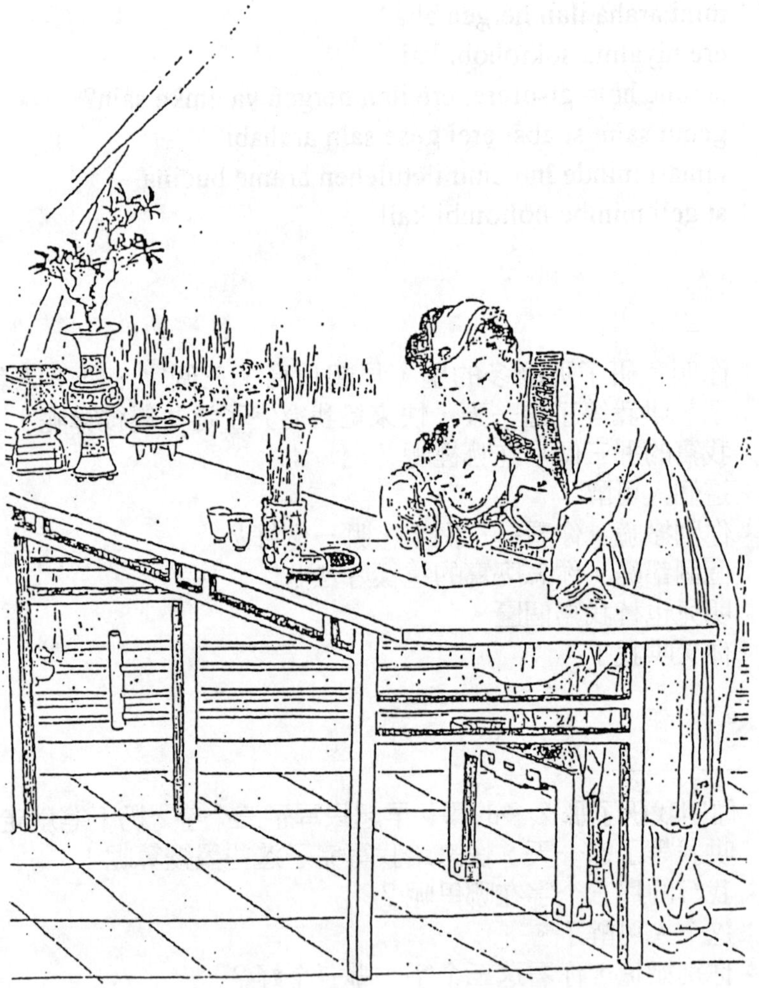

六、讀書明理

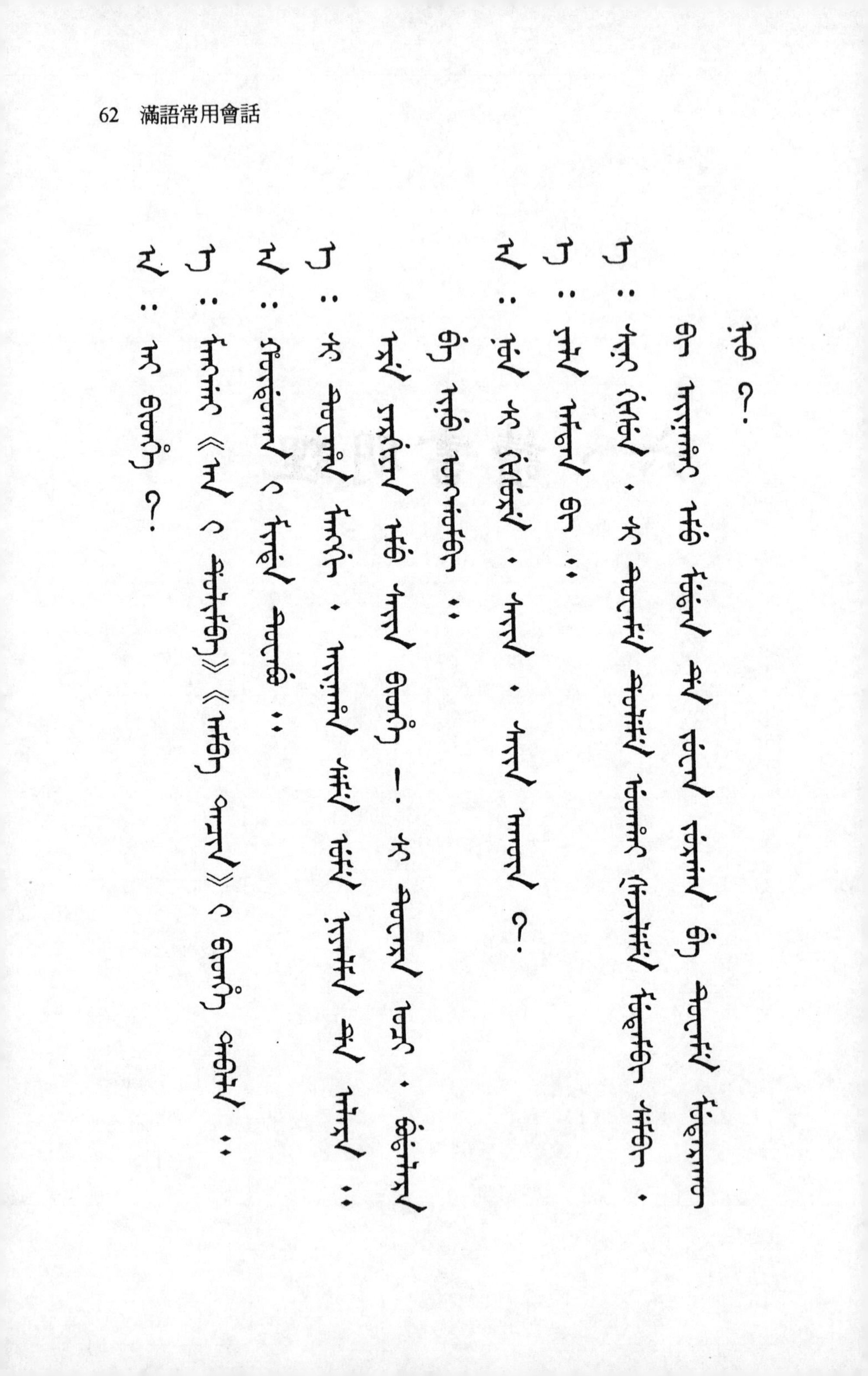

ᠠ: [illegible]

ᠠ: [illegible] ᠪᡳᡨᡥᡝ · ᠰᡳ [illegible] ᠠᠮᠪᠠ?

六、讀書明理

a：ai bithe?

e：manggai 《an i dulimba》、《amba tacin》 i bithe dabala.

a：hūdukan i minde tuwabu.

e：si tuwaha manggi, ainaha seme ume niyalma de alara. ere yargiyan emu sain bithe! si tuwara oci, budalara be inu onggombi.

a：nun si gisure, sain, sain akū̄n?

e：yala amtan bi.

e：sini gisun, si tuwame duleme uthai šejileme mutembi sembi, bi ainahai emu mudan de juwan jurgan be tuwame muterakū nio?

---

a：什麼書？

e：不過是《中庸》、《大學》。

a：趁早兒給我瞧瞧。

e：你看了，好歹別告訴人，這真是一本好書，你要看了，連飯也忘了吃呢！

a：妹妹，你說好不好？

e：果然有趣。

e：你說你能過目不忘，我難道就不能一目十行嗎？

---

a：什么书？

e：不过是《中庸》、《大学》。

a：趁早儿给我瞧瞧。

e：你看了，好歹别告诉人，这真是一本好书，你要看了，连饭也忘了吃呢！

a：妹妹，你说好不好？

e：果然有趣。

e：你说你能过目不忘，我难道就不能一目十行吗？

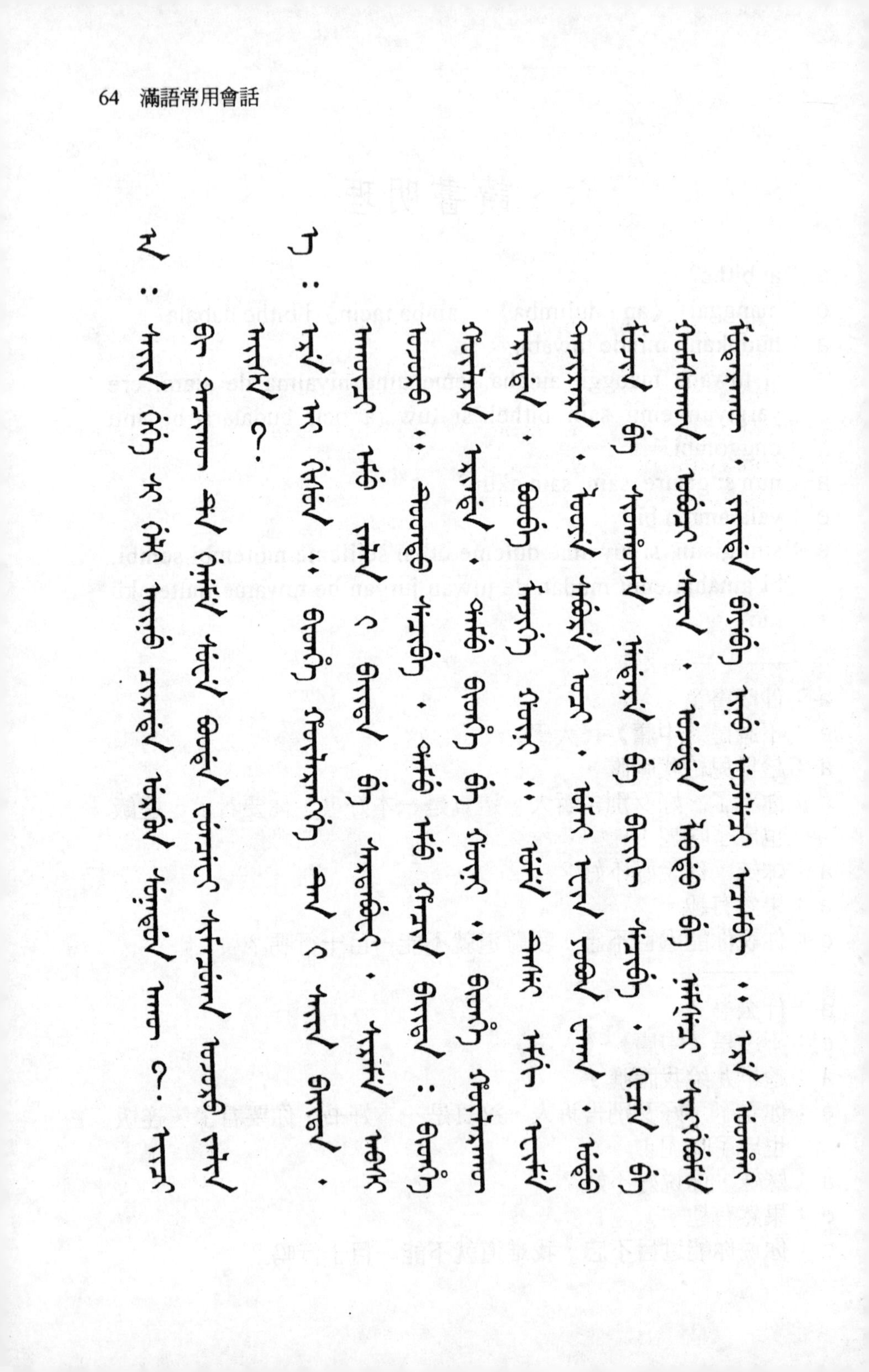

[illegible]

[illegible]

[illegible]

[illegible]

[illegible]

[illegible]

[illegible]

[illegible]

[illegible]

[illegible]

[illegible]

[illegible]

a：sain gege si geli ainu cirade urgun sukdun akū? eici bi tacikū de geneme suwe boode funcefi simacuka ojoro jalin aise!

e：ere ai gisun, bithe hūlarangge ten i sain baita, akūci emu jalan i baita be sartabufi, sirame absi ojoro. tuttu secibe damu emu hacin baita; bithe hūlara erinde damu bithe be gūni, bithe hūlarakū erinde, boobe majige gūni, ume tesei emgi efime tajirara, looye sabure oci, umai efin yobon waka, udu mujin be sithūme nendere be baiki secibe, kicen be komsokon obuci sain, ujude labdu be nemšeci singgebume muterakū, jaide beyebe inu ujeleci acambi, ere uthai

---

a：好姐姐，你怎麼臉上又沒悅色了？難道是爲我上學去，丟的你們清靜了不成？

e：這是哪裡的話！讀書是很好的事，不然就躭誤一輩子的事了，那以後怎麼樣呢？但只一件，就是念書的時候兒只想著書，不念的時候想著些家，別總和他們一處玩鬧，碰見老爺可不是玩的，雖說是奮志要強，那功課寧可少些，一則貪多不能消化，二則身子也要保重，這就是

---

a：好姐姐，你怎么脸上又没悦色了？难道是为我上学去，丢的你们清静了不成？

e：这是哪里的话！读书是很好的事，不然就躭误一辈子的事了，那以后怎么样呢？但只一件，就是念书的时候儿只想著书，不念的时候想着些家，别总和他们一处玩闹，碰见老爷可不是玩的，虽说是奋志要强，那功课宁可少些，一则贪多不能消化，二则身子也要保重，这就是

[illegible]

mini ererengge, si ainame bahafi ulhinjeki.

a：meni boo inu bithe hūlaha niyalmai boo seci ombi。mini mafa i galade bithe isabure be umesi buyembi。ahūn deotese irgebun de amuran ningge bi，uculen de amuran ningge inu bi，《si siyang ji》、《pi pa》jai《yuwan žen be jung》jergi bithe akū ningge akū。ce mende ulhiburakū hūlame tuwambi，be inu ce de sereburakū hūlahame tuwambi。amala unggata serefi，tantarangge be tantame，toorengge be toome，deijirengge be deijime waliyaha。tuttu ofi musei jergi sarganjuse hergen takarakū oci ele sain，haha urse bithe hūlafi giyan be ulhirakū oci kemuni bithe hūlahakū de isirakū。

我的意思，你好歹體諒些。

a：我們家也算是個讀書人家，我祖父手裡，也極愛藏書。弟兄們有愛詩的，也有愛詞的，諸如《西廂記》、《琵琶》、以及《元人百種》等書，無所不有。他們背著我們偷看，我們也背著他們偷看。後來長輩們知道了，打的打，罵的罵，燒的燒盡了，所以偺們女孩兒們家不認字的更好。男人們讀書不明理，尚且不如不讀書的好。

我的意思，你好歹体谅些。

a：我们家也算是个读书人家，我祖父手里，也极爱藏书。弟兄们有爱诗的，也有爱词的，诸如《西厢记》、《琵琶》、以及《元人百种》等书，无所不有。他们背着我们偷看，我们也背着他们偷看。后来长辈们知道了，打的打，骂的骂，烧的烧尽了，所以咱们女孩儿们家不认字的更好。男人们读书不明理，尚且不如不读书的好。

e：haha urse bithe hūlame giyan be ulhifi,gurun de aisilame irgen be dasara oci, ere teni sain. damu ne i erinde erei adali ningge be donjire unde, bithe hūlafi ele gusherakū ningge inu bi, ere umai bithe ce be sartabuhangge waka, hairaka ce bithe be gūtubuha seci ombi, tuttu ofi tarime tebume maimašame banjire oci, hono amba kokiran akū. si muse oci, giyan i majige ulme tonggo i weile be arame forome jodoro baita be icihiyara oci teni acanambi; ainara geli majige hergen takahabi. emgeri hergen takaha be dahame, giyan i tob doronggo bithe be tuwaci hono ombi。

---

e：男人們讀書明理，輔國治民，這纔是好。只是如今並聽不見有這樣的人，讀了書倒更壞了。這並不是書誤了他，可惜他把書糟蹋了，所以竟不如耕種買賣過日子，倒沒有什麼大害處。至於你我，只該做些針線紡績的事纔是；偏又認得幾個字，既認得了字，只該看那正經書罷了。

---

e：男人们读书明理，辅国治民，这纔是好。只是如今并听不见有这样的人，读了书倒更坏了。这并不是书误了他，可惜他把书糟蹋了，所以竟不如耕种买卖过日子，倒没有什么大害处。至于你我，只该做些针线纺绩的事纔是；偏又认得几个字，既认得了字，只该看那正经书罢了。

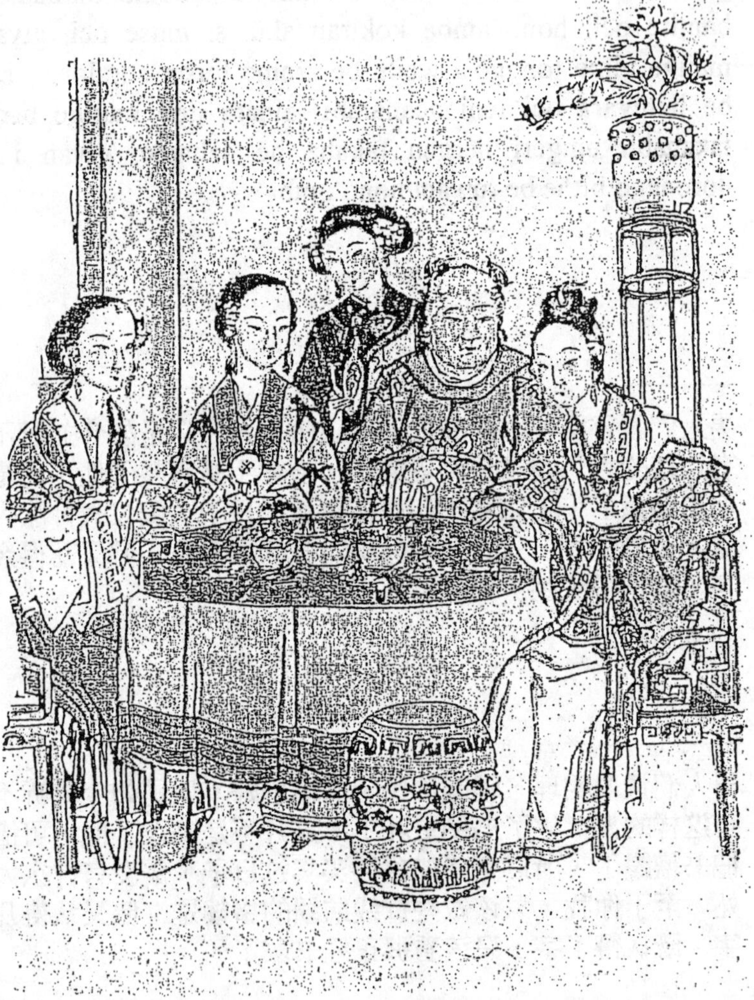

七、生日快樂

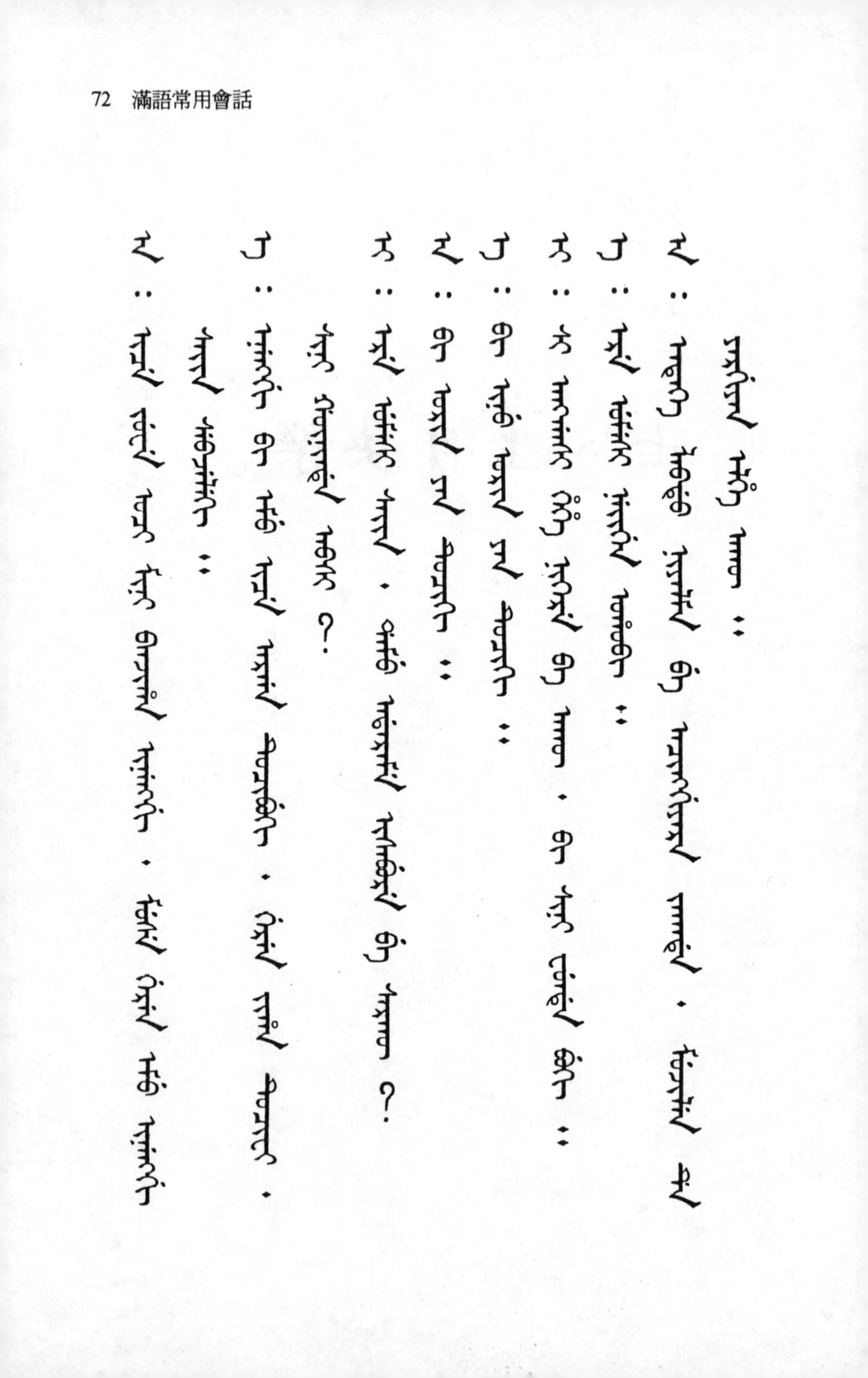

七、生日快樂

a：ice juwe oci mini banjiha inenggi, muse geren emu inenggi sain sebjeleki.

e：enenggi bi emu ice arga tucibuki, geren jiha tucifi, sini gūninde absi？

i：ere umesi sain, damu adarame isabure be sarkū？

a：bi orin yan tuciki.

e：bi inu orin yan tuciki.

i：si anggasi hehe nikere ba akū, bi sini funde buki.

e：ere umesi neigen ohobi.

a：enteke labdu niyalma be acinggiyara jakade, mujilen de yargiyan elhe akū.

---

a：初二日是我的生日，偺們大家好生樂一天吧！

e：今兒我出個新法子，大家湊錢，你意下如何？

i：這個很好，但不知怎麼湊？

a：我出二十兩。

e：我也出二十兩。

i：你寡婦無靠的，我替你出吧！

e：這很公道。

a：驚動這麼多人，於心實在不安。

---

a：初二日是我的生日，咱们大家好生乐一天吧！

e：今儿我出个新法子，大家凑钱，你意下如何？

i：这个很好，但不知怎么凑？

a：我出二十两。

e：我也出二十两。

i：你寡妇无靠的，我替你出吧！

e：这很公道。

a：惊动这么多人，于心实在不安。

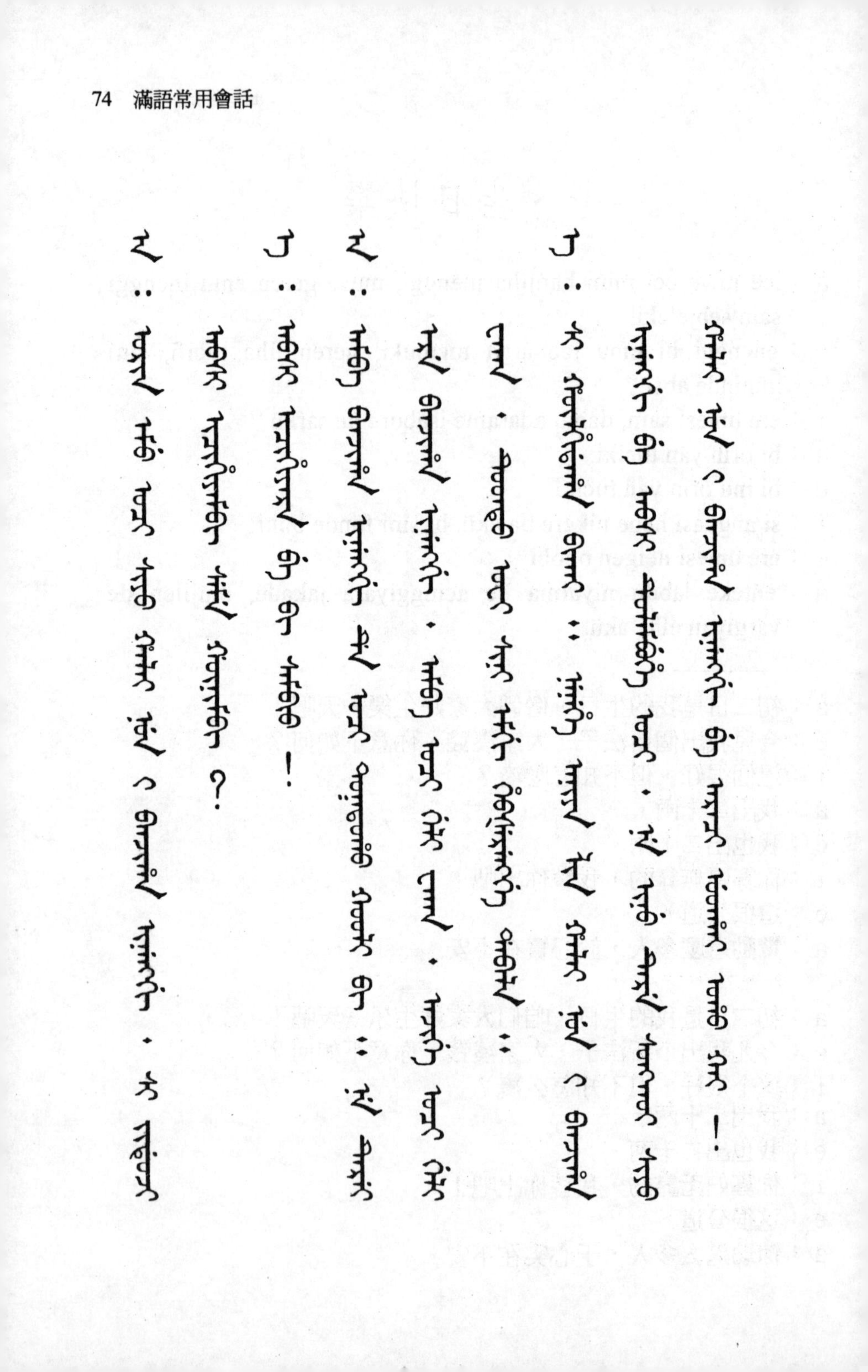

a：orin emu oci siyo halai nun i banjiha inenggi, si jiduji absi icihiyambi seme gūnimbi?

e：absi icihiyara be bi sambio！

a：amba banjiha inenggi de oci toktoho kooli bi, ne terei ere banjiha inenggi, amba oci geli waka, ajige oci geli waka, tuttu ofi sini emgi hebšerengge dabala.

e：si hūlhidaha bikai, nenehe aniya lin halai nun i banjiha inenggi be absi dulembuhe oci, ne inu tere songkoi siyo halai nun i banjiha inenggi be araci uthai oho kai!

---

a：二十一日是薛妹妹的生日，你到底想怎麼辦？

e：我知道怎麼辦嗎？

a：大生日是有定例的，如今他這生日，大又不是，小又不是，所以和你商量罷了。

e：你竟糊塗了，往年怎麼給林妹妹過的，如今也照樣給薛妹妹過就是了。

---

a：二十一日是薛妹妹的生日，你到底想怎么办？

e：我知道怎么办吗？

a：大生日是有定例的，如今他这生日，大又不是，小又不是，所以和你商量罢了。

e：你竟胡涂了，往年怎么给林妹妹过的，如今也照样给薛妹妹过就是了。

ᡝ : ᡝᠨᡝᡥᡝᠨ ᠪᡝ ᡳᠰᡳᠪᡠ ᡳᠯᡤᠠ ᡨᡠᠸᡝᠰᡳᠮᠪᡳᠣ ? ᠪᡝ ᠰᠠᡵᡴᡡ ᠰᡳ ᠪᡳ ᠪᠠᡳᡨᠠᡴᡡ

ᠪᠣᡥᠣᠮᠪᡳ ᠪᡝᠶᡝ ᠉ ᠰᡳᠪᡠ ᠠᠯᡳᡥᠠ ᡳᠰᡳ ᠰᡳ ᠰᡳ ᡤᡳᠰᡠᠨ ᡳᠨᡝᠩᡤᡳ ᡳᠨᡝᠩᡤᡳ ᠪᡝ

ᠪᠠᠨᠵᡳᡥᠠ ᡳᠨᡝᠩᡤᡳ ᠪᡝ ᡨᡠᠸᠠᠮᠪᡳ ᠪᡝ ᠈ ᡥᠠᠯᠠ ᠰᡳᠨᡳ ᠨᡳᠶᠠᠯᠮᠠ ᡥᠠᡳ ᡳᠨᡝᠩᡤᡳ

ᠰᡝᡵᡝᠩᡤᡝ ᠪᡝ ᠈ ᡥᠣᠪᠣ ᠰᡳᠪᡠ ᡳᠰᡳᠨᡳ ᠪᠠᠨᠵᡳᡥᠠ ᡳᠨᡝᠩᡤᡳ ᠪᠣᡩᠣᠨ ᡳᠰᡳᠮᡝ ᠈

ᡳᠰᡳᠪᡠ ᡳᠰᡳᠨᡳ ᡥᠠᡵᡤᠠᠰᠠ ᡳᠯᡳᡥᠠ ᡳᠨᡝ ᡳᠰᡳᠪᡠ ᠪᡝ ᠰᠣᡤᡳᡥᠠ ᠈ ᡥᠣᠪᠣ ᠰᡳ

ᠰᡳ ᡳᠯᡥᠠ ᠪᠠᠨᠵᡳᡥᠠ ᡳᠨᡝᠩᡤᡳ ᠪᡝ ᡳᠨᡝᠩᡤᡳ ᠪᡠᡵᡝ ᡳᠨᡝᠩᡤᡳ ᠉ ᡳᠰᡳᠨᠠᡥᠠ

ᡳᠰᡳᠨᠠᡥᠠ ᡳᠰᡳᡴᡳ ᡳᠰᡳᠪᡠᡥᡝ ᠈ ᠪᡠᠯᡝᡴᡠ ᡳᠰᡳᠪᡠᡥᡝ ᡳᠨᡝᠩᡤᡳ ᡳᠰᡳᠨᠠᡥᠠ ᡳᠰᡳ ᡳᠰᡳᠰᡳ

ᡳᠰᡳ ᠨ ᠪᠠᠨᠵᡳᡥᠠ ᡳᠨᡝᠩᡤᡳ ᠪᡝ ᡳᠰᡳᡥᠠ ᡳᠰᡳ ᡳᠰᡳᠨᡳᠩᡤᡝ ᡳᠰᡳᠪᡠᡥᡝ ᠉

ᠠ : ᡨᡠᡨᡠᠪᡠ ᡳᠰᡳ ᡳᠰᡳ ᠰᡳᠰᡳ ᡳᠰᡳ ᠰᡳ ᡳᠰᡳᠨᡳᡥᡝ ᡨᡝᡩᡝᡥᡝ ᡳᠰᡳ ᡳᠰᡳᠪᡠ ᡳᠰᡳᠪᡠ

ᠵᡳ !

a：ainahai bi erebe sarkū mujanggo? bi dade inu uttu bodoho bihe. damu sikse loo tai tai geren niyalmai aniya se banjiha inenggi be fonjiha de, siyo halai nun ere aniya tofohon se, udu tob seme banjiha inenggi waka secibe, inu emgeri sifikū sisire erin oho be donjifi, loo tai tai terei banjiha inenggi be arame bumbi sembi. aika yargiyan arara ohode, bodoci urunakū nenehe aniya lin halai nun i banjiha inenggi be araha de adališarakū ombidere.

e：tuttu oci lin halai nun ci majige fulukan oci uthai oho kai!

---

a：我難道連這個也不知道？我原本也這麼想來著。但昨日老太太問起大家的年紀生日來，聽說薛大妹妹今年十五歲，雖不算是整生日，也算得將笄之年了，老太太說要替她過生日。倘若確實要過，想必與往年給林妹妹過生日就不同了。

e：若是這樣，比林妹妹的增加些就是了！

---

a：我难道连这个也不知道？我原本也这么想来着。但昨日老太太问起大家的年纪生日来，听说薛大妹妹今年十五岁，虽不算是整生日，也算得将笄之年了，老太太说要替她过生日。倘若确实要过，想必与往年给林妹妹过生日就不同了。

e：若是这样，比林妹妹的增加些就是了！

a：cimari sunja biyai ice ilan oci mini banjiha inenggi, julgei jaka uncara puseli i ceng ži sing, aibideri enteke muwa enteke golmin ice šu ilhai fulehe, enteke amba dungga, enteke golmin jelu nimha, enteke amba siowan lo gurun alban jafanjiha yalgari malisun šanggiyan i fungšaha ulgiyan, si gisureme tuwa , ere duin hacin doroi jaka baharade mangga mujangga wakao? tere ulgiyan, nimha manggai wesihun turgunde bahara de mangga, damu ere šu ilhai fulehe jai dungga be absi tarime tucibuhe biheni, ne majige werihebi, bi beye jeki seci, olhorongge hūturi ekiyere ayao sembi. uttu ofi cohotoi simbe solime gajiha.

---

a：明兒五月初三日是我的生日，古董行的程日興他們不知從哪裡尋來了這麼粗、這麼長的鮮藕，這麼大的西瓜，這麼長的鱘魚，這麼大的暹羅國進貢的靈柏香薰的猪。你說說看，這四樣禮物可難得不難得？那猪、魚，不過貴而難得；只是這藕和瓜，虧他怎麼種出來的呢！如今留了些，我要自己吃，恐怕折福，所以特請你來。

---

a：明儿五月初三日是我的生日，古董行的程日兴他们不知从哪里寻来了这么粗、这么长的鲜藕，这么大的西瓜，这么长的鳟鱼，这么大的暹罗国进贡的灵柏香熏的猪。你说说看，这四样礼物可难得不难得？那猪、鱼，不过贵而难得；只是这藕和瓜，亏他怎么种出来的呢！如今留了些，我要自己吃，恐怕折福，所以特请你来。

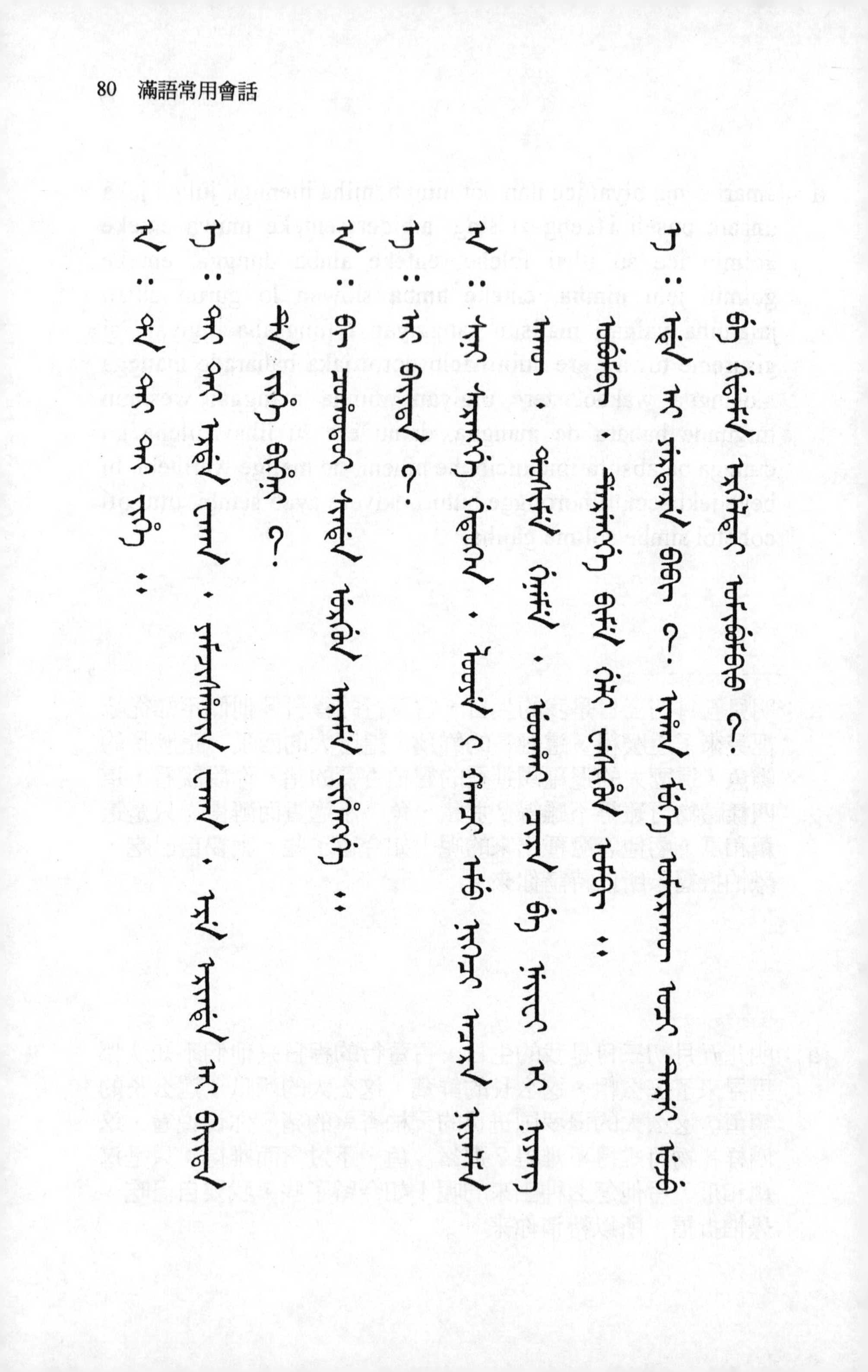

[illegible]

[illegible]

[illegible]

[illegible]

[illegible]

[illegible]

[illegible]

[illegible]

[illegible]

[illegible]

a：da tai tai jihe.
e：tai tai erde waka, yamjishūn waka, ere erinde ai baita de jihe biheni?
a：bi cohotoi sinde urgun arame jihengge .
e：ai baita?
a：sini sarangge getuken, looye i hanci emu nikeci acara niyalma akū, dosime geneme, uthai cira be neifi i niyang obumbi, derengge bime geli wesihun ombi.
e：ede ai yertere babi? ihan muke omirakū oci terei uju be gidame ergeltei omibumbio?

---

a：大太太來了。
e：太太，不早不晚的，這時過來做什麼？
a：我特來給你道喜來的。
e：什麼事情？
a：你明白，老爺跟前竟沒有個可靠的人，這一進去了，就開臉作姨娘，又體面，又尊貴。
e：這有什麼臊的？牛不喝水能強按頭嗎？

---

a：大太太来了。
e：太太，不早不晚的，这时过来做什么？
a：我特来给你道喜来的。
e：什么事情？
a：你明白，老爷跟前竟没有个可靠的人，这一进去了，就开脸作姨娘，又体面，又尊贵。
e：这有什么臊的？牛不喝水能强按头吗？

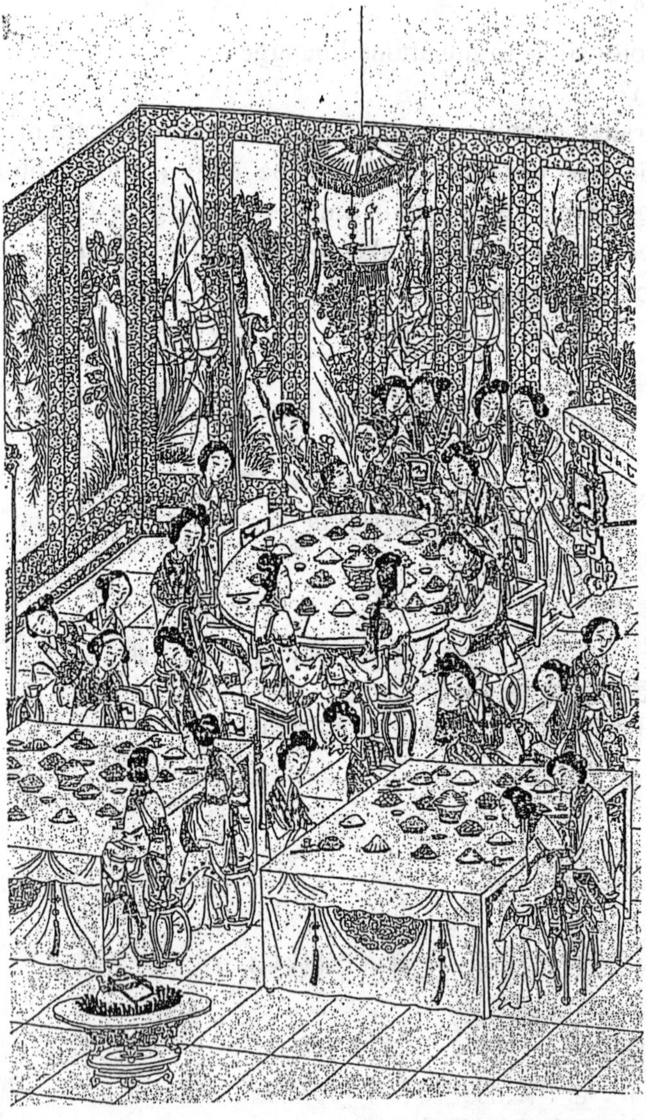

八、佳餚美饌

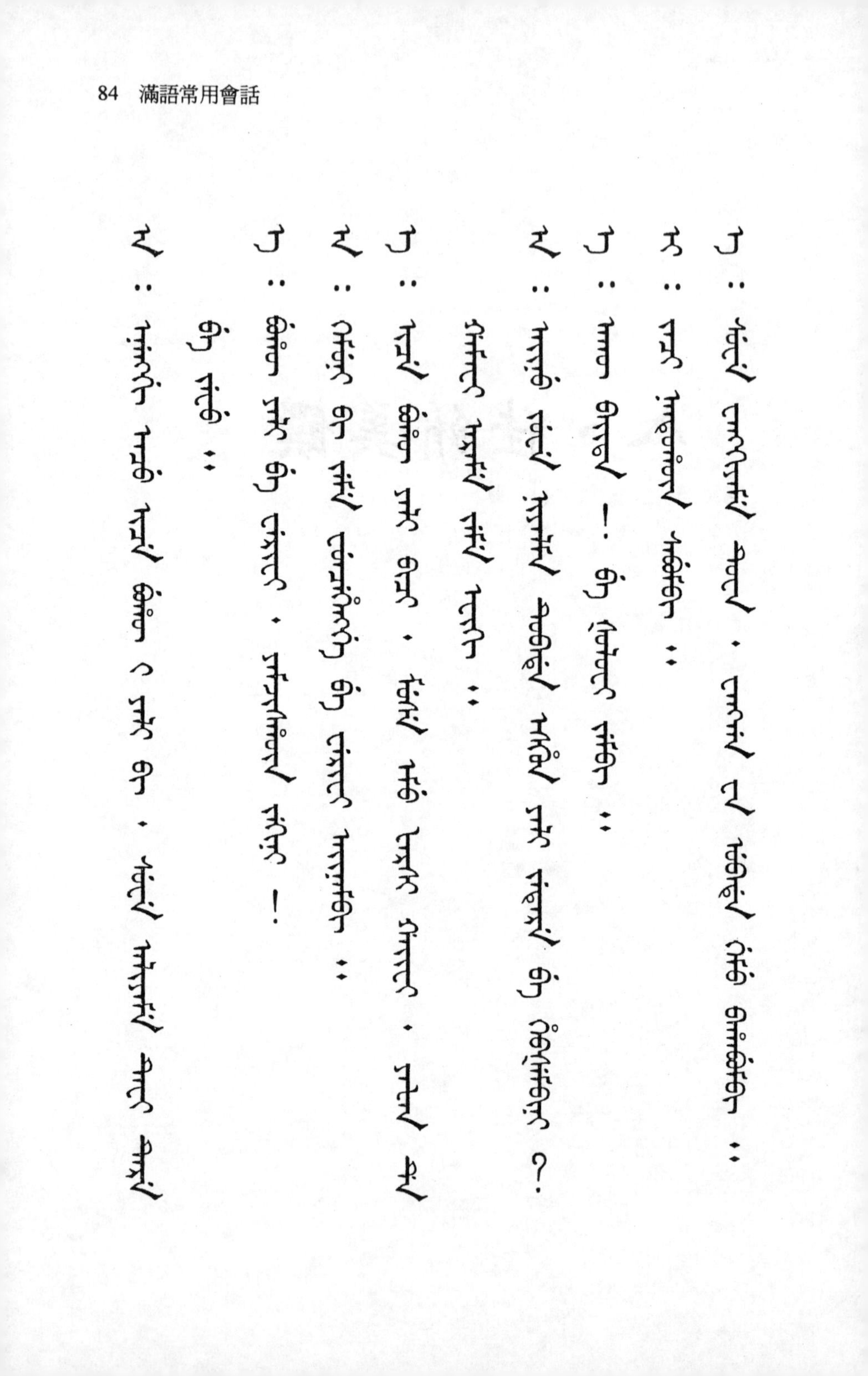

八、佳餚美饌

a ：enenggi encu ice buhū i yali bi, suwe aliyame tefi tere be jefu.
e ：buhū yali be werifi,yamjishūn jekini！
a ：kemuni bi jeme funcehengge be werifi ainambi.
e ：ice buhū yali bici,muse emu farsi gaifi,yafan de gamafi arame jeme efiki.
a ：ainu juwe niyalma tubade eshun yali jetere be hebešembini？
e ：akū baita！be šolofi jembi.
i ：jaci nantuhūn sabumbi.
e ：suwe wangkiyame tuwa,wangga wa ubade gemu bahabumbi.
a ：si geneme amtalame tuwa,umesi amtangga.

---

a ：今兒另外有新鮮鹿肉，你們等著吃吧！
e ：留著鹿肉晚上吃吧！
a ：還有呢！吃剩了的留著做什麼。
e ：有新鮮鹿肉，不如偺們要一塊，拿到園裡弄著，吃著玩。
a ：為何兩人在那裡商議著要吃生肉呢？
e ：沒有的事，我們燒著吃。
i ：看著怪骯髒的！
e ：你們聞聞看，香氣這裡都聞見了。
a ：你去嚐嚐，很香的。

---

a ：今儿另外有新鲜鹿肉，你们等着吃吧！
e ：留着鹿肉晚上吃吧！
a ：还有呢！吃剩了的留着做什么。
e ：有新鲜鹿肉，不如咱们要一块，拿到园里弄着，吃着玩。
a ：为何两人在那里商议着要吃生肉呢？
e ：没有的事，我们烧着吃。
i ：看着怪肮脏的！
e ：你们闻闻看，香气这里都闻见了。
a ：你去尝尝，很香的。

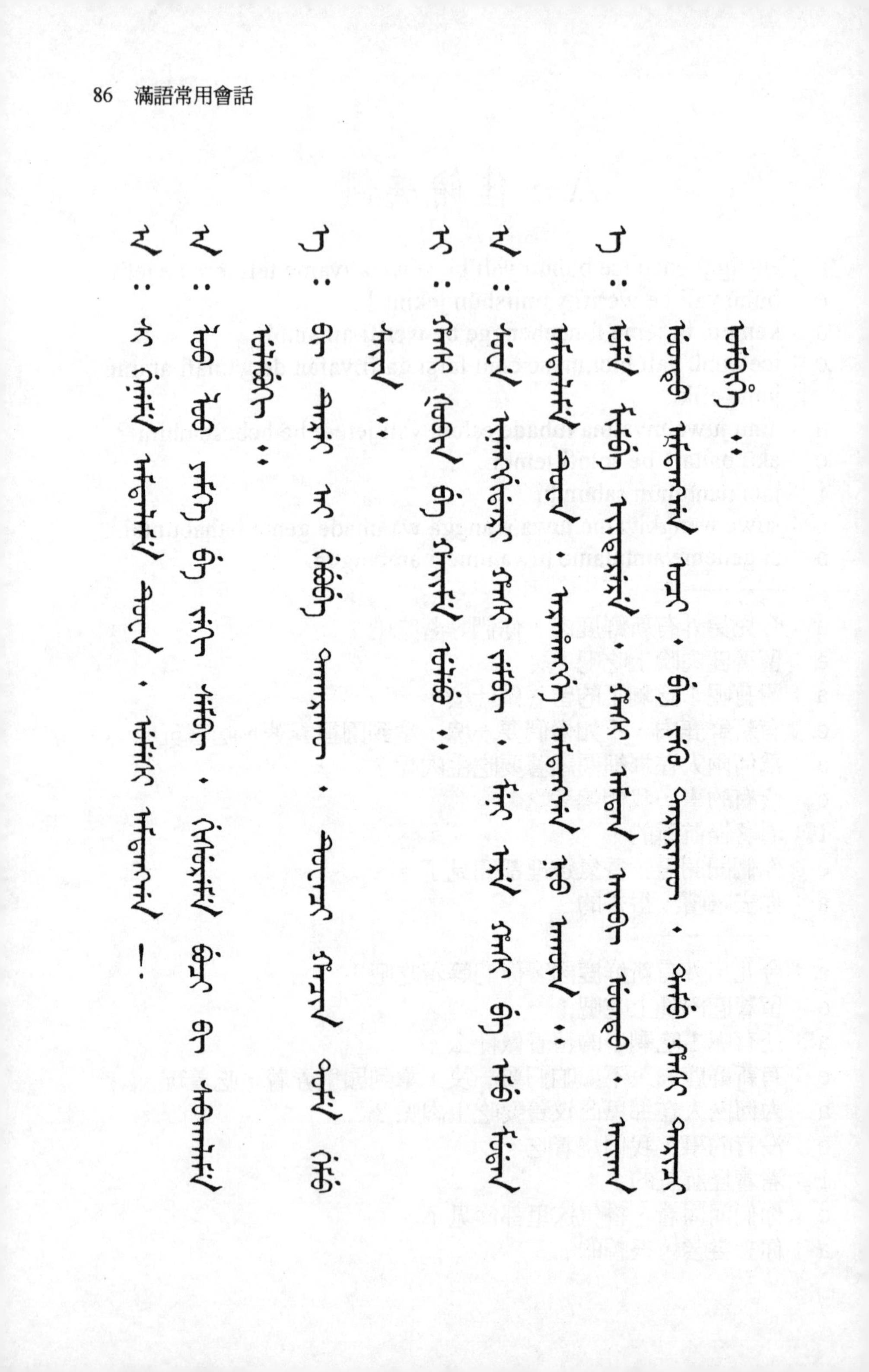

[illegible]

[illegible]

[illegible]

[illegible]

[illegible]

[illegible]

[illegible]

[illegible]

a：si geneme amtalame tuwa, umesi amtangga.
a：loo loo yamke be jeki sembi, gisureme buci bi sabkalame ulebuki.
e：bi terei ai gebube takarakū, tuwaci hacin tome gemu sain.
i：hasi šobin be gaime ulebu.
a：suwe inenggidari hasi jembi, meni ere hasi be emu mudan amtalame tuwa, arahangge amtangga nio akūn.
e：ume mimbe eiterere, hasi amtan aibi uttu, aika uttu amtangga oci, be jeku tarirakū, damu hasi tarici ombihe.

---

a：你去嚐嚐，很香的。
a：姥姥要吃什麼，說出名兒來，我夾給你吃。
e：我知道它的什麼名兒？看來樣樣都是好的。
i：夾些茄鯗給她吃。
a：你們天天吃茄子，也嚐嚐我們這茄子做的可口不可口。
e：別哄我了，茄子的味道豈能如此，若是這樣的甘甜，我們也不用種糧食，只種茄子了。

---

a：你去尝尝，很香的。
a：姥姥要吃什么，说出名儿来，我夹给你吃。
e：我知道它的什么名儿？看来样样都是好的。
i：夹些茄鲞给她吃。
a：你们天天吃茄子，也尝尝我们这茄子做的可口不可口。
e：别哄我了，茄子的味道岂能如此，若是这样的甘甜，我们也不用种粮食，只种茄子了。

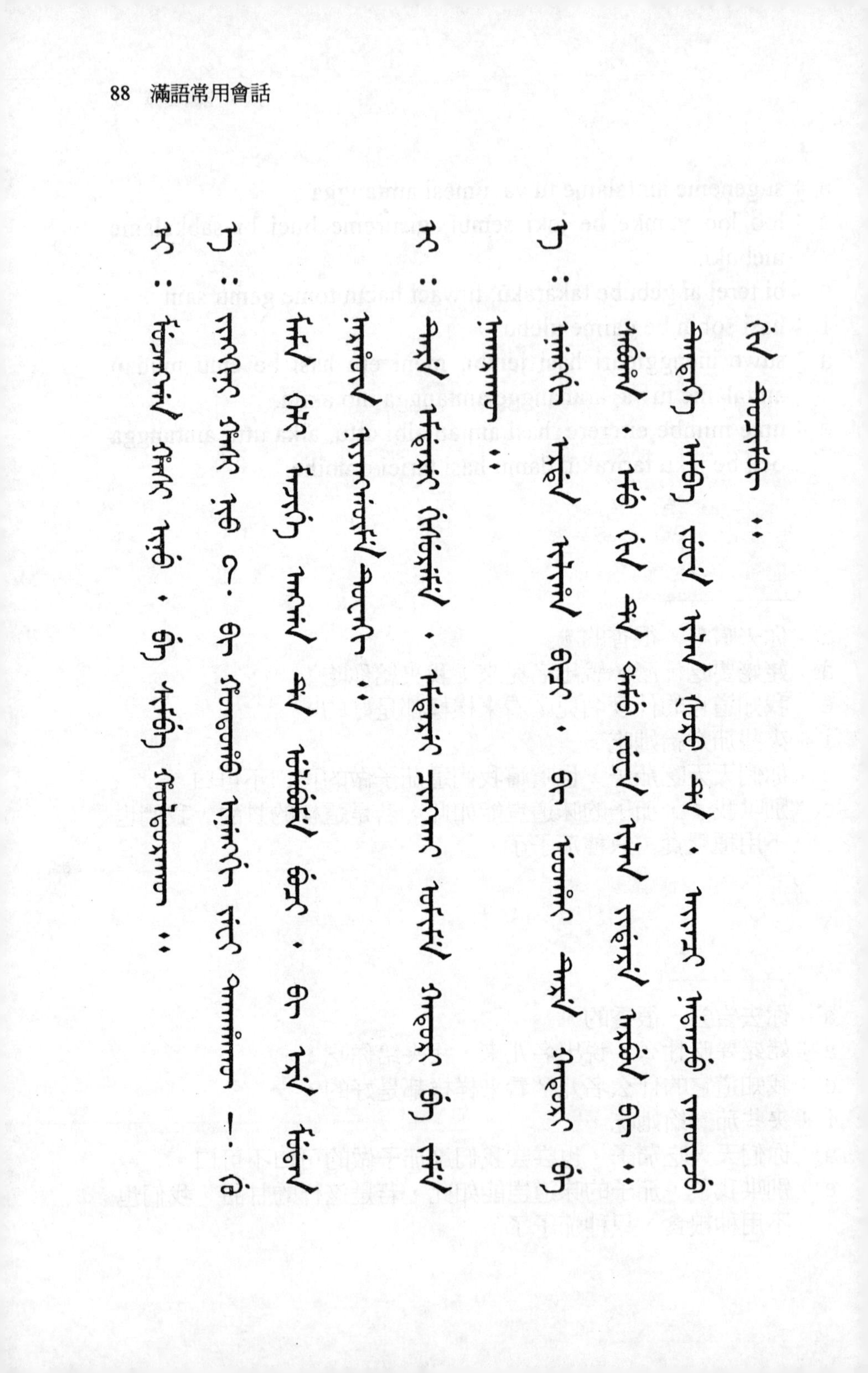

i ：mujangga hasi inu, be simbe holtorakū.

e ：jingkini hasi nio？bi hontoho inenggi jefi takahakū！gu mama geli majige angga de ulebume buci, bi ere mudan narhūn niyanggūme tuwaki.

i ：tere emderei gisureme, emderei cingkai omime katuri be jeme nakarakū.

e ：enenggi erde iliha bici, bi uthai tere katuri be sabuha, emu gin de damu juwe ilan jidere arbun bi. tenteke amba juwe ilan šoro de, ainci nadanju jakūnju gin tucimbi.

---

i ：真是茄子，我們不哄你。

e ：真是茄子？我吃了半日沒認出來，姑奶奶若再餵我些，我這次要細嚼看看。

i ：他一面說，一面只管喝，不停地吃螃蟹。

e ：今天早起我就看見那螃蟹了，一斤大概只能稱兩、三個。那麼兩三大簍，想是有七八十斤呢。

---

i ：真是茄子，我们不哄你。

e ：真是茄子？我吃了半日没认出来，姑奶奶若再喂我些，我这次要细嚼看看。

i ：他一面说，一面只管喝，不停地吃螃蟹。

e ：今天早起我就看见那螃蟹了，一斤大概只能称两、三个。那么两三大篓，想是有七八十斤呢。

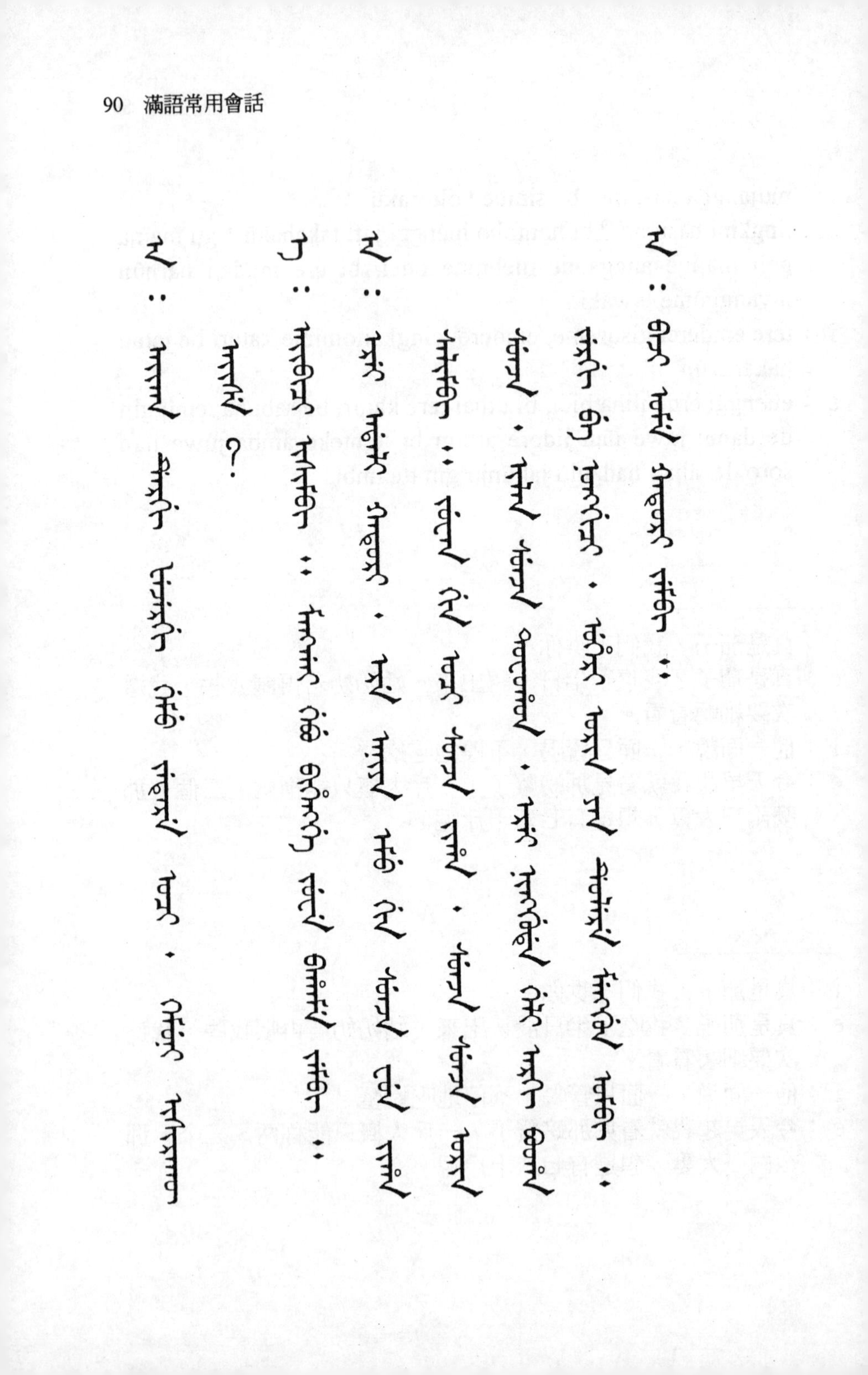

a ：aika dergi fejergi gemu jetere oci, kemuni isirakū aise?
e ：aibici isimbi, manggai gebu bihengge juwe bahame jembi.
a ：erei adali katuri ere aniya emu gin sunja fun jiha salimbi. juwan gin oci sunja jiha, sunja sunja orin sunja, ilan sunja tofohon, erei ninggude geli arki booha jergi be nonggici, uheri orin yan dulere menggun ombi.
a ：baji ome katuri jembi.

---

a ：要是上上下下都吃，只怕還不夠。
e ：哪裡夠吃，不過都是有名兒的能吃到兩個。
a ：像這樣的螃蟹，今年一斤值五分，十斤五錢，五五二十五，三五一十五，再搭上酒菜，一共倒有二十多兩銀子。
a ：過一會兒吃螃蟹。

---

a ：要是上上下下都吃，只怕还不够。
e ：哪里够吃，不过都是有名儿的能吃到两个。
a ：像这样的螃蟹，今年一斤值五分，十斤五钱，五五二十五，三五一十五，再搭上酒菜，一共倒有二十多两银子。
a ：过一会儿吃螃蟹。

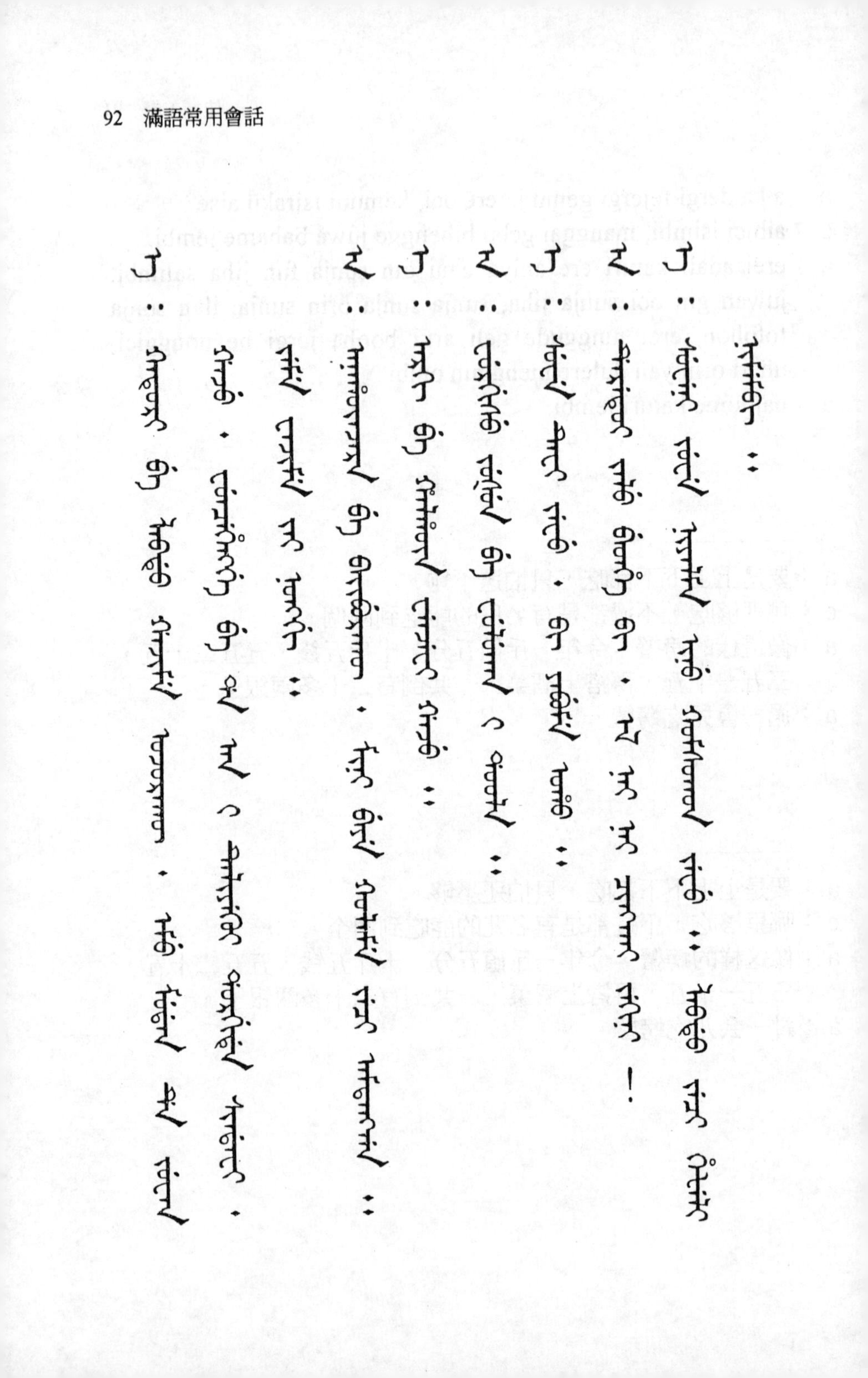

[illegible]

[illegible]

[illegible]

[illegible]

[illegible]

[illegible]

[illegible]

[illegible]

[illegible]

e：katuri be labdu gajime ojorakū, emu mudan de juwan gaju, funcehengge be da an i teliyekui dorgide sindafi, jeme wajime jai nonggi.
a：anahūnjara be baiburakū, mini beye kolame jeci amtangga.
e：arki be halhūn wenjefi gaju.
a：furgisu jušun be fulukan i doola.
e：suwe tefi jefu, bi yabume oho.
a：deretui jalu bethe bi, el nai nai cingkai jekini.
e：suweni juwe niyalma inu komsokon jefu, labdu jeci hefeli nimembi.

---

e：螃蟹不可拿太多，一次拿十個來，剩下的仍舊放在蒸籠裡，吃完再添。
a：不用人讓，我自已掰著吃香甜。
e：溫些酒拿來。
a：多倒些薑醋。
e：你們坐著吃吧，我可走了。
a：這滿桌子的腿子，二奶奶只管吃就是了！
e：你們兩個也少吃些，吃多了肚子疼。

---

e：螃蟹不可拿太多，一次拿十个来，剩下的仍旧放在蒸笼里，吃完再添。
a：不用人让，我自已掰着吃香甜。
e：温些酒拿来。
a：多倒些姜醋。
e：你们坐着吃吧，我可走了。
a：这满桌子的腿子，二奶奶只管吃就是了！
e：你们两个也少吃些，吃多了肚子疼。

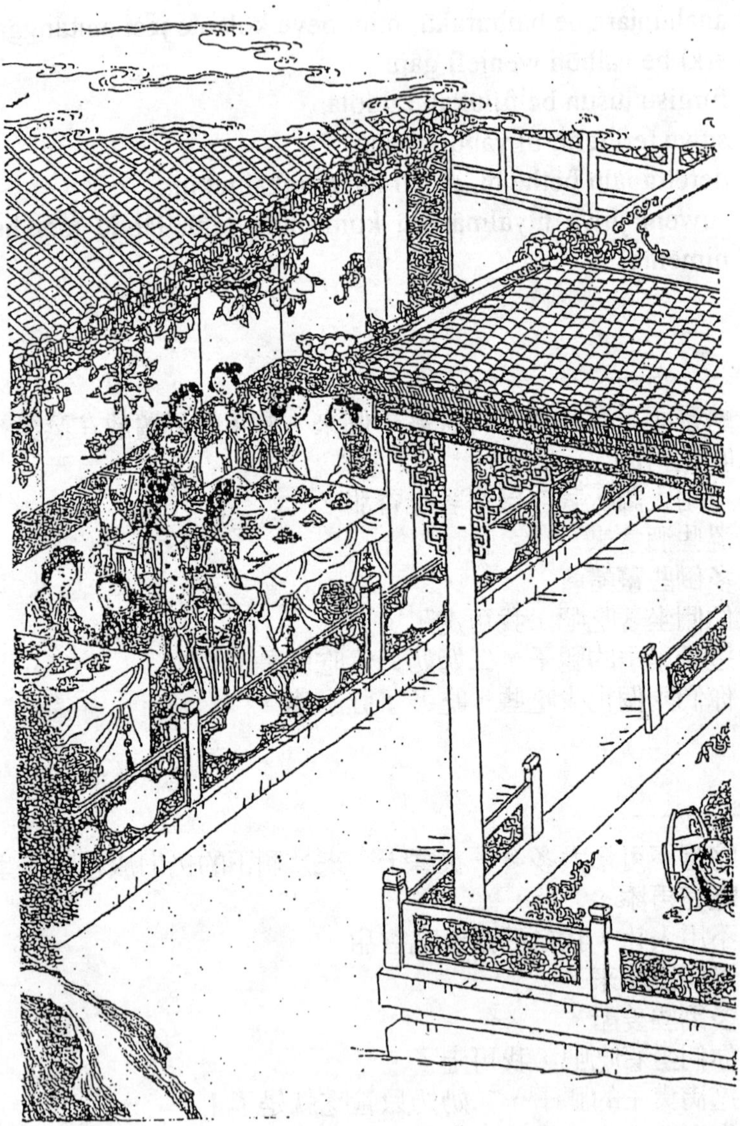

九、新鮮野意

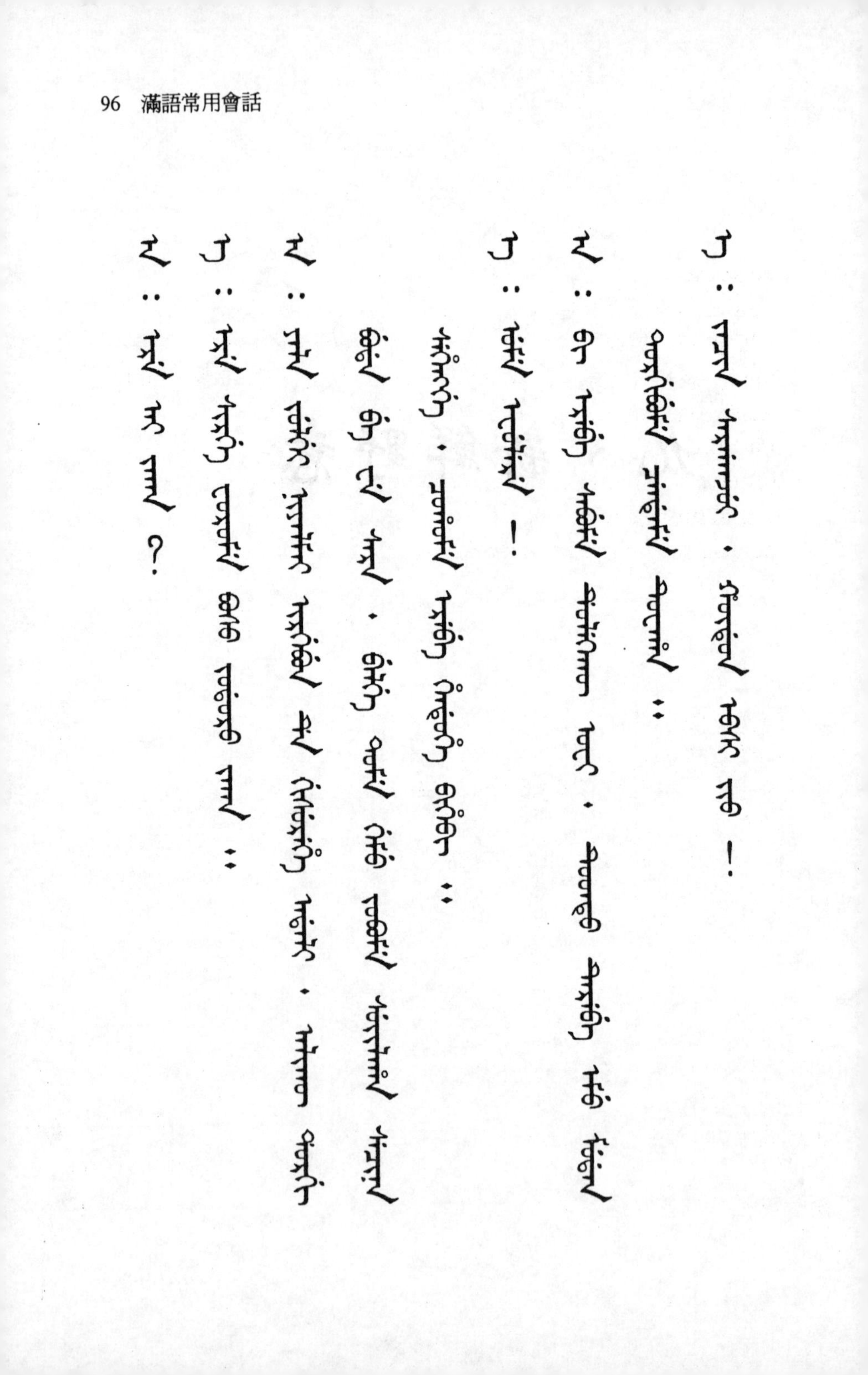

ᠠ: [illegible] · [illegible] !
[illegible] ::

ᡝ: [illegible] · [illegible]

ᠠ: [illegible] !
[illegible] · [illegible] ::
[illegible] · [illegible]

ᡝ: [illegible] · [illegible]

ᠠ: [illegible] ::

ᡝ: [illegible] ?

九、新鮮野意

a：ere ai jaka?
e：ere sirge forome boso jodoro jaka.
a：yala julgei niyalmai irgebun de gisurehe adali“alikū dorgi buda be we sara, belge tome gemu jobome suilaha secina ”sehengge, cohome erebe henduhe bihebi.
e：ume efulere!
a：bi erebe sabume dulekekū ofi, tuttu terebe emu mudan torgibume cendeme tuwaha.
e：jacin sarganjui, hūdun ebsi jio!

---

a：這是什麼？
e：是紡線織布的。
a：誠如古人詩上說的：「誰知盤中飧，粒粒皆辛苦」。
e：別弄壞了！
a：我因沒有見過這個，所以轉動它試一試。
e：二丫頭，快過來！

---

a：这是什么？
e：是纺线织布的。
a：诚如古人诗上说的：「谁知盘中飧，粒粒皆辛苦」。
e：别弄坏了！
a：我因没有见过这个，所以转动它试一试。
e：二丫头，快过来！

ᠠ : ᠪᡳ ᠰᠠᠮᠪᡳ ::

ᠪ : [illegible] [illegible] [illegible] [illegible] [illegible] , [illegible] [illegible] [illegible] [illegible] ᡩᡝ [illegible] ::
[illegible] , [illegible] [illegible] [illegible] [illegible] ::
[illegible] ᡩᡝ , ᠪᡳ [illegible] [illegible] [illegible] , [illegible] [illegible] [illegible]

ᠠ : [illegible] [illegible] [illegible] [illegible] , [illegible] [illegible] [illegible] , [illegible] [illegible] ,
[illegible] ::
[illegible] , [illegible] [illegible] [illegible] ᡩᡝ [illegible] [illegible] [illegible] [illegible]

ᠪ : [illegible] [illegible] [illegible] , [illegible] [illegible] [illegible] [illegible] ᡩᡝ [illegible] [illegible]

ᠠ : [illegible] [illegible] [illegible] ::

ᠪ : [illegible] [illegible] ᠪᡳ [illegible] ?

a：boode baita bi akūn？
e：umai baita akū。
a：ere jui an i ucuri ai hacin jaka be jetere cihangga oci, si daruhai niyalma be majige arabufi inde beneci ombi。
e：sikse loo tai tai i šangnaha soro fungge i araha larsenda i efen be, bi juwe ferhe jefi, aimaka singgebume mutehe gese, cimari sinde geli benjiki。
a：mini funde loo tai tai , tai tai sei elhe be baisu。
e：bi sambi。

---

a：家中有什麼事沒有？
e：沒有什麼事。
a：這孩子素日愛吃什麼，你也常叫人做些送給他。
e：昨日老太太賞的那棗泥餡的山藥糕，我吃了兩塊，倒像消化了似的。明日再給你送來。
a：替我請老太太、太太的安吧！
e：我知道。

---

a：家中有什么事没有？
e：没有什么事。
a：这孩子素日爱吃什么，你也常叫人做些送给他。
e：昨日老太太赏的那枣泥馅的山药糕，我吃了两块，倒像消化了似的。明日再给你送来。
a：替我请老太太、太太的安吧！
e：我知道。

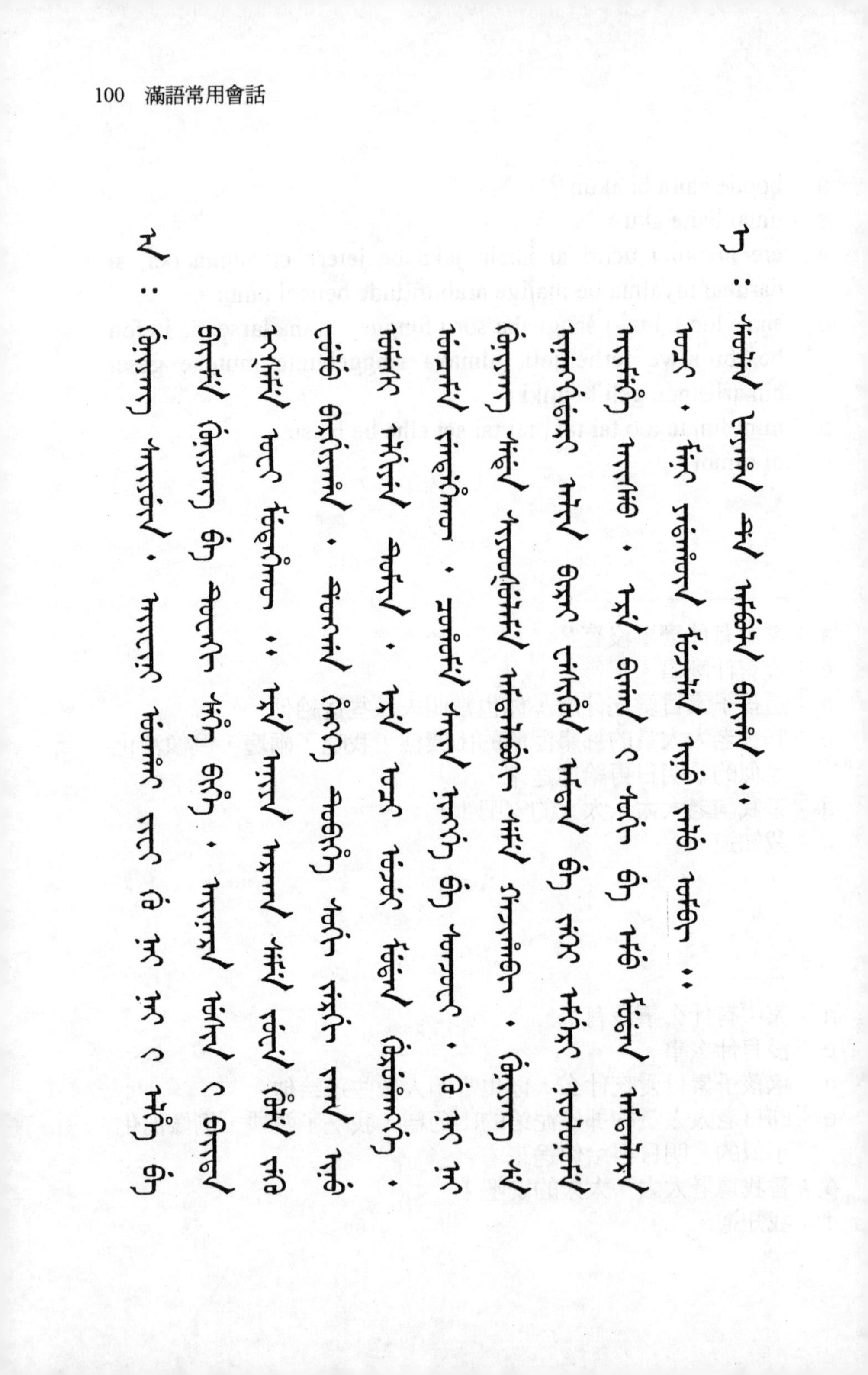

[illegible]
[illegible]
[illegible]
[illegible]
[illegible]
[illegible]
[illegible]
[illegible]
[illegible]
[illegible]
[illegible]

a：guniyang saiyūn, aifini uthai jifi gu nai nai i elhe be baime guniyang be tuwaki sehe bihe, ainara usin i baita ekšeme ofi mutehekū, ere aniya arkan seme juwe hule jeku fulu bargiyaha, dungga hengke tubihe sogi jergi jaka inu umesi elgiyen tumin, ere oci ujui mudan guruhangge,uncame jendehekū, cohome sain ningge be sonjofi, gu nai nai guniyang sede siyoošulame amtalabuki seme gajihabi, guniyang se inenggidari alin birai wesihun amtan be jekei emgeri niolonome aimehe aiseo, ere bigan i sogi be emu mudan amtalara oci, meni yadahūn mujilen inu jalu ombi.

e：seolen fayaha de ambula baniha.

---

a：姑娘好，早就要來請姑奶奶的安，看姑娘來的，因爲莊家忙，好容易今年多打了兩石糧食，瓜果菜蔬也豐盛，這是頭一起摘下來的，並沒敢賣呢！留的尖兒，孝敬姑奶奶姑娘們嚐嚐。姑娘們天天山珍海味的，也吃膩了，吃回野菜兒，也算滿足我們的奢望。

e：多謝費心。

---

a：姑娘好，早就要来请姑奶奶的安，看姑娘来的，因为庄家忙，好容易今年多打了两石粮食，瓜果菜蔬也丰盛，这是头一起摘下来的，并没敢卖呢！留的尖儿，孝敬姑奶奶姑娘们尝尝。姑娘们天天山珍海味的，也吃腻了，吃回野菜儿，也算满足我们的奢望。

e：多谢费心。

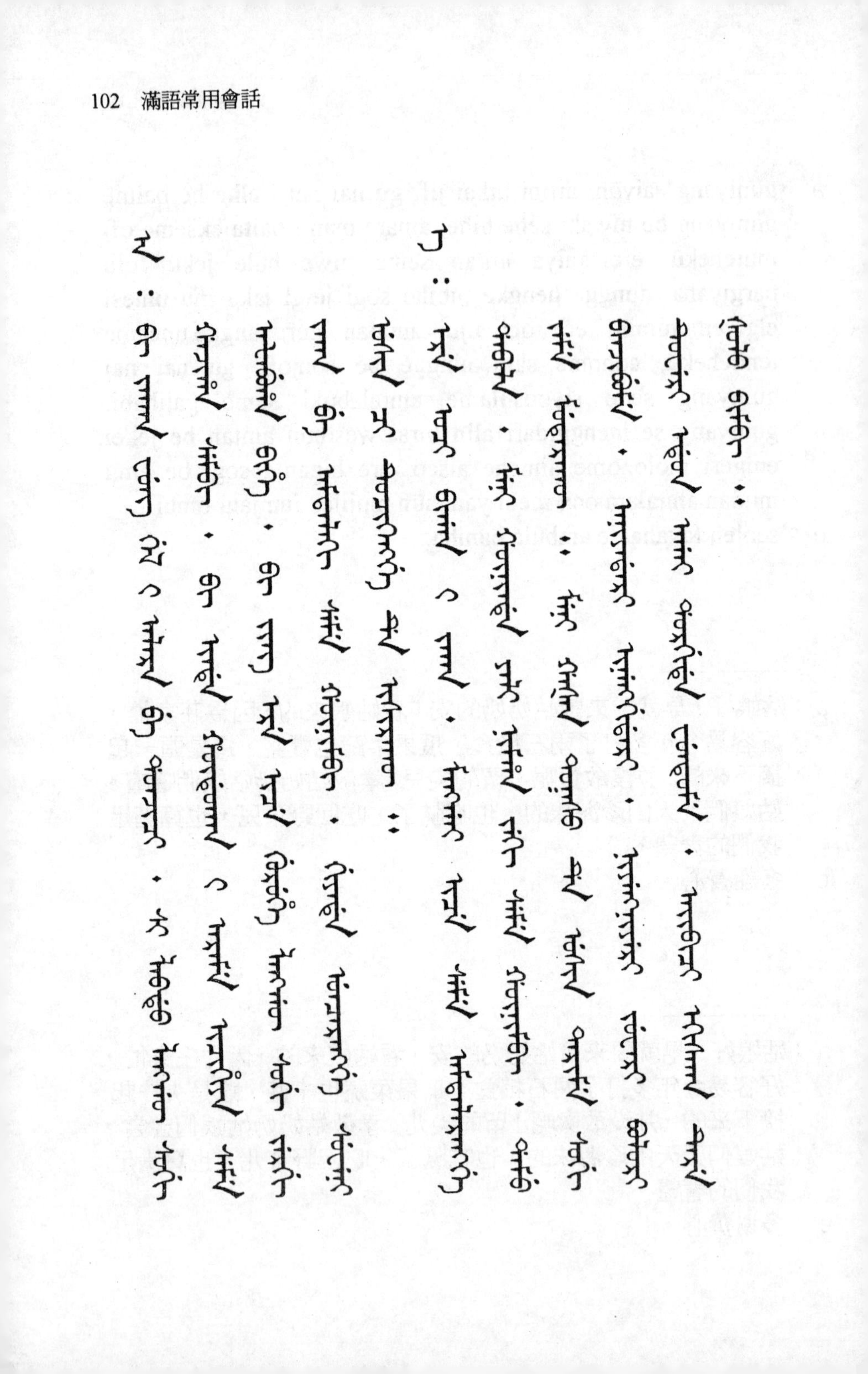

[illegible]

a：bi jakan fung gel i alara be donjici, si labdu langgū sogi gajiha sembi, bi inde hūdukan i arame icihiya seme afabuha bihe, bi jing ere ice guruhe langgū sogi jergi jaka be amtalaki seme gūnimbi, giyade uncarangge suweni usin ci tucikengge de isirakū.

e：ere oci bigan i jaka, manggai ice seme amtalarangge dabala, meni gūninde yali nimha jeki seme gūnimbi, damu jeme muterakū. meni gašan tokso de usin tarime sogi banjibume, aniyadari inenggidari niyengniyeri juwari bolori tuweri edun agai dorgide funtume, aibici ekisaka tere šolo bimbi.

---

a：我纔聽見鳳哥兒說，你帶了好些瓜菜來，我叫他快收拾去了。我正想嚐個地裡現結的瓜兒菜兒，街上賣的不像你們地裡的好吃。

e：這是野意兒，不過吃個新鮮，依我們倒想吃個魚肉，只是吃不起。我們村莊，種地種菜，年年日日，春夏秋冬，風裡雨裡，哪裡有個坐著的空兒？

---

a：我纔听见凤哥儿说，你带了好些瓜菜来，我叫他快收拾去了。我正想尝个地里现结的瓜儿菜儿，街上卖的不像你们地里的好吃。

e：这是野意儿，不过吃个新鲜，依我们倒想吃个鱼肉，只是吃不起。我们村庄，种地种菜，年年日日，春夏秋冬，风里雨里，哪里有个坐着的空儿？

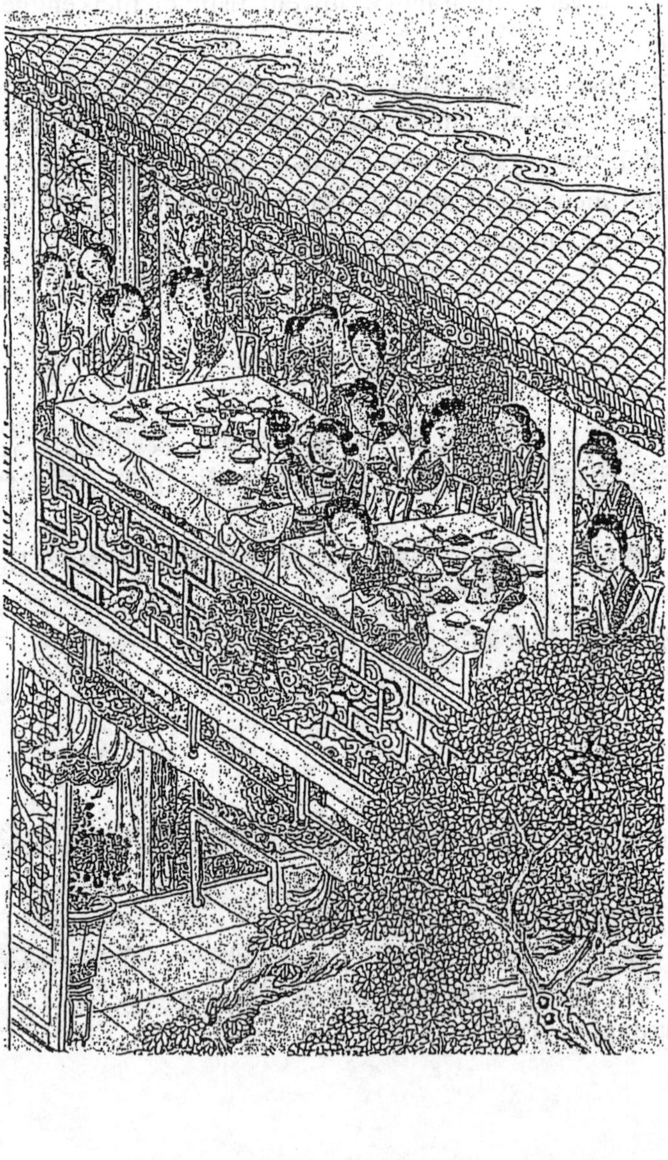

十、酒逢知己

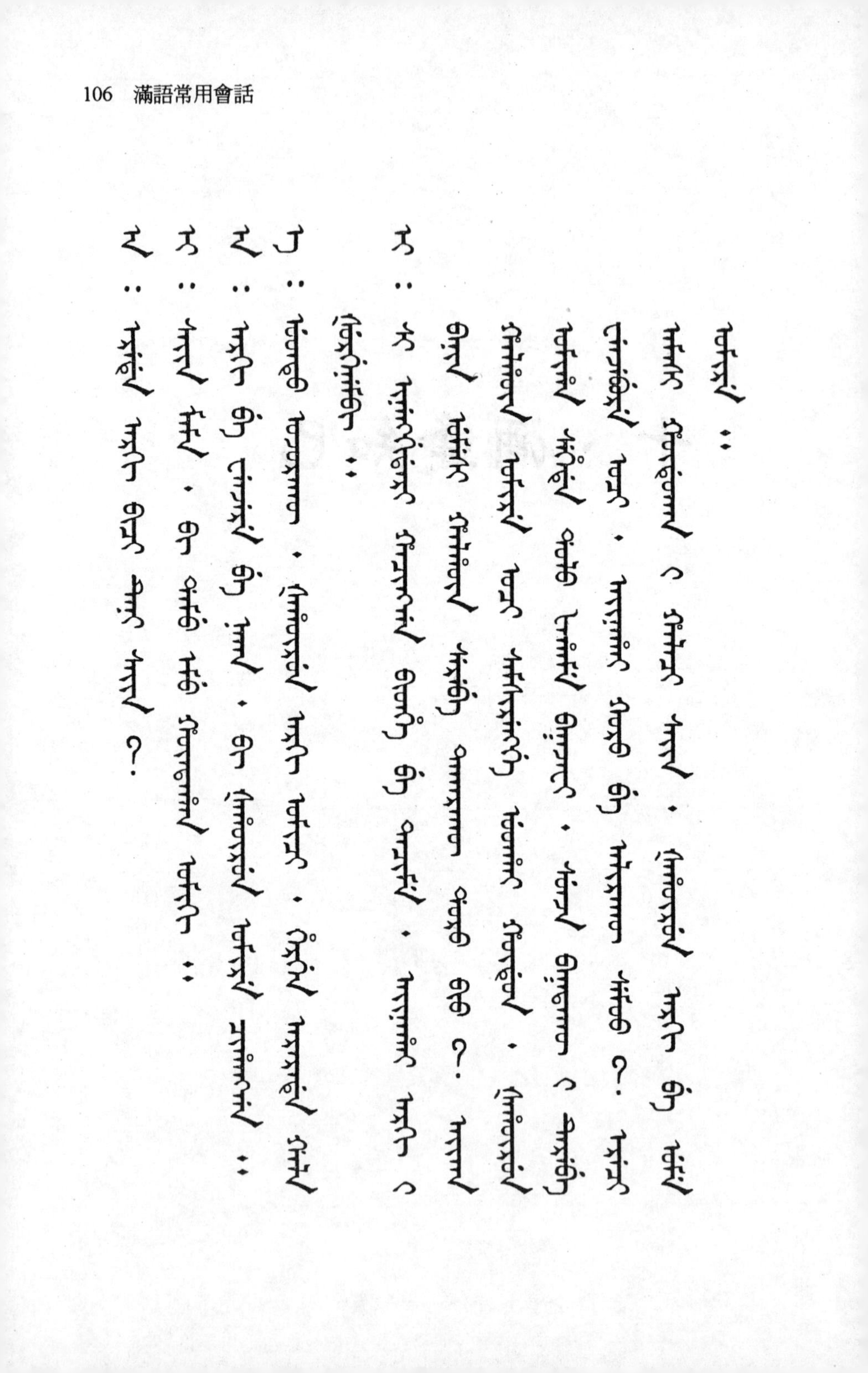

十、酒逢知己

a：erede arki bici teni sain?
i：sain mama, bi damu emu hūntahan omiki.
a：arki be wenjere be naka, bi šahūrun omire cihangga.
e：uttu ojorakū, šahūrun arki omici, hergen ararade gala šurgenembi.
i：si inenggidari hacingga bithe be tacime, ainahai arki i banin umesi halhūn serebe takarakū doro bio? aika halhūn omire oci samsirengge uthai hūdun; šahūrun omiha sehede dolo fahame bakjafi, sunja baktakū i terebe wenjebure oci, ainahai koro be alirakū semoo? ereci amasi hūdukan i halaci sain, šahūrun arki be ume omire.

---

a：這個須就酒纔好。
i：好媽媽，我只喝一盅。
a：不必燙暖了，我愛喝涼的。
e：這可使不得，吃了涼酒寫字手會打顫兒。
i：虧你每日家雜學旁收的，難道就不知道酒性最熱？要熱吃下去，發散的就快；要涼吃下去，便凝結在內，拿五臟去暖他，豈不受害？從此還不改了呢？快別吃那涼的了。

---

a：这个须就酒纔好。
i：好妈妈，我只喝一盅。
a：不必烫暖了，我爱喝凉的。
e：这可使不得，吃了凉酒写字手会打颤儿。
i：亏你每日家杂学旁收的，难道就不知道酒性最热？要热吃下去，发散的就快；要凉吃下去，便凝结在内，拿五脏去暖他，岂不受害？从此还不改了呢？快别吃那凉的了。

ᡨᠣᠯᡤᡳᠨᡩᡝ ᠶᠠ ᡤᡠᠸᠠᠯᡳᠶᠠᠪᡠᡥᠠᠩᡤᡝ ᠪᡳᡨᡥᡝ ?

ᠪᡳᠰᡳᡵᡝ ᠮᡠᡨᡝᠮᠪᡳ :: ᡨᡠᠸᠠᠴᡳ ᡤᡳᠰᡠᠨ ᡳ ᠪᠣᠣᡩᡝ ᠮᠠᠨᠵᡠ ᡤᡠᠸᠠᠯᡳᠶᠠᠪᡠᡥᠠᠩᡤᡝ ᠪᡠᡨᡥᡝ

ᠠ : ᠪᡳ ᠮᠠᠨᠵᡠ ᡤᡳᠰᡠᡵᡝᠮᡝ ᠮᡠᡨᡝᠮᠪᡳᠣ ? ᡨᠠᠴᡳᡴᡳ ᠮᠠᠨᠵᡠ ᡤᡳᠰᡠᠨ ᠪᡝ ᡳᠯᡳᠶᠠᠮᡝ
ᡳᠯᡳᠶᠠᠮᡝ ᡨᠠᠴᡳᠮᡝ · ᡤᡳᠰᡠᡵᡝ ᡤᡠᠸᠠᠯᡳᠶᠠᠪᡠ ᡨᡠᡵᡤᡠᠨ ᡳᠯᡳᠮᡝ ᠮᡠᡨᡝᡵᡝ ::

ᡝ : ᡨᡝᡵᡝ ᠪᡳᡨᡥᡝ ᡳ ᡨᡠᡵᡤᡠᠨ ᡤᡳᠰᡠᡵᡝᠮᡝ ᠮᡠᡨᡝᠮᡝ · ᡳ ᠮᡠᡨᡝᡵᡝ ᡤᡳᠰᡠᠨ
ᡨᡠᠸᠠᠴᡳᡥᡳᠶᠠᠮᡝ ᠪᡠᡨᡥᡝ ::

ᠠ : ᡨᡝᡵᡝ ᡤᡳᠰᡠᡵᡝᠮᡝ ᠮᡝᠨᡳ ᠪᡝ ᡨᡠᡵᡤᡠᠨ ᡤᡳᠰᡠᡵᡝᠨ · ᡨᡠᡵᡤᡠᠨ ᡤᡳᠰᡠᠪᡠ ᠪᡳᠰᡳᡵᡝ ᡨᡠᠸᠠᠴᡳᡥᡳᠶᠠᠨ ᠪᡝ

ᡝ : ᡨᡠᡵᡤᡠᠨ ᠪᡳᡨᡥᡝ ᠮᡠᡨᡝᠪᡠᡵᡝ ᠮᡠᡨᡝᠨ ᠪᡝ ᠪᠠᡥᠠᡵᠠᠨ !

ᠠ : ᡳ ᡤᡳᠰᡠᡵᡝᠮᡝ ᡨᡠᠸᠠᠨ ᡳ ᠪᠣᠣᡩᡝ ᠪᡳᡨᡥᡝ ᠪᡝ ᡤᡠᠸᠠᠯᡳᠶᠠᠨ ᡥᠠᡵᠠᠮᡝ !
ᡨᡠᠸᠠᠪᡠ ::

ᡝ : ᠮᡠᡨᡝᡵᡝ ᡨᡝᡵᡝ · ᠪᡳ ᠰᡝ ᡨᡠᠸᠠᡵᡝ ᡤᡠᠸᠠᠯᡳᠶᠠᠪᡠᡥᠠᠩᡤᡝ ᡨᡠᡵᡤᡠᠨ ᡨᡠᠸᠠᠮᡝ ᡨᡠᡵᡤᡠᠨᡠᠮᡝ

a ：sain mama, bi jai juwe hūntahan omime uthai omirakū oho.
e ：si enenggi looye i boode bisire be gūnin weriše!
a ：ume geren niyalmai amtan be bijabure!
e ：ere sakda jaka be ume dambure, muse damu beyei sebjelere be sebjeleci wajiha.
a ：lin guniyang si ume terede aisilara, si aika terebe tafulara oci, tere hono majige donjire aise.
e ：bi ainu terede aisilambi? minde inu terebe tafulara giyan akū, enenggi deheme i boode emu hūntahan fulu omirede ai hūwanggiyara babi?

---

a ：好媽媽，我再吃兩盅就不吃了。
e ：你可小心！今兒老爺在家。
a ：別掃大家的興。
e ：別理那老貨！偺們只管樂偺們的！
a ：林姑娘，你別助著他了，你要勸他，只怕他還聽些。
e ：我為什麼助著他？我也犯不著勸他，如今在姨媽這裡多吃一盅有何妨礙？

---

a ：好妈妈，我再吃两盅就不吃了。
e ：你可小心！今儿老爷在家。
a ：别扫大家的兴。
e ：别理那老货！咱们只管乐咱们的！
a ：林姑娘，你别助着他了，你要劝他，只怕他还听些。
e ：我为什么助着他？我也犯不着劝他，如今在姨妈这里多吃一盅有何妨碍？

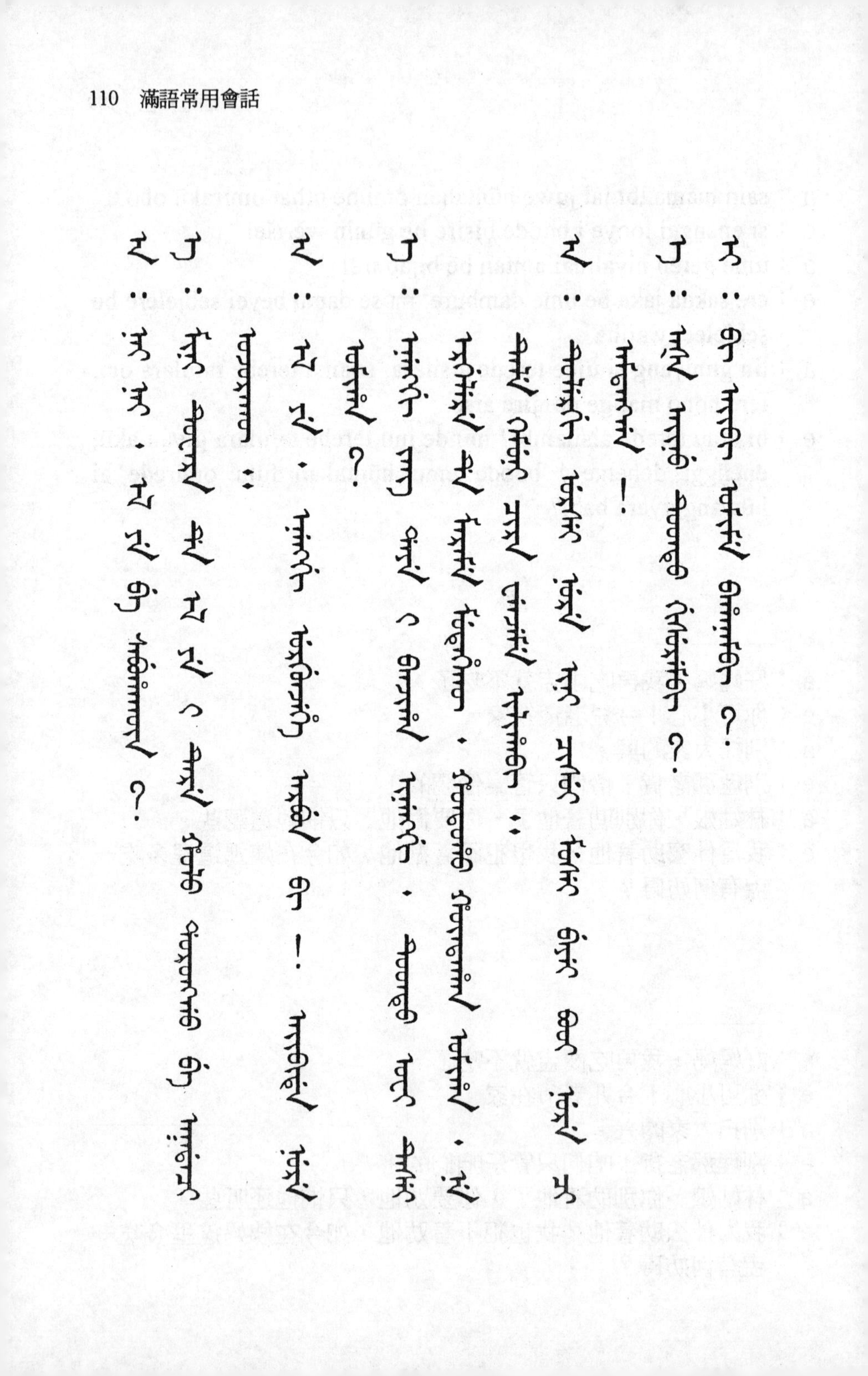

a：nai nai, el ye be sabuhakūn?
e：mini tuwara de el ye i tere holo doronggo be akdaci ojorakū.
a：el ye, enenggi urgunjehe arbun bi! aibide nure omiha?
e：enenggi jang daye i banjiha inenggi, tuttu ofi tesei ergelere de marame mutehekū, hontoho hūntahan omiha, ne tele kemuni cira wenjeme ilihabi.
a：tulergi ursei nure ini cisui musei beyei booi nure ci amtangga!
e：aša ainu tuttu gisurembi?
i：bi aibi omime bahanambi?

---

a：奶奶，看見二爺了沒有？
e：依我看二爺的那種假正經是信不得的。
a：二爺，今日喜形于色！哪裡喝了酒來了？
e：今兒是張大爺的生日，所以被他們強不過，吃了半盅，到這時候臉還發燒呢！
a：自然人家外人的酒比偺們自己家裡的甘甜！
e：嫂嫂說哪裡的話。
i：我哪裡會喝？

---

a：奶奶，看见二爷了没有？
e：依我看二爷的那种假正经是信不得的。
a：二爷，今日喜形于色！哪里喝了酒来了？
e：今儿是张大爷的生日，所以被他们強不过，吃了半盅，到这时候脸还发烧呢！
a：自然人家外人的酒比咱们自己家里的甘甜！
e：嫂嫂说哪里的话。
i：我哪里会喝？

a ：mini haji, si mini gala i tebuhe arki be emu angga omi。
e ：sain eyun se, mimbe guwebuki, bi cimari jai omiki。
a ：be unenggi derengge waka urse biheni？bi dade jirakū oci acambihe,omirakū oci be yabuki。
e ：bi utala hūntahan omiha。
i ：tere i gisurerengge, dele teme tacihakū ofi, nure be inu omirakū。
e ：sain eyun, bi omiki。
i ：tere geli omirakū oci, suwe idureme ginggule。
e ：ceni gisun be ume akdara。

---

a ：我的乖乖！你喝一口我手斟的酒吧！
e ：好姐姐們，饒了我吧！我明天再喝吧！
a ：我們真的是沒臉的人呢？我原不該來，若是不喝，我們就走。
e ：我已喝好幾杯了。
i ：他說的話，因坐不慣上頭，所以酒也不喝。
e ：好姐姐，我喝吧！
i ：他再不喝，你們都輪流敬他吧！
e ：別信他們的話。

---

a ：我的乖乖！你喝一口我手斟的酒吧！
e ：好姐姐们，饶了我吧！我明天再喝吧！
a ：我们真的是没脸的人呢？我原不该来，若是不喝，我们就走。
e ：我已喝好几杯了。
i ：他说的话，因坐不惯上头，所以酒也不喝。
e ：好姐姐，我喝吧！
i ：他再不喝，你们都轮流敬他吧！
e ：别信他们的话。

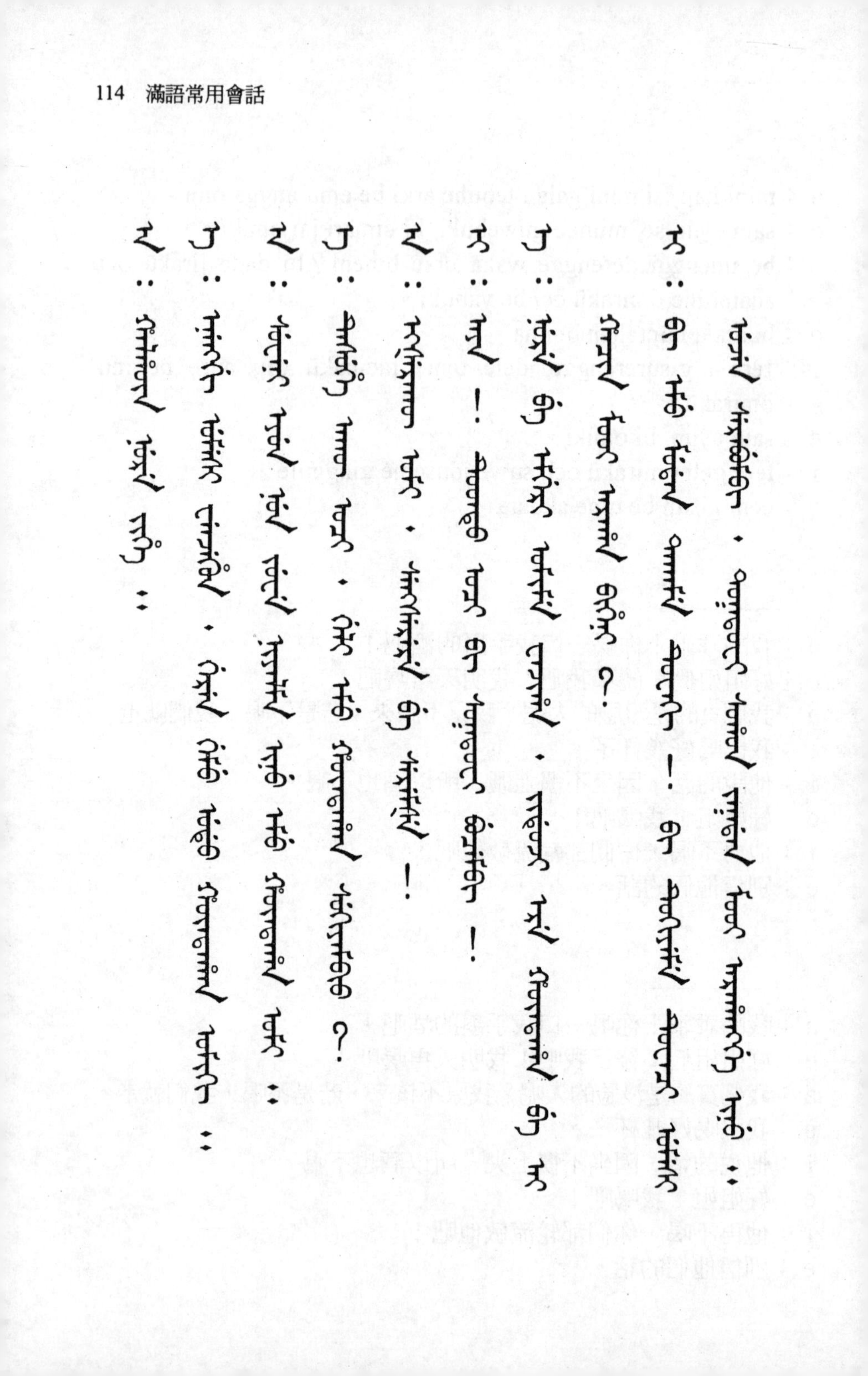

a：halhūn nure jihe。
e：enenggi umesi wenjehun, geren gemu udu hūntahan omiki。
a：suweni eyun nun juwe niyalma inu emu hūntahan omi。
e：tesuhe akū oci, geli emu hūntahan sukiyambio？
a：ekšerakū omi, sengserere be seremše！
i：aya, tuttu oci bi soktofi bucembi。
e：nure be emgeri omime wajiha, jiduji ere hūntahan be ai hacin mooi araha biheni？
i：bi emu mudan takame tuwaki！bi tukiyeme tuwaci umesi ujen serebumbi, toktofi sohon jakdan mooi arahangge inu.

---

a：暖酒來了。
e：今天實在熱鬧，大家都喝上幾杯。
a：你們姐妹兩人也喝一杯。
e：如還不盡興，再倒一杯嗎？
a：慢些喝，別嗆了。
i：啊呀！那樣我就醉死了！
e：酒已經喝完了，到底這杯子是用什麼木做的？
i：讓我認一認吧！我舉起來看覺得很沉，一定是黃松木做的。

---

a：暖酒来了。
e：今天实在热闹，大家都喝上几杯。
a：你们姐妹两人也喝一杯。
e：如还不尽兴，再倒一杯吗？
a：慢些喝，别呛了。
i：啊呀！那样我就醉死了！
e：酒已经喝完了，到底这杯子是用什么木做的？
i：让我认一认吧！我举起来看觉得很沉，一定是黄松木做的。

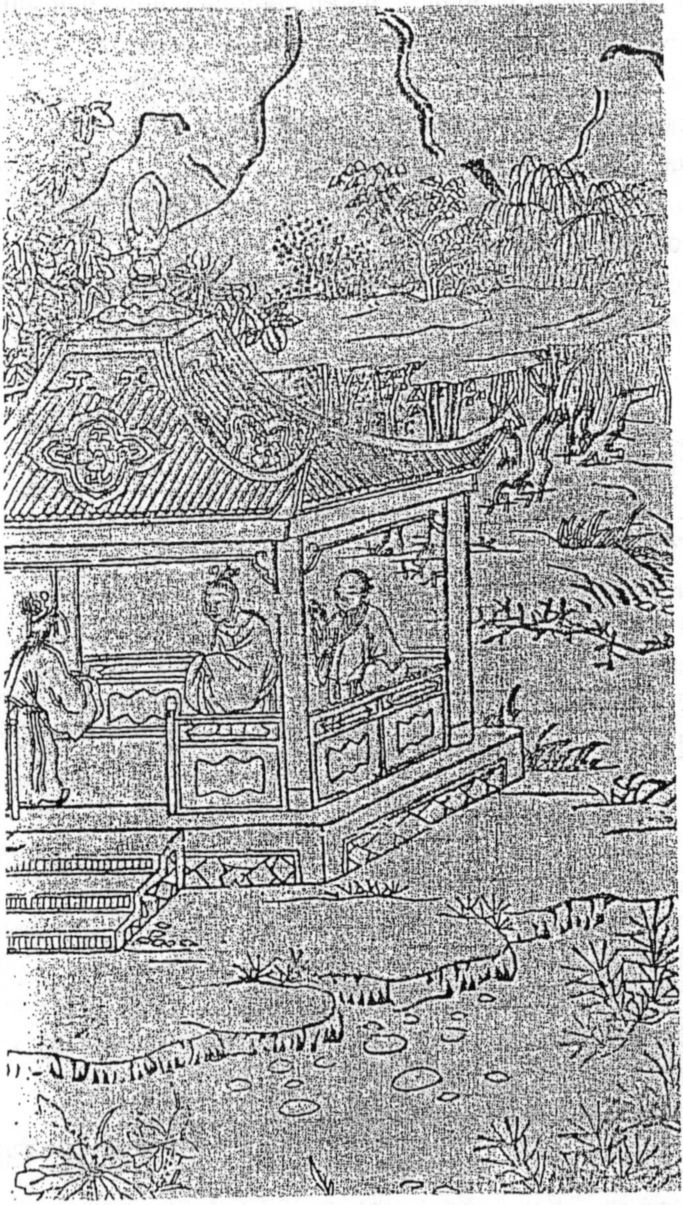

十一、粗茶淡飯

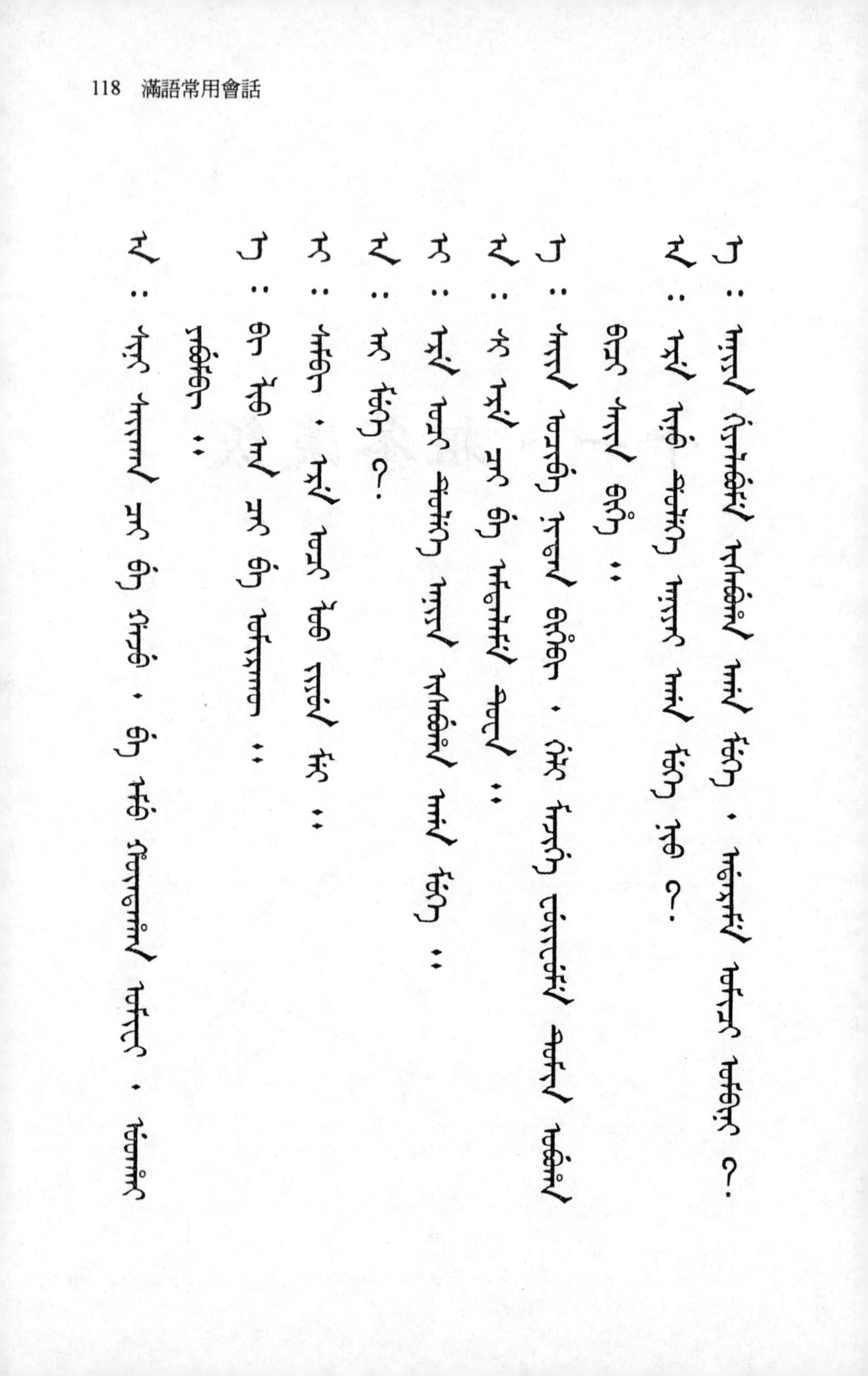

[illegible]

[illegible]

[illegible]

[illegible]

[illegible]

[illegible]

[illegible]

[illegible]

[illegible]

十一、粗茶淡飯

a：sini saikan cai be gaju，be emu hūntahan omifi，uthai yabumbi。
e：bi lio an cai be omirakū。
i：sambi，ere oci "loo jiyun mei"。
a：ai muke？
i：ere oci duleke aniya isabuha aga muke。
a：si ere cai be amtalame tuwa。
e：sain ocibe nitan bihebi, geli majige fuifume tumin obuha bici sain bihe。
a：ere inu duleke aniyai aga muke nio？
e：aniya giyalabume isabuha aga muke，adarame omici ombini？

---

a：把你的好茶拿來，我們喝一杯就走。
e：我不喝六安茶。
i：知道，這是老君眉。
a：是什麼水？
i：這是去年積聚的雨水。
a：你嚐嚐這個茶。
e：好是好，就是淡些，再熬濃些才好。
a：這也是去年的雨水嗎？
e：隔年積聚的雨水，如何喝得？

---

a：把你的好茶拿来，我们喝一杯就走。
e：我不喝六安茶。
i：知道，这是老君眉。
a：是什么水？
i：这是去年积聚的雨水。
a：你尝尝这个茶。
e：好是好，就是淡些，再熬浓些才好。
a：这也是去年的雨水吗？
e：来年积聚的雨水，如何喝得？

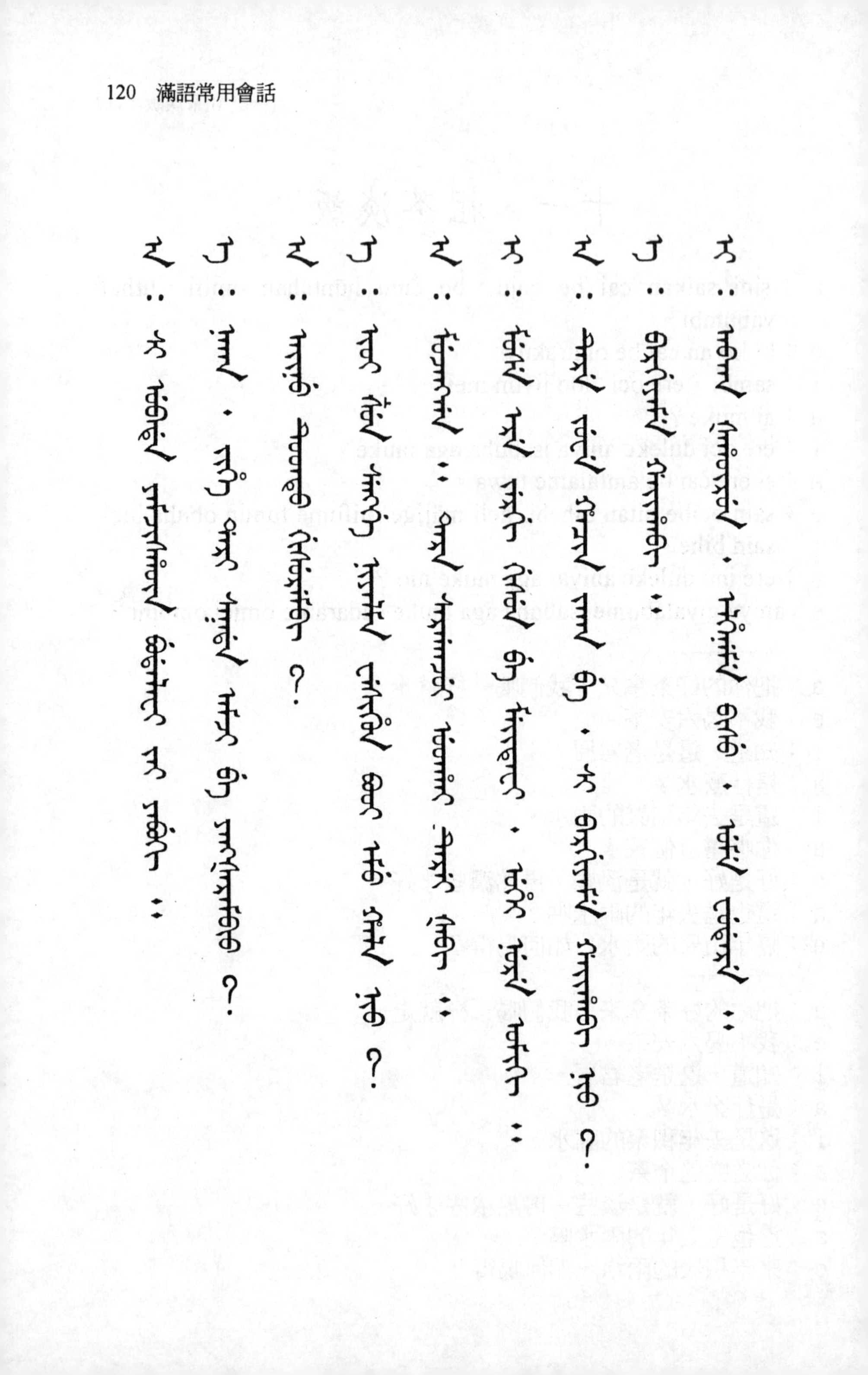

a ：si ubade yamjishūn budalafi jai yabuki.
e ：naka, jihe dari sakda amji be yangšarambio？
a ：ainu tuttu gisurembi？
e ：ioi ts'un sengge niyalma wesihun booi emu hala nio？
a ：mujangga, tara sarganjui uthai terei šabi.
i ：muse ere jergi gisun be meitefi, uhei nure omiki.
a ：tere juwe hacin jaka be, si bargiyame gaihabi nio？
e ：bargiyame gaihabi.
i ：abka šahūrun, elheneme bisu, ume fudere.

---

a：你在這裡吃了晚飯再走吧！
e：罷了，每次來都叨擾老伯嗎？
a：怎麼那麼說呢！
e：雨村老先生是貴本家不是？
a：是，外甥女兒是他的學生。
i：偺們不用說這些話，大家吃酒吧。
a：那兩件東西，你收拾好了嗎？
e：收好了。
i：天氣冷，請慢著，別送了。

---

a：你在这里吃了晚饭再走吧！
e：罢了，每次来都叨扰老伯吗？
a：怎么那么说呢！
e：雨村老先生是贵本家不是？
a：是，外甥女儿是他的学生。
i：咱们不用说这些话，大家吃酒吧。
a：那两件东西，你收拾好了吗？
e：收好了。
i：天气冷，请慢着，别送了。

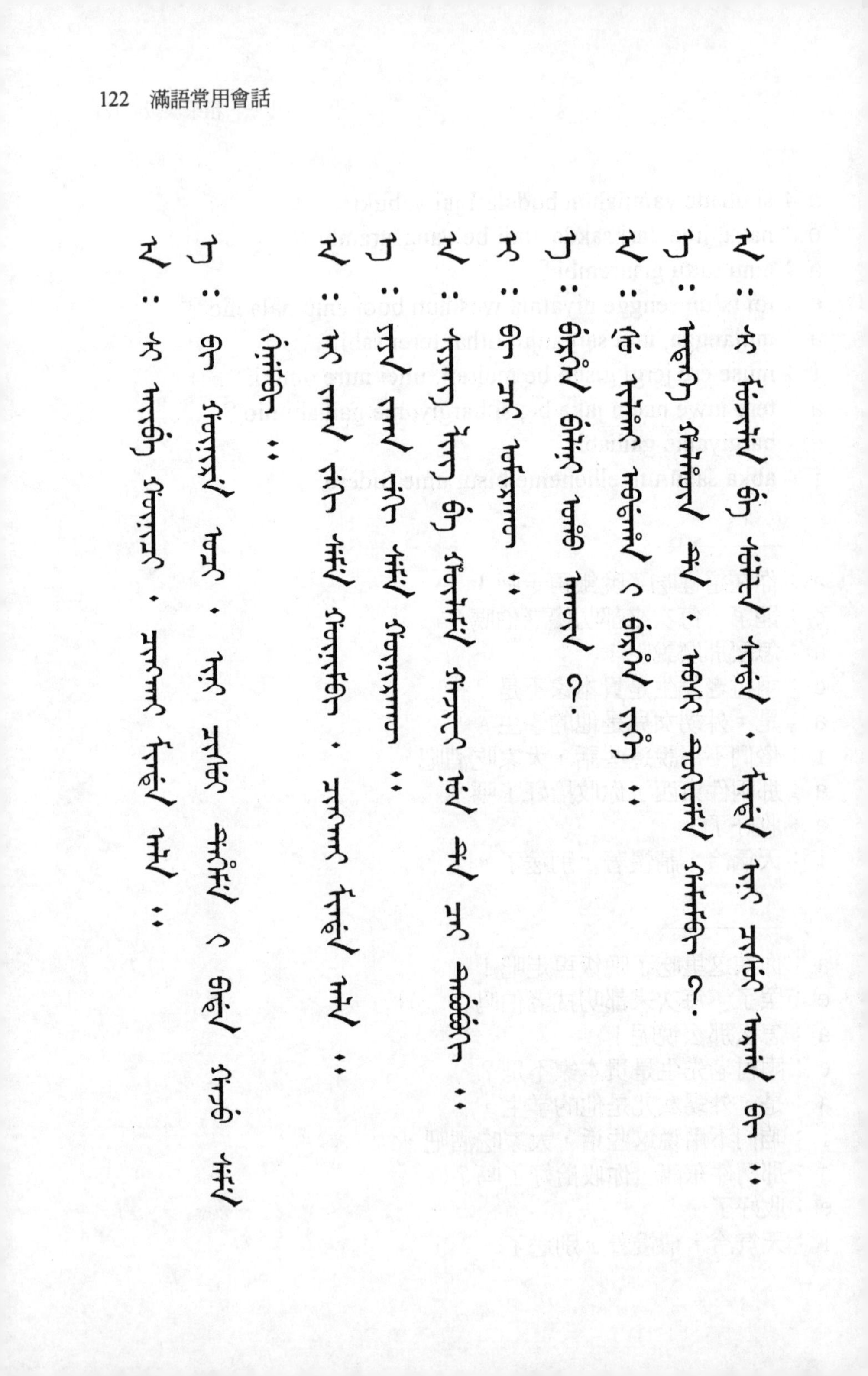

a：si aibe gūnici, cingkai minde ala.
e：bi gūnire oci, ini cisui deheme i bade gaju seme genembi.
a：ai jaka jeki seme gūnimbi, cingkai minde ala.
e：yaya jaka jeki seme gūnirakū.
a：siyang ling be hūlame gajifi nun de cai tebubuki.
i：bi cai omirakū.
e：berhen beleni oho akūn？
a：šu ilhai abdaha i berhen jihe.
e：enteke halhūn de, absi tukiyeme gamambi？
a：si mujilen be sulfa sinda, minde ini cisui arga bi.

---

a：你想什麼，只管告訴我。
e：我要想，自然和姨媽要去。
a：想吃什麼，只管告訴我。
e：也倒不想吃什麼。
a：叫香菱來倒茶給妹妹喝。
i：我不喝茶。
e：湯好了沒有？
a：荷葉湯來了。
e：怪熱的，那可怎麼端呢？
a：你放心，我自有法子。

---

a：你想什么，只管告诉我。
e：我要想，自然和姨妈要去。
a：想吃什么，只管告诉我。
e：也倒不想吃什么。
a：叫香菱来倒茶给妹妹喝。
i：我不喝茶。
e：汤好了没有？
a：荷叶汤来了。
e：怪热的，那可怎么端呢？
a：你放心，我自有法子。

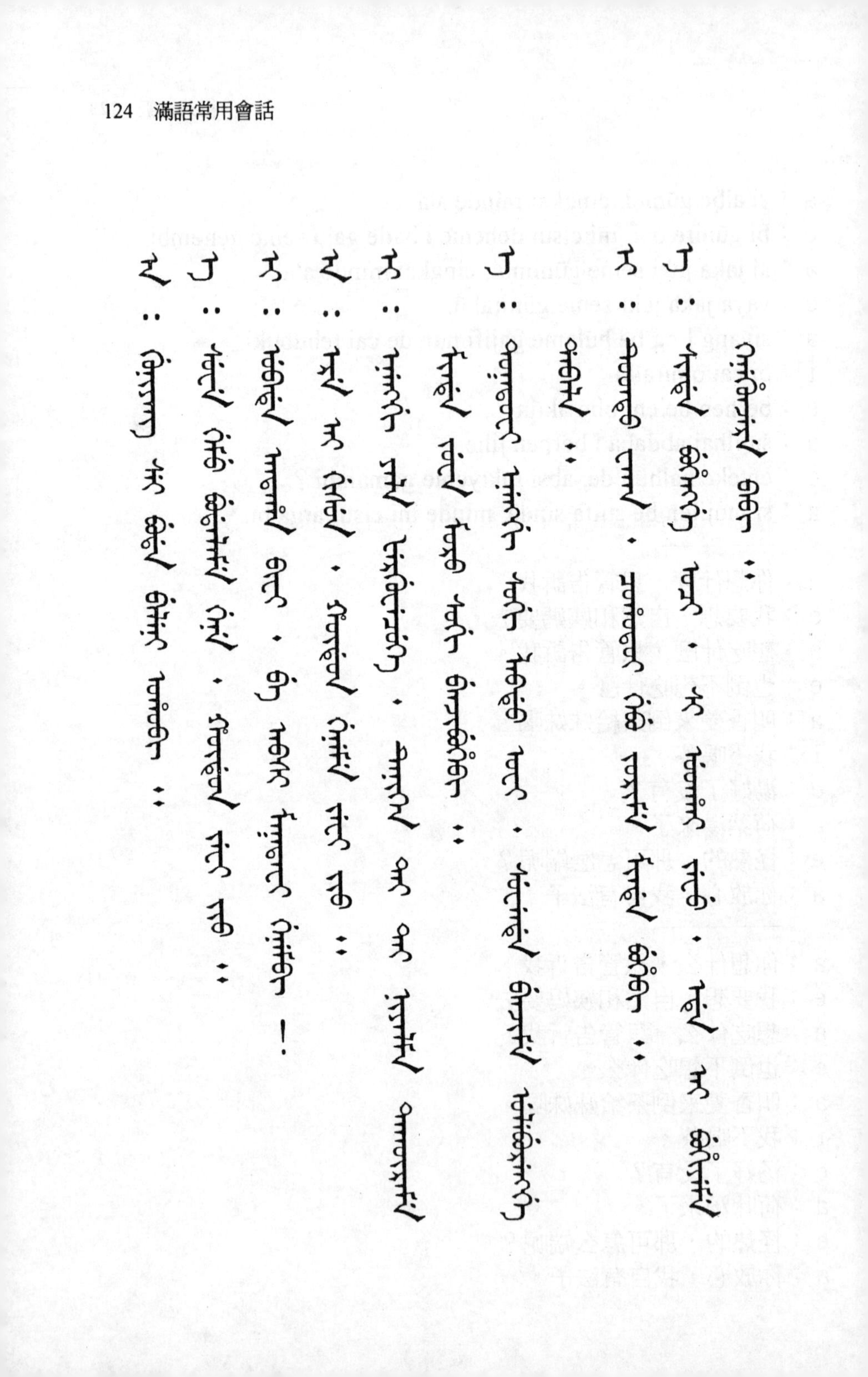

[illegible]

[illegible]

[illegible]

[illegible]

[illegible]

[illegible]

[illegible]

[illegible]

a：guniyang sei buda beleni ohobi.
e：suwe gemu budalame gene, hūdun jefi jio.
i：ubade antaha bifi, be absi maktafi genembi.
a：ere ai gisun, hūdun geneme jefi jio.
i：enenggi yala ferguwecuke, teniken tai tai niyalma takūrame minde juwe moro sogi benjibuhebi.
e：toktofi enenggi sogi labdu ofi, suwende benjime uleburengge dabala.
i：tuttu waka, cohotoi gebu jorime minde buhebi.
e：sinde buhengge oci, si uthai jefu, ede ai buhiyeme kenehunjere babi.

---

a：姑娘們的飯都好了。
e：你們都去吃飯，吃了快來！
i：有客人在這裡，我們怎麼好意思去呢？
a：這打哪裡說起，快去吃了來吧！
i：今兒真奇怪，剛纔太太打發人給我送了兩碗菜來。
e：必定是今兒菜多，送給你們大家吃的。
i：不是，說指名給我的。
e：給你的，你就吃去，這有什麼猜疑的？

---

a：姑娘们的饭都好了。
e：你们都去吃饭，吃了快来！
i：有客人在这里，我们怎么好意思去呢？
a：这打哪里说起，快去吃了来吧！
i：今儿真奇怪，刚纔太太打发人给我送了两碗菜来。
e：必定是今儿菜多，送给你们大家吃的。
i：不是，说指名给我的。
e：给你的，你就吃去，这有什么猜疑的？

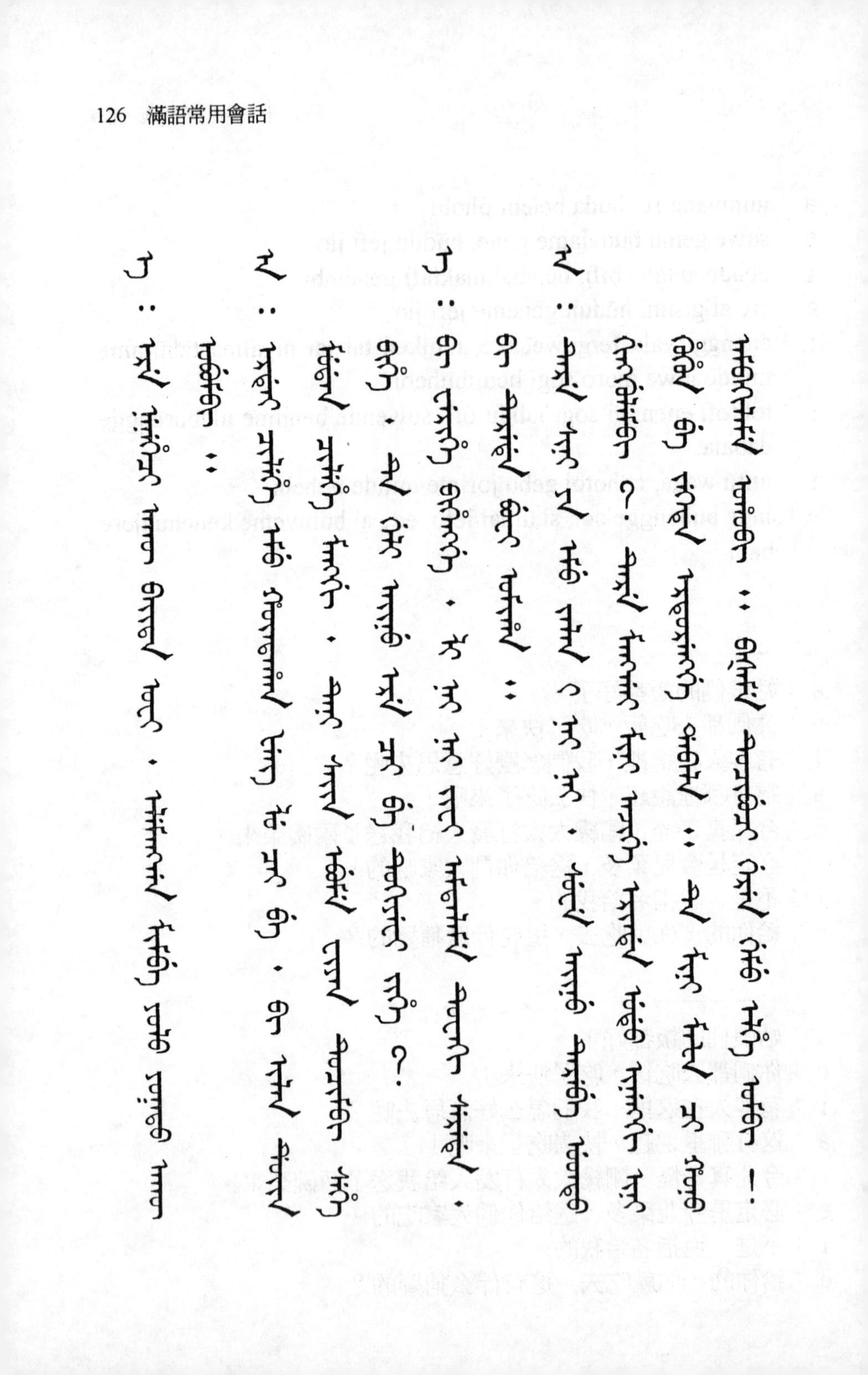

[illegible] !

[illegible] ?

[illegible] :: [illegible] ::

[illegible] ::

[illegible] ?

[illegible]

[illegible] ::

[illegible]

e：ere neneheci akū baita ofi, elemangga mimbe yolo yokto akū obumbi.

a：erdei cilehe emu hūntahan feng lu cai be, bi ilan duin mudan cilehe manggi teni sain ebume fiyan tucimbi sehe bihe, te geli ainu ere cai be tukiyefi jihe?

e：bi werihe bihengge, li nai nai jifi amtalame tuwaki serede, bi terede bufi omiha.

a：tere sini ya emu jalan i nai nai, suwe ainu terebe uttu ginggulembi? tere manggai mini ajige erinde udu inenggi ini huhun be jekede erturengge dabala, te mini mafa ci hono ambakilame ohobi, bašame tucibuci geren gemu elhe ombi!

---

e：這是從來沒有的事，倒叫我不好意思的。

a：早起沏了一盅楓露茶，我說過那茶是沏三、四次後纔出色的，這會子怎麼又斟上這個茶來？

e：我原是留著的，那會子李奶奶來了，她要嚐嚐就給她吃了。

a：她是你哪一門子的奶奶，你們爲何如此孝敬她？她不過仗著我小時候兒吃過她幾日奶罷了，如今傲的她比我祖宗還大了，攆了出去，大家乾淨！

---

e：这是从来没有的事，倒叫我不好意思的。

a：早起沏了一盅枫露茶，我说过那茶是沏三、四次后纔出色的，这会子怎么又斟上这个茶来？

e：我原是留着的，那会子李奶奶来了，她要尝尝就给她吃了。

a：她是你哪一门子的奶奶，你们为何如此孝敬她？她不过仗着我小时候儿吃过她几日奶罢了，如今傲的她比我祖宗还大了，撵了出去，大家干净！

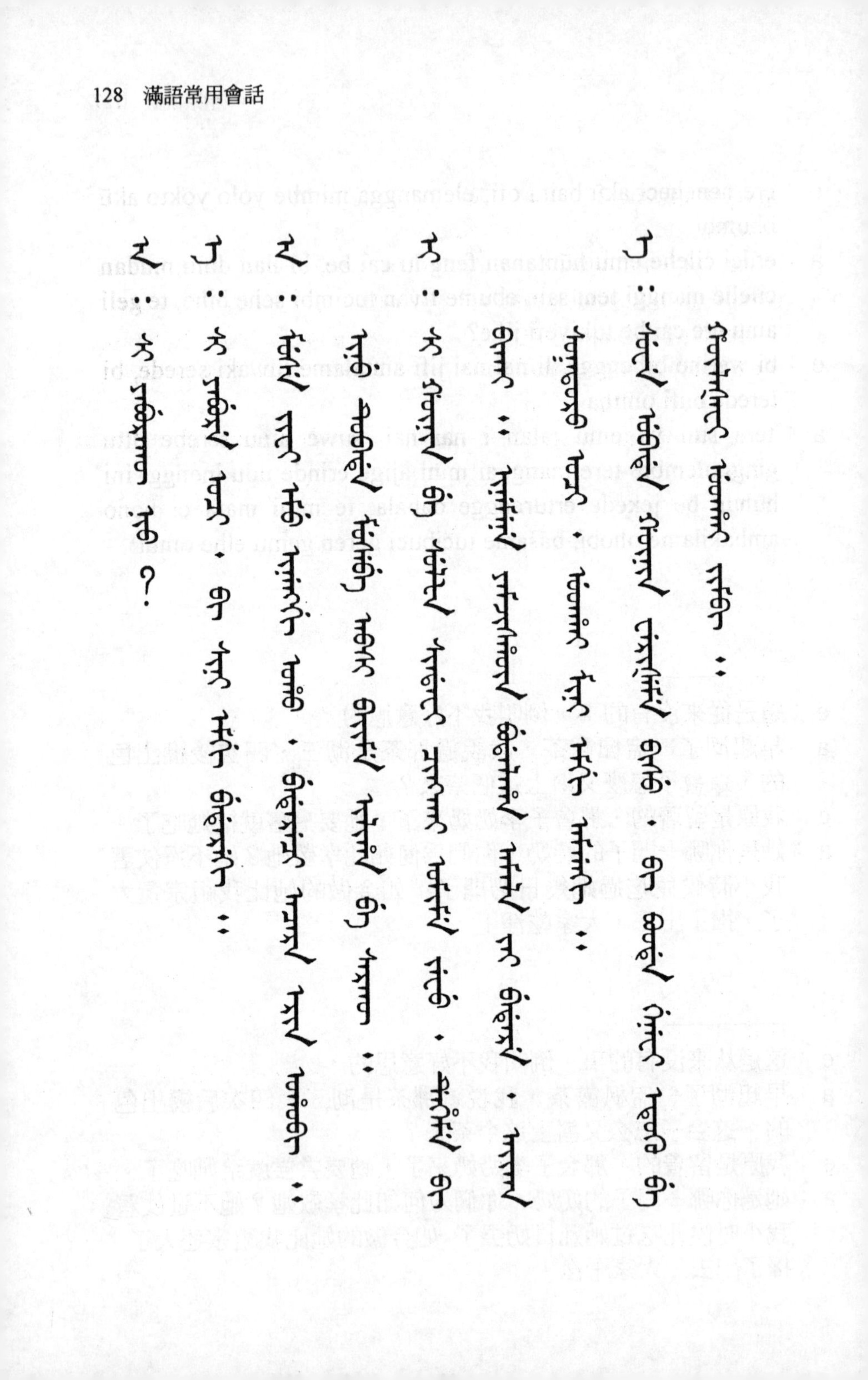

a ：si yaburakū nio?
e ：si yabure oci, bi sini emgi bedereki.
a ：muse jifi emu inenggi oho, bedereci acara erin ohobi, inu tubade musebe absi baime iliha be sarkū.
i ：si gūnin be sulfa sindafi cingkai omime jefu, deheme bi bikai, inemene yamjishūn budalaha amala jai bedere, aika soktoro oci, uthai mini emgi amgaki.
e ：suwe ubade gūnin werišeme bisu, bi boode genefi etuku be hūlašafi uthai jimbi.

---

a：你走不走？
e：你要走，我和你一起回去。
a：偺們來了這一日，也該回去了，還不知那邊怎麼找偺們呢？
i：你只管放心吃喝，有姨媽我呢！索性吃了晚飯去，要是醉了，就跟我睡吧！
e：你們在這裡小心著，我家去換了衣服就來。

---

a：你走不走？
e：你要走，我和你一起回去。
a：咱们来了这一日，也该回去了，还不知那边怎么找咱们呢？
i：你只管放心吃喝，有姨妈我呢！索性吃了晚饭去，要是醉了，就跟我睡吧！
e：你们在这里小心着，我家去换了衣服就来。

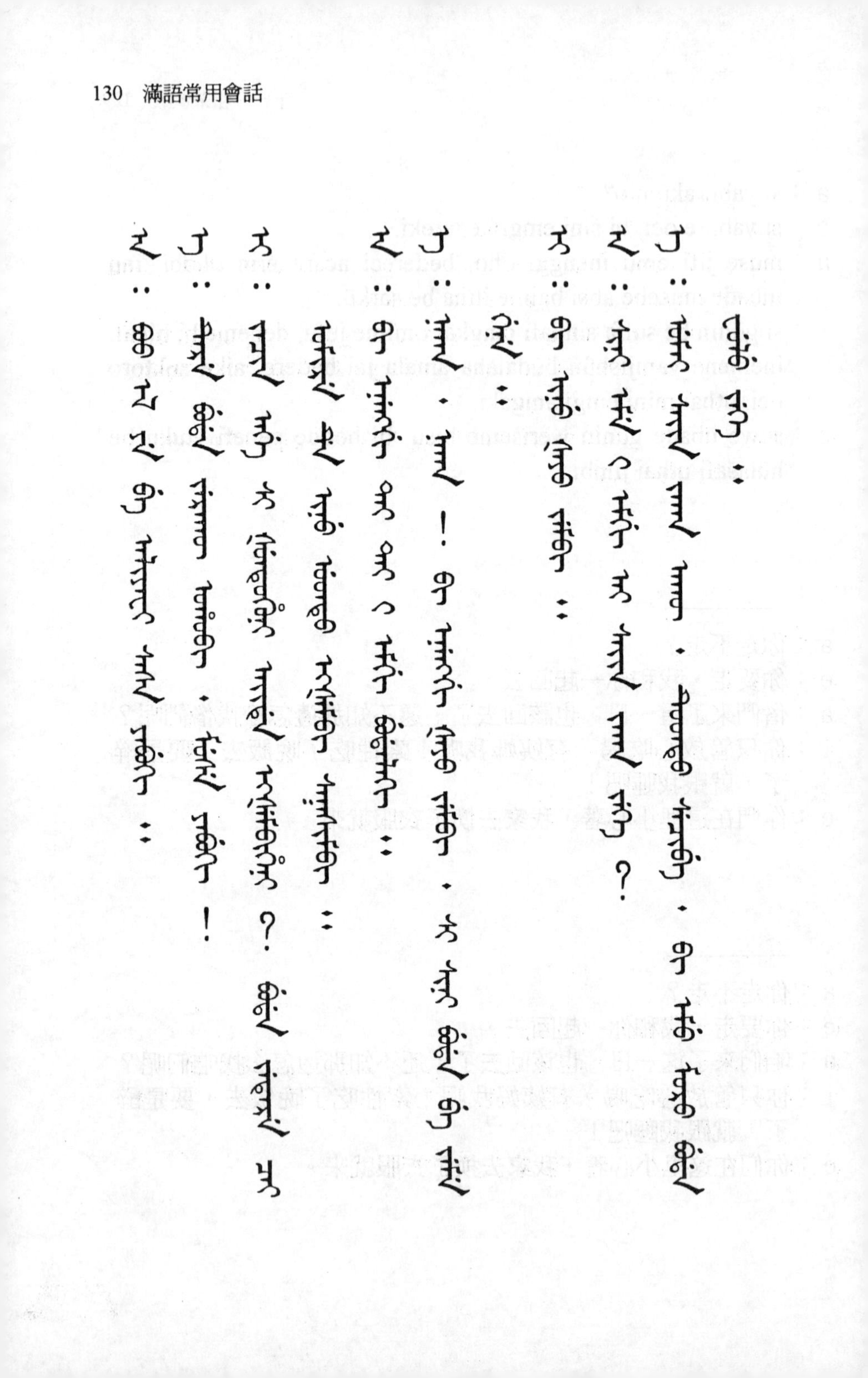

a ：boo el ye be aliyafi sasa yabuki.
e ：tere buda jerakū ohobi, muse yabuki.
i ：jacin age si šuntuhuni aide ekšembiheni? buda jetere cai omire de inu uttu ekšembi saksimbi.
a ：bi enenggi tai tai i emgi budalaki.
e ：naka, naka! bi enenggi šayo jembi, si sini buda be jeme gene.
i ：bi inu šayo jembi.
a ：sini eme i emgi ai sain jaka jeke?
e ：umai sain jaka akū, tuttu secibe, bi emu moro buda fulu jeke.

---

a ：等著寶二爺，一塊兒走吧。
e ：他不吃飯，偺們走吧！
i ：二哥哥，你成天忙的是什麼？連吃飯喝茶也是這麼匆匆忙忙的。
a ：我今兒跟著太太吃吧。
e ：罷、罷，我今兒吃齋，你吃你的去吧。
i ：我也跟著吃齋。
a ：跟著你娘吃了什麼好的了？
e ：也沒什麼好的，我倒多吃了一碗飯。

---

a ：等着宝二爷，一块儿走吧。
e ：他不吃饭，咱们走吧！
i ：二哥哥，你成天忙的是什么？连吃饭喝茶也是这么匆匆忙忙的。
a ：我今儿跟着太太吃吧。
e ：罢、罢，我今儿吃斋，你吃你的去吧。
i ：我也跟着吃斋。
a ：跟着你娘吃了什么好的了？
e ：也没什么好的，我倒多吃了一碗饭。

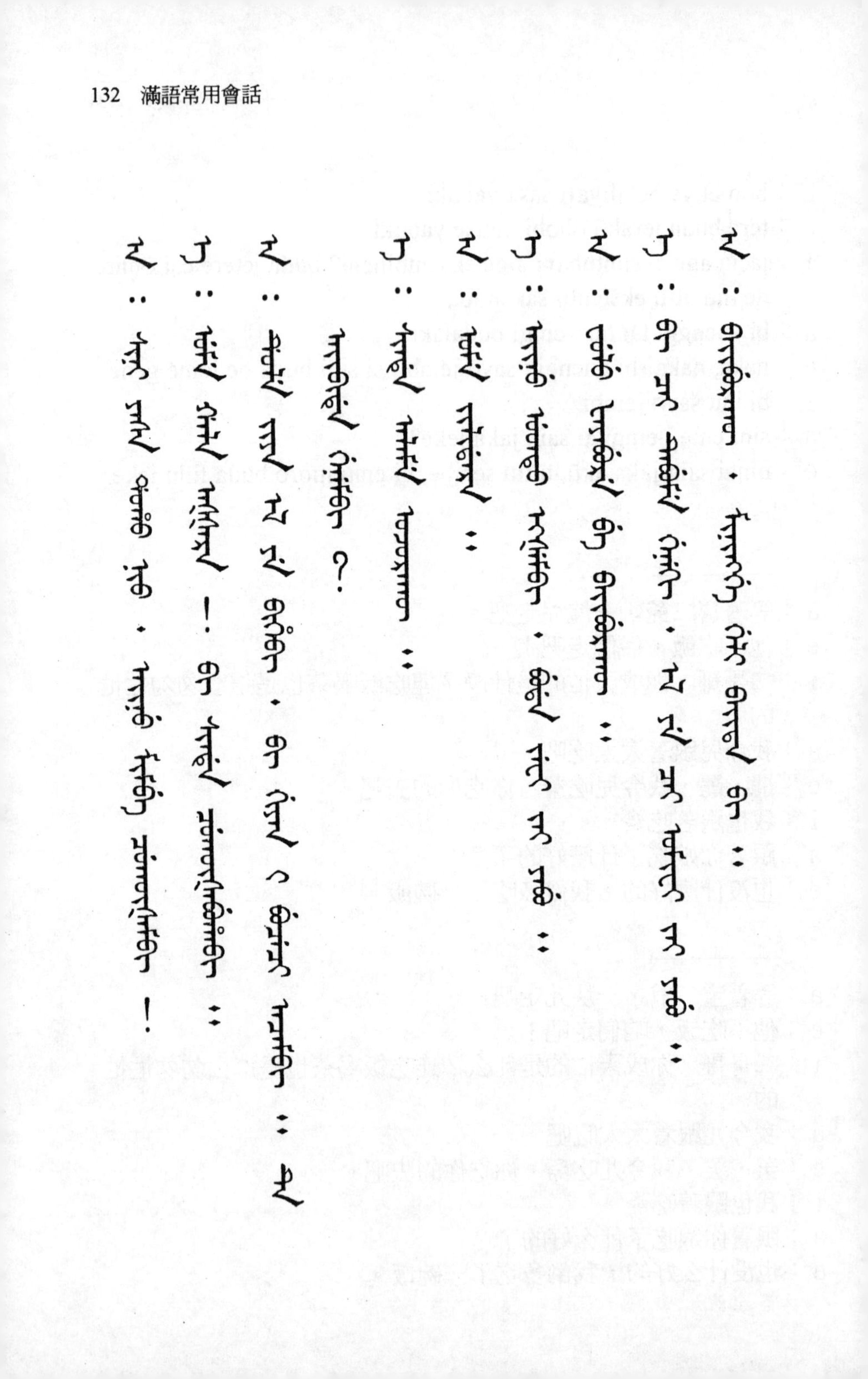

a ：sini yasa doho nio, ainu mimbe cukūšambi!
e ：ume gala aššara!bi sinde cukūšabuhabi.
a ：dule jiya el ye bihebi, bi giyan i buceci acambi. te aibide genembi?
e ：sinde alame ojorakū.
a ：ume jilidara.
e ：ainu uttu ekšembi,buda jefi jai yabu.
a ：fulu fayabure be baiburakū.
e ：bi cai tebume geneki, el ye cai omifi jai yabu.
a ：baiburakū, miningge geli baita bi.

---

a ：你瞎了眼，碰起我來了。
e ：別動手，是我沖撞了你。
a ：原來是賈二爺，我該死，這會子哪裡去？
e ：不能告訴你。
a ：你別生氣。
e ：怎麼這麼忙，吃了飯去吧！
a ：不用費事。
e ：我倒茶去，二爺喝了茶再去。
a ：不用，我還有事呢！

---

a ：你瞎了眼，碰起我来了。
e ：别动手，是我冲撞了你。
a ：原来是贾二爷，我该死，这会子哪里去？
e ：不能告诉你。
a ：你别生气。
e ：怎么这么忙，吃了饭去吧！
a ：不用费事。
e ：我倒茶去，二爷喝了茶再去。
a ：不用，我还有事呢！

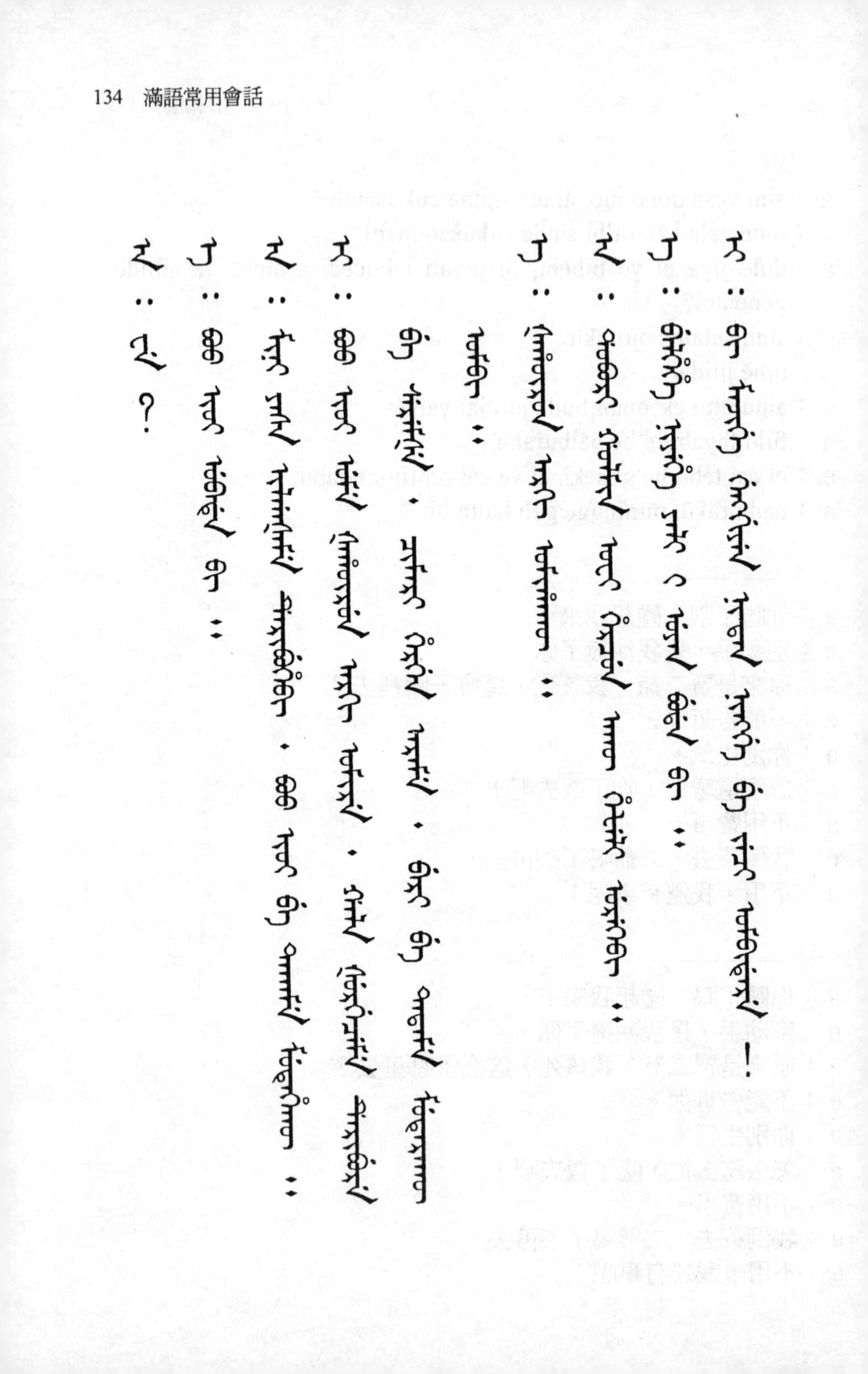

ᠠ : ᠪᡳ [illegible] !

ᡳ : [illegible] ::

ᡝ : [illegible] ::

ᡳ : [illegible] ::

ᠠ : ᠪᡳ [illegible] ::

ᡝ : [illegible] ::

ᡳ : [illegible] ᠪᡳ ::

ᡝ : [illegible] ?

a：we?
e：boo ioi ubade bi.
a：mini yasa ilgašame deribuhebi, boo ioi be takame mutehekū.
i：boo ioi ume šahūrun arki omire, gala šurgeceme deribure be seremše, cimari hergen arame, beri be tatame muterakū ombi.
e：šahūrun arki omihakū.
a：dobori golmin ofi hercun akū hefeli urekebi.
e：belhehe niyehe yali i uyan buda bi.
i：bi majige genggiyen nitan ningge be jeci ombidere！

---

a：是誰？
e：寶玉在這裡呢。
a：我眼花，沒認出寶玉來。
i：寶玉別喝冷酒，仔細手顫，明兒寫不得字，拉不得弓。
e：沒有吃冷酒。
a：夜長，不覺得有些餓了。
e：有預備的鴨子肉粥。
i：我吃些清淡的吧！

---

a：是谁？
e：宝玉在这里呢。
a：我眼花，没认出宝玉来。
i：宝玉别喝冷酒，仔细手颤，明儿写不得字，拉不得弓。
e：没有吃冷酒。
a：夜长，不觉得有些饿了。
e：有预备的鸭子肉粥。
i：我吃些清淡的吧！

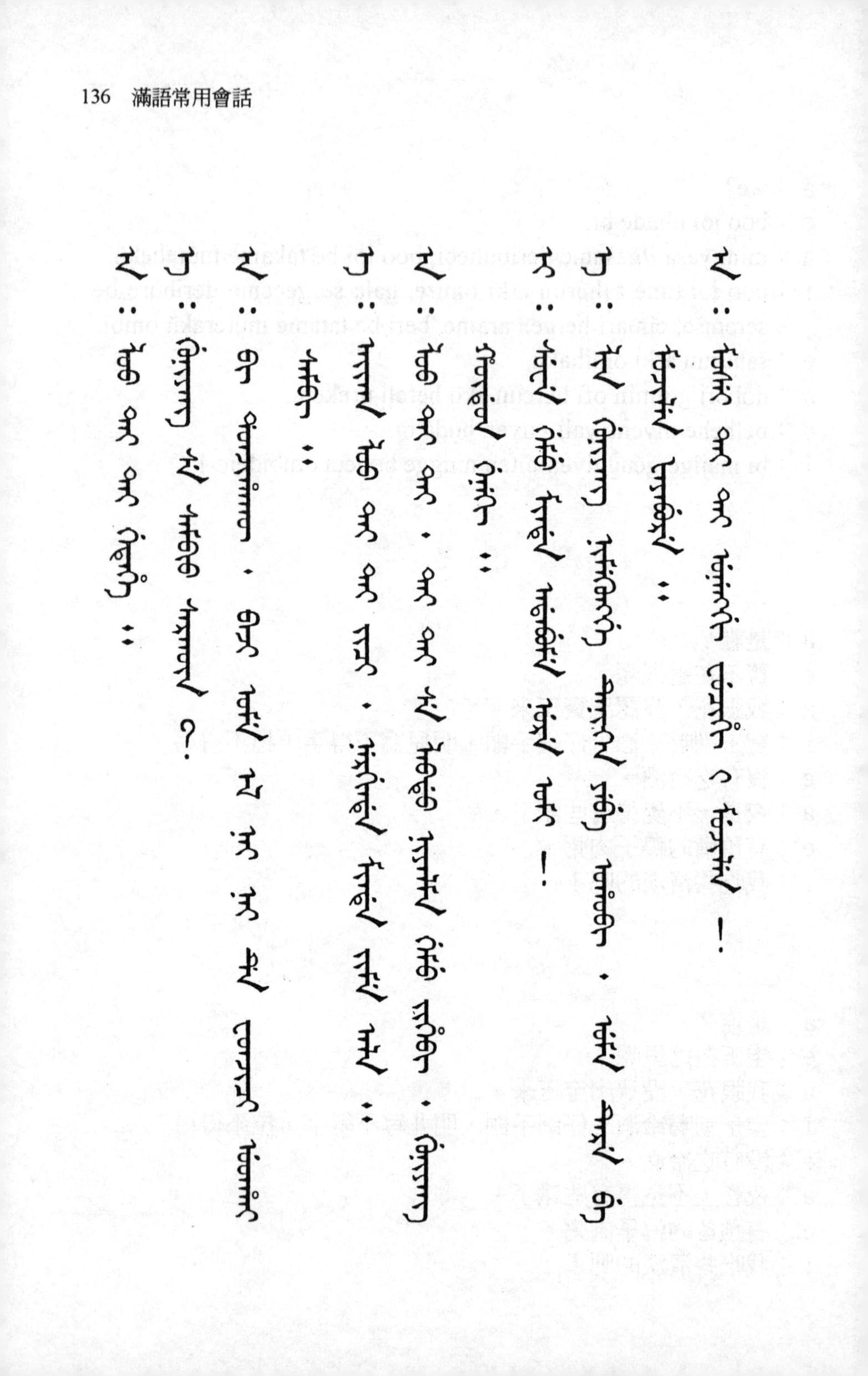

a：loo tai tai getehe。
e：guniyang se sambio sarkūn？
a：bi donjihakū，baji ome el nai nai de fonjici uthai sambi。
e：aika loo tai tai jici，nerginde minde jime ala。
a：loo tai tai，tai tai se labdu niyalma gemu jihebi，guniyang hūdun geneki。
i：suwe gemu minde adabume nure omi！
e：lin guniyang nimekungge teniken yebe ohobi，ume tere be mujilen fayabure。
a：musei tai tai unenggi fucihi i mujilen！

---

a：老太太醒了。
e：姑娘們知道不知道？
a：我沒有聽見，待會兒問問二奶奶就知道了。
e：若是老太太來了，立即來告訴我。
a：老太太，太太等好些人都來了，請姑娘快去吧！
i：你們都陪我喝酒。
e：林姑娘的病纔好，別叫他費心。
a：我們太太真正是個菩薩心腸。

---

a：老太太醒了。
e：姑娘们知道不知道？
a：我没有听见，待会儿问问二奶奶就知道了。
e：若是老太太来了，立即来告诉我。
a：老太太，太太等好些人都来了，请姑娘快去吧！
i：你们都陪我喝酒。
e：林姑娘的病纔好，别叫他费心。
a：我们太太真正是个菩萨心肠。

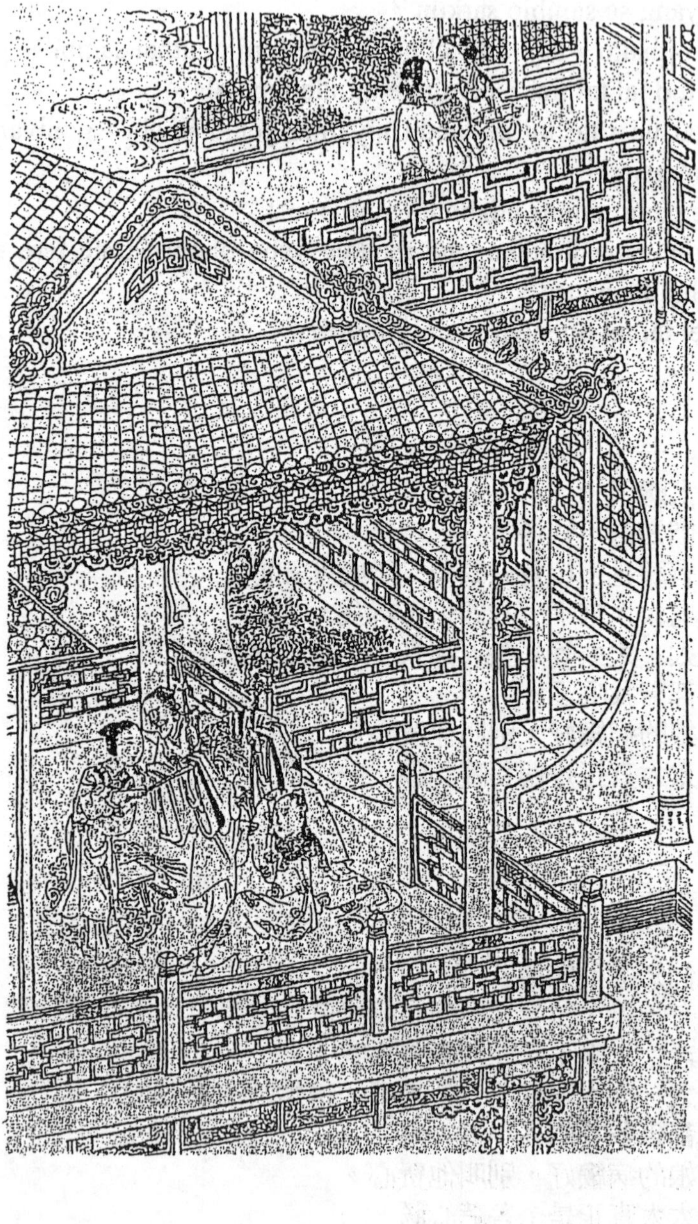

十二、好戲開鑼

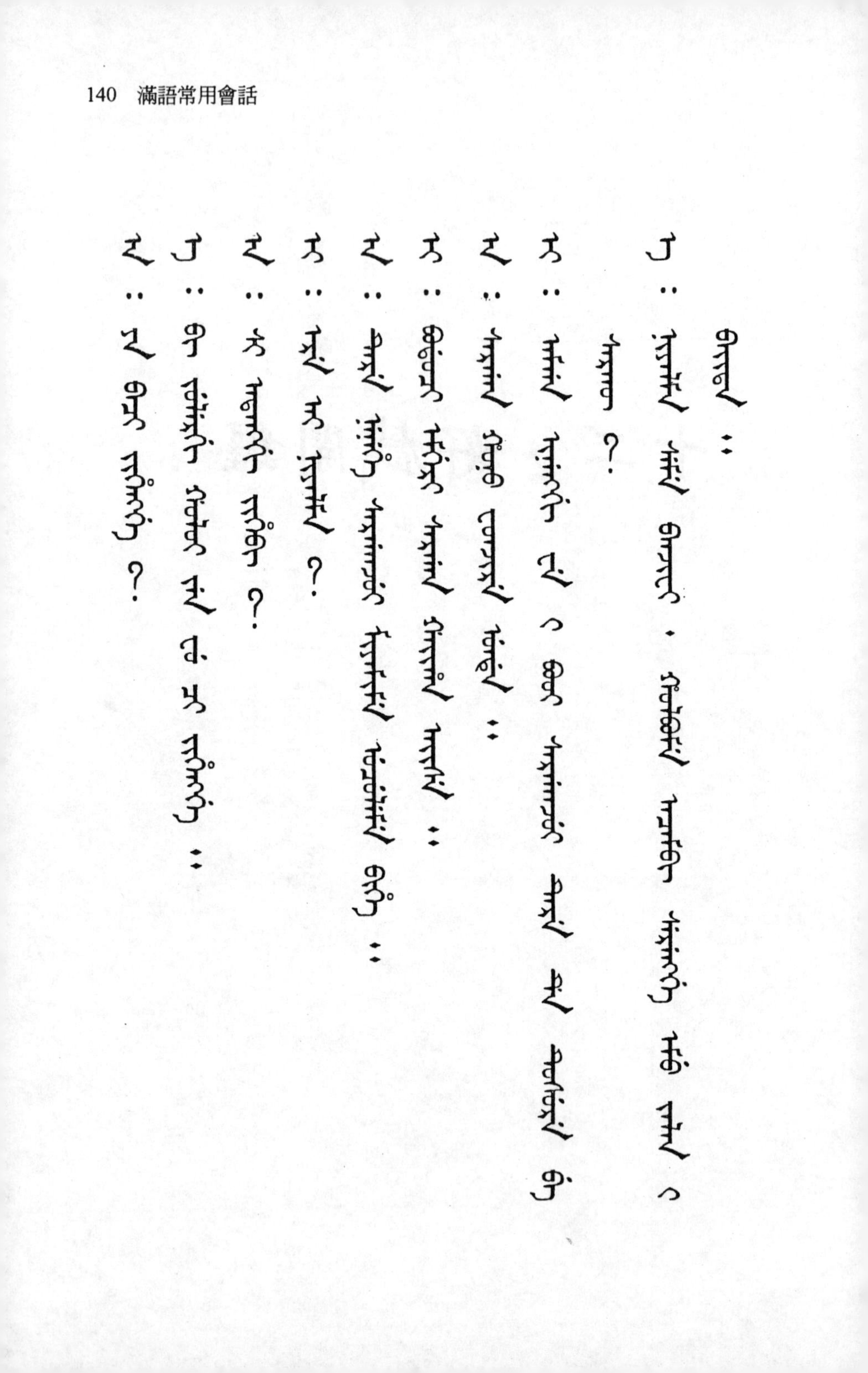

[illegible] ::

[illegible] : [illegible] , [illegible] ?

[illegible] : [illegible] ::

[illegible] : [illegible] ::

[illegible] : [illegible] ::

[illegible] : [illegible] ::

[illegible] : [illegible] ?

[illegible] : [illegible] ?

[illegible] : [illegible] ::

[illegible] : [illegible] ?

十二、好戲開鑼

a ：ya baci jihengge？
e ：bi julergi goloi jen fu ci jihengge。
a ：si atanggi jihebi？
i ：ere ai niyalma？
a ：tere nenehe sarganjui miyamime uculeme bihe。
i ：bodoci emgeri sargan gaiha aise。
a ：sargan hono fonjire unde。
i ：amga inenggi we i booi sarganjui tere de tusure be sarkū？
e ：niyalma seme banjifi，holbome acambi serengge emu jalan i baita。

---

a ：是從哪裡來的？
e ：我是從南邊甄府來的。
a ：你什麼時候來的？
i ：這是什麼人？
a ：他原先是唱小旦的。
i ：想必是成了家了。
a ：親還沒有定。
i ：不知日後誰家的女孩兒嫁他？
e ：人生婚配乃關係一生一世的事。

---

a ：是从哪里来的？
e ：我是从南边甄府来的。
a ：你什么时候来的？
i ：这是什么人？
a ：他原先是唱小旦的。
i ：想必是成了家了。
a ：亲还没有定。
i ：不知日后谁家的女孩儿嫁他？
e ：人生婚配乃关系一生一世的事。

ᠠ : ᠶᠣᠪᠣᡩᠣᠩᡤᡝ ᡥᠣᠰᠣᠨ ᠨᡳᠶᠠᠯᠮᠠ ᠪᡝ ᠪᠠᡳᡥᠠᠨᠠᠮᠪᡳ ::

ᡝ : ᠰᡳ ᡤᡡᠨᡳᠨ ᠨᡳᠶᠠᠯᠮᠠ ᠪᡝ ᠪᠠᡳᠴᠠᠮᡝ ᠨᡳᠶᠠᠯᠮᠠ ᠪᡝ ᠪᠠᡳᠮᠪᡳ ᡨᠠᡴᠠᠨᡳ ᠪᡝ ᠪᠠᡳᡥᠠᠨᠠᠮᠪᡳ ::

ᡳ : ᠪᡳ ᠮᡳᠨᡳ 《ᠮᡝ ᡨᡠ ᡤᡳᠰᡠᠨ ᡨᡠᠴᡝᠮᡝ ᠮᡝ ᠣ ᡤᡳᠰᡠᠨ ᠪᡳᡨᡥᡝ ᠪᡝ ᠪᠠᡳᡥᠠᠨᠠᠮᠪᡳ》 ᠪᠠᡳᠮᠪᡳ

ᡝ : ᡤᡝᠪᡠ ᠮᡝ ᠪᠠᠨᠵᡳᠮᠪᡳ ᠪᠣᡥᠣ ::

ᡤᡳᠶᠠᠨ · ᡨᠠᡴᠠᠨᠠ ᡨᠠᠴᡳᠪᡠᡥᠠᠩᡤᡝ ᠪᡝ ᡨᡠᠴᡝᠮᡝ ᡨᡠᠴᡝᠮᡝ ᠪᡠᡥᡝ ::

ᡳ : ᠪᠣᡥᠣᡩᠣ ᠠᠮᠪᠠ · ᠰᡳ ᠰᠠᡳᠰᠠ ᡨᠠᠮᡝ ᡤᡳᠰᡠᠨ ᠪᡝ ᡤᡳᠰᡠᠨᡝᠮᠪᡳ ᡨᠣᠯᠣᡩᡝ ᠪᡝ ᡤᡳᠰᡠᠨᡝᠮᠪᡳ ᡨᠠᠴᡳᠪᡠᡥᡝ ᠪᡝ ᡤᡝᠰᡝ ᠪᠠᡳᠮᠪᡳ ᠪᡳᡥᡝ ::

ᡝ : ᡨᡠᡨᡨᡠ ᠪᡝᠶᡝᠯᡝᠮᡝ ᠮᡳᠨᡳ · ᡨᡠᡨᡨᡠ ᠮᡝᠨᡩᡠᠪᡠᡥᡝ ᡤᡳᠰᡠᠨ ᡨᠠᠴᡳᠪᡠ :: ᠰᡳ ᡨᡠ

a ：ilifi budalame geneki, efin deribure hanci oho, si ai jucun be donjire cihangga, bi tomilame buki.

e ：tuttu oci, si cohotoi emu hūfan efin be hūlame gaju, mini cihalarangge be sonjome efime tuwabu.

a ：ede ai mangga babi.

e ：boo cai 《lu jy šen soktofi u tai šan alin be daišaha》sere jucun be tomilaha.

a ：si damu ere jergi efin be tomilara amuran.

i ：cibseme tefi efin be tuwacina.

---

a ：起來吃飯去，就開戲了，你愛聽那一齣？我給點。

e ：你既這麼說，你就特叫一班戲，揀我喜歡的唱與我聽。

a ：這有什麼難的？

e ：寶釵點了一齣《魯智深醉鬧五臺山》。

a ：你只愛點這些戲。

i ：安靜些看戲罷！

---

a ：起来吃饭去，就开戏了，你爱听那一出？我给点。

e ：你既这么说，你就特叫一班戏，拣我喜欢的唱与我听。

a ：这有什么难的？

e ：宝钗点了一出《鲁智深醉闹五台山》。

a ：你只爱点这些戏。

i ：安静些看戏罢！

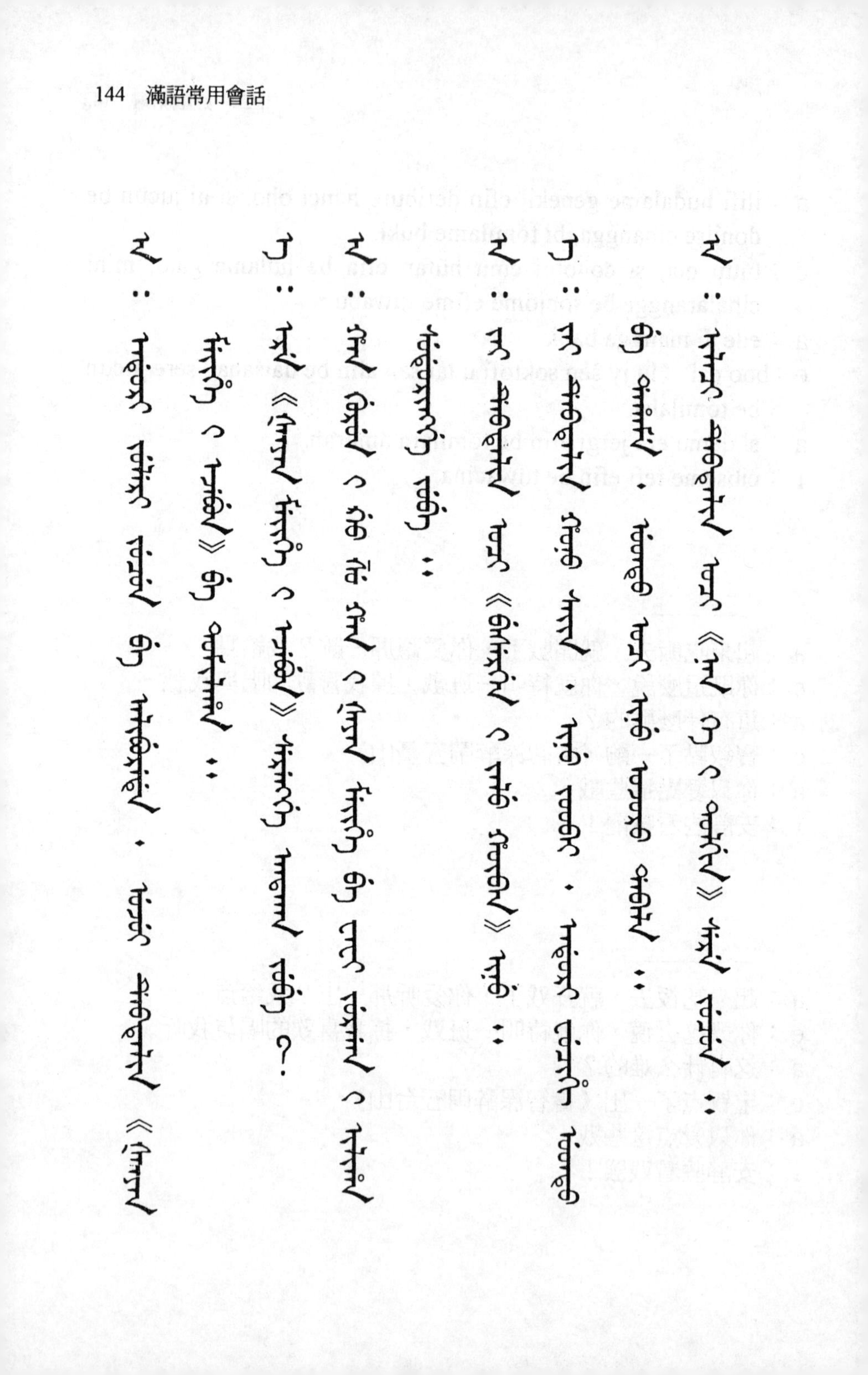

a ：enduri juleri jucun be aliburede, ujui debtelin《šanyan meihe i ejebun》be tomilaha.

e ：ere《šanyan meihe i ejebun》serengge antaka jube?

a ：han gurun i g'ao dzu han i šayan meihe be wafi jurgan i iliha suduringge jube.

a ：jai debtelin oci《besergen i jalu hūban》inu.

e ：jai debtelin hono sain, inu joobai, enduri fucihi uttu be dahame, uttu oci inu ojoro dabala.

a ：ilaci debtelin oci《nan ke i tolgin》sere jucun.

---

a ：神前拈了戲，頭一本是《白蛇記》。

e ：這《白蛇記》是什麼故事？

a ：漢高祖斬白蛇起義的故事。

a ：第二本是《滿牀笏》。

e ：倒是第二本也還罷了。神佛既這樣，也只得如此。

a ：第三本是《南柯夢》。

---

a ：神前拈了戏，头一本是《白蛇记》。

e ：这《白蛇记》是什么故事？

a ：汉高祖斩白蛇起义的故事。

a ：第二本是《满床笏》。

e ：倒是第二本也还罢了。神佛既这样，也只得如此。

a ：第三本是《南柯梦》。

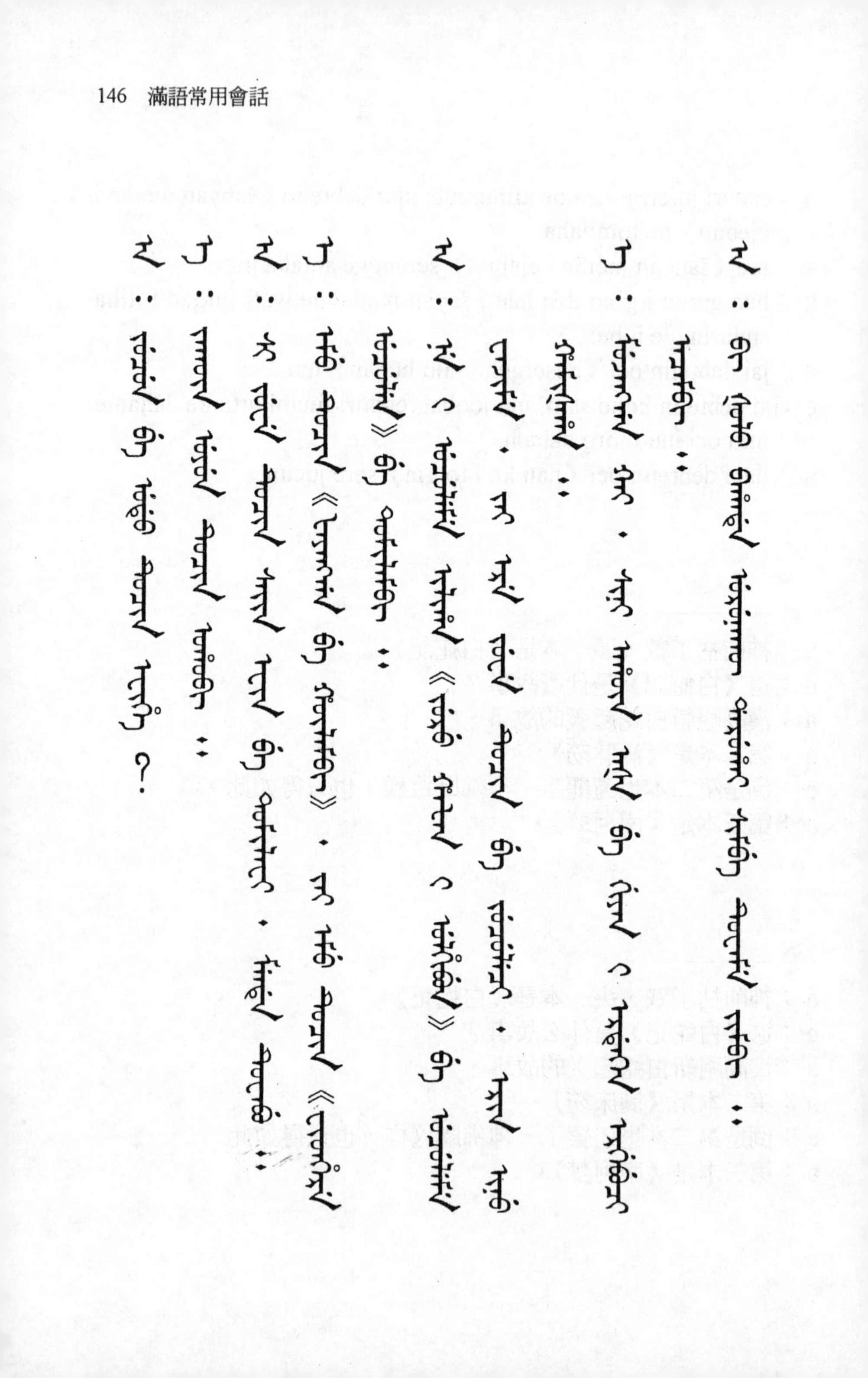

a ：jucun be udu tucin efihe？
e ：jakūn uyun tucin ohobi。
a ：si juwe tucin sain efin be tomilafi, mende tuwabu。
e ：emu tucin “fayangga be hūlambi”, jai emu tucin “fithere uculen” be tomilambi。
a ：ne i uculeme iliha “juru hafan i ulhibun” be uculeme wajime, jai ere juwe tucin be juculeci, erin inu hamišaha。
e ：mujangga kai, sini ahūn aša be giyan i erdeken ergebuci acambi。
a ：bi šolo bahade, urunakū daruhai simbe tuwame jimbi。

---

a ：戲文唱了幾齣了。
e ：唱了八、九齣了。
a ：你點幾齣好的我們聽。
e ：點一齣“還魂”，一齣“彈詞”。
a ：現在唱的這“雙官誥”完了，再唱這兩齣，也到時候了。
e ：可不是呢，也該趁早叫你哥哥嫂子歇歇。
a ：我得了閒兒，必常來看你。

---

a ：戏文唱了几出了。
e ：唱了八、九出了。
a ：你点几出好的我们听。
e ：点一出“还魂”，一出“弹词”。
a ：现在唱的这“双官诰”完了，再唱这两出，也到时候了。
e ：可不是呢，也该趁早叫你哥哥嫂子歇歇。
a ：我得了闲儿，必常来看你。

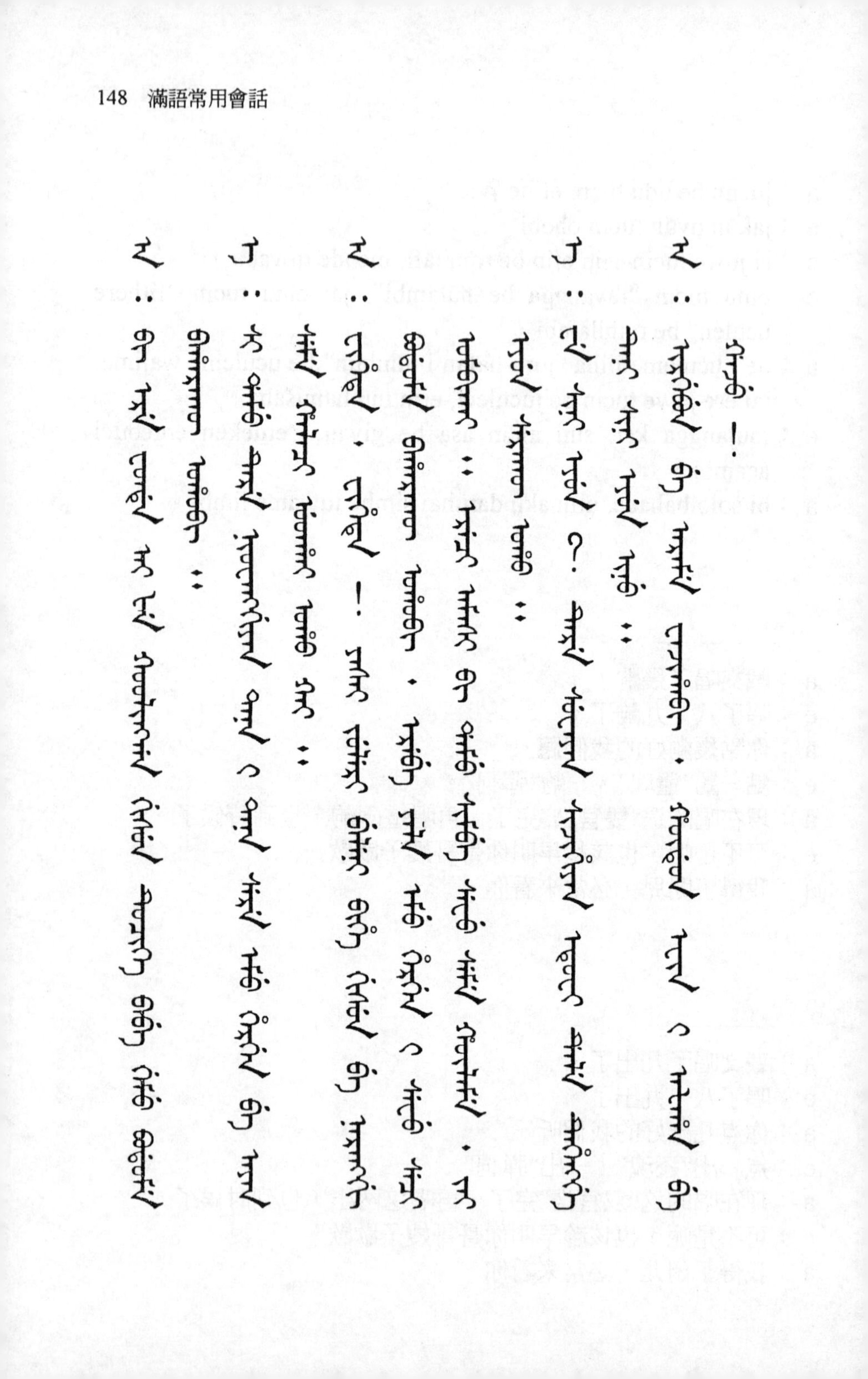

a：bi ere fonde ai fe koolingga gisun tucike babe gemu bodome baharakū ohobi.

e：si damu tere "niowanggiyan tana" i "tana" sere emu hergen be ayan seme halaci uthai oho kai.

a：fihete, fihete! yasai juleri beleni bihe gisun be naranggi bodome baharakū ohobi. erebe yala "emu hergen i sefu"seci ombikai. ereci amasi bi damu simbe sefu seme hūlame, jai eyun serakū oho.

e：we sini eyun? tere suwayan sijihiyan etufi dele tehengge teni sini eyun inu.

a：irgebun be arame wajihabi, hūdun efin i afaha be gaju!

---

a：我這會子總想不出什麼典故出處來！

e：你只把「綠玉」的「玉」字改作「蠟」字就好了。

a：該死！該死！眼前現成的句子，竟想不到！姐姐真是「一字師」了，從此只叫你師傅，再不叫你姐姐了。

e：誰是你姐姐？那上頭穿黃袍的纔是你姐姐呢！

a：詩做完了，快拿戲單來。

---

a：我这会子总想不出什么典故出处来！

e：你只把「绿玉」的「玉」字改作「蜡」字就好了。

a：该死！该死！眼前现成的句子，竟想不到！姐姐真是「一字师」了，从此只叫你师傅，再不叫你姐姐了。

e：谁是你姐姐？那上头穿黄袍的纔是你姐姐呢！

a：诗做完了，快拿戏单来。

[illegible]

[illegible]

[illegible]

[illegible]

[illegible]

[illegible]

[illegible]

i ：baji ome tucinjifi, damu duin tucin efin be tomilahabi.
a ：ere sarganjui be miyamici yala emu niyalma de ambula adališambi, suwe geli tuwame tucibume muterakū nio?
e ：lin eyun de adališambi.
a ：gisurehengge yala mujangga.
e ：sain nun, sain nun, yaya baita de gemu turgun bi, baita akū uthai fancarangge, jiduji ai turgun biheni?
a ：si hono minde fonjimbi, jakan suwe mimbe efisi de duibuleme yobodoho.
i ：sini duibulerakū bime yobodohakūngge, tere duibuleme yobodoho ci hono ehelinggū.

---

i ：少時出來，只點了四齣戲。
a ：這個孩子扮上活像一個人，你們還瞧不出來。
e ：是像林姐姐的模樣兒。
a ：說的誠然是！
e ：好妹妹，好妹妹，凡事都有個緣故，好好的就惱了，到底爲什麼呢？
a ：你還問我呢！拿著我比戲子，給眾人取笑兒！
i ：你不比不笑，比人家比了笑了的還惡毒呢！

---

i ：少时出来，只点了四出戏。
a ：这个孩子扮上活像一个人，你们还瞧不出来。
e ：是像林姐姐的模样儿。
a ：说的诚然是！
e ：好妹妹，好妹妹，凡事都有个缘故，好好的就恼了，到底为什么呢？
a ：你还问我呢！拿着我比戏子，给众人取笑儿！
i ：你不比不笑，比人家比了笑了的还恶毒呢！

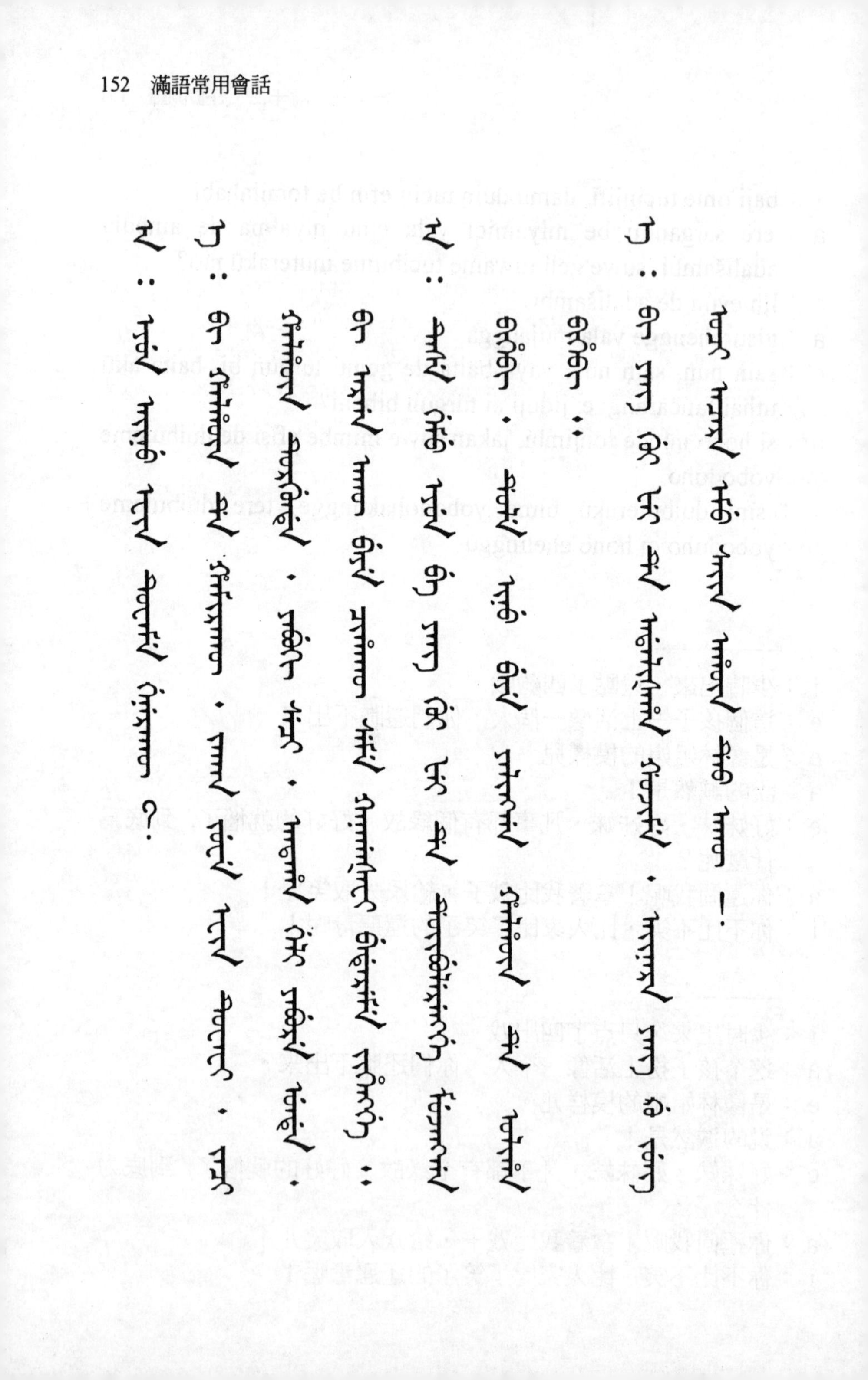

a ：eyun ainu efin tuwame generakū?

e ：bi halhūn de hamirakū, jakan juwe efin tuwafi, jaci halhūn turgunde, yabuki seci, antaha geli yabure unde, bi arga akū beye cihakū seme kanagašafi bedereme jihengge.

a ：tese gemu eyun be yang gui fei de duibulerengge mujangga bihebi, dule inu beye yalingga halhūn de oliha bihebi.

e ：bi yang gui fei de adališaha gojime, ainara yang g'o jung oci acara emu sain ahūn deo akū!

---

a ：姐姐怎麼不聽戲去！

e ：我怕熱，聽了兩齣，熱的很，要起呢，客又不散，我不得已推身上不好，就回來了。

a ：怪不得他們拿姐姐比楊貴妃，原也體豐怕熱。

e ：我倒像楊貴妃，只是沒個好哥哥好兄弟可以做得楊國忠的。

---

a ：姐姐怎么不听戏去！

e ：我怕热，听了两出，热的很，要起呢，客又不散，我不得已推身上不好，就回来了。

a ：怪不得他们拿姐姐比杨贵妃，原也体丰怕热。

e ：我倒像杨贵妃，只是没个好哥哥好兄弟可以做得杨国忠的。

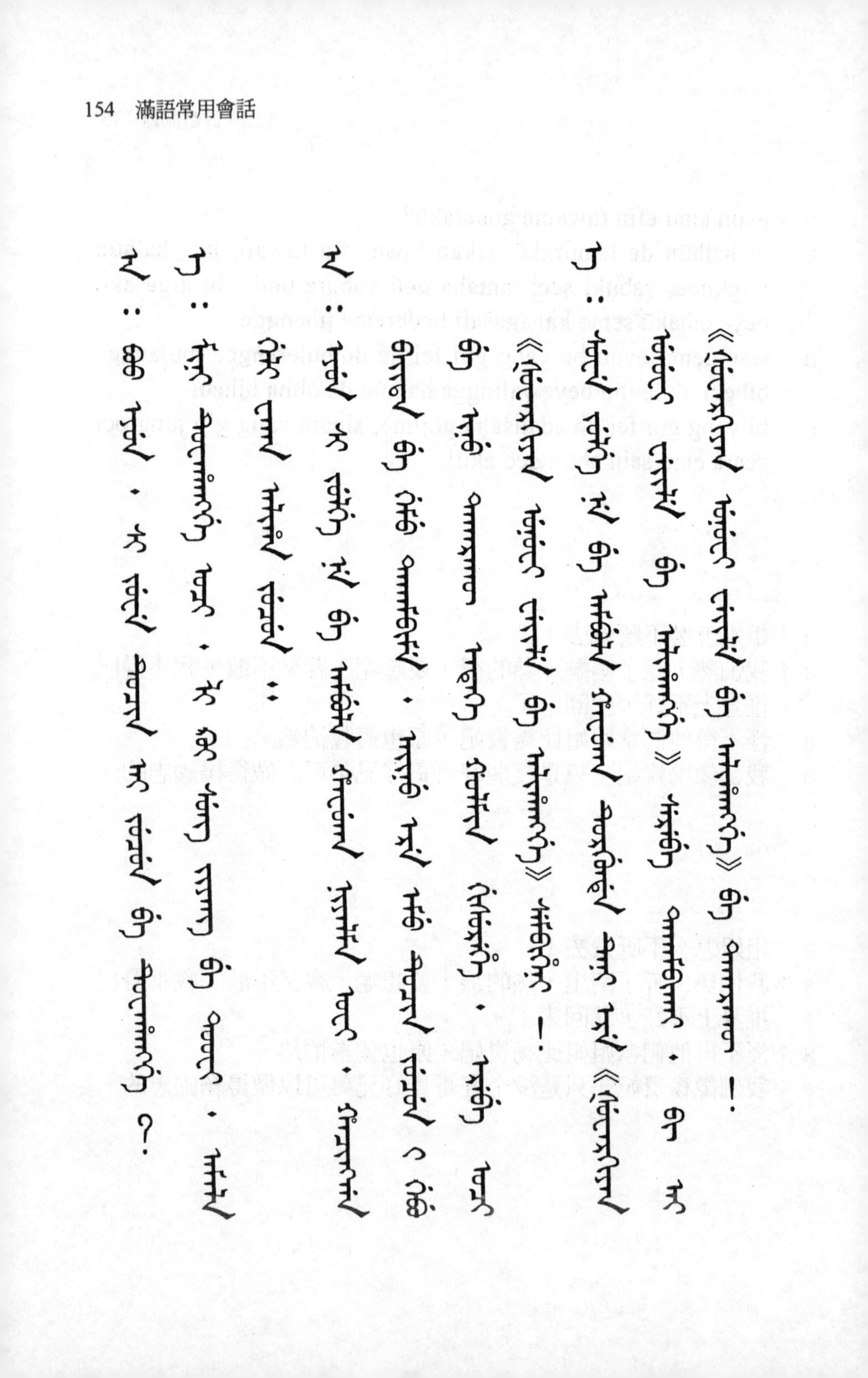

a ：boo eyun, si juwe tucin ai jucun be tuwahangge？

e ：mini tuwahangge oci, li kui sung jiyang be toofi, amala geli waka aliha jucun.

a ：eyun si julge ne be ambula hafuka niyalma ofi, hacingga baita be gemu takambime, ainu ere emu tucin jucun i gebu be inu takarkū enteke golmin gisurehe,erebe oci《šuwarkiyan unufi weile be alihangge》sembiheni!

e：suwe julge ne be ambula hafuka turgunde teni ere《šuwarkiyan unufi weile be alihangge》serebe takambikai, bi ai《šuwarkiyan unufi weile be alihangge》be takarakū!

---

a ：寶姐姐，你聽了兩齣什麼戲？

e ：我看的是李逵罵了宋江，後來又賠不是。

a ：姐姐通今博古，色色都知道，怎麼連這一齣戲的名兒也不知道，就說了這麼一套？這叫做「負荆請罪」。

e ：你們通今博古，纔知道「負荆請罪」，我不知什麼叫「負荆請罪」！

---

a ：宝姐姐，你听了两出什么戏？

e ：我看的是李逵骂了宋江，后来又赔不是。

a ：姐姐通今博古，色色都知道，怎么连这一出戏的名儿也不知道，就说了这么一套？这叫做「负荆请罪」。

e ：你们通今博古，纔知道「负荆请罪」，我不知什么叫「负荆请罪」！

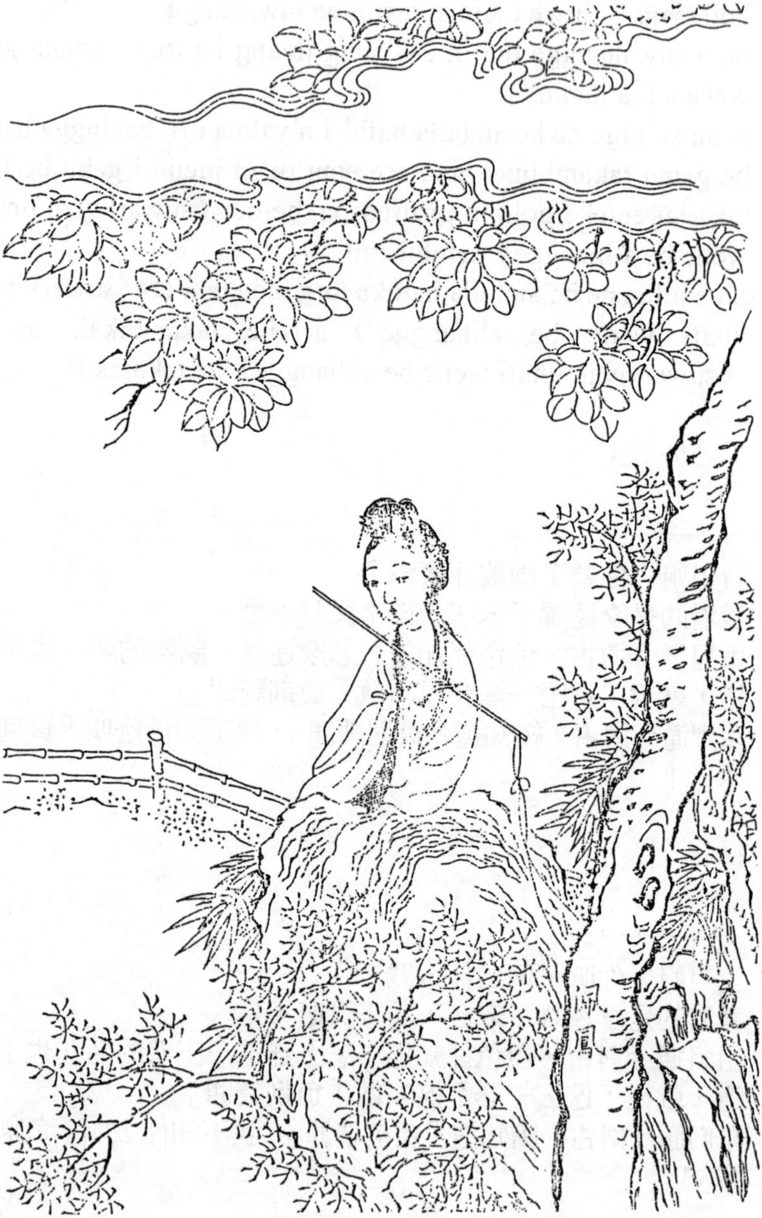

十三、休閒活動

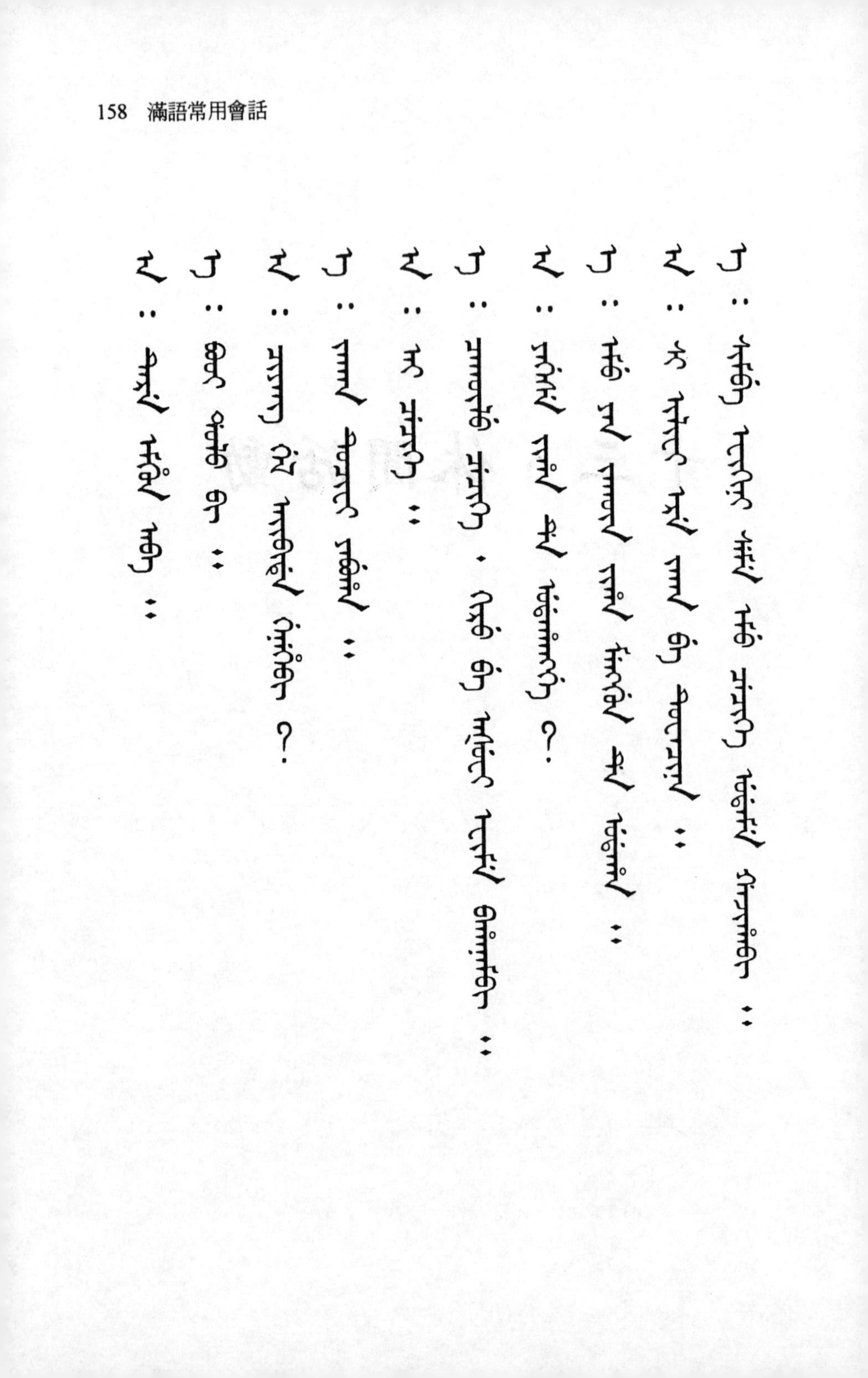

ᠠ : [illegible] ::

ᡝ : [illegible] ::

ᠠ : [illegible] ::

ᡝ : [illegible] ?

ᠠ : [illegible] , [illegible] ::

ᡝ : ᠰᡳ [illegible] ::

ᠠ : [illegible] ::

ᡝ : [illegible] ?

ᠠ : ᠪᠣᠣ [illegible] ᠪᡳ ::

ᡝ : [illegible] ::

十三、休閒活動

a ：tere emhun aba.
e ：booi dolo bi.
a ：ciyang gel aibide genehebi？
e ：jakan tucifi yabuha.
a ：ai cecike.
e ：cakūlu cecike, kiru be ašufi efime bahanambi.
a ：yagese jiha de udahangge？
e ：emu yan jakūn jiha menggun de udaha.
a ：si ilifi ere jaka be tuwacina.
e ：simbe efikini seme emu cecike udame gajihabi.

---

a ：他一個人在哪裡？
e ：在屋裡。
a ：薔哥兒哪裡去了？
e ：纔出去了。
a ：是個什麼雀兒？
e ：是個玉頂兒白頭郎，還會啣旗遊戲玩耍。
a ：多少錢買的？
e ：一兩八錢銀子買的。
a ：你起來瞧這個玩意兒。
e ：買了個雀兒給你玩。

---

a ：他一个人在哪里？
e ：在屋里。
a ：蔷哥儿哪里去了？
e ：纔出去了。
a ：是个什么雀儿？
e ：是个玉顶儿白头郎，还会衔旗游戏玩耍。
a ：多少钱买的？
e ：一两八钱银子买的。
a ：你起来瞧这个玩意儿。
e ：买了个雀儿给你玩。

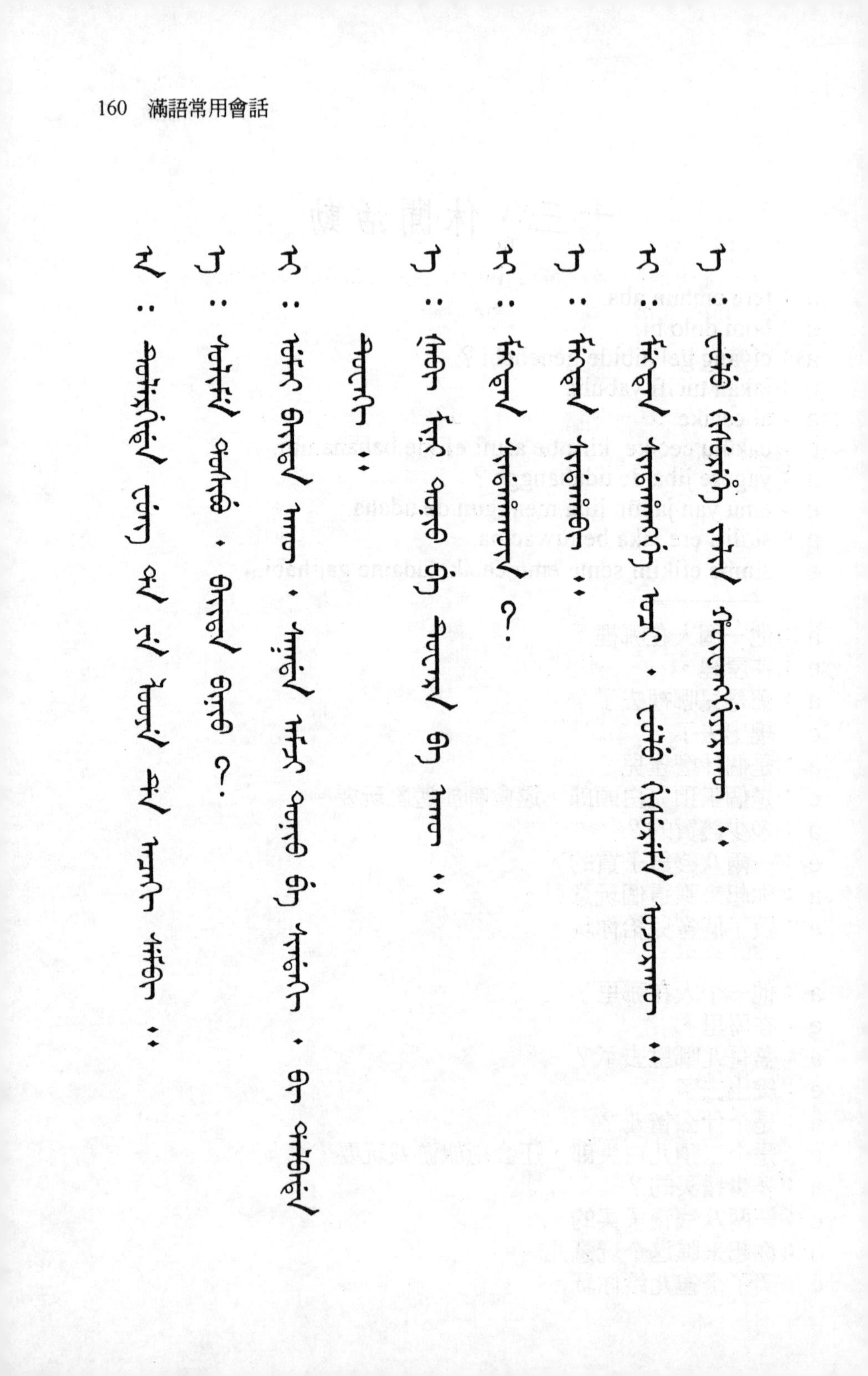

a ：tulergide fung da ye looye de acaki sembi.
e ：solime dosibu，baita binio？
i ：umai baita akū，sakda amji tonio be sindaki，bi dalbade tuwaki.
e ：šabi mini tonio be tuwara ba akū.
i ：mekten sindahakūn？
e ：mekten sindahabi.
i ：mekten sindahangge oci，fulu gisureme ojorakū.
e ：fulu gisurehe jalin hūwanggiyarakū。

---

a：外面馮大爺要見老爺。
e：請進來，有什麼事嗎？
i：沒有什麼事，老伯只管下棋，我來觀局。
e：晚生的棋是不堪瞧的。
i：有沒有賭注？
e：有賭注。
i：有賭注是不好多嘴的。
e：多嘴也無妨。

---

a：外面冯大爷要见老爷。
e：请进来，有什么事吗？
i：没有什么事，老伯只管下棋，我来观局。
e：晚生的棋是不堪瞧的。
i：有没有赌注？
e：有赌注。
i：有赌注是不好多嘴的。
e：多嘴也无妨。

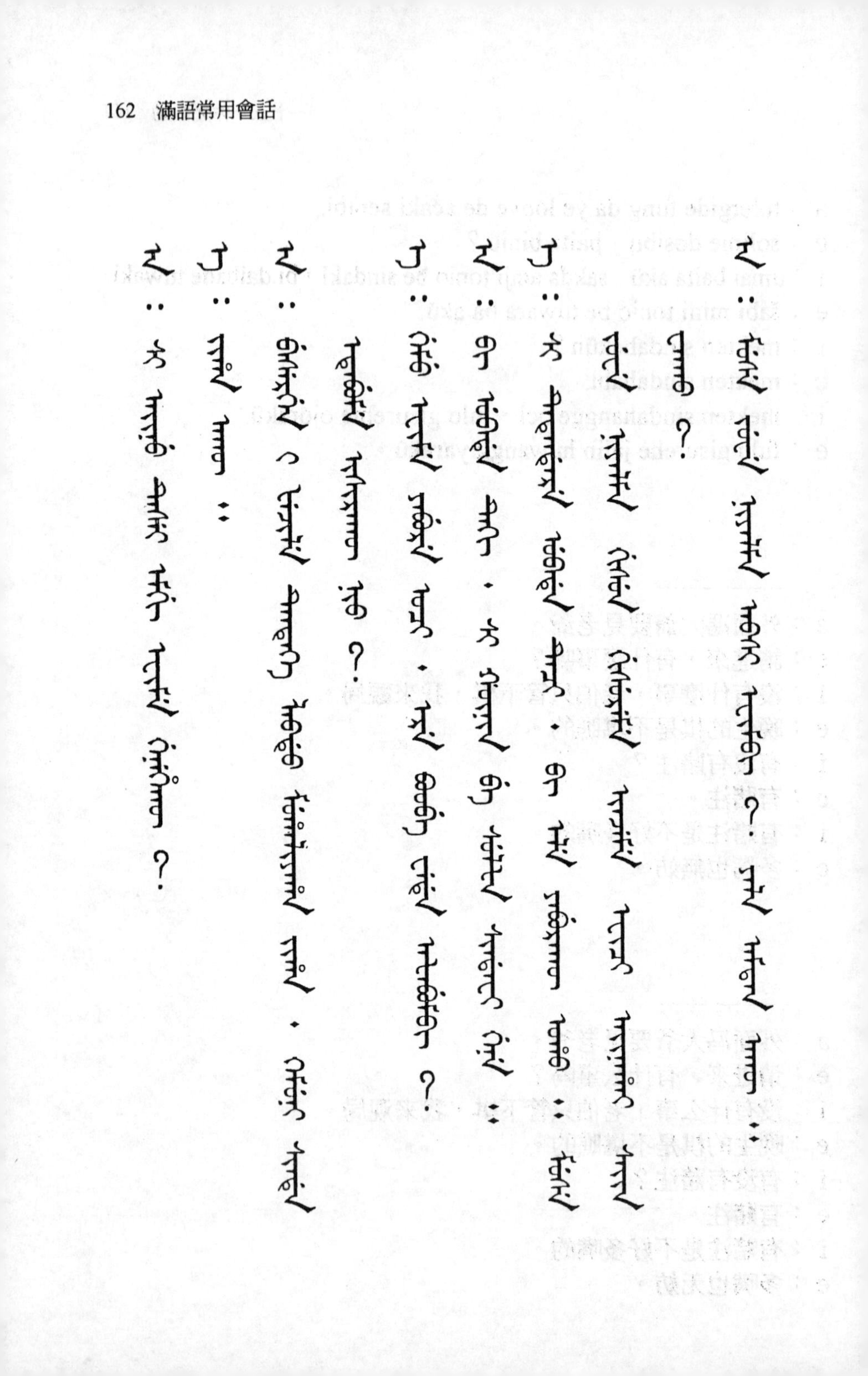

ᠠ: [illegible]

ᠪᡝ: [illegible]

ᠠ: [illegible]

ᠪᡝ: [illegible]

ᠠ: [illegible]

ᠪᡝ: [illegible]

ᠠ: [illegible]

a ：si ainu tesei emgi efime genehekū?
e ：jiha akū.
a ：besergen i fejile tenteke labdu muhaliyaha jiha, kemuni sinde etebume isirakū nio?
e ：gemu efime yabure oci, ere boobe wede afabumbi?
a ：bi ubade teki, si gūnin be sulfa sindafi gene.
e ：si tetendere ubade teci, bi ele yaburakū oho, muse juwe niyalma gisun gisureme injeme efici ainahai sain wakao?
a ：muse juwe niyalma absi efimbi? yala amtan akū.

---

a ：你怎麼不和他們去玩？
e ：沒有錢。
a ：牀底下堆著那麼些錢，還不够你輸的？
e ：都玩去了，這屋子交給誰呢？
a ：我在這裡坐著，你放心去吧！
e ：你既在這裡，我越發不用去了，偺們兩個說笑難道不好嗎？
a ：偺們兩個怎麼玩呢？怪沒意思的。

---

a ：你怎么不和他们去玩？
e ：没有钱。
a ：床底下堆着那么些钱，还不够你输的？
e ：都玩去了，这屋子交给谁呢？
a ：我在这里坐着，你放心去吧！
e ：你既在这里，我越发不用去了，咱们两个说笑难道不好吗？
a ：咱们两个怎么玩呢？怪没意思的。

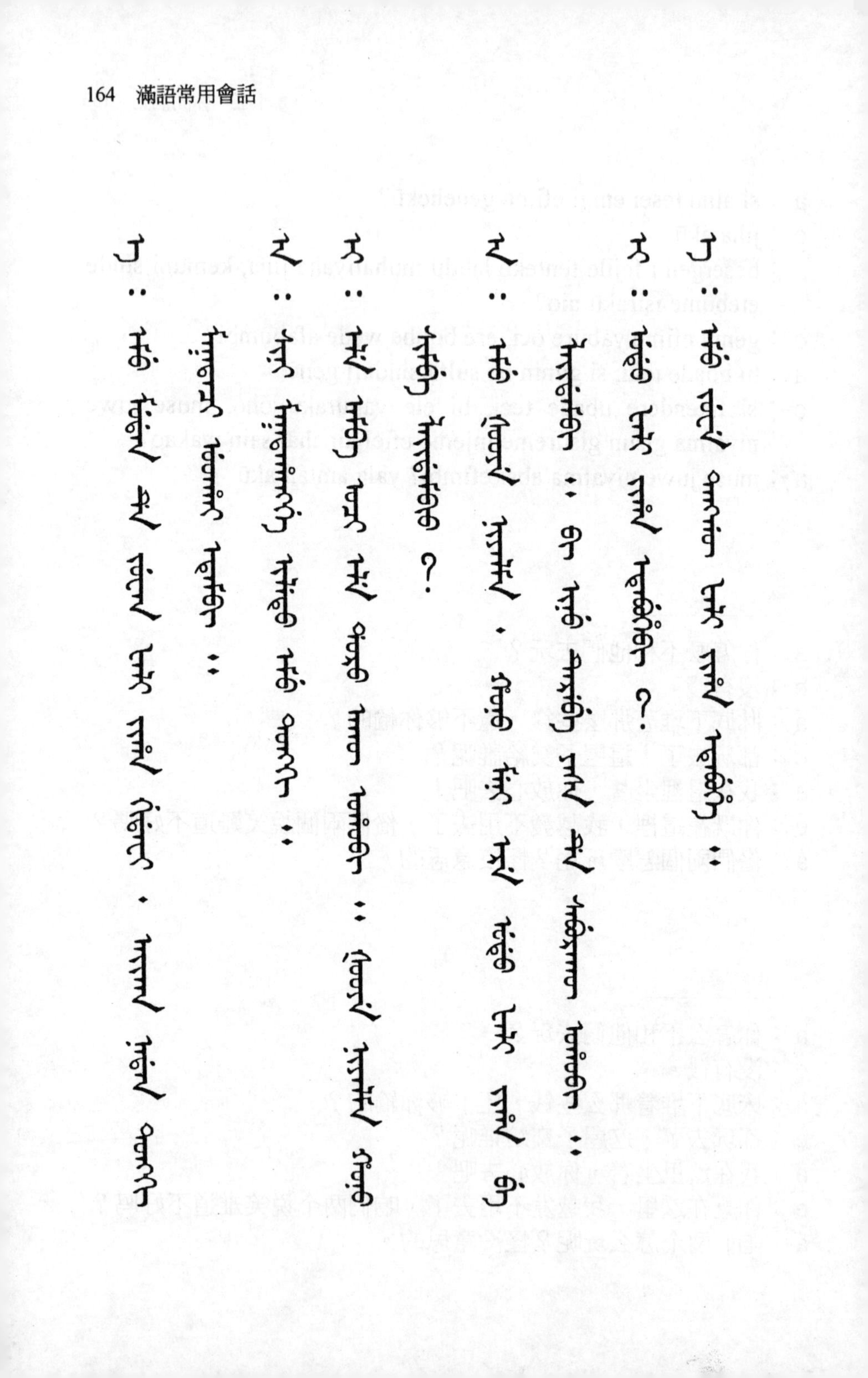

[illegible]

[illegible]

[illegible]

[illegible]

[illegible]

[illegible]

[illegible]

[illegible]

e：emu mudan de juwan fali jiha gidafi, aika nadan tongki maktaci uthai etembi.
a：sini maktahangge iletu emu tongki.
i：ele amba oci ele doro akū ohobi, šooye niyalma hono simbe laidambio?
a：emu šooye niyalma, hono meni ere udu fali jiha be laidambi, bi inu terebe yasa de saburakū ohobi.
i：udu fali jiha etebuhebi?
e：emu juwe tanggū fali jiha etebuhe.

---

e：一注十個錢，若擲個七點便贏了。
a：你擲的明明是一點！
i：越大越沒規矩了，難道少爺還賴你？
a：一個做少爺的還賴我們這幾個錢！連我也瞧不起！
i：你輸了多少錢？
e：輸了一二百錢。

---

e：一注十个钱，若掷个七点便赢了。
a：你掷的明明是一点！
i：越大越没规矩了，难道少爷还赖你？
a：一个做少爷的还赖我们这几个钱！连我也瞧不起！
i：你输了多少钱？
e：输了一二百钱。

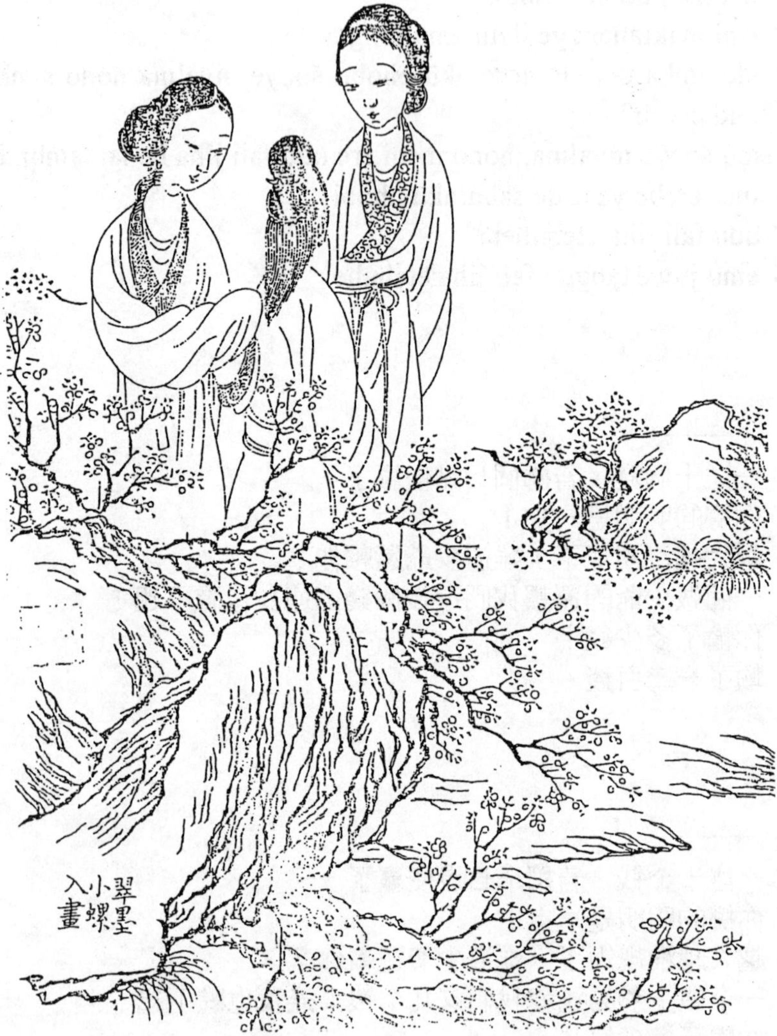
翠墨小螺入畫

十四、你猜我猜

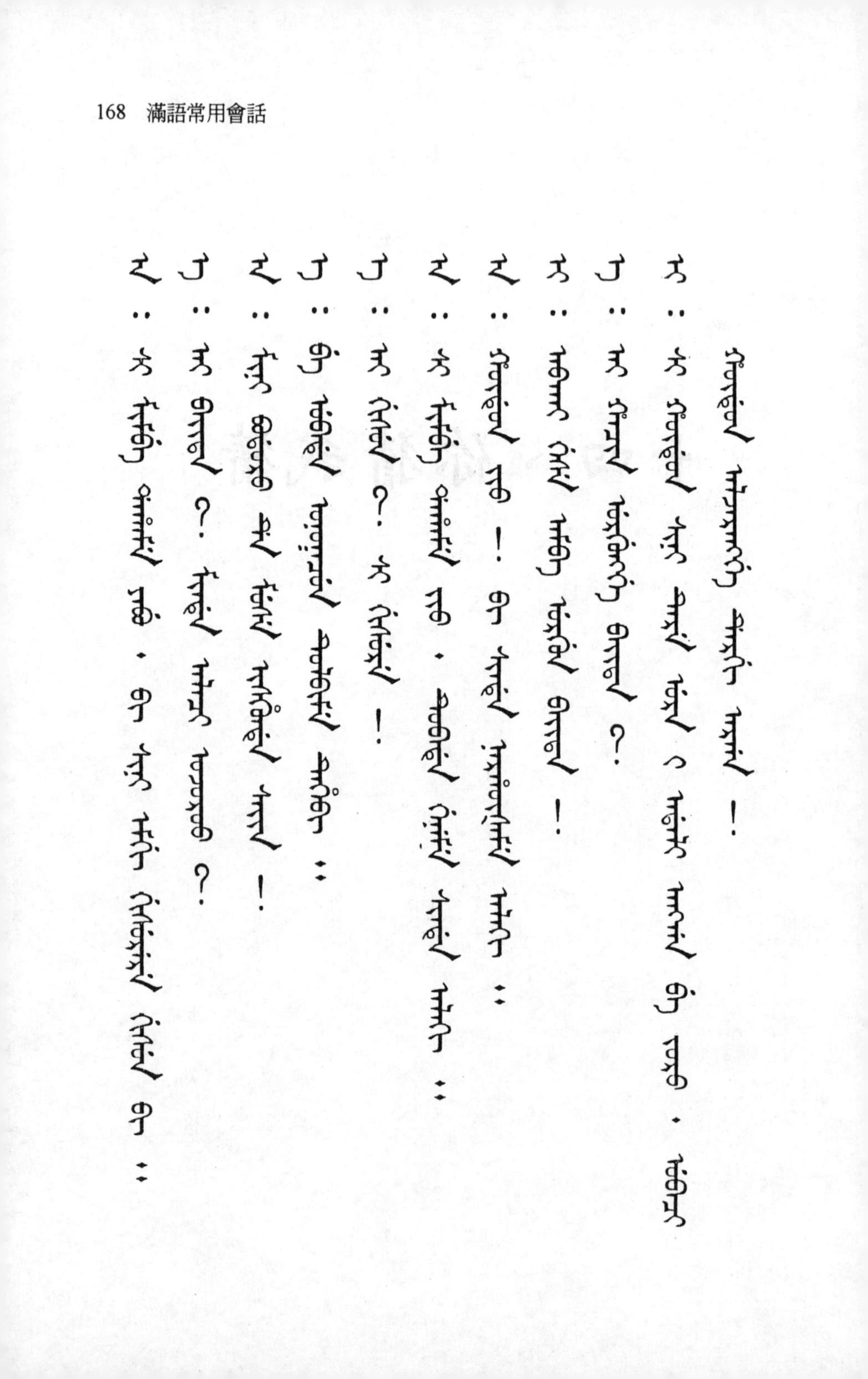

十四、你猜我猜

a：si mimbe dahame yabu, bi sini emgi gisurere gisun bi。
e：ai baita? minde alaci ojoroo？
a：mini bodoro de muse ishunde sain！
e：be ubade onokcun tulbime tehebi。
e：ai gisun? si gisure！
a：si mimbe dahame jio, tubade geneme sinde alaki。
a：hūdun jio! bi sinde narhūšame alaki。
i：abkai gese amba urgun baita！
e：ai hacin urgungge baita？
i：si hūdun sini tere ura i adali angga be joro, ubaci hūdun aljarangge dergi arga！

---

a：你跟我走，我有話跟你說。
e：什麼事情？可以告訴我嗎？
a：我想僧們彼此交好！
e：我們在這裡猜謎語。
e：什麼話？你說吧！
a：你跟我來，到那裡告訴你。
a：快來！我仔細地告訴你。
i：是天大的喜事！
e：是什麼喜事？
i：你快夾著你那屄嘴，快離開這裡的是上策！

---

a：你跟我走，我有话跟你说。
e：什么事情？可以告诉我吗？
a：我想咱们彼此交好！
e：我们在这里猜谜语。
e：什么话？你说吧！
a：你跟我来，到那里告诉你。
a：快来！我仔细地告诉你。
i：是天大的喜事！
e：是什么喜事？
i：你快夹着你那屄嘴，快离开这里的是上策！

[illegible]

[illegible]

[illegible]

[illegible]

[illegible]

[illegible]

a：si aika bejilehe gisun be tulbire oci, bi emke gisureme buki, si tulbime taka takarakū oci urunakū kerulembi.

e：ini cisui kerulere be alimbi, aika tulbime takara oci, inu šangnara be alime gaiki.

a：giyan de uthai uttu.

i：monio beye weihuken ofi hailan gargan de ilihabi, —emu tubihei gebu be jabu sehe.

e：mase muyari.

i：beyei durun tob hošonggo, dursun i feten akdun beki, udu gisureme bahanarkū ocibe, gisun bihede urunakū acabumbi. —emu baitalara jaka be jabureo.

---

a：你要猜謎兒，我說一個你猜，猜不著是要罰的。

e：自然受罰，若猜著了，也要領賞呢！

a：這個自然。

i：猴子身輕立樹枝。 — 打一果名。

e：荔枝。

i：身材端方，體質堅硬。雖不會言語，有言必應。 — 打一用物。

---

a：你要猜谜儿，我说一个你猜，猜不着是要罚的。

e：自然受罚，若猜着了，也要领赏呢！

a：这个自然。

i：猴子身轻立树枝。 — 打一果名。

e：荔枝。

i：身材端方，体质坚硬。虽不会言语，有言必应。 — 打一用物。

e ：hergen arara yuwan inu.
i ：jiduji loo tai tai fulu kai, emgeri tulbime uthai bahahabi.
a ：suweni looye de nure be tebu!
i ：abkai forgon niyalmai gungge giyan i mohon akū, gungge bifi forgon akū oci inu ucarabure de mangga, ainu šuntuhuni burgin bargin facuhūn biheni seci, damu in yang i ton ishunde adališarakū haran.
e ：ere bodokū kai.

---

e ：是硯台。
i ：到底是老太太高明，一猜就中。
a ：給你老爺斟酒。
i ：天運人功理應無窮，有功無運也難逢。因何整日紛紛亂，只爲陰陽數不合。
e ：是算盤。

---

e ：是砚台。
i ：到底是老太太高明，一猜就中。
a ：给你老爷斟酒。
i ：天运人功理应无穷，有功无运也难逢。因何整日纷纷乱，只为阴阳数不合。
e ：是算盘。

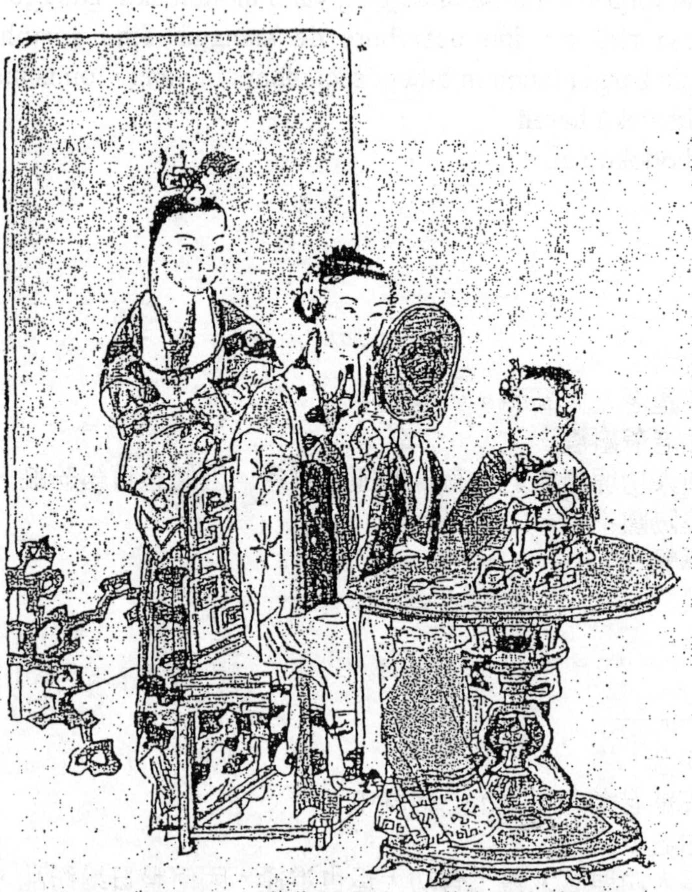

十五、巧奪天工

十五、巧奪天工

a：jalhi bi sakda amji be sabuhakū goidaha，uttu ofi，ujude acaki seme jihe，jaide guwang si ba i uhei saraci hafan cira tuwabume jidere de，duin hacin tulergi gurun ci tucike jaka be gajihabi，dele albabun beleke jafara de acara jaka。

i：ere duin hacin jaka，hūda inu den waka，juwe tumen yan menggun oci uthai uncambi。eme nicuhe tumen yan，dulin se i jampan sunja minggan yan，han gurun i gurung niyengniyeri gereke sere huwejehen jai beye guwendere erin kemneku sunja minggan yan。

---

a：小侄與老伯久不見面，一來會會；二來因廣西地方同知來見，帶了四種洋貨，是可以進貢的物品。

i：這四件東西，價兒也不貴，兩萬兩銀子他就賣；母珠一萬，鮫綃帳五千，漢宮春曉圍屏與自鳴鐘五千。

---

a：小侄与老伯久不见面，一来会会；二来因广西地方同知来见，带了四种洋货，是可以进贡的物品。

i：这四件东西，价儿也不贵，两万两银子他就卖；母珠一万，鲛绡帐五千，汉宫春晓围屏与自鸣钟五千。

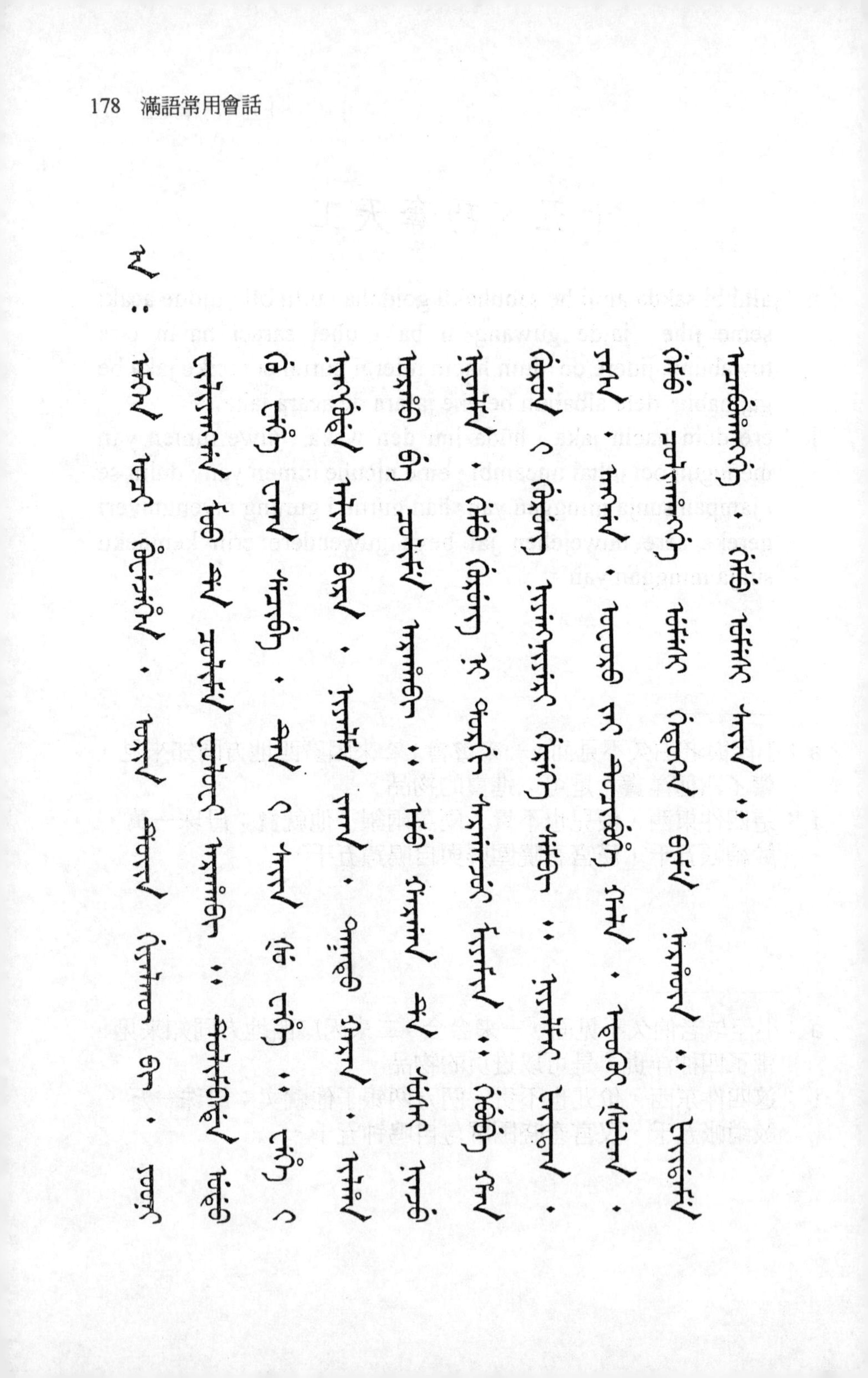

[illegible]

[illegible]

[illegible]

[illegible]

[illegible]

[illegible]

[illegible]

[illegible]

[illegible]

a：emken oci huwejehen，orin duin giyalkū bi，yooni filiyangga moo de colime folofi arahabi。dulimbade udu gu wehe waka secibe，ten i sain šu wehe，wehe i ninggude alin bira，niyalma jaka，taktu karan，ilha orho be colime arahabi。emu gargan de susai ninju niyalma，gemu gurung ni dorgi sarganjui miyamin，gebube han gurun i gurung niyengniyeri gereke sembi。niyalmai faitan，yasa，angga，oforo jai tucibuhe gala，etukui šufan，gemu colihangge umesi getuken bime narhūn，faidame acabuhangge，gemu umesi sain。

---

a：一件是圍屏，有二十四扇槅子，都是紫檀雕刻的，中間雖說不是玉，卻是絕好的硝子石，石上鏤出山水、人物、樓台、花草兒來，每扇有五六十個人，都是宮妝的女子，名爲「漢宮春曉」。人的眉目口鼻以及露出的手、衣褶，刻得又清楚、又細膩。點綴布置，都是好的。

---

a：一件是围屏，有二十四扇槅子，都是紫檀雕刻的，中间虽说不是玉，却是絶好的硝子石，石上镂出山水、人物、楼台、花草儿来，每扇有五六十个人，都是宫妆的女子，名为「汉宫春晓」。人的眉目口鼻以及露出的手、衣褶，刻得又清楚、又细腻。点缀布置，都是好的。

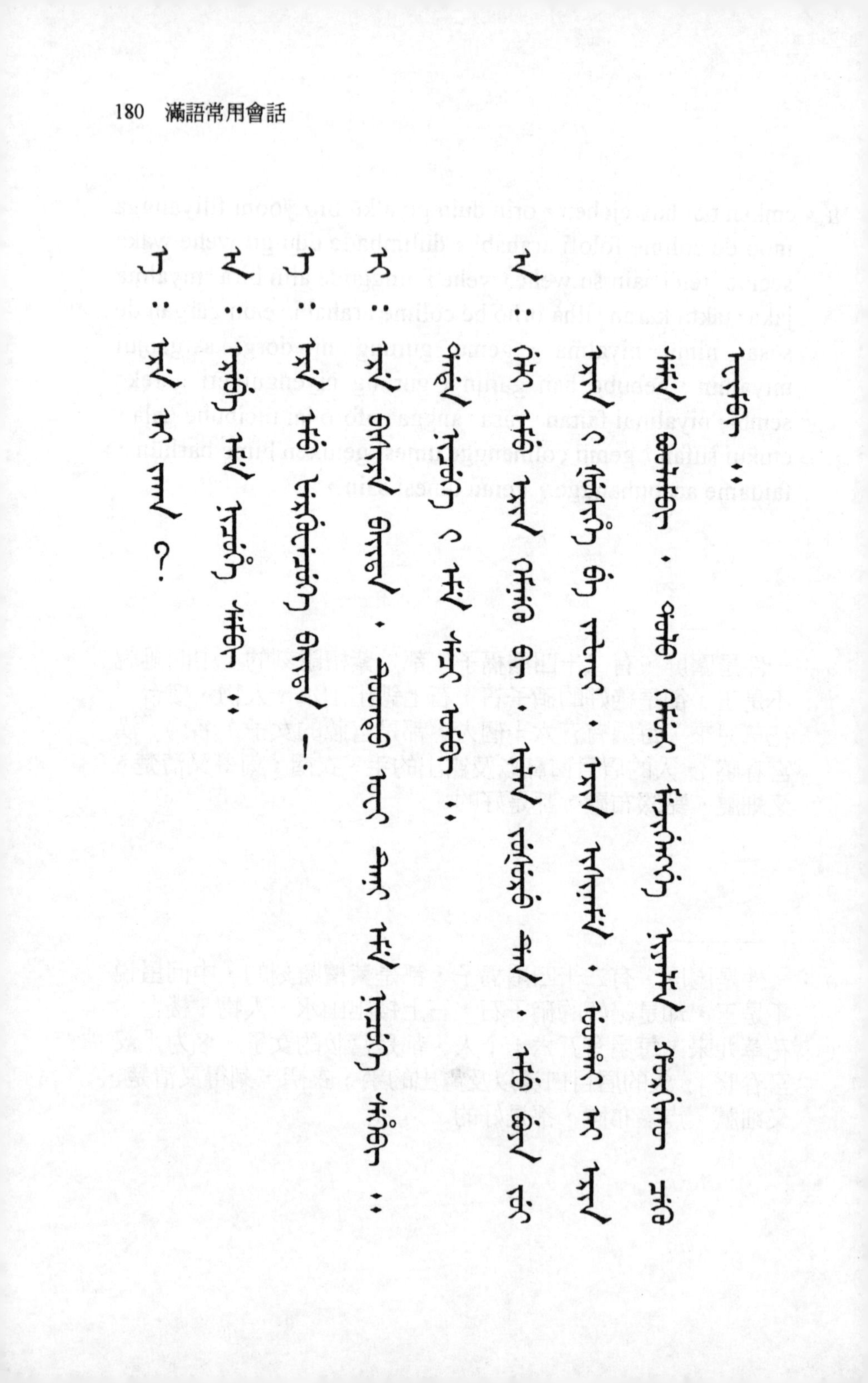

e ：ere ai jaka？
a ：erebe eme nicuhe sembi。
e ：ere emu ferguwecuke baita！
i ：ere bisire baita，tuttu ofi teni eme nicuhe sehebi，dade nicuhe i eme seci ombi。
a ：geli emu erin kemneku bi，ilan jušuru den，emu buya jui erin i šusihe be jafafi，erin isiname，uthai ai erin seme boolambi；dolo kemuni mejigengge niyalma horgikū ceku efimbi。

---

e ：這是什麼東西？
a ：這叫母珠。
e ：此乃一件怪事！
i ：這是有的，所以叫做母珠，原是珠之母。
a ：還有一架鐘表，有三尺多高，也是一個童兒拿著時辰牌，到什麼時候，就報什麼時辰，裡頭還有消息人兒打十番兒。

---

e ：这是什么东西？
a ：这叫母珠。
e ：此乃一件怪事！
i ：这是有的，所以叫做母珠，原是珠之母。
a ：还有一架钟表，有三尺多高，也是一个童儿拿着时辰牌，到什么时候，就报什么时辰，里头还有消息人儿打十番儿。

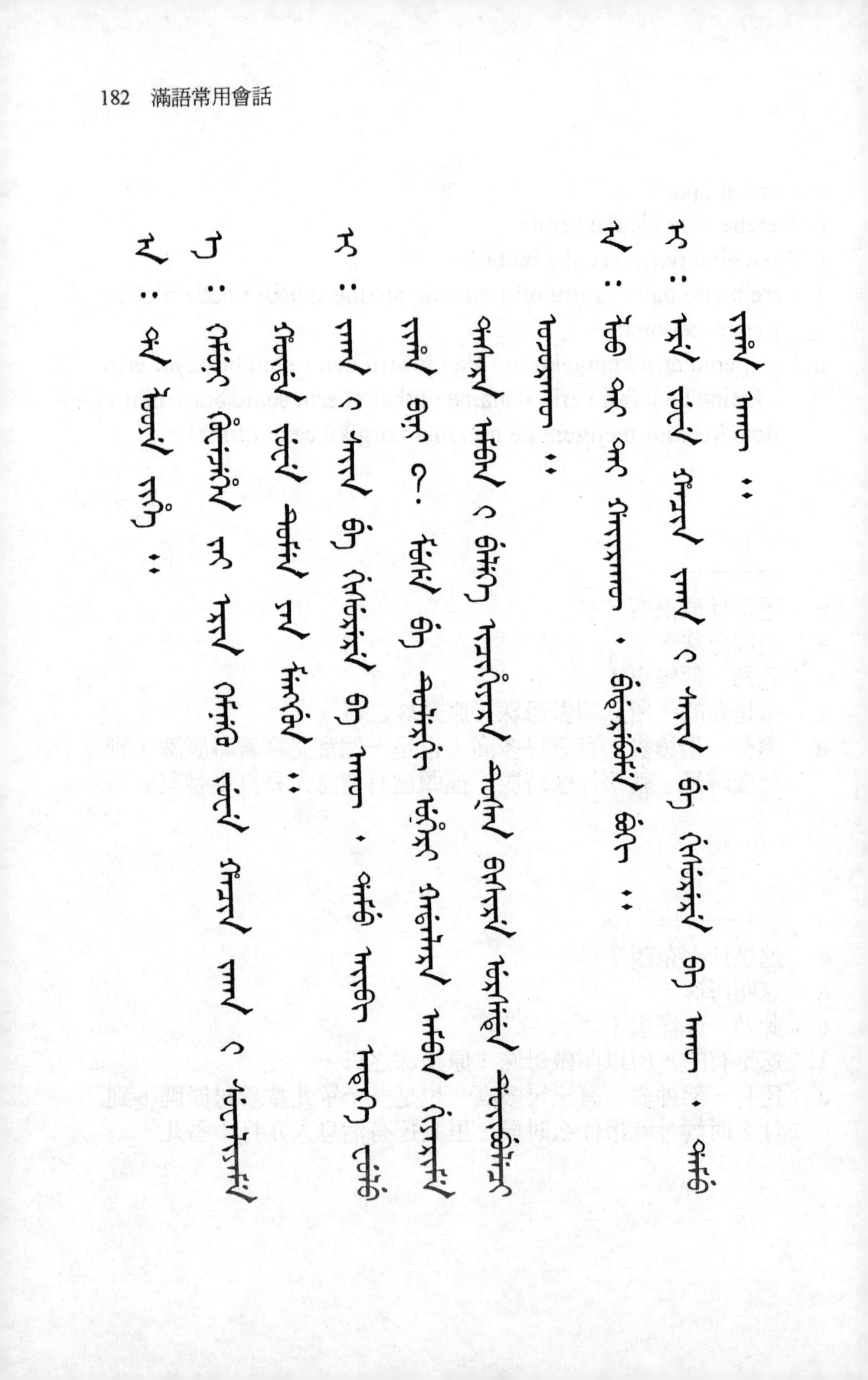

[illegible] (Manchu script: speaker line, ends with ::)

[illegible] (Manchu script: speaker line)

[illegible] (Manchu script: continuation, ends with ::)

[illegible] (Manchu script: speaker line)

[illegible] (Manchu script: continuation)

[illegible] (Manchu script: continuation, with ?)

[illegible] (Manchu script: continuation, ends with ::)

[illegible] (Manchu script: speaker line, ends with ::)

[illegible] (Manchu script: speaker line)

[illegible] (Manchu script: continuation, ends with ::)

a：da looye jihe。

e：kemuni huwejehen jai erin kemneku juwe hacin jaka i suwaliyame hūda juwe tumen yan menggun。

i：jaka i sain be gisurere ba akū，damu aibi enteke fulu jiha bini？muse be tulergi uheri kadalara amban giyarime dasara amban i beleke icihiyara tušan bisire ursede duibuleci ojorakū。

a：loo tai tai gairakū，bederebume buki。

i：ere juwe hacin jaka i sain be gisurere ba akū，damu jiha akū。

---

a：大老爺來了。

e：還有圍屏和時鐘兩件東西，總共要賣二萬兩銀子。

i：東西自然是好的，但是哪裡有這些閒錢，偺們又不比外任督撫要辦貢。

a：老太太不要，還了他吧！

i：這兩件東西好是好，可就是沒錢。

---

a：大老爷来了。

e：还有围屏和时钟两件东西，总共要卖二万两银子。

i：东西自然是好的，但是哪里有这些闲钱，咱们又不比外任督抚要办贡。

a：老太太不要，还了他吧！

i：这两件东西好是好，可就是没钱。

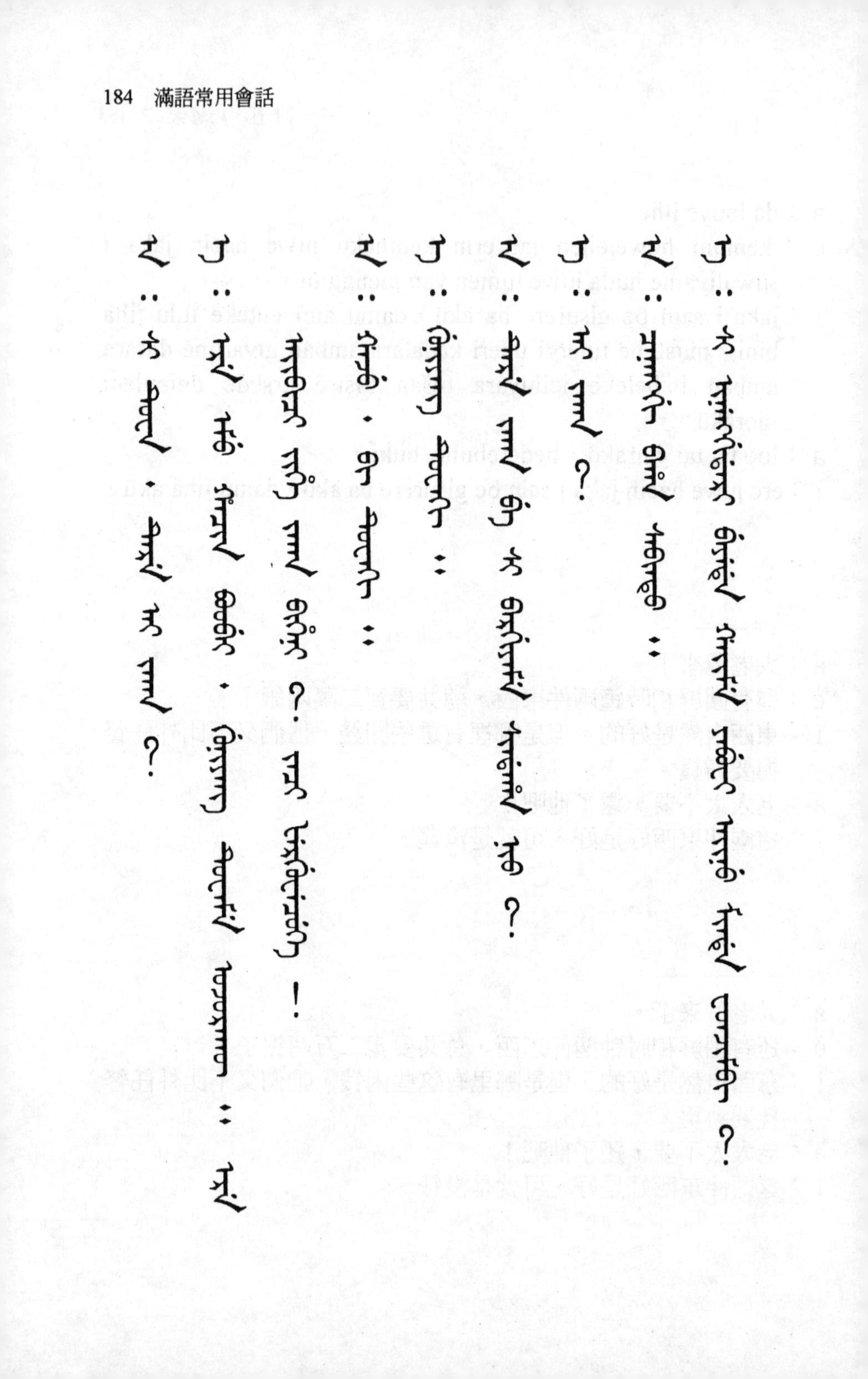

a ：si tuwa, tere ai jaka?
e ：ere emu hacin boobei, guniyang tuwame ojorakū, ere aibici jihe jaka biheni? jaci ferguwecuke.
a ：gaju, bi tuwaki.
e ：guniyang tuwaki.
a ：tere jaka be si bargiyame sindaha nio?
e ：ai jaka?
a ：cananggi baha sabintu.
e ：si inenggidari beyede gaime yabufi ainu minde fonjimbi.

---

a ：你看那是什麼？
e ：這是件寶貝！姑娘瞧不得！這是從哪裡來的？好奇怪！
a ：拿來我瞧瞧。
e ：姑娘請看。
a ：那個東西，你收起來了嗎？
e ：什麼東西？
a ：前日得的麒麟。
e ：你天天帶在身上的，怎麼問我？

---

a ：你看那是什么？
e ：这是件宝贝！姑娘瞧不得！这是从哪里来的？好奇怪！
a ：拿来我瞧瞧。
e ：姑娘请看。
a ：那个东西，你收起来了吗？
e ：什么东西？
a ：前日得的麒麟。
e ：你天天带在身上的，怎么问我？

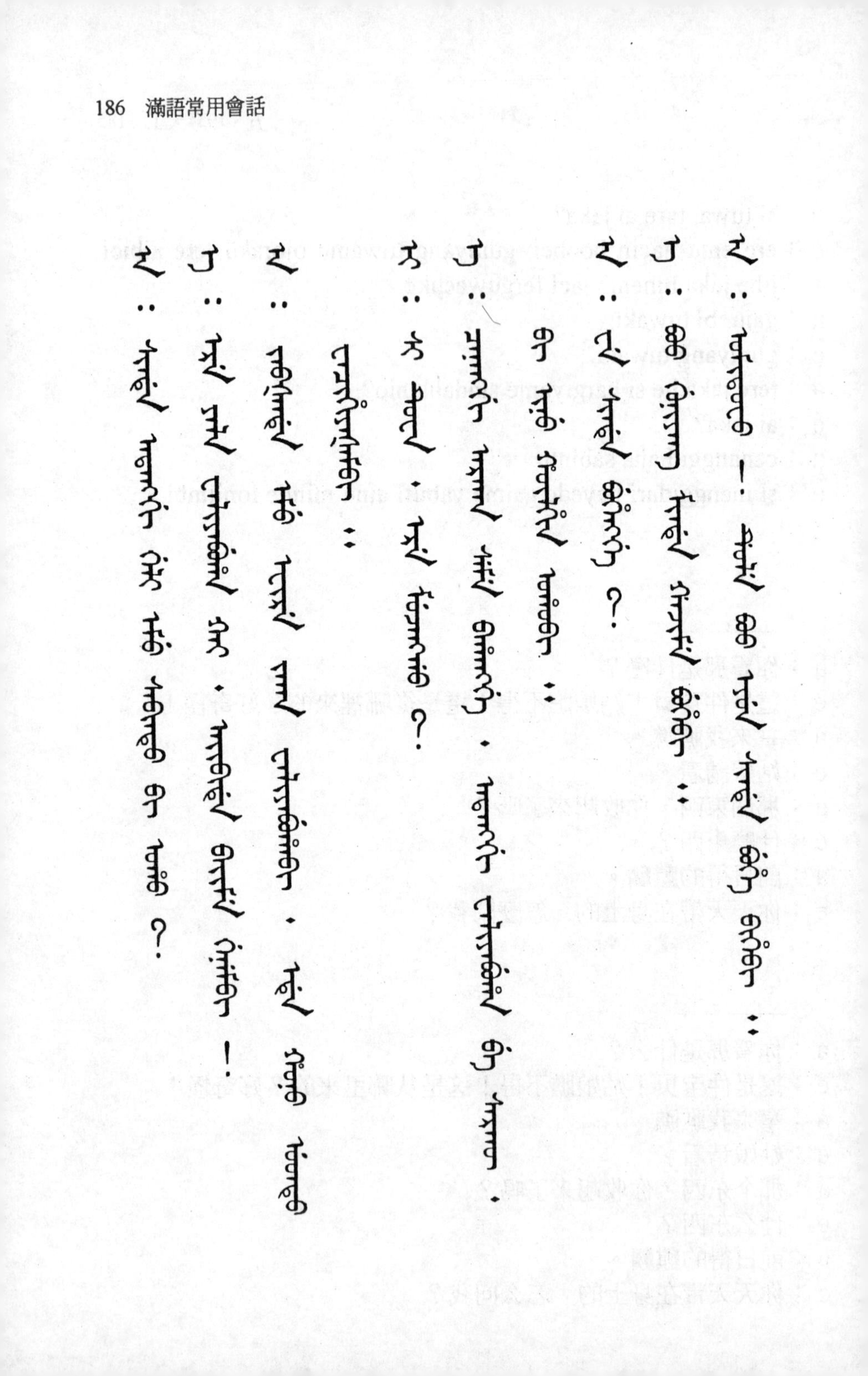

a ：sinde atanggi geli emu sabintu bi oho?
e ：ere yala waliyabuha kai, aibide baime genembi!
a ：jabšande emu efire jaka waliyabuhabi, ede hono uttu wacihiyašambi.
i ：si tuwa, ere mujanggo?
e ：cananggi arkan seme bahangge, atanggi waliyabuha be sarkū, bi inu hūlhin ohobi.
a ：we sinde buhengge?
e ：boo guniyang minde gajime buhebi.
a ：omitofo! dule boo eyun sinde buhe bihebi.

---

a ：你幾時又有個麒麟了？
e ：這可丟了，往哪裡找去？
a ：幸而丟的是個玩的東西，還是這麼慌張。
i ：你瞧瞧，是這個不是？
e ：前日好不容易才得的呢！不知多早晚丟了？我也糊塗了！
a ：是誰給你的？
e ：是寶姑娘拿來給我的。
a ：阿彌陀佛！原來是寶姐姐給了你的。

---

a ：你几时又有个麒麟了？
e ：这可丢了，往哪里找去？
a ：幸而丢的是个玩的东西，还是这么慌张。
i ：你瞧瞧，是这个不是？
e ：前日好不容易才得的呢！不知多早晚丢了？我也胡涂了！
a ：是谁给你的？
e ：是宝姑娘拿来给我的。
a ：阿弥陀佛！原来是宝姐姐给了你的。

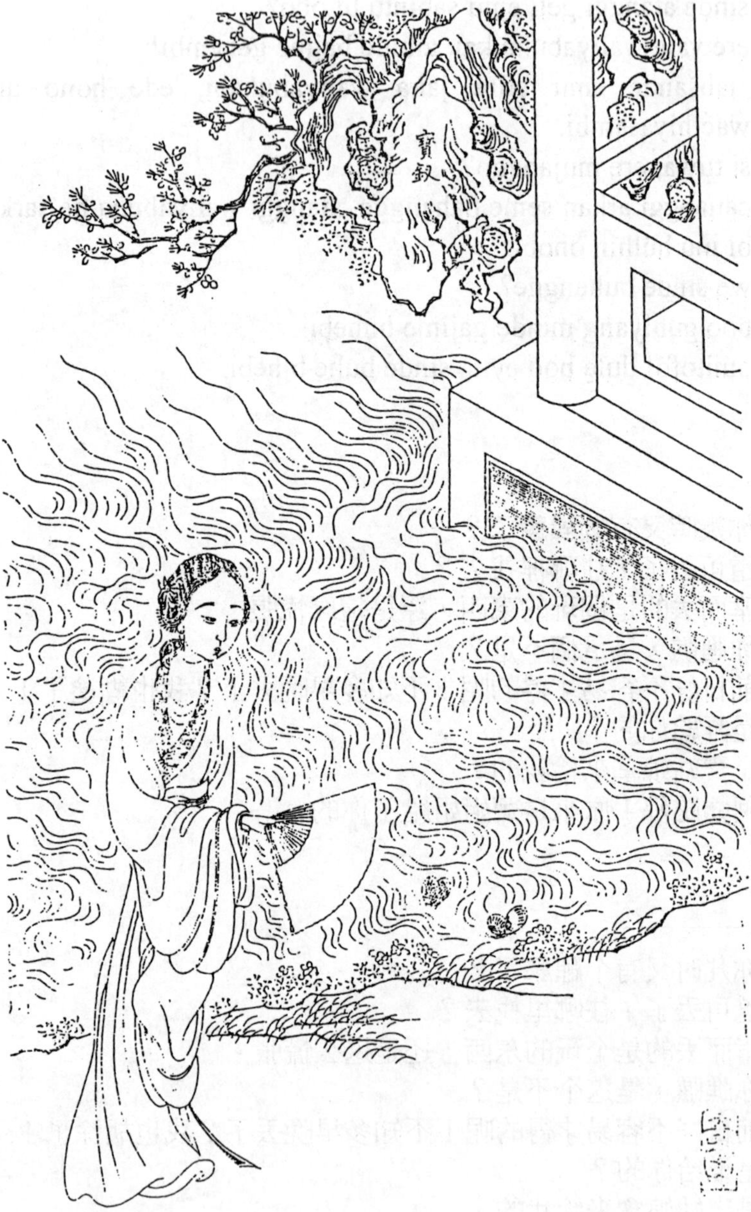
寶釵

十六、好山好水

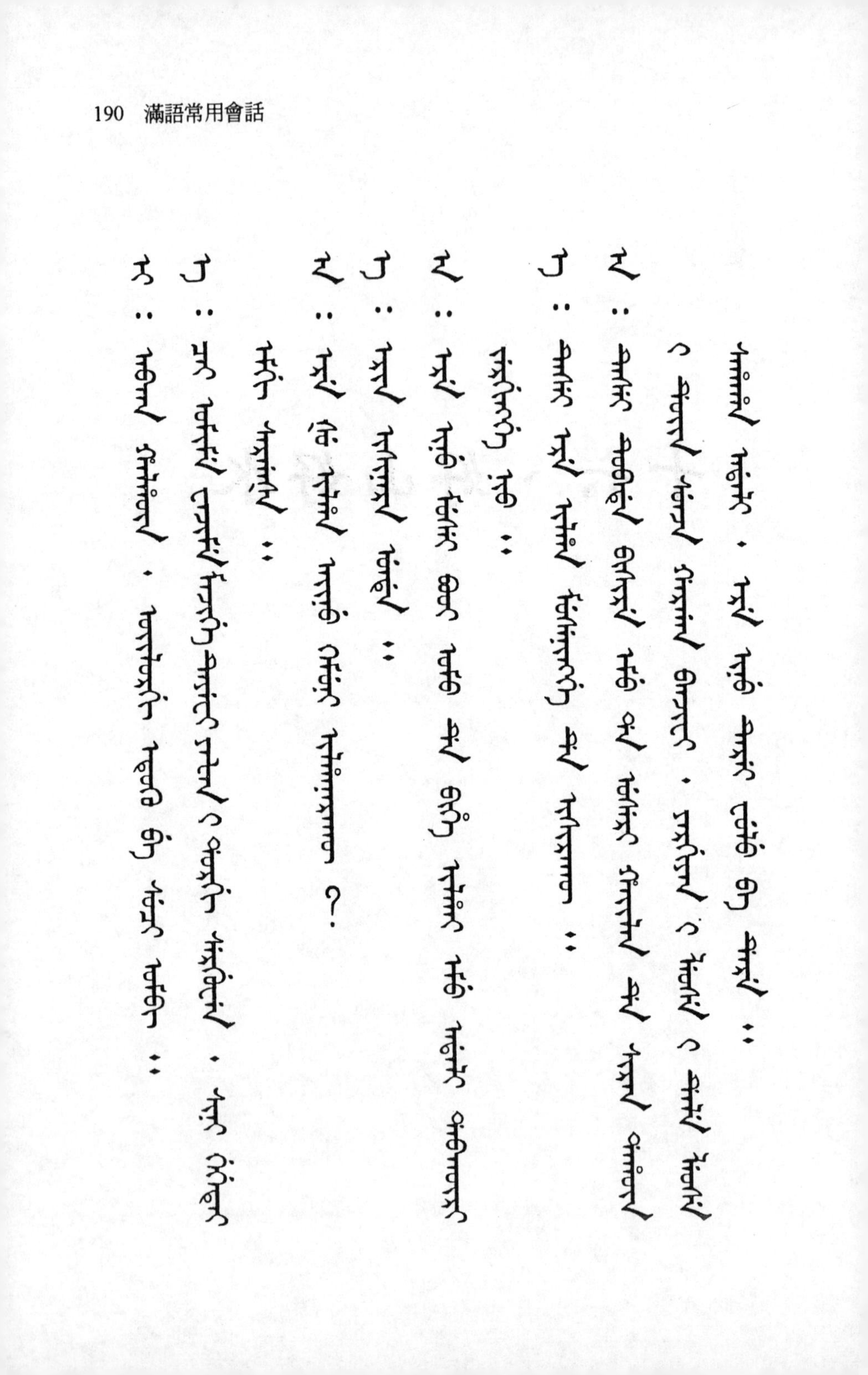

[illegible]

[illegible]

[illegible]

[illegible]

[illegible]

[illegible]

[illegible]

[illegible]

十六、好山好水

i ：abka halhūn, oilorgi etuku be suci ombi.
e ：cai omime wajime majige teyefi, yafan i dorgi serguwen, sini gegetei emgi sargaša.
a ：ere šu ilha ainu kemuni ilhanarakū?
e ：erin isinara unde.
a ：ere inu musei booi omo de bihe ilhai emu adali dabkūri jergingge nio?
e ：tesei ere ilha museningge de isirakū.
a ：tesei tubade bisire emu da useri hailan de siran dahūn i duin sunja gargan banjifi, yargiyan i leose i dele leose sahaha adali, ere inu terei fulu ba dere.

---

i ：天熱，把外頭的衣裳脫了吧！
e ：喝了茶，歇會兒，園裡涼快，和你姐姐們去逛逛。
a ：這荷花怎麼還不開？
e ：時候兒還沒到呢！
a ：這也和偺們家池子裡的一樣，也是樓子花兒嗎？
e ：他們這花還不及偺們的。
a ：他們那邊有棵石榴，接連長出四、五枝，真像樓子上起樓子，這也是它的長處啊！

---

i ：天热，把外头的衣裳脱了吧！
e ：喝了茶，歇会儿，园里凉快，和你姐姐们去逛逛。
a ：这荷花怎么还不开？
e ：时候儿还没到呢！
a ：这也和咱们家池子里的一样，也是楼子花儿吗？
e ：他们这花还不及咱们的。
a ：他们那边有棵石榴，接连长出四、五枝，真像楼子上起楼子，这也是它的长处啊！

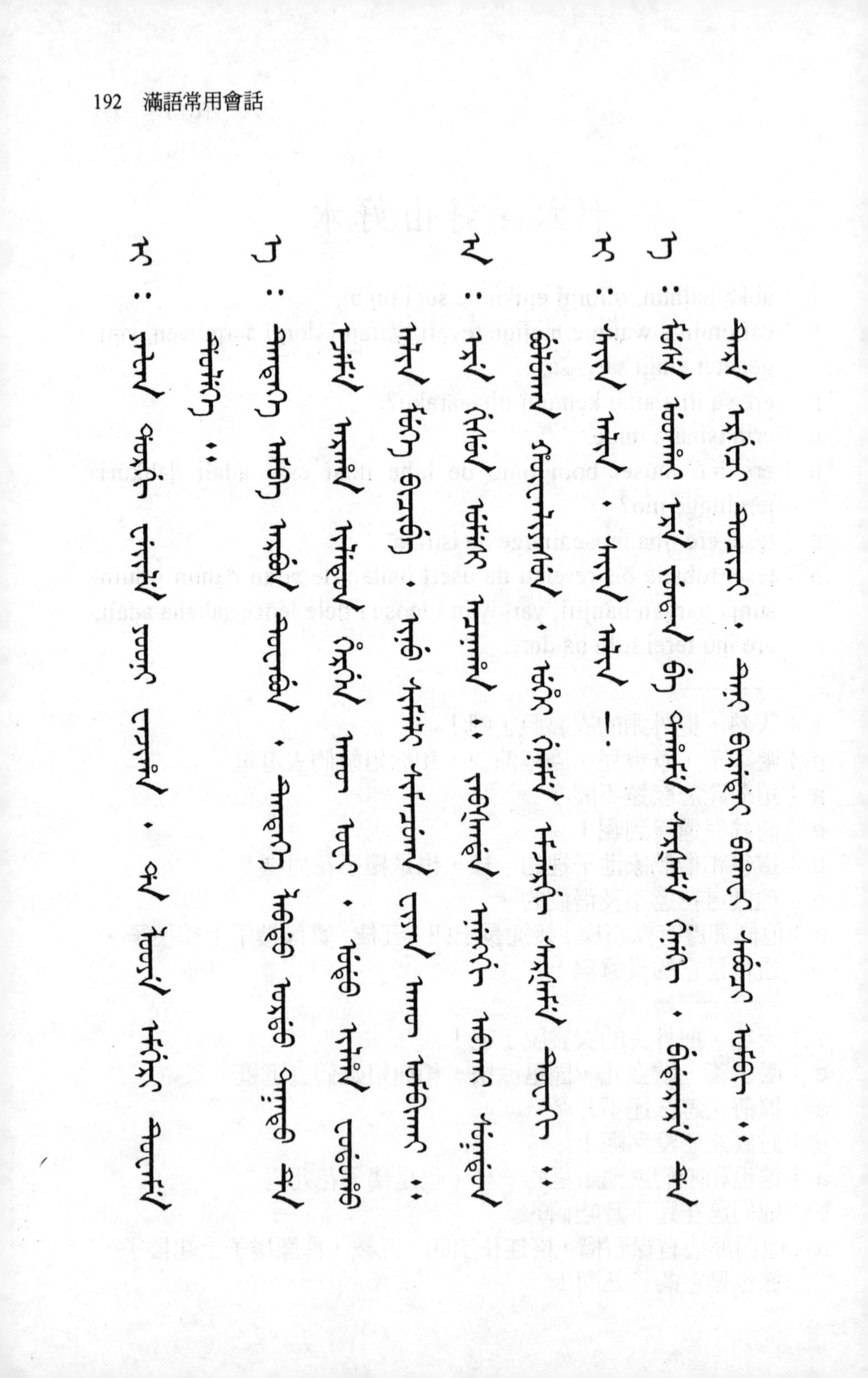

[illegible]

[illegible]

[illegible]

[illegible]

[illegible]

[illegible]

[illegible]

[illegible]

[illegible]

i ：yafan dorgi weile yooni wajiha, da looye emgeri tuwame duleke.
e ：tenteke amba arbun tuwabun, tenteke labdu ordo taktu de ejeme araha iletun hergen akū ofi, udu ilha fodoho alin muke bicibe inu simeli simacuka fiyan akū ombikai.
a ：ere gisun umesi acanaha, jabšande inenggi abkai sukdun bulukan hūwaliyasun, uhei geneme emjergi saršame tuwaki.
i ：sain alin, sain alin.
e ：muse uthai ere junta be dahame saršame geneki, bederere de tere ergici tucici, teni biretei bahafi sabuci ombi.

---

i ：園內工程俱已告竣，大老爺已瞧過了。
e ：偌大景致，若干亭榭，因無標注，任是花柳山水，也會黯然失色。
a ：此論極是，幸好今日天氣和暖，大家一起去逛逛。
i ：好山，好山。
e ：我們就沿此小徑去遊，回來由那一邊出去，方可遍覽。

---

i ：园内工程俱已告竣，大老爷已瞧过了。
e ：偌大景致，若干亭榭，因无标注，任是花柳山水，也会黯然失色。
a ：此论极是，幸好今日天气和暖，大家一起去逛逛。
i ：好山，好山。
e ：我们就沿此小径去游，回来由那一边出去，方可遍览。

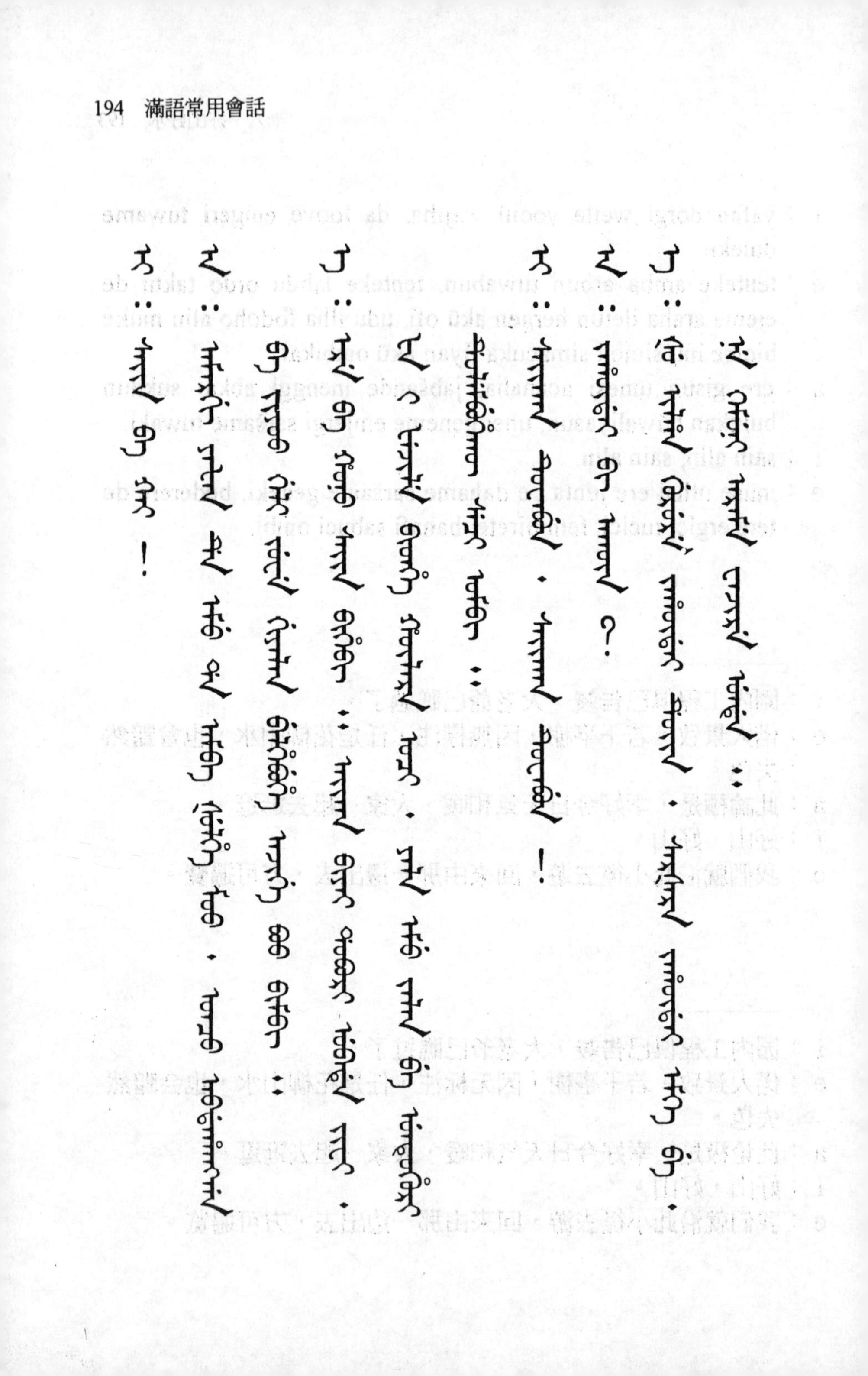

i ：sain ba kai!

a ：amargi yafan de emu da amba šulhe moo, onco abdahangga ba jiyoo geli juwe giyalan belhebuhe ajige boo bimbi.

e ：ere ba hono sain bihebi, aika biyai dobori ubade jifi fa i fejile bithe hūlara oci, yala emu jalan be untuhuri dulembuhekū seci ombi.

i ：saikan tuwabun, saikan tuwabun!

a ：jahūdai bi akūn?

e ：šu ilha gurure jahūdai duin, saršara jahūdai emke be, ne kemuni arame wajire unde.

---

i ：好個所在！

a ：後園有棵大株梨花，濶葉芭蕉，又備有兩間小屋。

e ：這一處倒還好，若能月夜至此，窗下讀書，也可謂不曾虛度一生。

i ：好景！好景！

a ：有船嗎？

e ：採蓮船四隻，遊船一隻，如今尚未造成。

---

i ：好个所在！

a ：后园有棵大株梨花，濶叶芭蕉，又备有两间小屋。

e ：这一处倒还好，若能月夜至此，窗下读书，也可谓不曾虛度一生。

i ：好景！好景！

a ：有船吗？

e ：采莲船四只，游船一只，如今尚未造成。

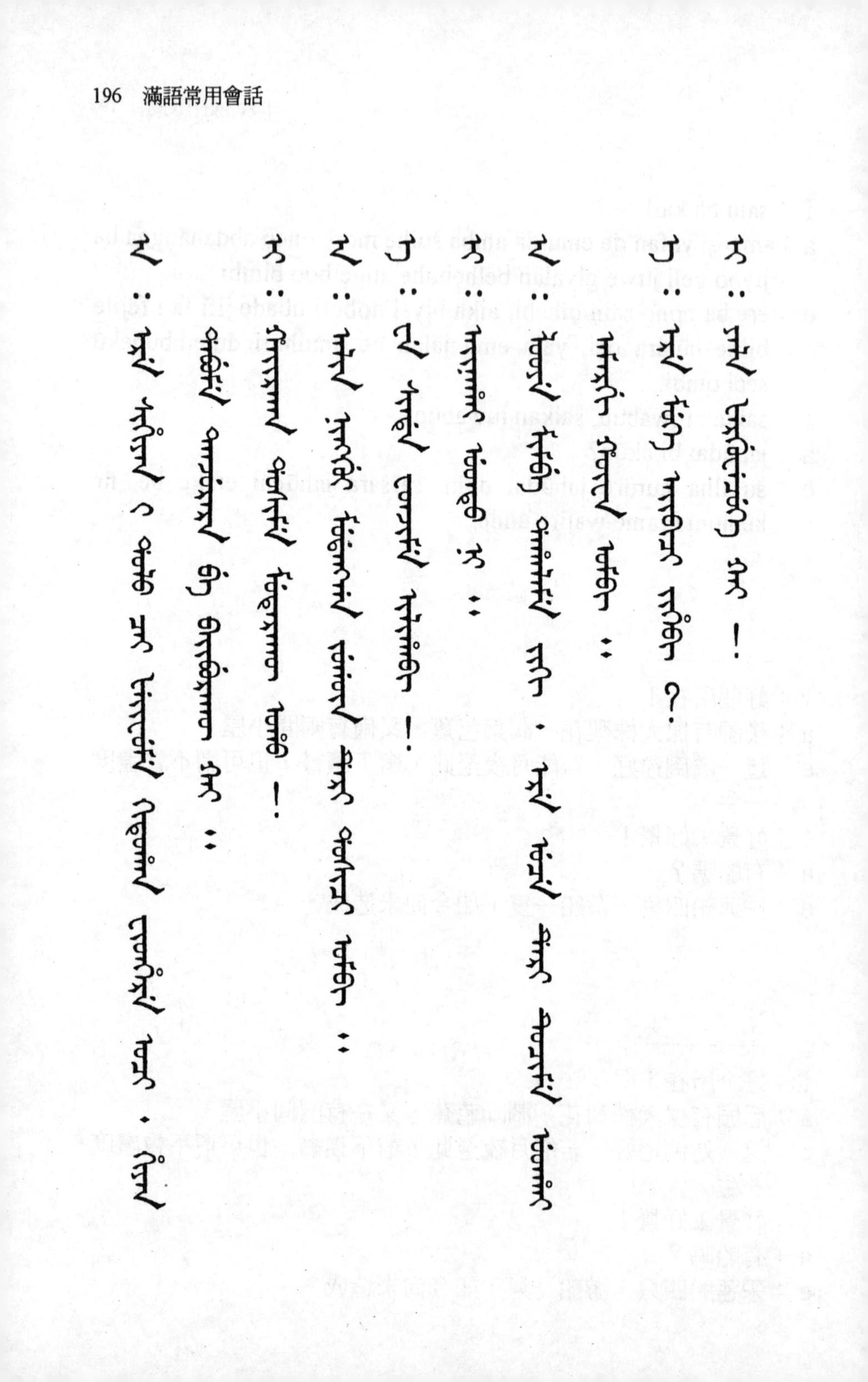

a：ere sihiyan i dolo cai feifume kituhan fithere oci hiyan dabume tanjurara be baiburakū kai.
i：hairaka dosime muterakū oho!
a：alin ninggui mudangga jugūn deri dosici ombi.
e：we sinde fonjime ilihabi!
i：ainahai uttu ni.
a：looye mimbe dahalame jiki, ere uce deri tucime uthai amargi hūwa ombi.
e：ere muke aibici jihebi?
i：yala ferguwecuke kai!

---

a：此軒中若煮茗操琴，就不必焚香禱告了。
i：可惜不得入了。
a：從山上進去可也。
e：誰在問你！
i：爲何如此！
a：老爺跟我來，從這門出去便是後院。
e：這水從何而來？
i：果真神妙！

---

a：此轩中若煮茗操琴，就不必焚香祷告了。
i：可惜不得入了。
a：从山上进去可也。
e：谁在问你！
i：为何如此！
a：老爷跟我来，从这门出去便是后院。
e：这水从何而来？
i：果真神妙！

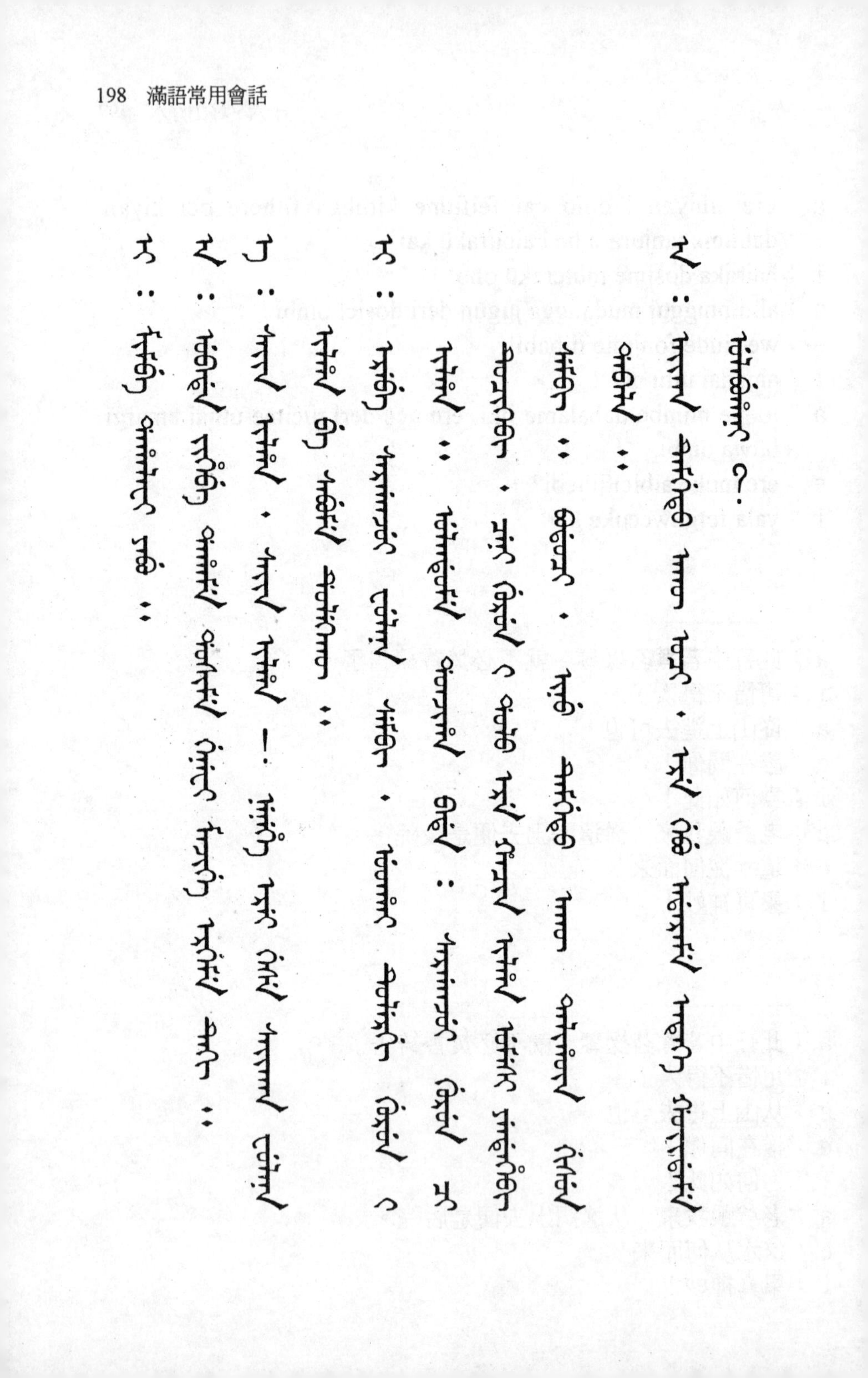

i：mimbe dahalafi yabu.

a：ubade jihebe dahame dosime genefi majige ergeme teki.

e：sain ilha, sain ilha! nenehe erei gese saikan fulana ilha, be sabume dulekekū.

i：erebe sarganjui fulana sembi, uthai tulergi gurun i ilha ulandume donjiha bade "sarganjui gurun" ci tucikebi, ceni gurun i dolo ere hacin ilha umesi yendehebi sembi, bodoci inu temgetu akū talihūn gisun dabala.

a：aika temgetu akū oci, ere gebu adarame enteke gūidame ulabuhani?

---

i：跟我走。

a：既然到此，可要進去歇息歇息了。

e：好花，好花！從未見過有如此好看的海棠花！

i：這叫做"女兒棠"，乃是外國花種，據傳係出女兒國，彼國此種最盛，料亦屬無稽之談罷了。

a：倘若無稽，此名爲何如此經久流傳？

---

i：跟我走。

a：既然到此，可要进去歇息歇息了。

e：好花，好花！从未见过有如此好看的海棠花！

i：这叫做"女儿棠"，乃是外国花种，据传系出女儿国，彼国此种最盛，料亦属无稽之谈罢了。

a：倘若无稽，此名为何如此经久流传？

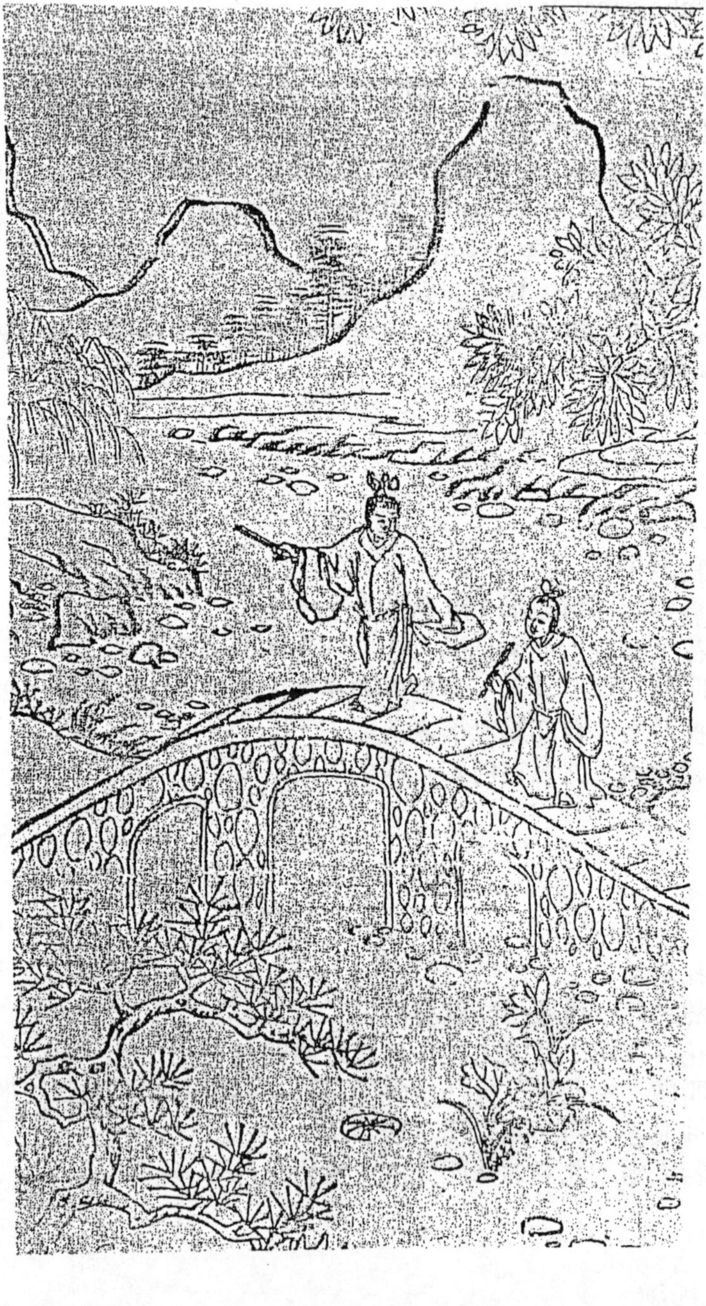

十七、美化人生

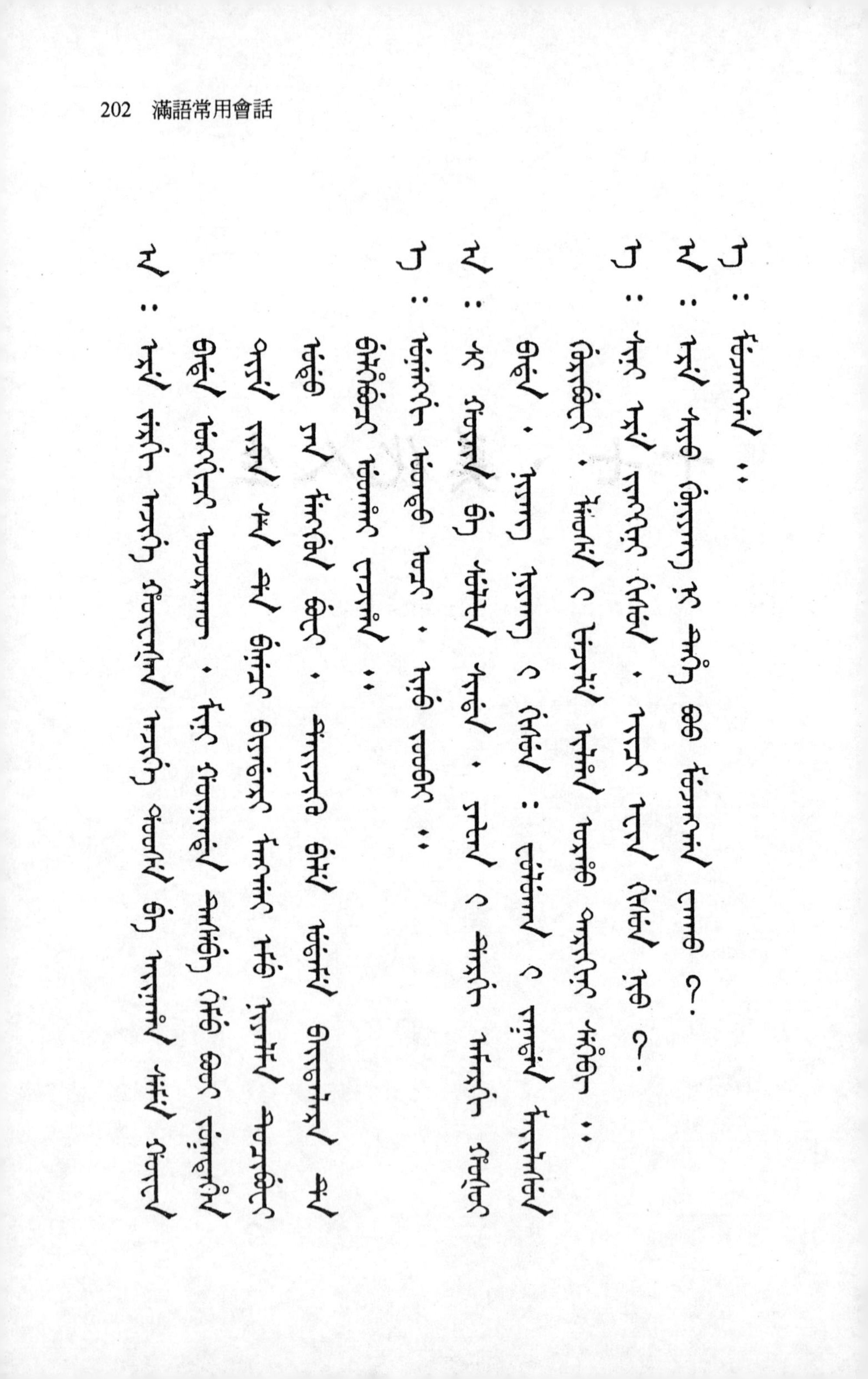

十七、美化人生

a：ere jergi ajige hūwašan ajige doose be ainaha seme gūwa bade unggici ojorakū, mini gūninde tesebe gemu booi juktehen tiye jiyan sy de beneci biyadari manggai emu niyalma tucibufi udu yan menggun bufi, deijiku bele udame baitalara de belhebuci uthai wajiha.
e：unenggi uttu oci inu joobai.
a：si gūnin be sulfa sinda, yafan i dergi amargi hošoi bade niyang niyang i gisun, fulukan i jakdan mailasun guribufi, leose i fejile ilha orho tarikini sehebi.
e：sini ere jingkini gisun, eici efin gisun nio?
a：ere siyo guniyang ni tehe boo mujangga wakao？
e：mujangga.

---

a：這些小和尚、小道士，萬不可打發到別處去，依我的主意，不如將他們都送到家廟鐵檻寺，每月不過派一個人送幾兩銀子去買柴米就是了。
e：果是這樣，也倒罷了。
a：你放心，娘娘說了，園子東北角上，要多種些松柏；樓底下，還叫種些花草兒。
e：你這是真話？還是頑話兒？
a：這是薛姑娘的屋子不是？
e：是。

---

a：这些小和尚、小道士，万不可打发到别处去，依我的主意，不如将他们都送到家庙铁槛寺，每月不过派一个人送几两银子去买柴米就是了。
e：果是这样，也倒罢了。
a：你放心，娘娘说了，园子东北角上，要多种些松柏；楼底下，还叫种些花草儿。
e：你这是真话？还是顽话儿？
a：这是薛姑娘的屋子不是？
e：是。

[illegible]

a ：ere jui dabali ujen nomhon ohobi, sinde sindara tetun akū oci, sini ambume ci gaju serede ai hūwanggiyara babi.

a ：sini nun de majige tuwame efire jaka gajime burakū, erei gese jibge.

e ：tere ini beye gairakū, be dade benjibuci gemu bederebuhebi.

a ：uttu oci ojorakū, beleni jaka bimbime, ainu faidame sindarakū？

e ：si tere wehei fengsekui tuwabun jai cece i deretui huwejehen, geli emu behe i suman gecehe wehei mucihiyan, ere ilan hacin jaka be ere deretu de faidame sindaci uthai tesuhe.

---

a：這孩子太老實了，你沒擺設，跟你姨娘要些又何妨！

a：不送些玩器來給你妹妹，這樣小器。

e：她自己不要麼，我們原是送了來的，都退回去了。

a：那使不得，有現成的東西，爲什麼不擺呢？

e：你把那石頭盆景兒和那架紗照屏，還有一個墨凍石鼎拿來，這三樣東西擺在這案上就够了。

---

a：这孩子太老实了，你没摆设，跟你姨娘要些又何妨！

a：不送些玩器来给你妹妹，这样小器。

e：她自己不要么，我们原是送了来的，都退回去了。

a：那使不得，有现成的东西，为什么不摆呢？

e：你把那石头盆景儿和那架纱照屏，还有一个墨冻石鼎拿来，这三样东西摆在这案上就够了。

ᠵ : [illegible] ?

ᡩ : [illegible]

ᠵ : [illegible]

ᡩ : [illegible] ?

a：si aibide teci sain seme gūnimbi?

e：mini gūninde siyoo siyang guwan sain seme gūnimbi, bi tere udu da cuse moo emu justan mudangga jerguwen de somibuha be buyembi, gūwa bade duibuleci ele bolgo ekisaka serebumbi.

a：cohome mini gūniha adali oho, bi inu simbe tubade tebuki sembi, bi i hūng yuwan de tere oci, muse juwe niyalma ishunde hanci bime geli bolgo ekisaka ombikai.

e：ere ilhai fiyentehe be gemu erime isabufi, tubade umbuki, inenggi goidaha manggi, boihon be dahafi weneci, ainahai bolgo wakao?

---

a：你想住在哪一處好？

e：我心裡想著瀟湘館好。我愛那幾竿竹子，隱著一道曲欄，比別處幽靜些。

a：正合了我的主意，我也要叫你在那裡住，我就住怡紅院，偺們兩個又近，又都清幽。

e：把這些花瓣兒都掃起來，埋在那裡，日久隨土化了，豈不乾淨？

---

a：你想住在哪一处好？

e：我心里想着潇湘馆好。我爱那几竿竹子，隐着一道曲栏，比别处幽静些。

a：正合了我的主意，我也要叫你在那里住，我就住怡红院，咱们两个又近，又都清幽。

e：把这些花瓣儿都扫起来，埋在那里，日久随土化了，岂不干净？

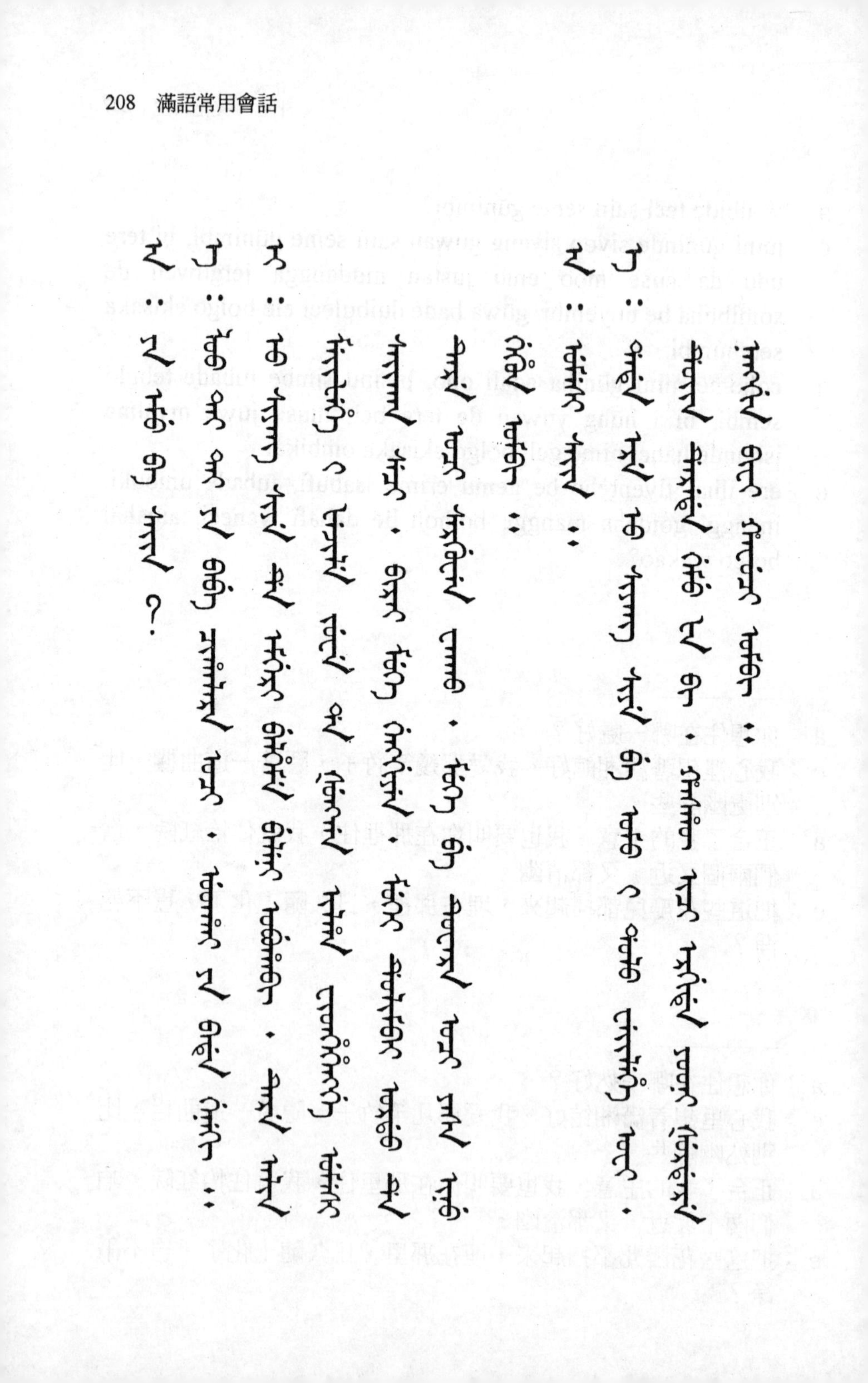

a ：ya emu ba sain?

e ：loo tai tai ya babe cihalara oci, uthai ya bade geneki.

i ：eo siyang siye de emgeri belheme beleni obuhabi, tere alin meifehe i fejile juwe da šungga ilha fithehengge umesi saikan seci, birai muke genggiyen, mukei dulimbai ordo de tere oci serguwen wakao, muke be tuwara oci yasa inu gehun ombi.

a ：umesi sain.

e ：dade ere eo siyang siye be omo i dolo weilehe ofi, duin derede gemu fa bi, hashū ici ergide yooni šurdere nanggin bifi hafuci ombi.

---

a ：哪一處好？

e ：憑老太太喜歡哪一處，就去哪一處。

i ：藕香榭已經預備了，那山坡下兩棵桂花開的又好，河裡的水又碧清，坐在河當中亭子上，豈不涼爽嗎？看看水，眼也清亮。

a ：很好。

e ：原來這藕香榭建在池中，四面都有窗，左右均有迴廊相通。

---

a ：哪一处好？

e ：凭老太太喜欢哪一处，就去哪一处。

i ：藕香榭已经预备了，那山坡下两棵桂花开的又好，河里的水又碧清，坐在河当中亭子上，岂不凉爽吗？看看水，眼也清亮。

a ：很好。

e ：原来这藕香榭建在池中，四面都有窗，左右均有回廊相通。

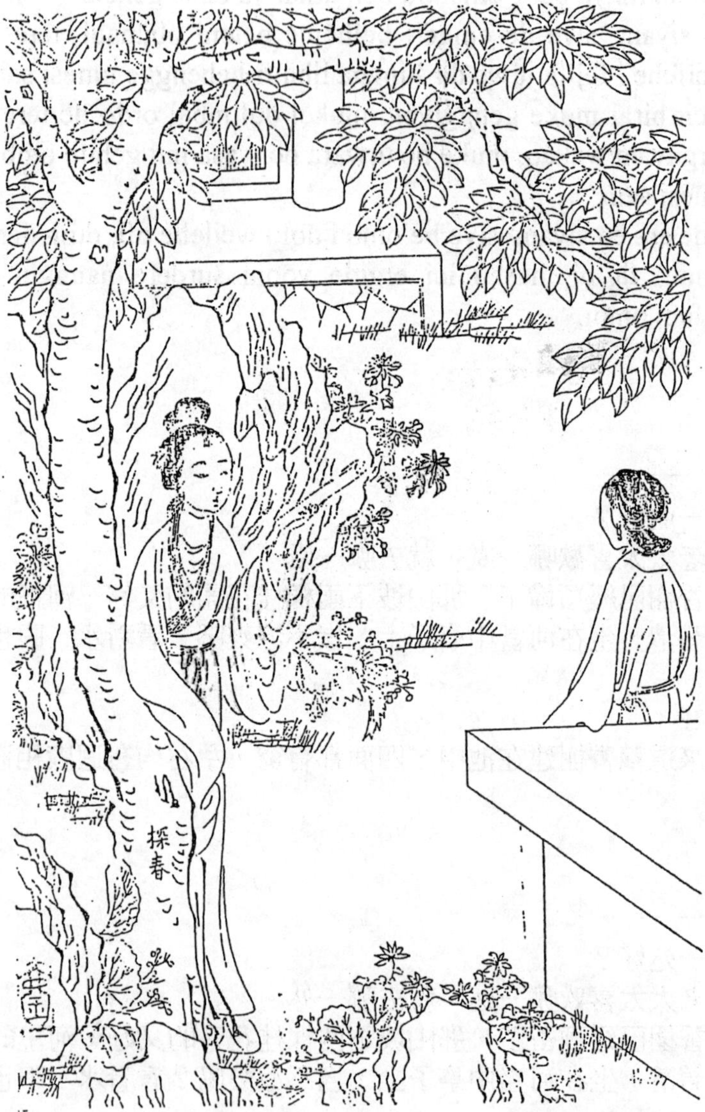
探春

十八、青梅竹馬

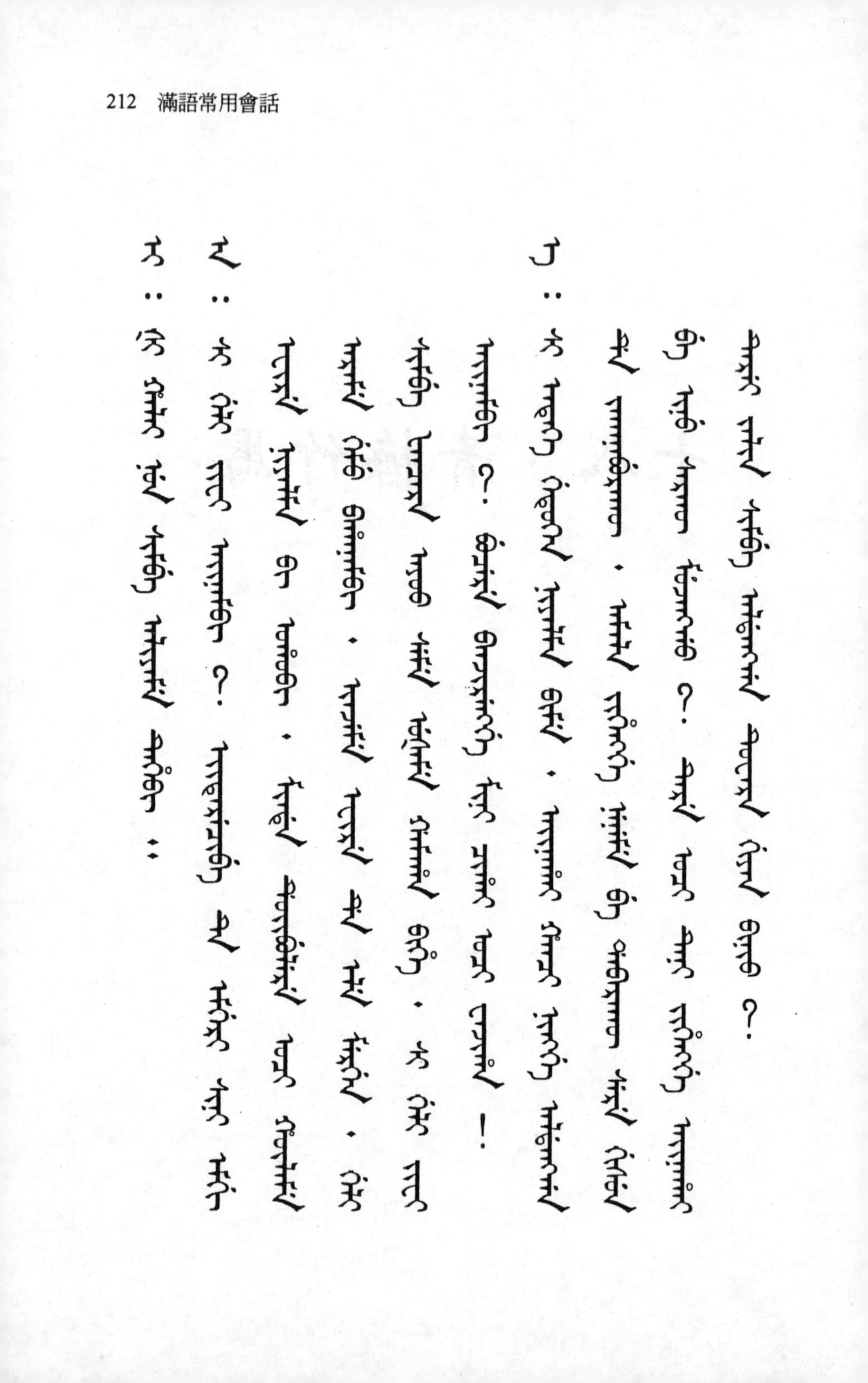

十八、青梅竹馬

i：ši halai nun simbe aliyame tehebi.

a：si geli jifi ainambi? eiterecibe te emgeri sini emgi efire niyalma bi ohobi, minde duibulere oci hūlame arame gemu bahanambi, injeme efire de ele mergen, geli simbe fancara ayoo seme ušame gamaha bihe, si geli jifi ainambi?bucere banjirengge mini cihai oci wajiha!

e：si enteke getuken niyalma bime, ainahai " hanci ningge aldangga de jakanaburakū, amala jihengge neneme be dabarakū" sere gisun be inu sarkū mujanggo? tere oci teni jihengge ainahai terei jalin simbe aldangga tuwara giyan binio?

---

i：史大妹妹等著你呢？

a：你又來做什麼？橫豎如今有人和你頑。比我會念會寫，更會笑會玩，又怕你生氣，拉了你去哄著你，你又來做什麼？死活憑我去罷了。

e：你這麼個明白人，難道連「親不隔疏，後不僭先」也不知道嗎？她是纔來的，豈有爲她而疏遠你的呢？

---

i：史大妹妹等着你呢？

a：你又来做什么？横竖如今有人和你顽。比我会念会写，更会笑会玩，又怕你生气，拉了你去哄着你，你又来做什么？死活凭我去罢了。

e：你这么个明白人，难道连「亲不隔疏，后不僭先」也不知道吗？她是纔来的，岂有为她而疏远你的呢？

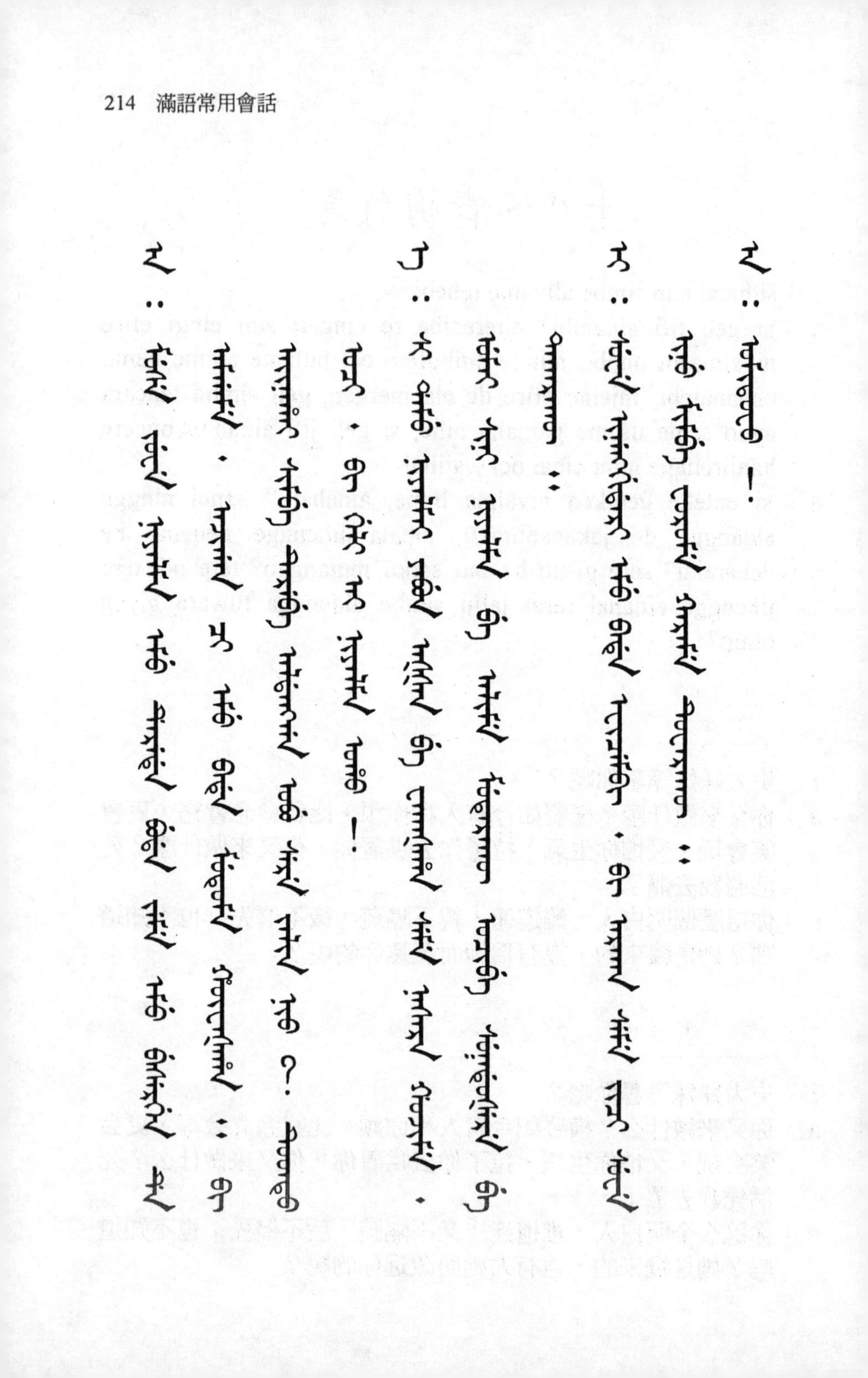

[illegible]

[illegible]

[illegible]

[illegible]

[illegible]

[illegible]

[illegible]

[illegible]

[illegible]

[illegible]

a：muse juwe niyalma emu derede buda jeme emu besergen de amgame, ajigan ci emu bade mutume hūwašaha. bi ainahai simbe terebe aldangga obu sere jalin nio? tuttu oci bi geli ai niyalma oho!

e：si damu niyalmai yabun aššan be wakašaha seme nasara gojime, umai sini niyalma be alime muterakū ocibe sukdušere be takarakū.

i：suwe inenggidari emu bade eficembi, bi arkan seme jici suwe inu mimbe forome karame tuwarakū.

a：omitofo!

---

a：偺們兩個，一桌吃，一牀睡，從小兒一處長大的，我難道叫你遠她？那我成了什麼人了呢！

e：你只抱怨嗔怪人家的行動，你再不知道你嘔的人難受！

i：你們天天一處頑，我好容易來了，你們也不理睬我！

a：阿彌陀佛！

---

a：咱们两个，一桌吃，一床睡，从小儿一处长大的，我难道叫你远她？那我成了什么人了呢！

e：你只抱怨嗔怪人家的行动，你再不知道你呕的人难受！

i：你们天天一处顽，我好容易来了，你们也不理睬我！

a：阿弥陀佛！

a：tasihibume tuhere be gūnin werišе, aibi amcame mutembi?
e：ere mudan terebe guwebuki.
i：bi aika yun el be guwebure oci, jai banjirakū oho!
e：sain eyun, mini ere mudan be guwebucina.
a：mini tafularangge suweni juwe niyalma boo ioi deo i dere be tuwame, gemu nakaci acambi.
i：bi gisun be daharakū, suwe gemu emu gūnin, gemu jifi mimbe yobodombi!
e：we gelhun akū simbe yobodome mutembi, si terebe yekeršerakū oho bici, tere ai geli simbe gisurere bihe.

---

a：小心絆倒了，哪裡就趕上了？
e：饒她這一遭兒吧！
i：我要饒了雲兒，再不活著！
e：好姐姐饒我這遭兒吧！
a：我勸你們兩個看寶玉弟面上，都該罷手吧！
i：我不依，你們是一氣的，都來戲弄我。
e：誰敢戲弄你？你不打趣她，他敢說你了！

---

a：小心绊倒了，哪里就赶上了？
e：饶她这一遭儿吧！
i：我要饶了云儿，再不活着！
e：好姐姐饶我这遭儿吧！
a：我劝你们两个看宝玉弟面上，都该罢手吧！
i：我不依，你们是一气的，都来戏弄我。
e：谁敢戏弄你？你不打趣她，他敢说你了！

ᠠ᠄ ᠰᡳ ᠪᡝ ᡨᡠᠸᠠᠴᡳᡥᡳᠶᠠᠪᡠ᠂ ᠮᡠᠰᡝ ᡤᡝᠨᡝᡥᡝ ᠪᡳᡥᡝ?

ᡝ᠄ ᡤᡝᠨᡝᡥᡝ ᠪᡳᡥᡝ᠂ ᠠᠴᠠ ᠰᠠᡳᠨ ᡤᡝᡵᡝᠨ ᠮᡠᠰᡝ ᡤᡝᠨᡝᡥᡝ ᠪᡳᡥᡝ ᠪᡠ?

ᠠ᠄ ᠪᡳ ᡤᡝᠨᡝᡥᡝ ᠰᡠᠨᠵᠠᠴᡳ ᠰᠣᠯᡳᡥᠠ᠄

ᡝ᠄ ᡤᡝᠨᡝᡥᡝ ᠵᡳᡥᡝ᠂ ᡤᡳᠰᡠᡵᡝ ᠴᡳ ᡩᡝ ᡤᡝᠨᡝᠮᡝ ᠣᠪᡠᡥᡝ ᡤᡝᠨᡝᡥᡝ ᠪᡳᡥᡝ᠄

ᡝ᠄ ᠣᡴᠣ ᠪᠣᡳᡤᠣᠨ᠂ ᠪᡳ ᡨᡠᠸᠠᠮᡝ ᠰᡝ ᡤᡳᠰᡠᡵᡝᠮᡝ ᠵᡠᠸᡝᠨ ᡤᡝᠨᡝᠮᡝ᠄

ᠠ᠄ ᠠᡳ ᠣᡴᠣ ᠪᠠᡳᡨᠠᠯᠠᠮᡝ ᠵᡳᡥᡝ᠂ ᠪᡠ ᡨᡠᠸᠠᡥᠠ ᠰᡠᡴᡠ᠄

ᡝ᠄ ᠮᡝᡵᡤᡝᠨ ᠪᠣᡳᡤᠣᠨ? ᠠᡳ ᡝᡵᡝᠨ ᠪᠠᡳᡨᠠᠯᠠᠨ!

ᠠ᠄ ᡥᠠᡵᠠᠨ ᡤᡝᠯᡝᠮᡝ ᠣᠮᠪᡳ ᡝᠨᡝᠩᡤᡳ ᡩᠣᠨ ᡩᡝᠪᠰᡳᡥᡝᠪᡠ?

ᡝ᠄ ᠠᠮᠠᡨᠠᠯᠠᠮᡝ ᠵᡠᠸᡝ ᠣᠮᠪᡳ ᠠᠨᠠ!

a ：amgarangge inu nomhon waka!
e ：enteke erde uthai feksime jifi ainambi?
a ：ere hono erde nio? si ilifi tuwacina!
e ：si taka tucime gene, be ilime etuku etuki.
a ：taka bikini, bi ildun de obome gaici uthai wajiha.
a ：sain nun, mini uju be inu emu mudan ijime bucina.
e ：bi yala muterakū ohobi.
a ：sain nun, si nenehe minde absi ijime bume bihe!
e ：te bi onggohobi, absi ijime bumbi?

---

a ：睡覺還是不老實！
e ：這早晚就跑過來做什麼？
a ：這還早呢？你起來瞧瞧吧！
e ：你先出去，讓我們起來穿衣。
a ：且慢，我趁勢兒洗了就完了。
a ：好妹妹，替我梳上頭吧！
e ：我可不能了。
a ：好妹妹，你先時候兒怎麼替我梳了呢？
e ：如今我忘了，怎麼梳了呢？

---

a ：睡觉还是不老实！
e ：这早晚就跑过来做什么？
a ：这还早呢？你起来瞧瞧吧！
e ：你先出去，让我们起来穿衣。
a ：且慢，我趁势儿洗了就完了。
a ：好妹妹，替我梳上头吧！
e ：我可不能了。
a ：好妹妹，你先时候儿怎么替我梳了呢？
e ：如今我忘了，怎么梳了呢？

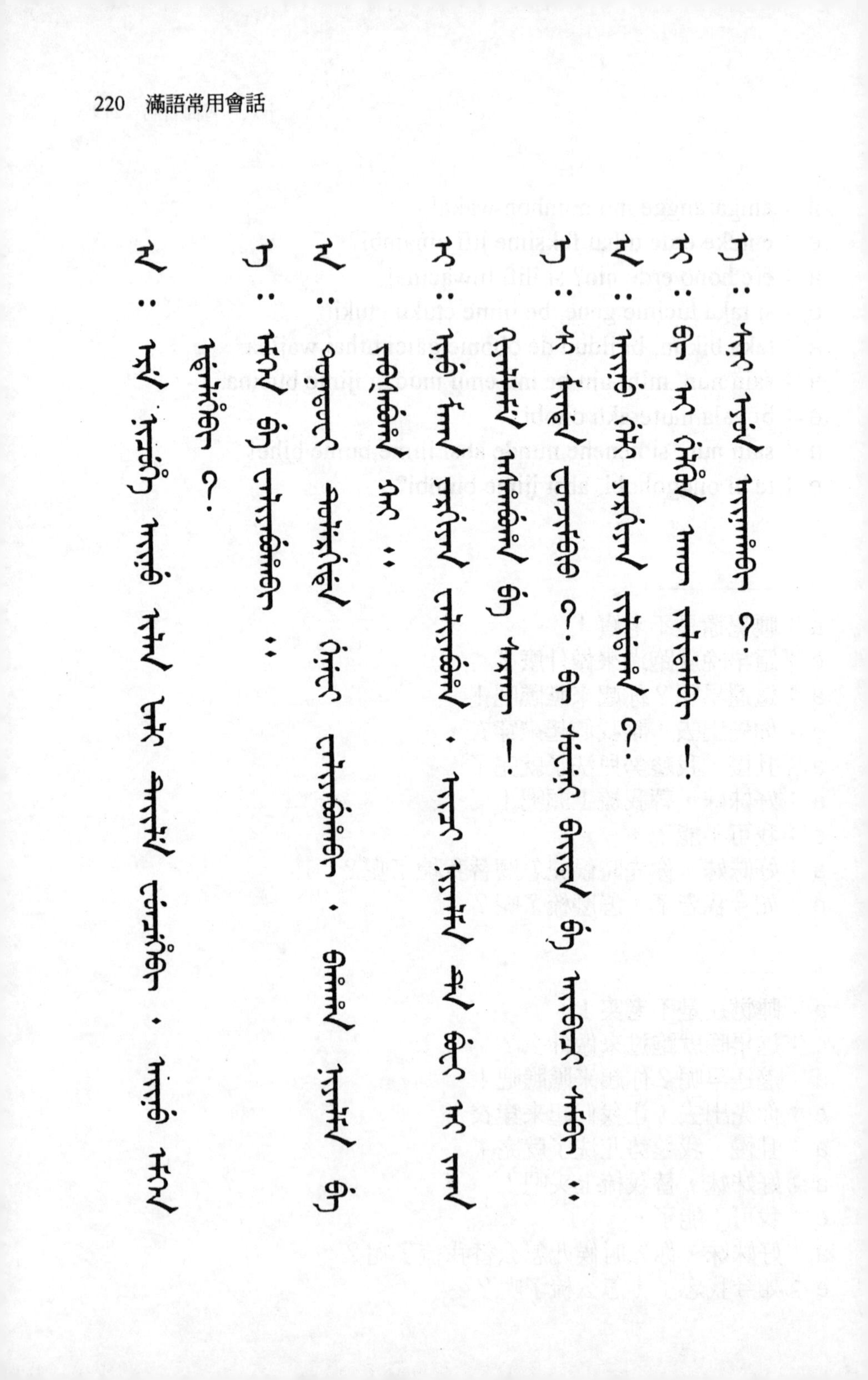

ᠠ: [illegible] ?

ᡳ: [illegible] !

ᡝ: [illegible] ? [illegible] ?

ᠠ: [illegible] ? [illegible] :

ᡳ: [illegible] ! [illegible]

ᡝ: [illegible] : [illegible]

ᠠ: [illegible] :

[illegible] ?

ᡝ: [illegible] ? [illegible]

a：ere nicuhe ainu ilan fali teile funcehebi, ainu emken edelehebi?
e：emken be waliyabuhabi.
a：toktofi tulergide genefi waliyabuhabi, bahaha niyalma be jabšabuha kai.
i：inu maka yargiyan waliyabuha, eici niyalma de bufi ai jaka kiyalmame ashabuha be sarkū!
e：si minde fonjimbio? bi suweni baita be aibici sambi.
a：ainu geli yargiyan jilidaha?
i：bi ai gelhun akū jilidambi!
e：sini eyun ainahabi?

---

a：這珠子只剩三顆了，怎麼少了一顆？
e：丟了一顆。
a：必定是去外頭掉的，倒便宜了揀了的人。
i：也不知是真丟，還是給了人鑲什麼戴去了呢。
e：你問我嗎？我哪裡知道你們的事情！
a：怎麼又動了氣了呢？
i：我哪裡敢動氣呢？
e：你姐姐怎麼了？

---

a：这珠子只剩三颗了，怎么少了一颗？
e：丢了一颗。
a：必定是去外头掉的，倒便宜了拣了的人。
i：也不知是真丢，还是给了人镶什么戴去了呢。
e：你问我吗？我哪里知道你们的事情！
a：怎么又动了气了呢？
i：我哪里敢动气呢？
e：你姐姐怎么了？

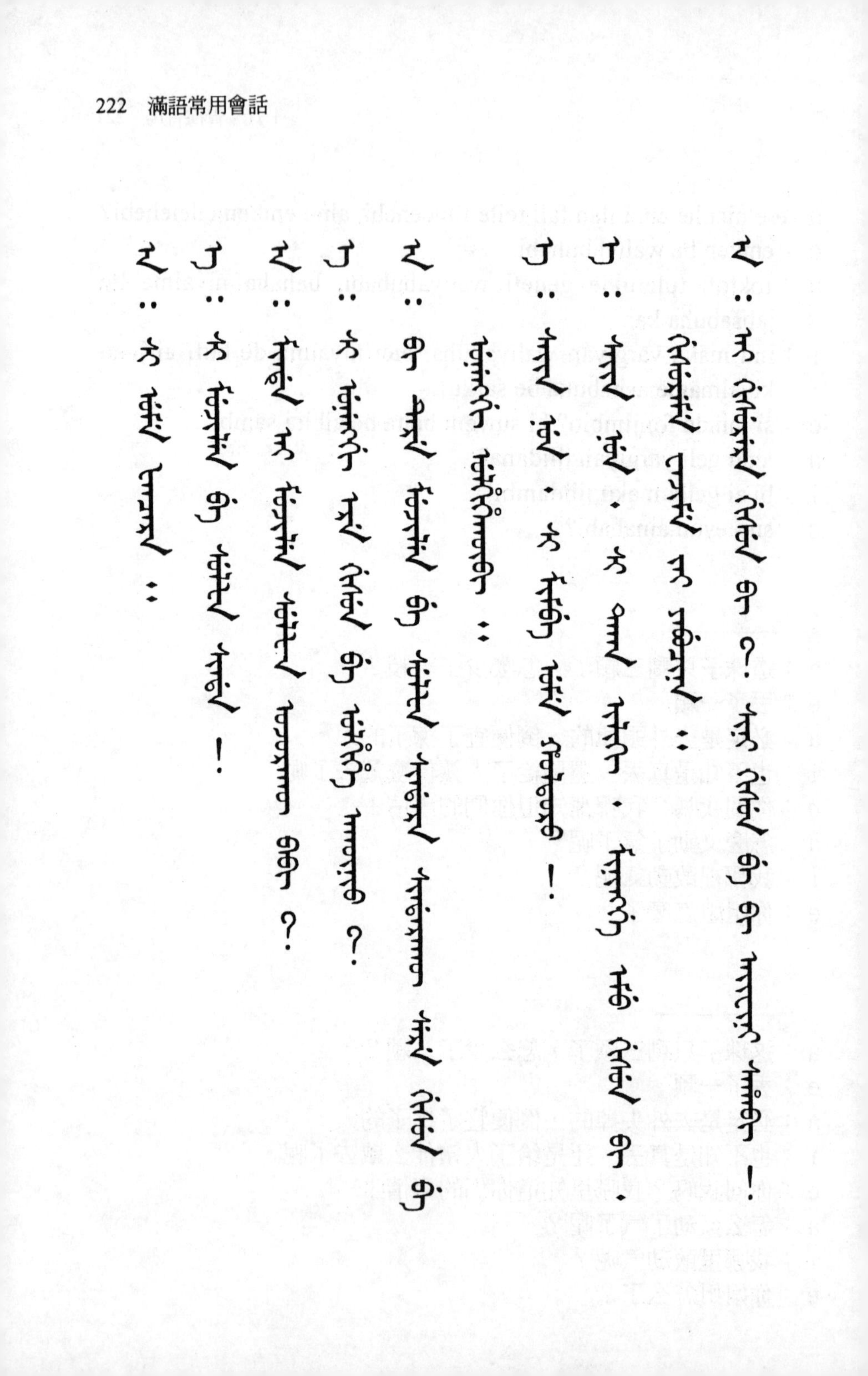

a ：si ume fancara.
e ：si mujilen be sulfa sinda!
a ：minde ai mujilen sulfa ojoarkū babi?
e ：si unenggi ere gisun be ulhihe akūnio?
a ：bi tere mujilen be sulfa sindara sindarakū sere gisun be unenggi ulhihekūbi.
e ：sain nun,si mimbe ume holtoro!
e ：sain nun, si taka iliki, miningge emu gisun bi, gisureme wajime jai yabucina.
a ：ai gisurere gisun bi? sini gisun be bi aifini sahabi!

---

a ：你別著急。
e ：你放心！
a ：我有什麼不放心的？
e ：你果然不明白這話？
a ：我真不明白放心不放心的話。
e ：好妹妹！你別哄我！
e ：好妹妹你且站會兒，我一句話說完再走。
a ：有什麼可說的？你的話，我早就知道了。

---

a ：你别着急。
e ：你放心！
a ：我有什么不放心的？
e ：你果然不明白这话？
a ：我真不明白放心不放心的话。
e ：好妹妹！你别哄我！
e ：好妹妹你且站会儿，我一句话说完再走。
a ：有什么可说的？你的话，我早就知道了。

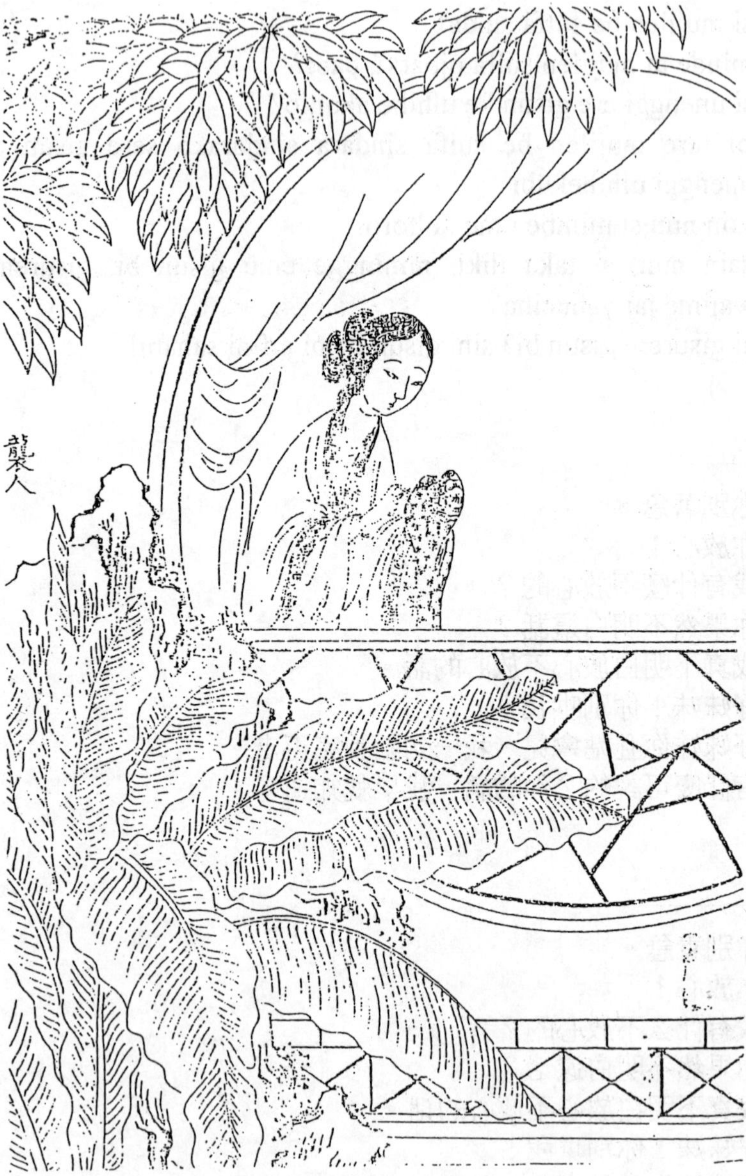
襲人

十九、你儂我儂

[illegible]: [illegible] [illegible] [illegible] ᠰᡳ [illegible] ᡝᠨᡝᠩᡤᡳ · ᠰᡳ [illegible] [illegible] [illegible] ?

[illegible]: ᠰᡳ [illegible] [illegible] [illegible] ᡝᠨᡝᠩᡤᡳ [illegible] ?

[illegible]: [illegible] [illegible] ᡝᠨᡝᠩᡤᡳ [illegible] ::

[illegible]: [illegible] [illegible] [illegible] [illegible] · [illegible] [illegible] [illegible] [illegible] [illegible] [illegible]

[illegible] [illegible] [illegible] [illegible] [illegible] [illegible] [illegible] [illegible] · [illegible] [illegible]

[illegible] [illegible] [illegible] [illegible] [illegible] ?

[illegible]: [illegible] [illegible] · ᠰᡳ [illegible] ᡝᠨᡝᠩᡤᡳ [illegible] ?

[illegible]: [illegible] [illegible] [illegible] [illegible] ::

[illegible]: [illegible] [illegible] [illegible] [illegible] [illegible] · [illegible] [illegible] [illegible] [illegible] ::

十九、你儂我儂

a：niyalma ubade amgahabi seci, si dosime jifi ainambi?
e：si jakan ai seme gisurehe bihe?
a：bi umai seme gisurehekū.
e：yala emu sain sarganjui, aika sini ere buyenin labdu siyoo jiye i emgi ijifun mengseku de sasa dedure oci, ai jempi simbe jibehun hetebume sishe sektebumbi?
a：jacin age, si ai seme gisurehe?
e：bi umai sehe akū.
a：nantuhūn bithe be tuwame jifi, inu mini emgi yobodombi.

---

a：人家睡覺，你進來做什麼？
e：你纔說什麼？
a：我沒說什麼？
e：好丫頭！若共你多情小姐同鴛帳，怎捨得叫你疊被鋪牀？
a：二哥哥，你說什麼？
e：我何嘗說什麼？
a：看了混帳書，也拿我取笑兒？

---

a：人家睡觉，你进来做什么？
e：你纔说什么？
a：我没说什么？
e：好丫头！若共你多情小姐同鸳帐，怎舍得叫你迭被铺床？
a：二哥哥，你说什么？
e：我何尝说什么？
a：看了混帐书，也拿我取笑儿？

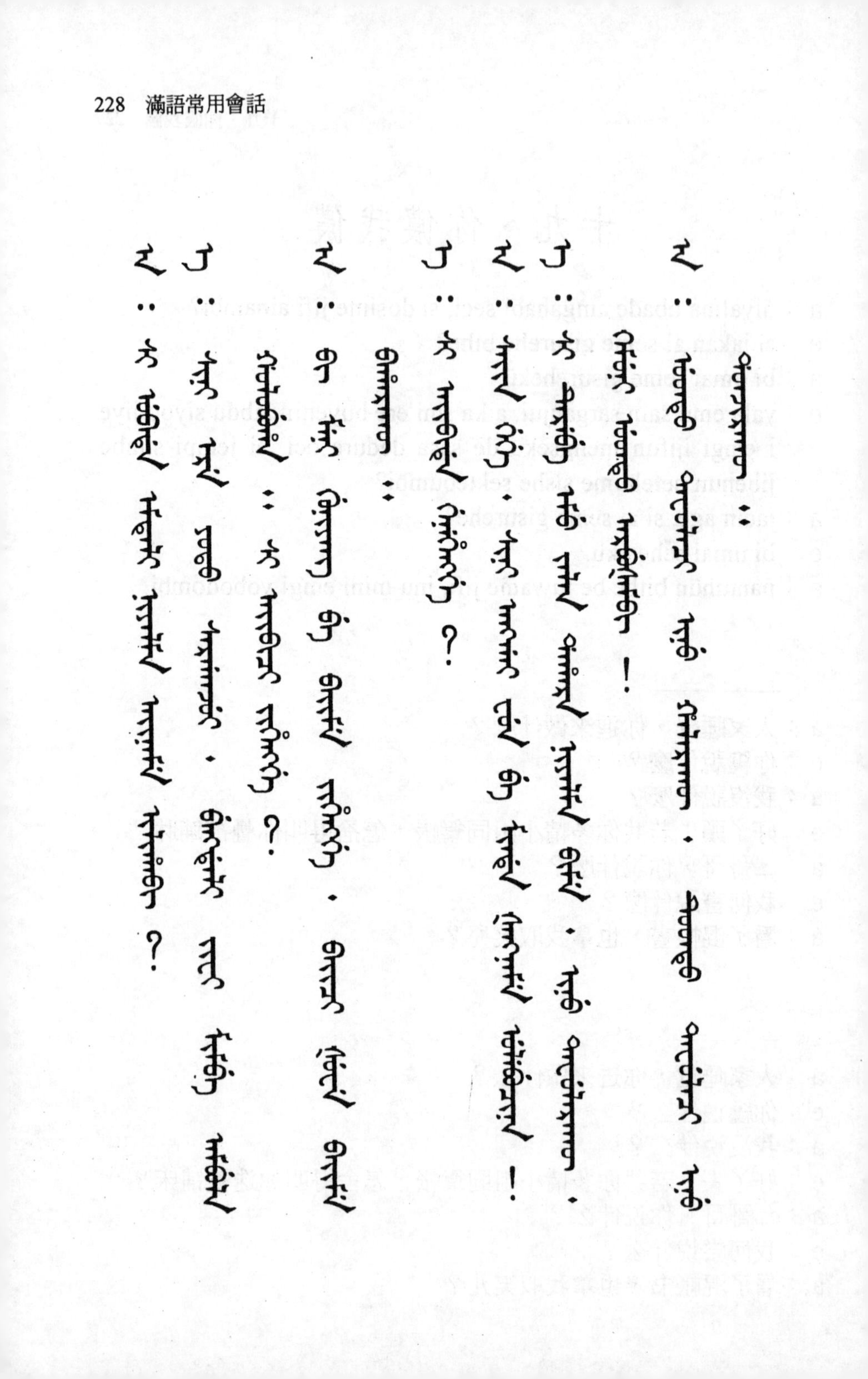

ᡶ : [illegible] ?

ᠵ : [illegible] [illegible] ::

ᡶ : [illegible] ?

ᠵ : [illegible] ?

ᡶ : [illegible] !

ᠵ : [illegible] !

ᡶ : [illegible] ::

a ：si ubade emteli niyalma ainame ilihabi?
e ：sini ere yoto sarganjui, bengdeli jifi mimbe ambula golobuha, si aibici jihengge?
a ：bi meni guniyang be baime jihengge, baici šuwe baime baharakū.
e ：si aibide genehengge?
a ：sain gege, sini anggai fun be minde šangname ulebucina.
e ：si terebe emu jalan dahara niyalma bime, inu tafularakū, kemuni uttu arbušambi.
a ：uttu tafulaci inu halarakū, tuttu tafulaci inu donjirakū.

---

a ：你在這裡一個人作什麼？
e ：你這個傻丫頭，冒冒失失的，唬我一跳，這會子打哪裡來？
a ：我來找我們姑娘的，總找不著。
e ：你去哪裡了？
a ：好姐姐，把你嘴上的胭脂賞我吃了吧！
e ：你是跟他一輩子的人，也不勸勸他，還是這麼著！
a ：左勸也不改，右勸也不改。

---

a ：你在这里一个人作什么？
e ：你这个傻丫头，冒冒失失的，唬我一跳，这会子打哪里来？
a ：我来找我们姑娘的，总找不着。
e ：你去哪里了？
a ：好姐姐，把你嘴上的胭脂赏我吃了吧！
e ：你是跟他一辈子的人，也不劝劝他，还是这么着！
a ：左劝也不改，右劝也不改。

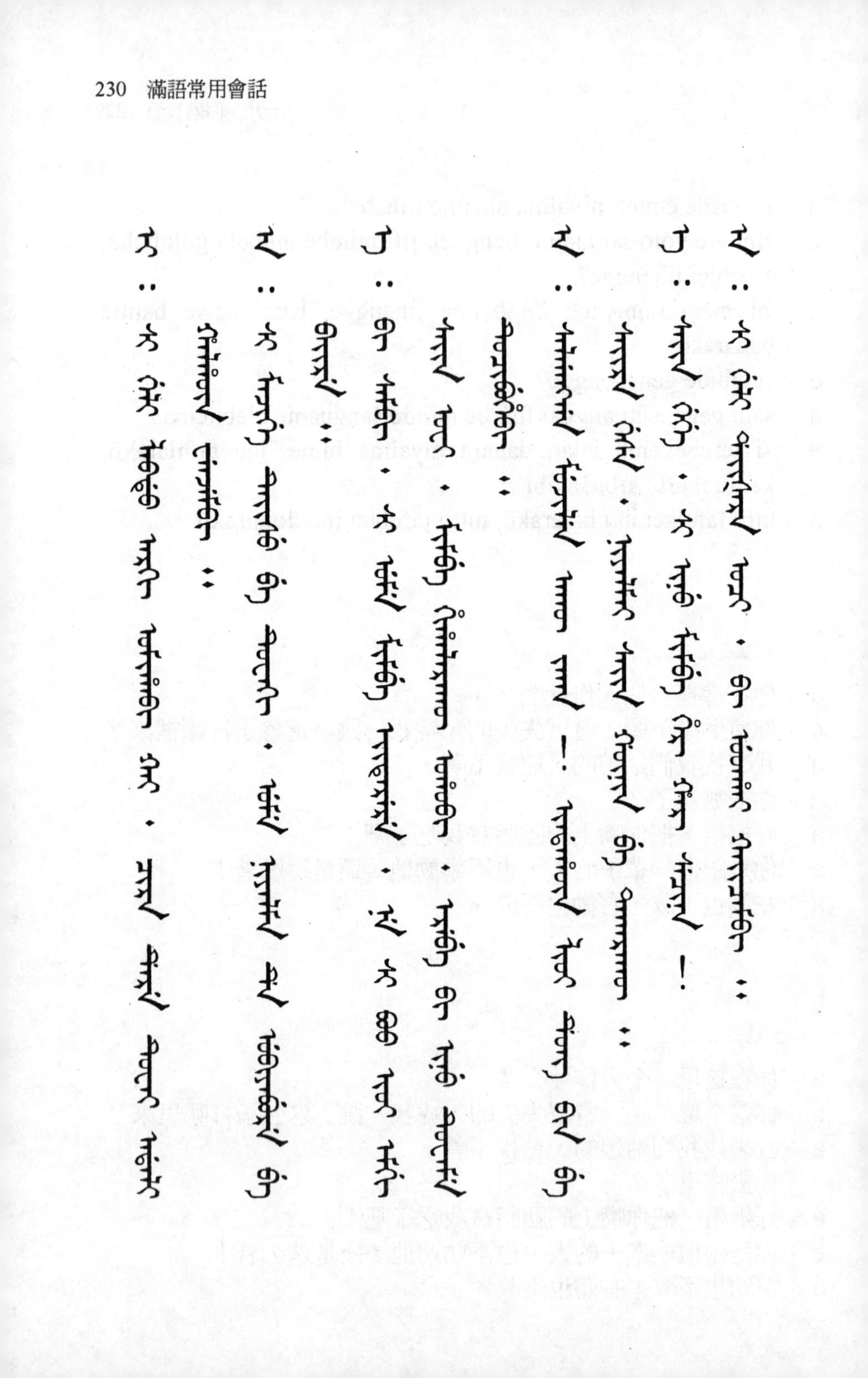

i ：si geli labdu arki omihabi kai, cira dere tuwai adali halhūn wenjembi.

a ：si majige teisu be tuwaki, ume niyalma de ubiyabure be baire.

e ：bi sambi, si ume mimbe eiterere, ne si boo ioi emgi sain ofi, mimbe hihalarakū ohobi, erebe bi inu tuwame tucibuhebi.

a ：salgangga mujilen akū jaka! indahūn lioi dung bin be saire gese, niyalmai sain gūnin be takarakū.

e ：sain gege, si inu mimbe her har secina!

a ：si geli daišara oci, bi uthai kaicambi.

---

i ：你又吃多了酒，臉上滾燙火熱的。

a ：你安分些吧，何苦討人厭？

e ：我知道，你別哄我，如今你和寶玉好了，不理我，我也看出來了。

a ：沒良心的東西，狗咬呂洞賓，不識好人心。

e ：好姐姐，你也理理我吧！

a ：你再鬧，我就嚷了。

---

i ：你又吃多了酒，脸上滚烫火热的。

a ：你安分些吧，何苦讨人厌？

e ：我知道，你别哄我，如今你和宝玉好了，不理我，我也看出来了。

a ：没良心的东西，狗咬吕洞宾，不识好人心。

e ：好姐姐，你也理理我吧！

a ：你再闹，我就嚷了。

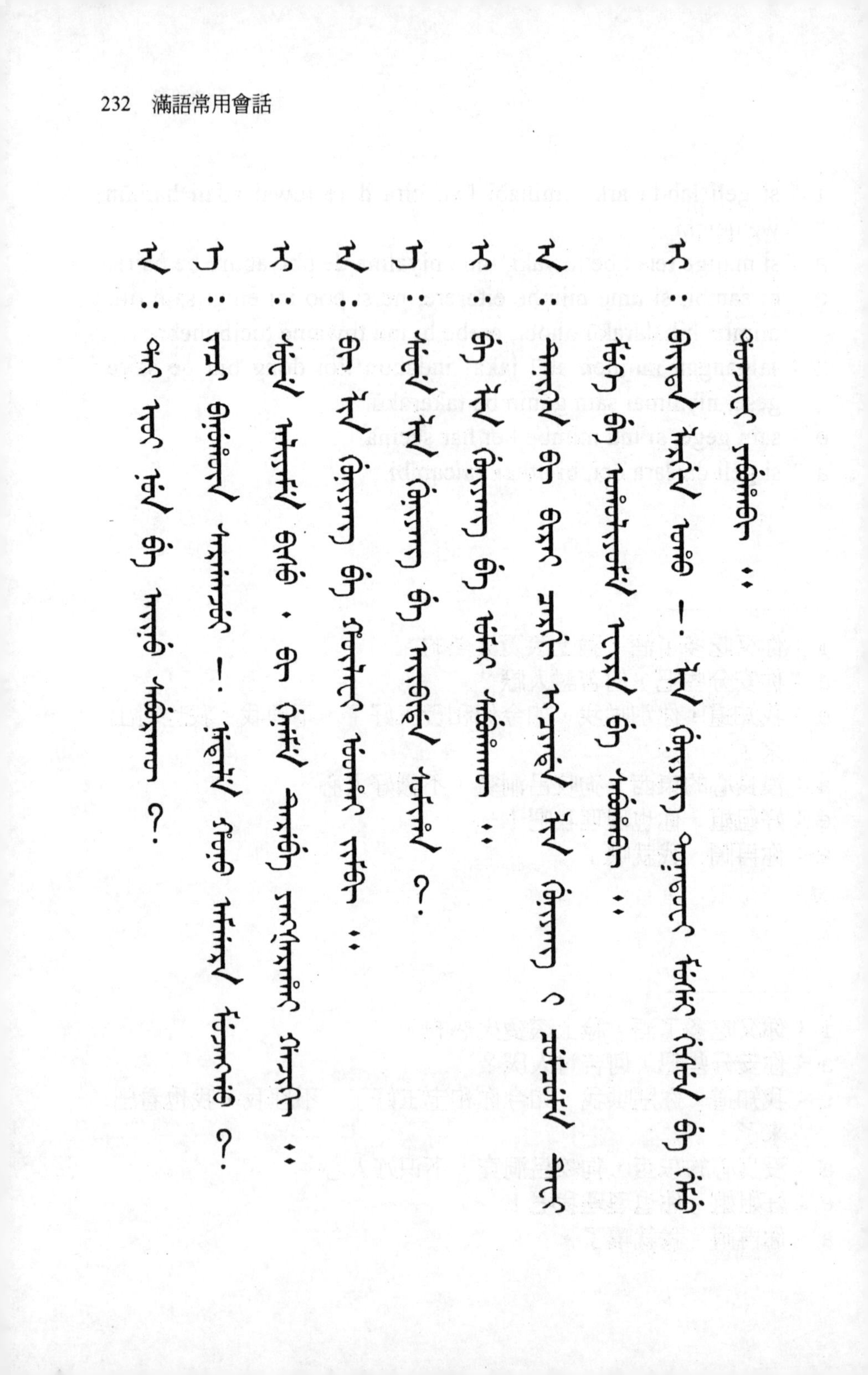

a ：dai ioi nun be ainu saburakū?
e ：jaci banuhūn sarganjui！netele hono amgara mujanggo?
i ：suwe aliyame bisu, bi geneme terebe yangšarahai gajiki.
a ：bi lin guniyang be hūlafi uthai jimbi.
e ：suwe lin guniyang be aibide somiha?
i ：be lin guniyang be umai sabuhakū.
a ：teniken bi birai cargi ekcinde lin guniyang i cumcume tefi muke be oholiyome efire be sabuhabi.
i ：baita largin oho! lin guniyang toktofi musei gisun be gemu donjifi yabuhabi.

---

a：黛玉妹妹怎麼不見？
e：好個懶丫頭！這會子難道還睡覺不成？
i：你們等著，等我去鬧了他來。
a：我叫了林姑娘就來。
e：你們把林姑娘藏在哪裡了？
i：我們並未見林姑娘。
a：我纔在河那邊看見林姑娘蹲著弄水兒呢。
i：了不得了！林姑娘一定把偺們的話都聽了去了！

---

a：黛玉妹妹怎么不见？
e：好个懒丫头！这会子难道还睡觉不成？
i：你们等着，等我去闹了他来。
a：我叫了林姑娘就来。
e：你们把林姑娘藏在哪里了？
i：我们并未见林姑娘。
a：我纔在河那边看见林姑娘蹲着弄水儿呢。
i：了不得了！林姑娘一定把咱们的话都听了去了！

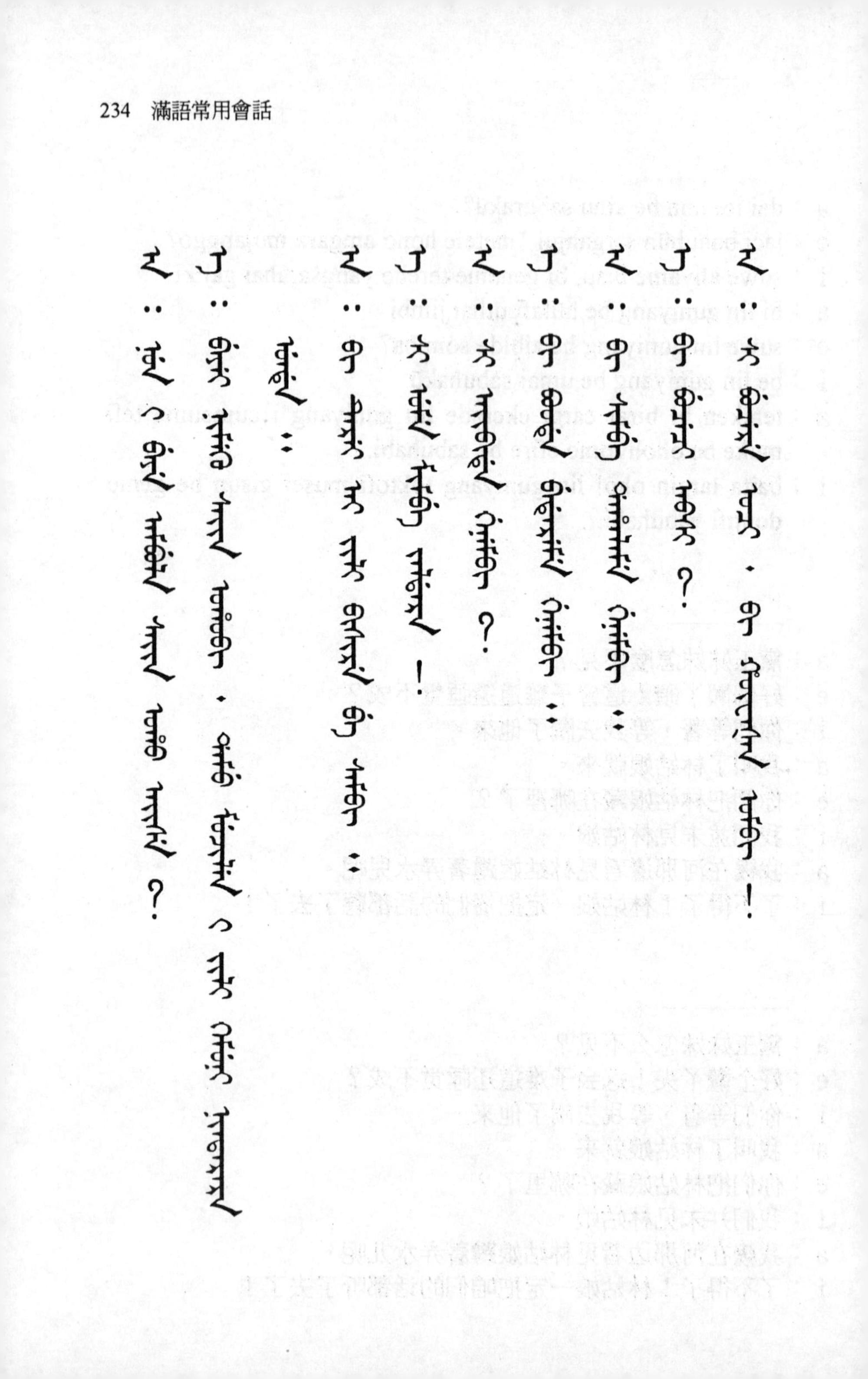

a：nun i beye ambula sain oho aise?
e：beyei nimeku sain ohobi, damu mujilen i jili kemuni nintarara unde.
a：bi terei ai jili bisire be sambi.
e：si ume mimbe jaldara.
a：si aibide genembi?
e：bi boode bedereme genembi.
a：bi simbe dahalame genembi.
e：bi buceci absi?
a：si bucere oci, bi hūwašan ombi!

---

a：妹妹身上可大好了？
e：身上病好了，只是心裡的氣還沒消。
a：我知道有什麼氣？
e：你也不用來哄我！
a：你往哪裡去呢？
e：我回家去。
a：我跟了你去。
e：我死了呢？
a：你死了，我做和尚。

---

a：妹妹身上可大好了？
e：身上病好了，只是心里的气还没消。
a：我知道有什么气？
e：你也不用来哄我！
a：你往哪里去呢？
e：我回家去。
a：我跟了你去。
e：我死了呢？
a：你死了，我做和尚。

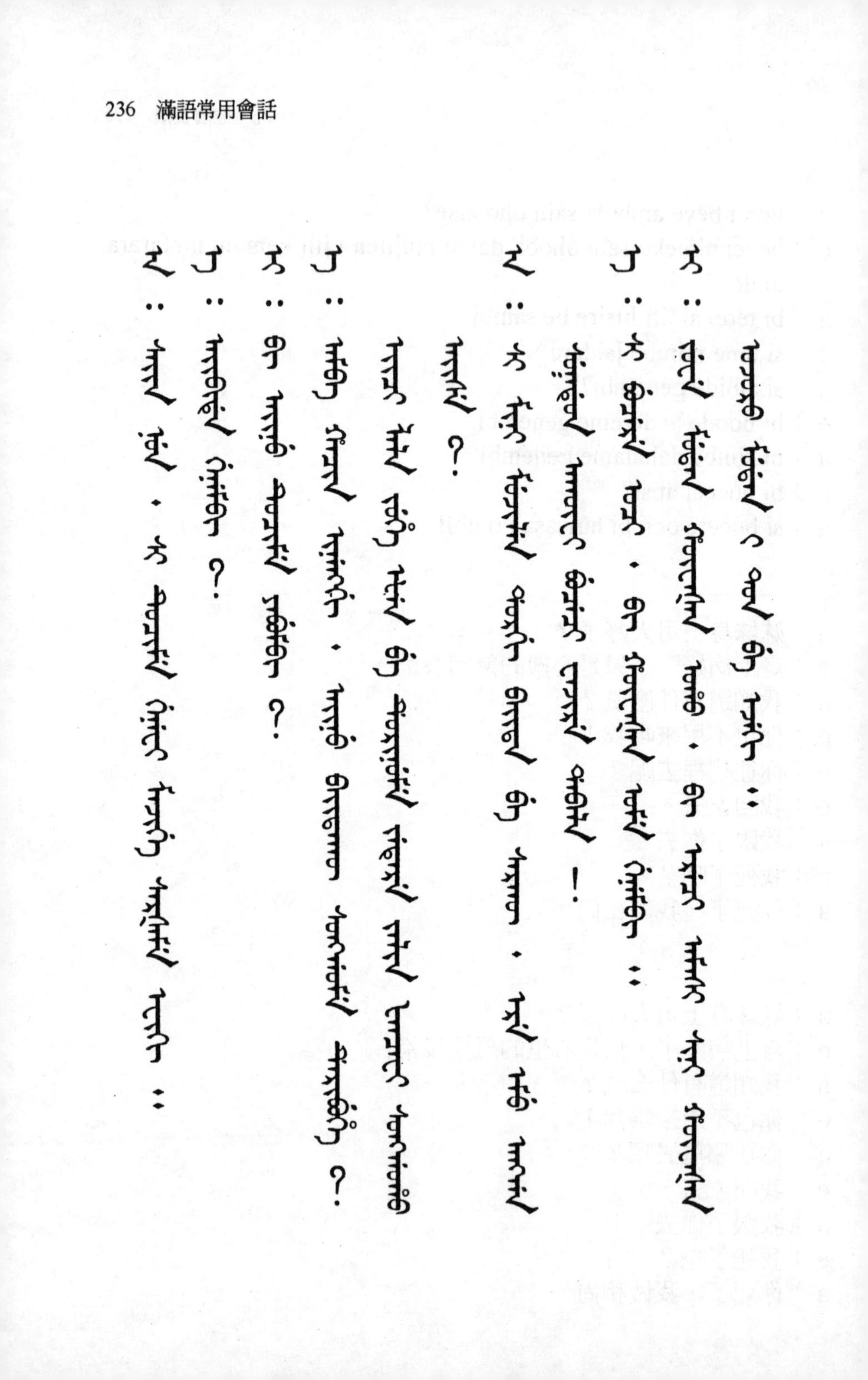

ᠠ: [illegible]

ᡳ: [illegible] ::

ᡝ: [illegible] ?

[illegible]

ᡳ: [illegible] ?

ᠠ: [illegible] ?

ᡳ: [illegible] ?

ᡝ: [illegible] ::

a ：sain nun, si tucime genefi majige saršame efiki.
e ：aibide genembi?
i ：bi ainu tucime yabumbi?
e ：amba hacin inenggi, ainu baitakū songgome deribuhe? eici lala juhe efen be durinume jetere jalin fancafi songgoho aise?
a ：si mini mujilen dorgi baita be sarkū, ere emu angga sukdun akūfi buceci wajire dabala.
e ：si bucere oci, bi hūwašan ome genembi.
i ：juwe mudan hūwašan oho, bi ereci amasi sini hūwašan ojoro mudan i ton be ejeki.

---

a：好妹妹，你出去逛逛。
e：往哪裡去？
i：我爲什麼出去？
e：大節下，怎麼好好兒的哭起來了？難道是爲爭粽子吃，爭惱了不成？
a：你不知道我的心事，這一口氣不來，死了倒也罷了！
e：你死了，我做和尙去！
i：做了兩次和尙了，我從今以後都記著你做和尙的遭數兒。

---

a：好妹妹，你出去逛逛。
e：往哪里去？
i：我为什么出去？
e：大节下，怎么好好儿的哭起来了？难道是为争粽子吃，争恼了不成？
a：你不知道我的心事，这一口气不来，死了倒也罢了！
e：你死了，我做和尙去！
i：做了两次和尙了，我从今以后都记着你做和尙的遭数儿。

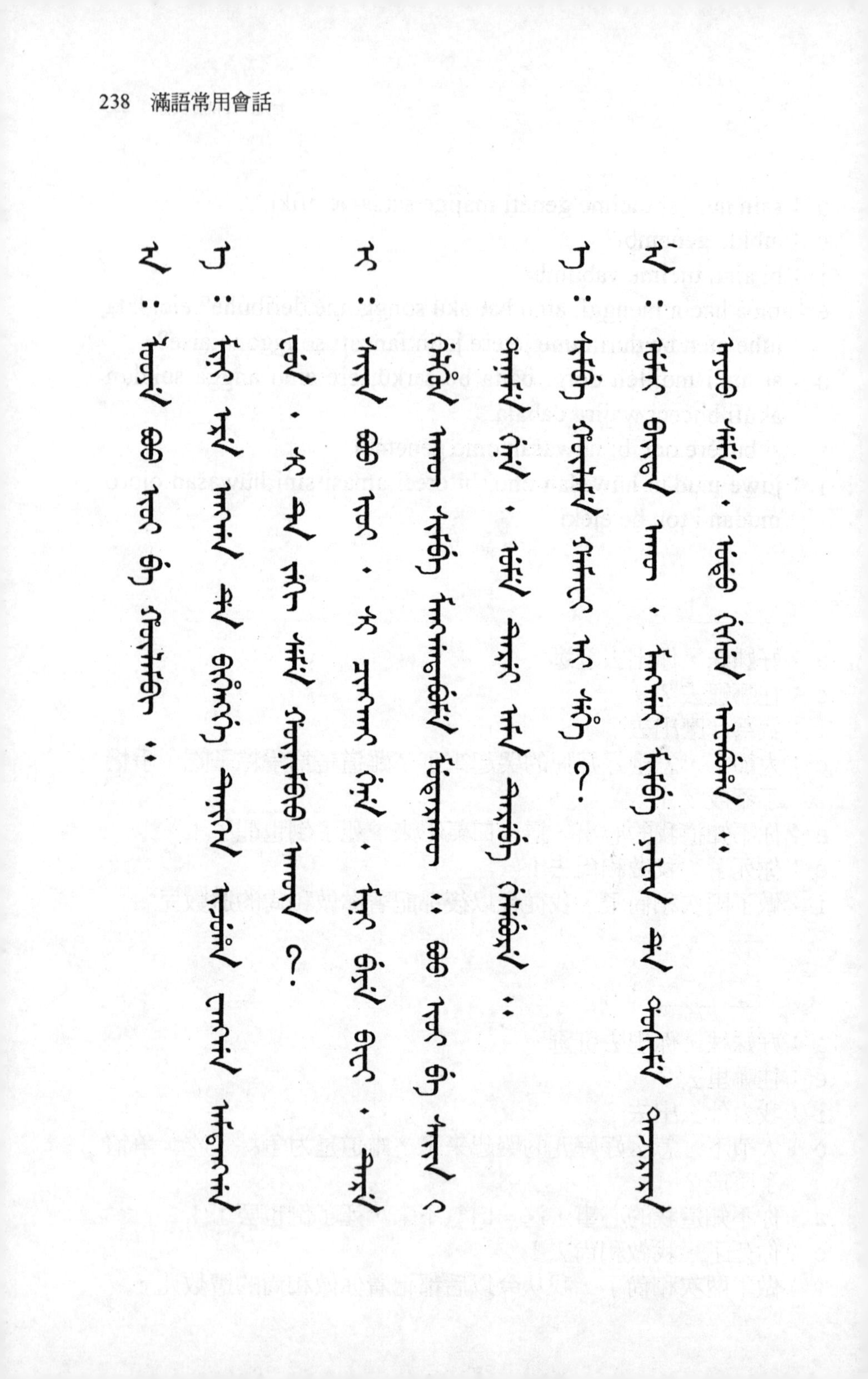

a ：looye boo ioi be hūlambi.
e ：mini ere angga de bihengge teniken ijuha wangga amtangga fun, si te jeki seme gūnimbio akūn?
i ：sain boo ioi, si cingkai gene, mini beye bifi, tere gelhun akū simbe manggatabume muterakū, boo ioi be sain i daname gene, ume terei ama terebe gelebure.
e ：simbe hūlame gamafi ai sehe?
a ：umai baita akū, manggai mimbe yafan de dosime tajirara ayoo seme, udu gisun afabuha.

---

a ：老爺叫寶玉。
e ：我這嘴上是纔擦的香漬的胭脂，你這會子可吃不吃了？
i ：好寶玉，你只管去，有我呢！他不敢難爲你。好生照料寶玉去，別叫他老子唬著他。
e ：叫你去說了什麼？
a ：沒有什麼，不過怕我進園淘氣，吩咐幾句。

---

a ：老爷叫宝玉。
e ：我这嘴上是纔擦的香渍的胭脂，你这会子可吃不吃了？
i ：好宝玉，你只管去，有我呢！他不敢难为你。好生照料宝玉去，别叫他老子唬着他。
e ：叫你去说了什么？
a ：没有什么，不过怕我进园淘气，吩咐几句。

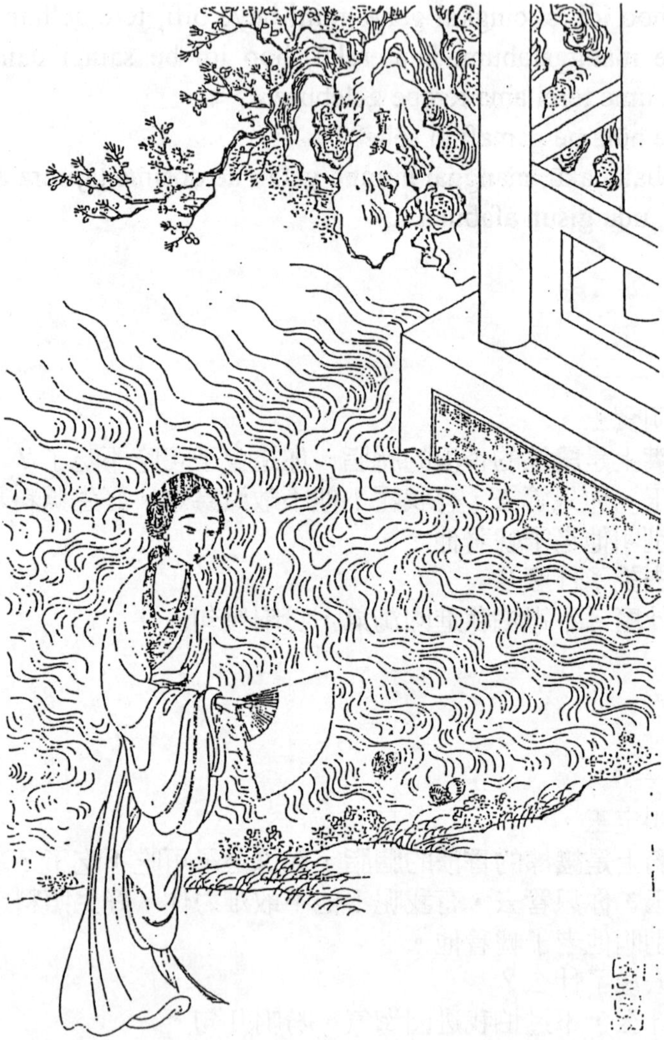
寶釵

二十、千金一笑

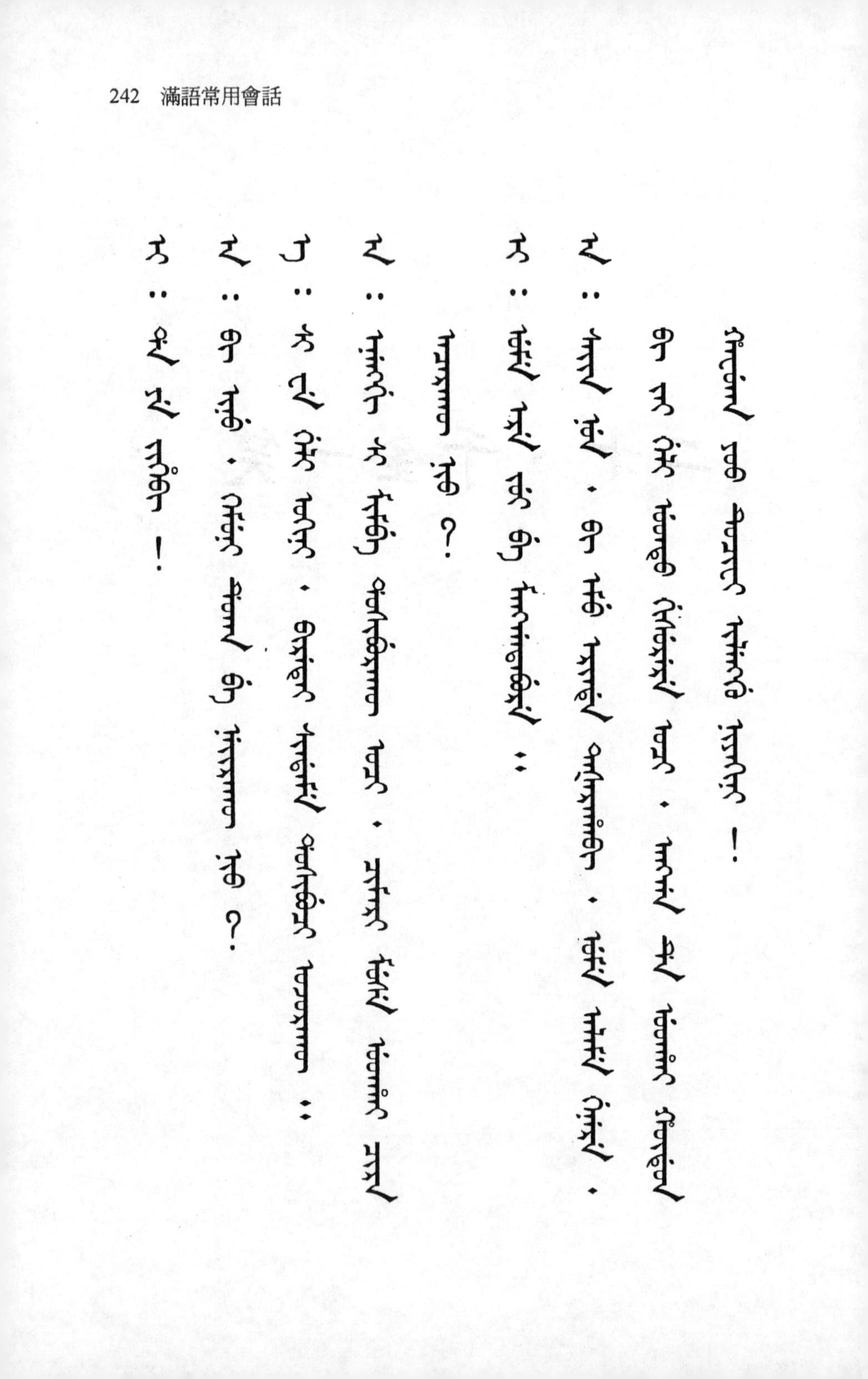

[illegible]

[illegible]

[illegible]

[illegible]

[illegible]

[illegible]

[illegible]

[illegible]

[illegible]

二十、千金一笑

i：da ye jihebi!
a：bi inu, kemuni duka be neirakū nio?
e：si we geli okini, biretei sindame dosibuci ojorakū.
a：enenggi si mimbe dosiburakū oci, cimari muse uthai cira acarakū nio!
i：ume ere jui be manggatabure.
a：sain nun, bi emu erinde tašarahabi, ume alame genere, bi jai geli uttu gisurere oci, angga de uthai hūdun hafuka yoo tucifi ilenggu niyakini!

---

i：大爺來了。
a：是我，還不開門嗎？
e：憑你是誰！一概不許放人進來呢！
a：你今兒不叫我進來，難道明兒就不見面了？
i：別難爲了小子。
a：好妹妹，我一時該死！你好歹別告訴去！我再敢說這些話，嘴上就長個疔，爛了舌頭。

---

i：大爷来了。
a：是我，还不开门吗？
e：凭你是谁！一概不许放人进来呢！
a：你今儿不叫我进来，难道明儿就不见面了？
i：别难为了小子。
a：好妹妹，我一时该死！你好歹别告诉去！我再敢说这些话，嘴上就长个疔，烂了舌头。

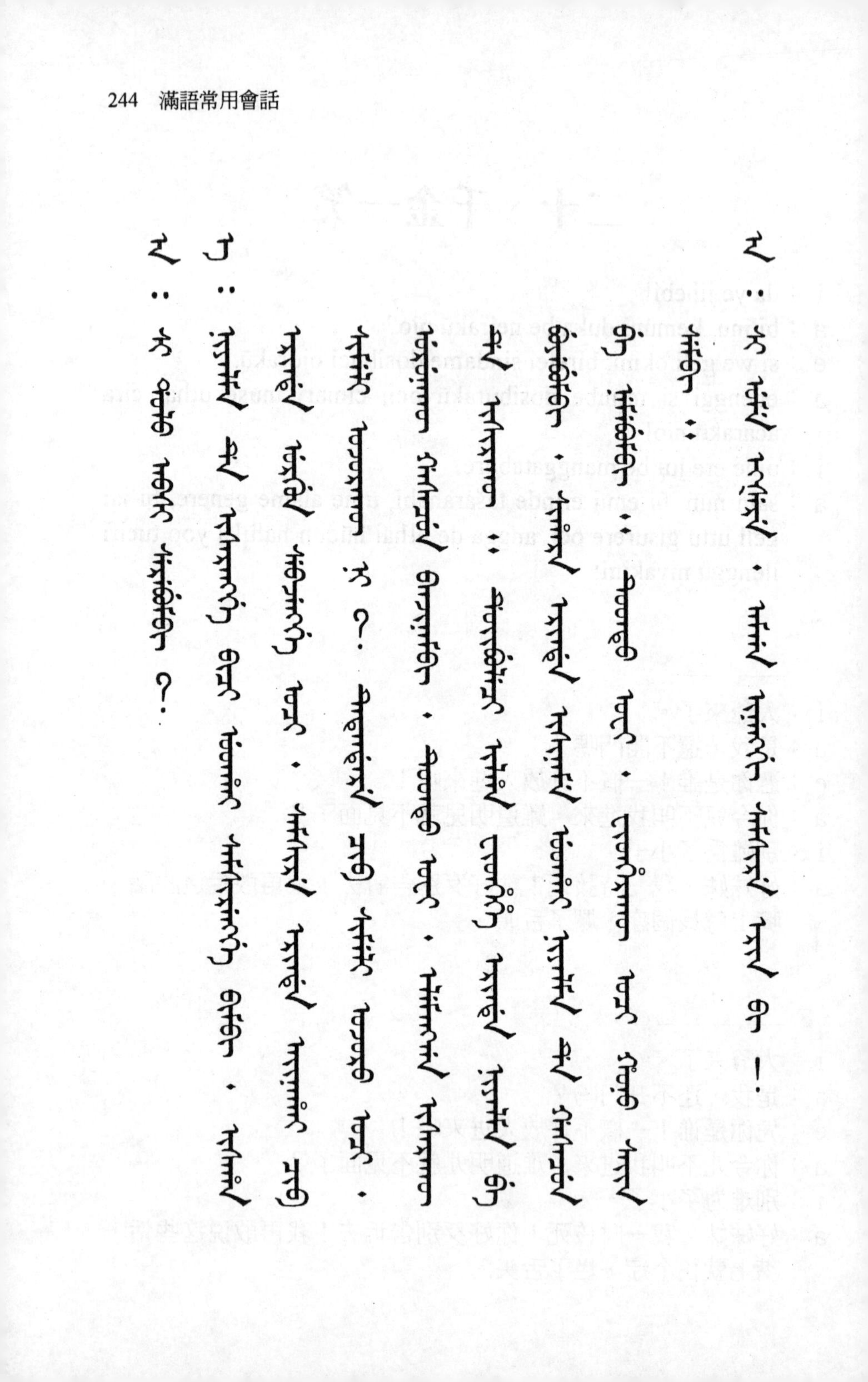

a ：si dolo absi serebumbi?

e ：niyalma de isarangge bici uthai samsirengge bimbi, isaha erinde urgun sebjengge oci, samsire erinde ainahai cib simeli ojorakū ni? tetendere cib simeli ojoro oci, urunakū gasacun banjinambi, tuttu ofi, elemangga isarakū de isirakū. duibuleci ilha fithehe erinde niyalma be buyebumbi, sihara erinde isiname uthai niyalma de gasacun be nemebumbi, tuttu ofi fitherakū oci hono sain sembi.

a ：si ume ekšere, amga inenggi samsire erin bi!

---

a：你心裡覺得怎麼？

e：人有聚就有散，聚時歡喜，到散時豈不清冷；既清冷則生感傷，所以不如倒是不聚的好。比如那花開時令人喜愛，謝時便令人增惆悵，所以倒是不開的好。

a：你不用忙，將來橫豎有散的日子。

---

a：你心里觉得怎么？

e：人有聚就有散，聚时欢喜，到散时岂不清冷；既清冷则生感伤，所以不如倒是不聚的好。比如那花开时令人喜爱，谢时便令人增惆怅，所以倒是不开的好。

a：你不用忙，将来横竖有散的日子。

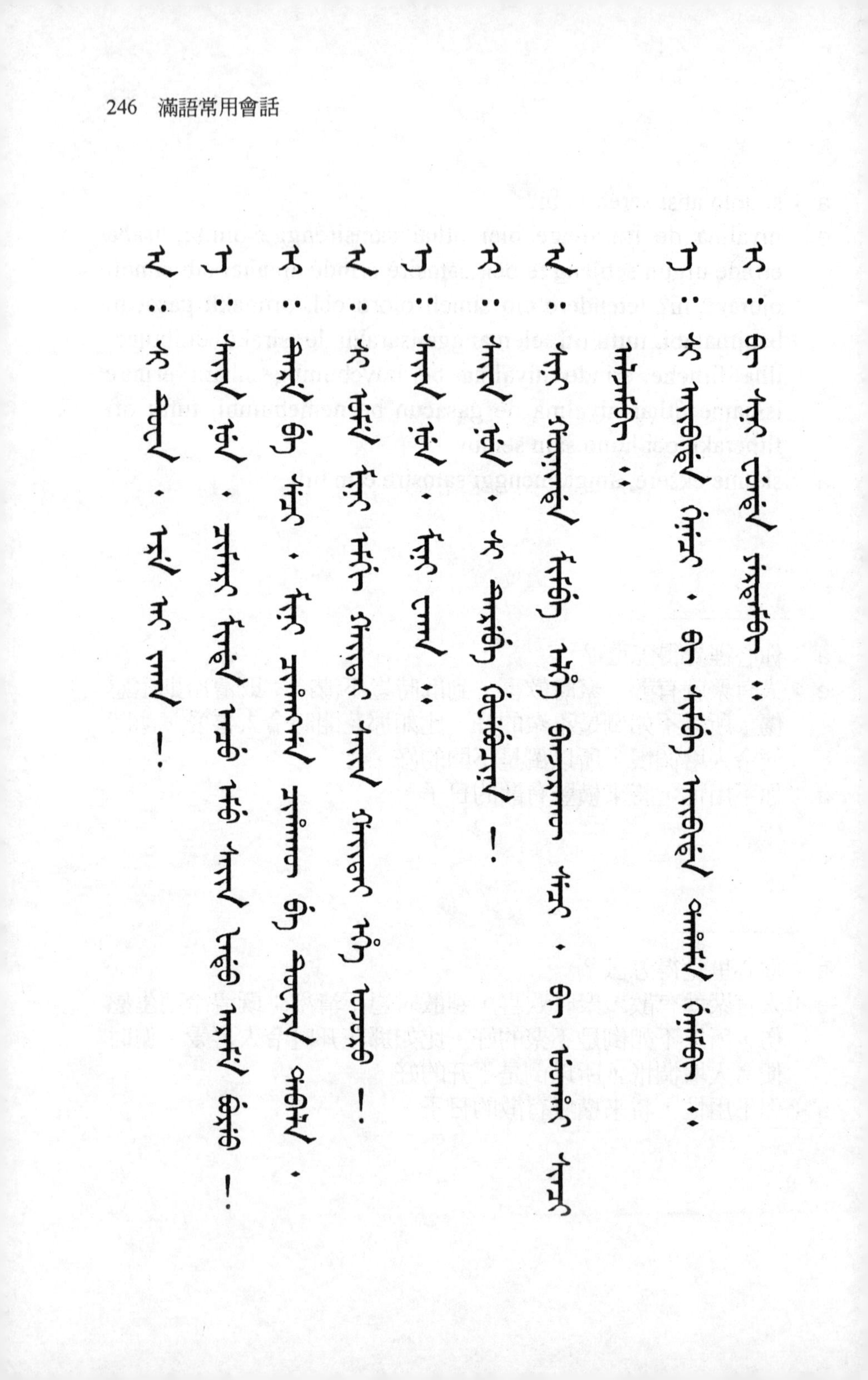

a ：si tuwa, ere ai jaka!
e ：sain nun, cimari minde encu emu sain fadu arame bureo!
i ：tere be seci, mini cihangga cihakū be tuwara dabala.
a ：si ume mini emgi gaitai sain gaitai ehe ojoro.
e ：sain nun, mini waka.
i ：sain nun, si terebe guwebucina!
a ：sini gūninde mimbe elhe banjirakū seci, bi uthai sinci aljambi.
e ：si aibide geneci, bi simbe aibide dahame genembi.
i ：bi sini funde yertembi.

---

a ：你瞧瞧，這是什麼東西？
e ：好妹妹，明兒另替我做個香袋兒吧！
i ：那也瞧我的高興罷了。
a ：你不用和我好一陣，歹一陣的！
e ：好妹妹，是我的不是。
i ：好妹妹，你饒了他吧！
a ：你的意思，不叫我安生，我就離了你！
e ：你到哪裡，我跟到那裡。
i ：我替你怪臊的。

---

a ：你瞧瞧，这是什么东西？
e ：好妹妹，明儿另替我做个香袋儿吧！
i ：那也瞧我的高兴罢了。
a ：你不用和我好一阵，歹一阵的！
e ：好妹妹，是我的不是。
i ：好妹妹，你饶了他吧！
a ：你的意思，不叫我安生，我就离了你！
e ：你到哪里，我跟到那里。
i ：我替你怪臊的。

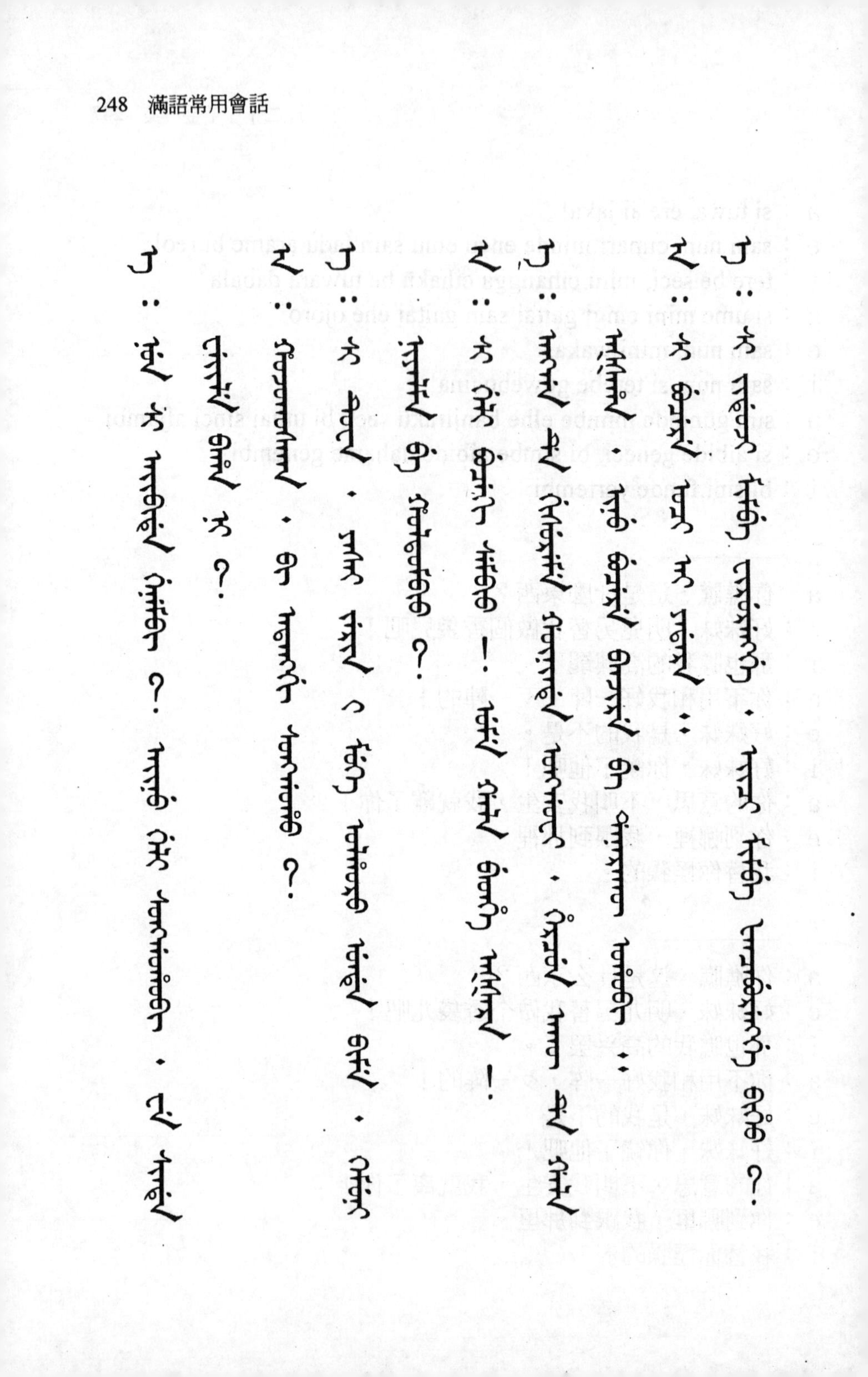

e：nun si aibide genembi? ainu geli songgohobi, we sinde weile baha ni?
a：hojokosaka, bi atanggi songgoho?
e：si tuwa, yasai jerin i muke olhoro unde bime, kemuni niyalma be holtombio.
a：si geli buceki sembio! ume gala bethe aššara!
e：angga de gisureme gūninde onggofi, hercun akū de gala aššaha, inu bucere banjire be danarakū ohobi.
a：si bucere oci ai yadara.
e：si jiduji mimbe firurengge, eici mimbe fancaburengge biheo?

---

e：妹妹你要往哪裡去？怎麼又哭了！是誰得罪你了？
a：好好的，我何曾哭來？
e：你瞧瞧，眼睛上的淚珠兒沒乾，還撒謊呢？
a：你又想死了嗎？別動手動腳的！
e：說話忘了情，不覺中動了手，也就顧不得死活了。
a：你死了倒不值什麼？
e：你到底是咒我，還是氣我呢？

---

e：妹妹你要往哪里去？怎么又哭了！是谁得罪你了？
a：好好的，我何曾哭来？
e：你瞧瞧，眼睛上的泪珠儿没干，还撒谎呢？
a：你又想死了吗？别动手动脚的！
e：说话忘了情，不觉中动了手，也就顾不得死活了。
a：你死了倒不值什么？
e：你到底是咒我，还是气我呢？

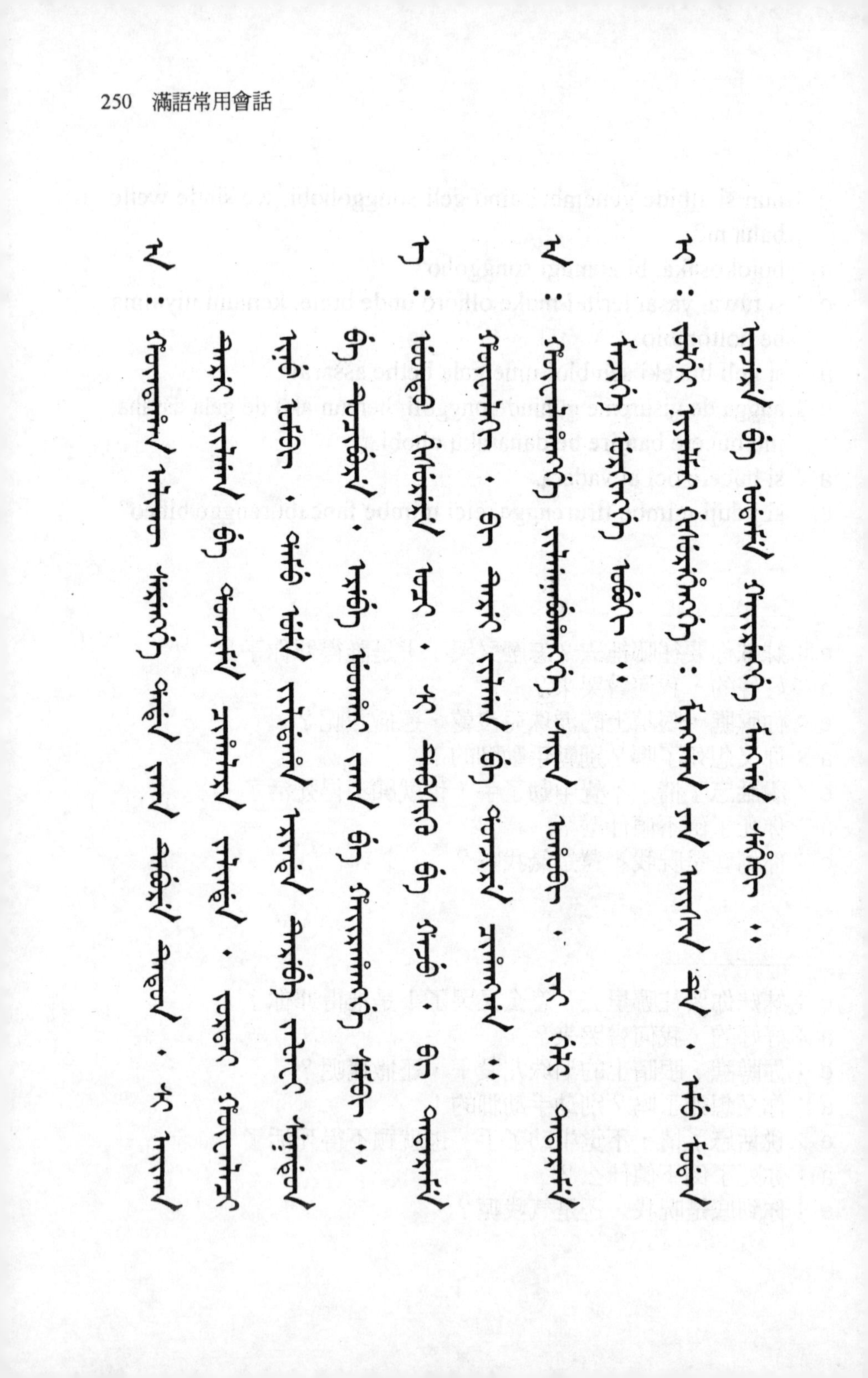

a ：hūntahan alikū serengge dade jaka tebure tetun, si aika terei jilgan be donjime cihalara jalinde, jortai hūwalaci inu ombi, damu ume jilidaha erinde terebe jafafi sukdun be tucibure erebe uthai jaka be hairahangge sembi.

e ：uttu gisurere oci, si debsiku be gaju, bi tatarame hūwalaki, bi terei jilgan be donjire cihangga.

a ：hūwalahangge jilganabuhangge sain ohobi, jai geli tatarame majige urkingge obuki.

i ：julgei niyalmai gisurehengge: “minggan yan aisin de emu mudan injere be udame gairengge mangga”sehebi.

---

a ：杯盤原是盛東西的，你若喜歡聽那一聲響，故意砸了，也是使得的，只是別在氣頭兒上拿它出氣！這就算愛物了。

e ：既這麼說，你就拿扇子來我撕，我最喜歡聽撕的聲兒。

a ：撕的響聲好，再撕響些。

i ：古人云：「千金難買一笑。」

---

a ：杯盘原是盛东西的，你若喜欢听那一声响，故意砸了，也是使得的，只是别在气头儿上拿它出气！这就算爱物了。

e ：既这么说，你就拿扇子来我撕，我最喜欢听撕的声儿。

a ：撕的响声好，再撕响些。

i ：古人云：「千金难买一笑。」

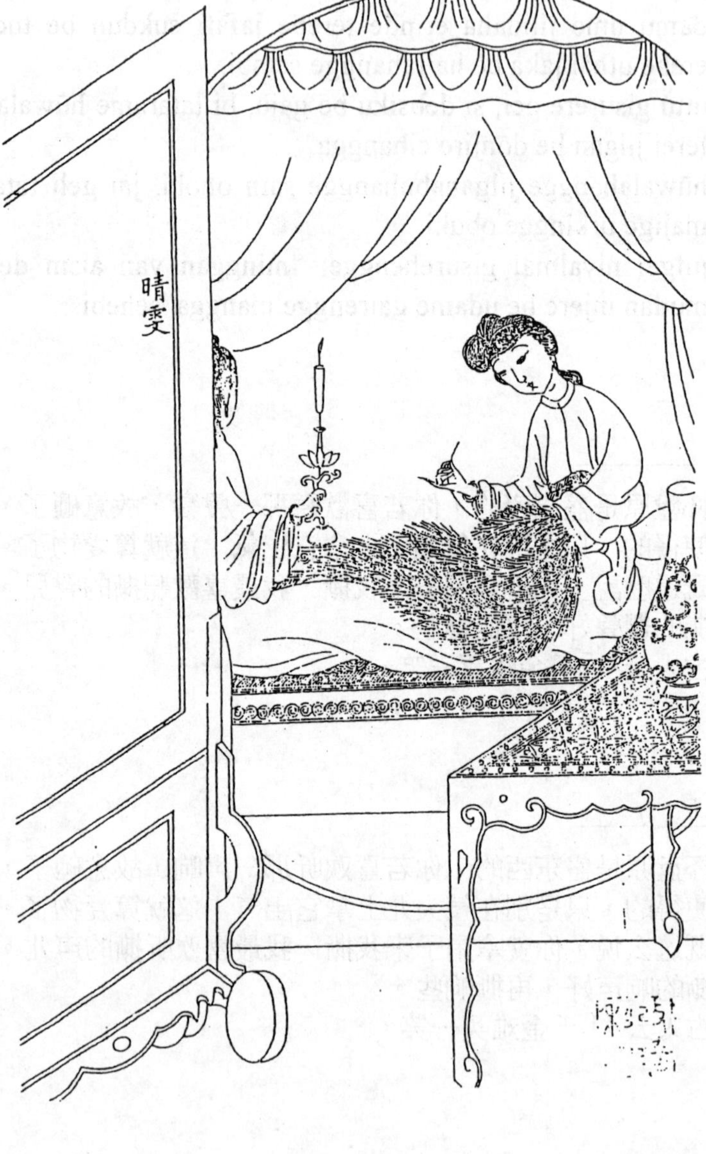
晴雯

二十一、同病相憐

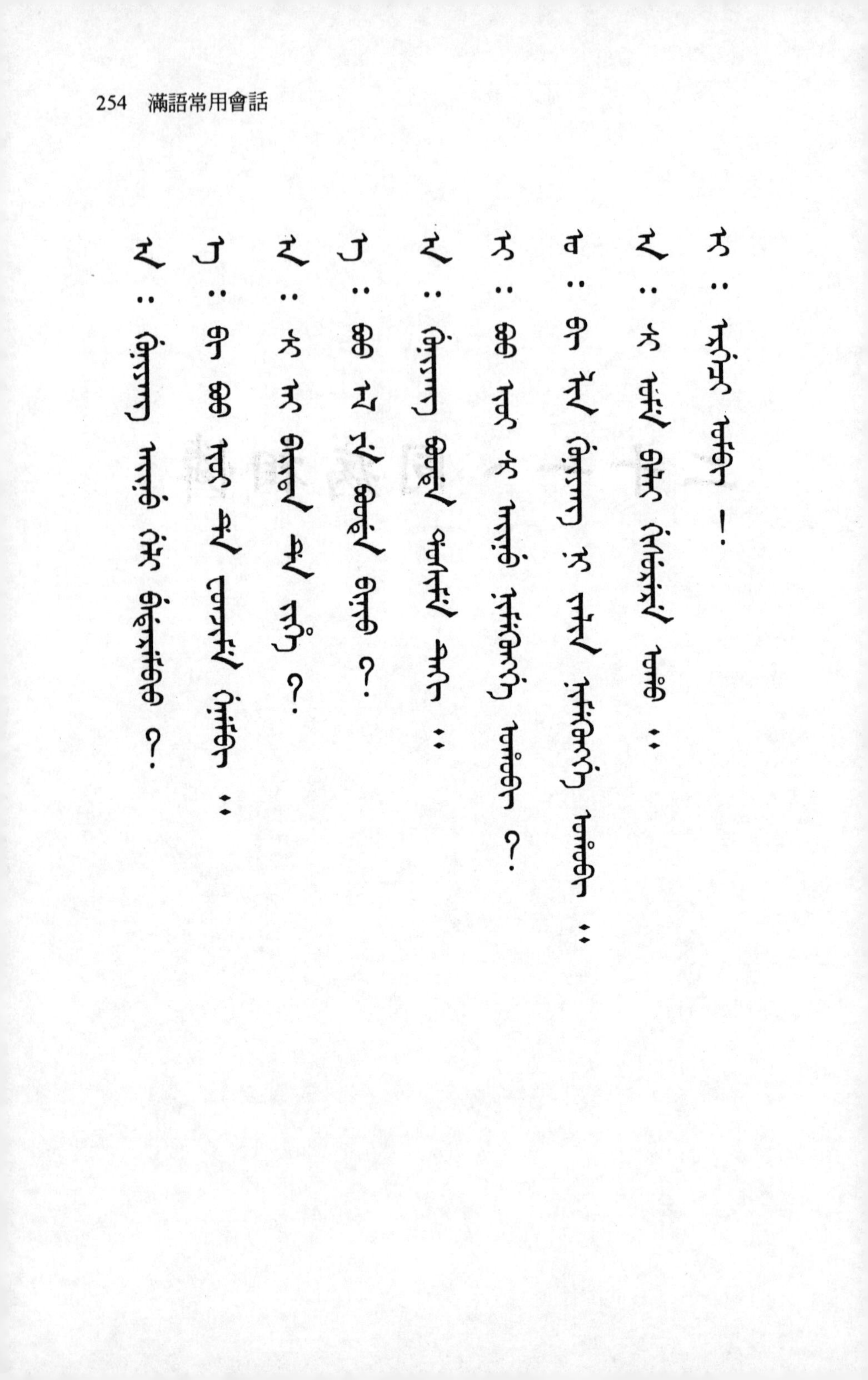

二十一、同病相憐

a ：guniyang ainu geli bederembio？
e ：bi boo ioi de fonjime genembi。
a ：si ai baita de jihe？
e ：boo el ye boode binio？
a ：guniyang boode dosime teki。
i ：boo ioi si ainu nimekungge ohobi？
o ：bi lin guniyang ni jalin nimekungge ohobi。
a ：si ume balai gisurere oho。
i ：ergeci ombi！

---

a ：姑娘，怎麼又回來？
e ：我問問寶玉去。
a ：你作什麼來的？
e ：寶二爺在家嗎？
a ：姑娘，屋裡坐吧！
i ：寶玉你爲什麼病了？
o ：我爲林姑娘病了。
a ：你別胡說了。
i ：歇歇去吧！

---

a ：姑娘，怎么又回来？
e ：我问问宝玉去。
a ：你作什么来的？
e ：宝二爷在家吗？
a ：姑娘，屋里坐吧！
i ：宝玉你为什么病了？
o ：我为林姑娘病了。
a ：你别胡说了。
i ：歇歇去吧！

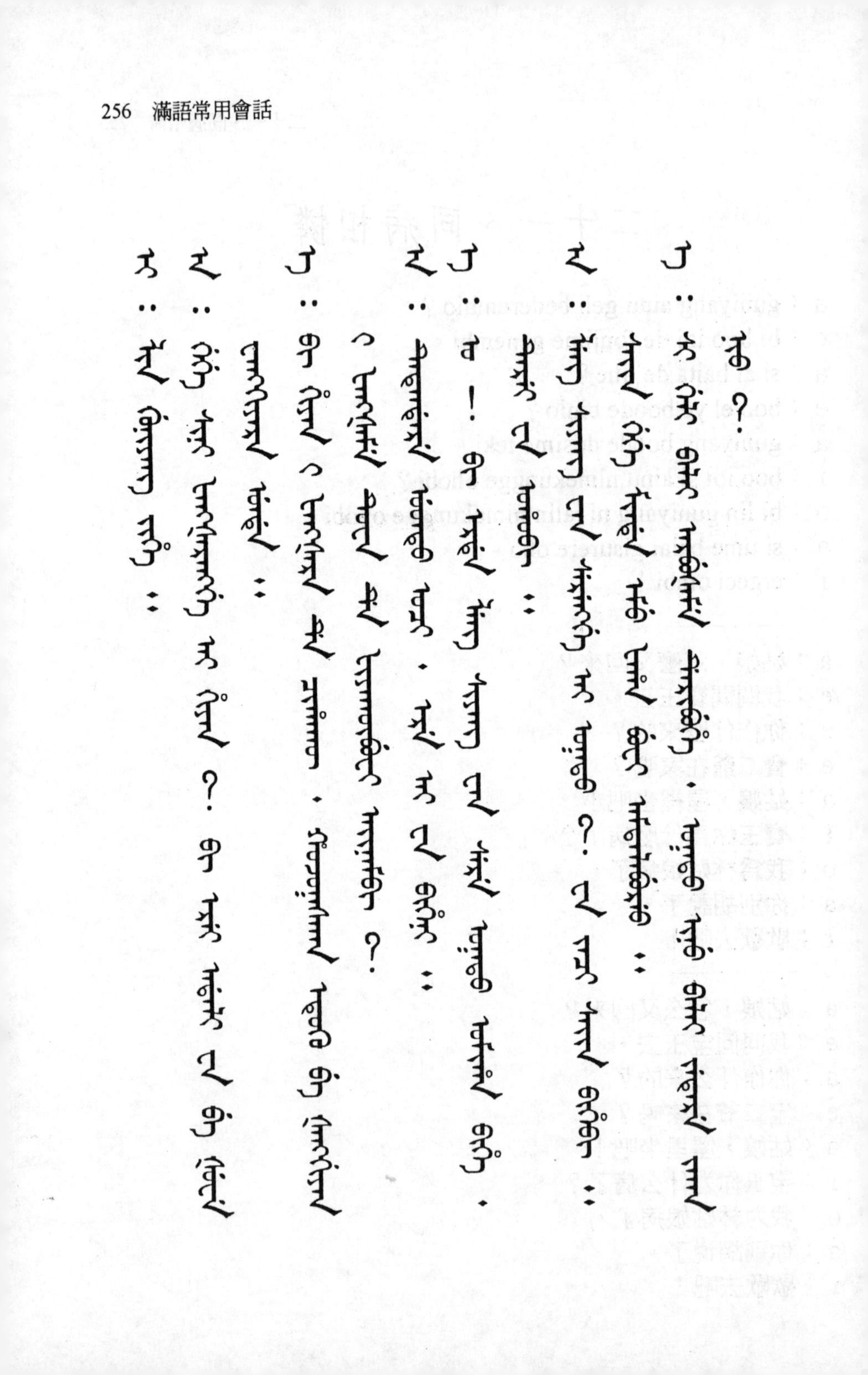

[illegible]

[illegible]

[illegible]

[illegible]

[illegible]

[illegible]

[illegible]

[illegible]

[illegible]

[illegible]

[illegible]

[illegible]

i ：lin guniyang jihe.
a ：gege sini fangšarangge ai hiyan? bi erei adali wa be šuwe wangkiyara unde.
e ：bi hiyan i fangšara de cihakū, hojoksaka etuku be šanggiyan i fangšame tuwa de fiyakūbufi ainambi.
a ：tetendere uttu oci, ere ai wa biheni.
e ：o! bi erde leng siyang wan sere okto omiha bihe, terei wa ohobi.
a ：leng siyang wan serengge ai okto? wa jaci sain bihebi. sain gege minde emu faha bufi amtalabureo.
e ：si geli balai arbušame deribuhe, okto inu balai jetere jaka nio?

---

i ：林姑娘來了。
a ：姐姐燻的是什麼香？我竟未聞過這味兒。
e ：我最怕燻香，好好的衣裳，烟燻火燎做什麼？
a ：既如此，這是什麼香呢？
e ：唔，是我早起吃了冷香丸的香氣。
a ：冷香丸是什麼藥？這麼好聞。好姐姐，給我一丸嚐嚐吧！
e ：你又胡鬧了，藥丸也是亂吃的嗎？

---

i ：林姑娘来了。
a ：姐姐熏的是什么香？我竟未闻过这味儿。
e ：我最怕熏香，好好的衣裳，烟熏火燎做什么？
a ：既如此，这是什么香呢？
e ：唔，是我早起吃了冷香丸的香气。
a ：冷香丸是什么药？这么好闻。好姐姐，给我一丸尝尝吧！
e ：你又胡闹了，药丸也是乱吃的吗？

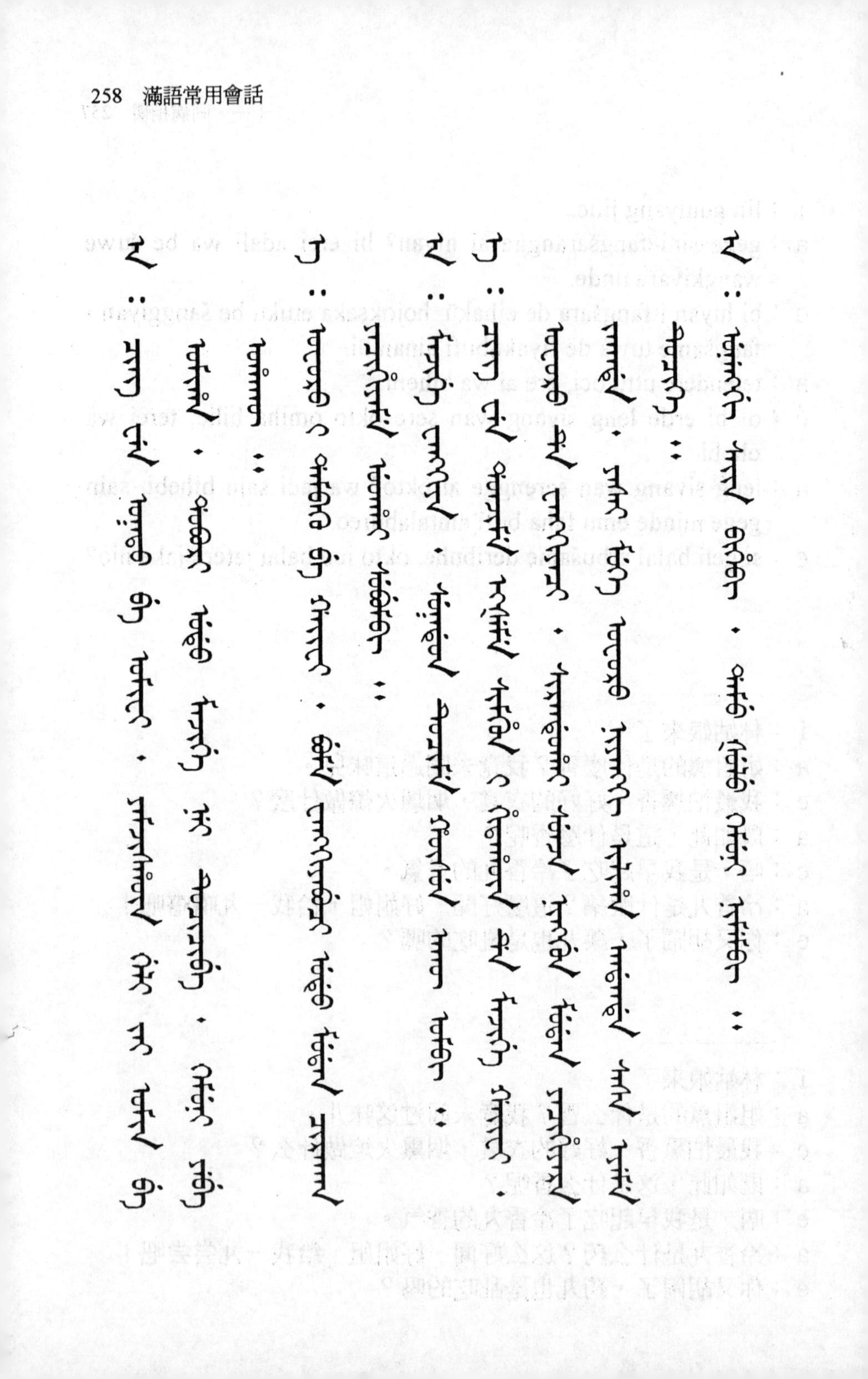

a ：cing wen okto be omifi, yamjishūn geli jai omin be omiha, dobori udu majige nei tucicibe, kemuni yebe ohakū.

e ：oforo i dambaku be gajifi, bume wangkiyabuci udu mudan cirakan yacihiyame uthai subumbi.

a ：majige wangkiya, sukdun tucime hūsun akū ombi.

e ：cing wen donjime ekšeme simhun i hitahūn de majige gaifi, oforo de wangkiyaci, siranduhai sunja ninggun mudan yacihiyara jakade, yasai muke oforo niyangki, iliha andande sasa eyeme tucike.

i ：unenggi sain bihebi, damu šulu kemuni nimembi.

---

a ：晴雯服了藥，至晚間又服了二劑，夜間雖有些汗，還未見效。

e ：取鼻煙來給他聞些，痛打幾個嚏噴，就痛快了。

a ：聞些，走了氣就不好了。

e ：晴雯聽說，忙用指甲挑了些用鼻聞，接連打了五、六個噴嚏，眼淚鼻涕登時齊流。

i ：果然痛快些，只是太陽穴還疼。

---

a ：晴雯服了药，至晚间又服了二剂，夜间虽有些汗，还未见效。

e ：取鼻烟来给他闻些，痛打几个嚏喷，就痛快了。

a ：闻些，走了气就不好了。

e ：晴雯听说，忙用指甲挑了些用鼻闻，接连打了五、六个喷嚏，眼泪鼻涕登时齐流。

i ：果然痛快些，只是太阳穴还疼。

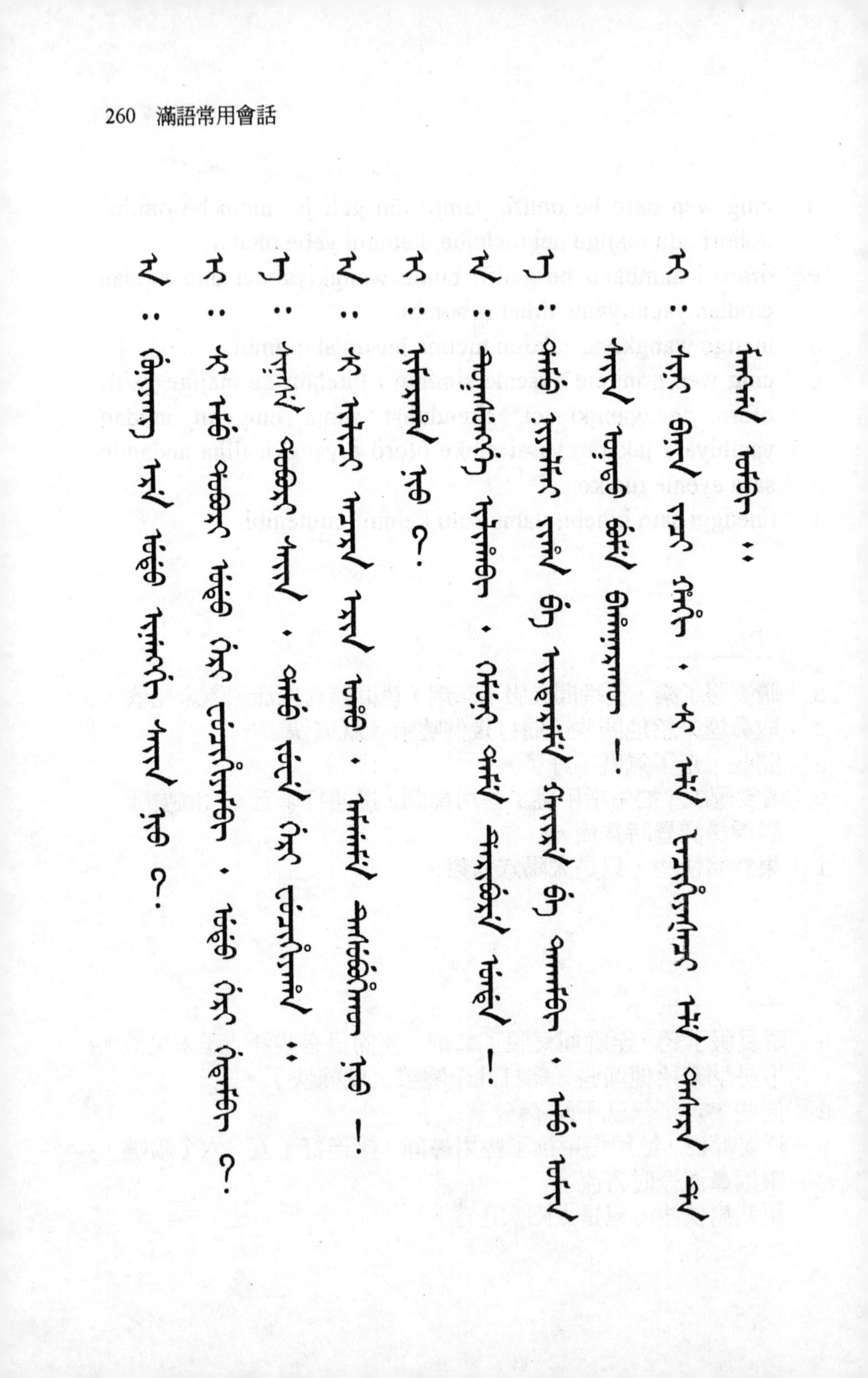

a：guniyang ere udu inenggi sain nio?
i：si emu dobori udu geri fucihiyambi, udu geri getembi?
e：sikse dobori sain, damu juwe geri fucihiyaha.
a：si ilici acara erin oho, amgame tesubuhekū nio!
i：nimaraha nio?
a：tuksungge ilihabi, kemuni dame deribure unde!
e：damu niyalmai jiha be eitereme gaire be takambi, emu omin sain okto bume bahanarakū!
i：sini banin jaci hahi, si ele facihiyašaci ele dasara de mangga ombi.

---

a：姑娘這幾天可好了？
i：你一夜咳嗽幾遍，醒幾次？
e：昨兒夜裡好了，只咳嗽兩遍。
a：你也該起來了，沒睡夠嗎？
i：下雪了嗎？
a：天陰著，還沒開始下呢！
e：只知哄人的錢！一劑好藥也不給人吃！
i：你性太急，你越急越難治。

---

a：姑娘这几天可好了？
i：你一夜咳嗽几遍，醒几次？
e：昨儿夜里好了，只咳嗽两遍。
a：你也该起来了，没睡够吗？
i：下雪了吗？
a：天阴着，还没开始下呢！
e：只知哄人的钱！一剂好药也不给人吃！
i：你性太急，你越急越难治。

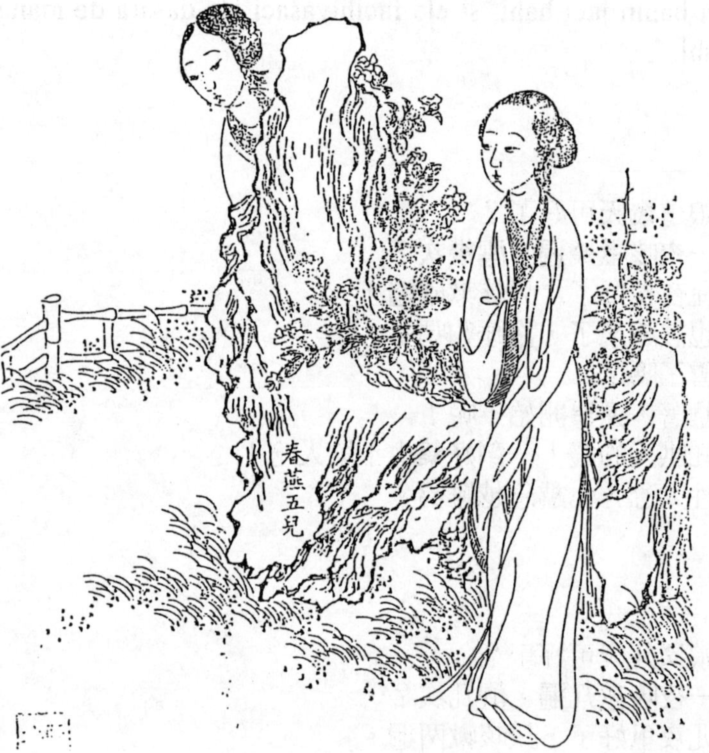
春燕五兒

二十二、狗嘴象牙

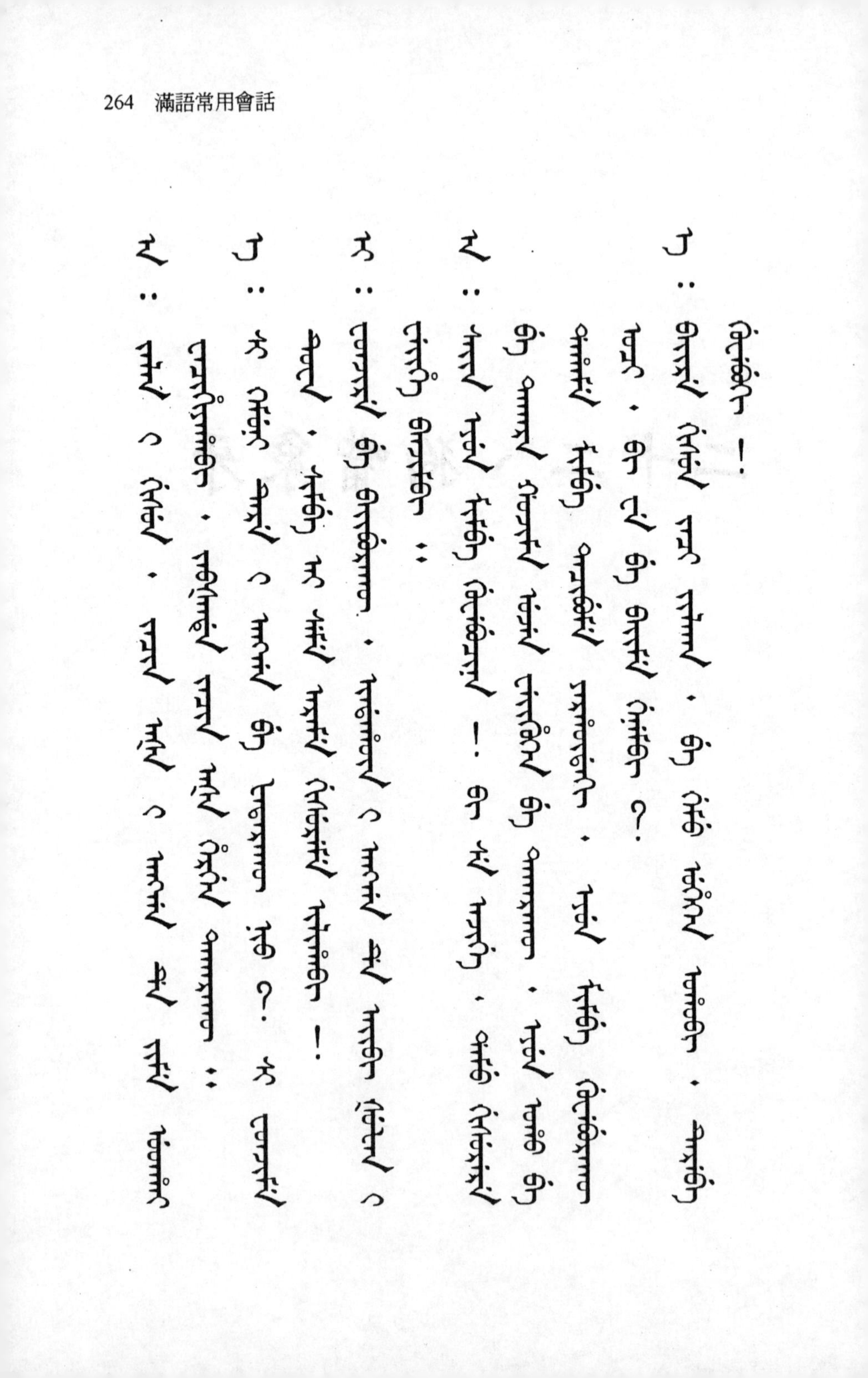

二十二、狗嘴象牙

a ：jalan i gisun, jacin aša i angga de jime uthai wacihiyahabi, jabšande jacin aša hergen takarakū.

e ：si kemuni tere i angga be fatarakū nio? si fonjime tuwa, simbe ai seme arame gisureme ilihabi！

i ：fonjire be baiburakū, indahūn i angga de aibi šufan i weihe banjimbi.

a ：sain eyun mimbe guwebucina!bi se ajige, damu gisurere be takara gojima ujen weihuken be takarakū, eyun oho be dahame mimbe tacibume yarhūdaki,eyun mimbe guweburakū oci, bi we be baime genembi？

i ：baire gisun jaci jilaka, be gemu uheken ohobi, terebe guwebuki！

---

a ：世上的話，到了二嫂嘴裡也就盡了，幸而二嫂不認得字。

e ：你還不擰他的嘴嗎？你問問看，他編派你的話！

i ：不用問，狗嘴裡還長出象牙不成？

a ：好姐姐饒了我吧！我年紀小，只知說，尚不知道輕重，既然做姐姐，就請指教吧，姐姐若不肯饒我，我還求誰去呢？

i ：說的好可憐，連我們都服軟了，饒了她吧！

---

a ：世上的话，到了二嫂嘴里也就尽了，幸而二嫂不认得字。

e ：你还不拧他的嘴吗？你问问看，他编派你的话！

i ：不用问，狗嘴里还长出象牙不成？

a ：好姐姐饶了我吧！我年纪小，只知说，尚不知道轻重，既然做姐姐，就请指教吧，姐姐若不肯饶我，我还求谁去呢？

i ：说的好可怜，连我们都服软了，饶了她吧！

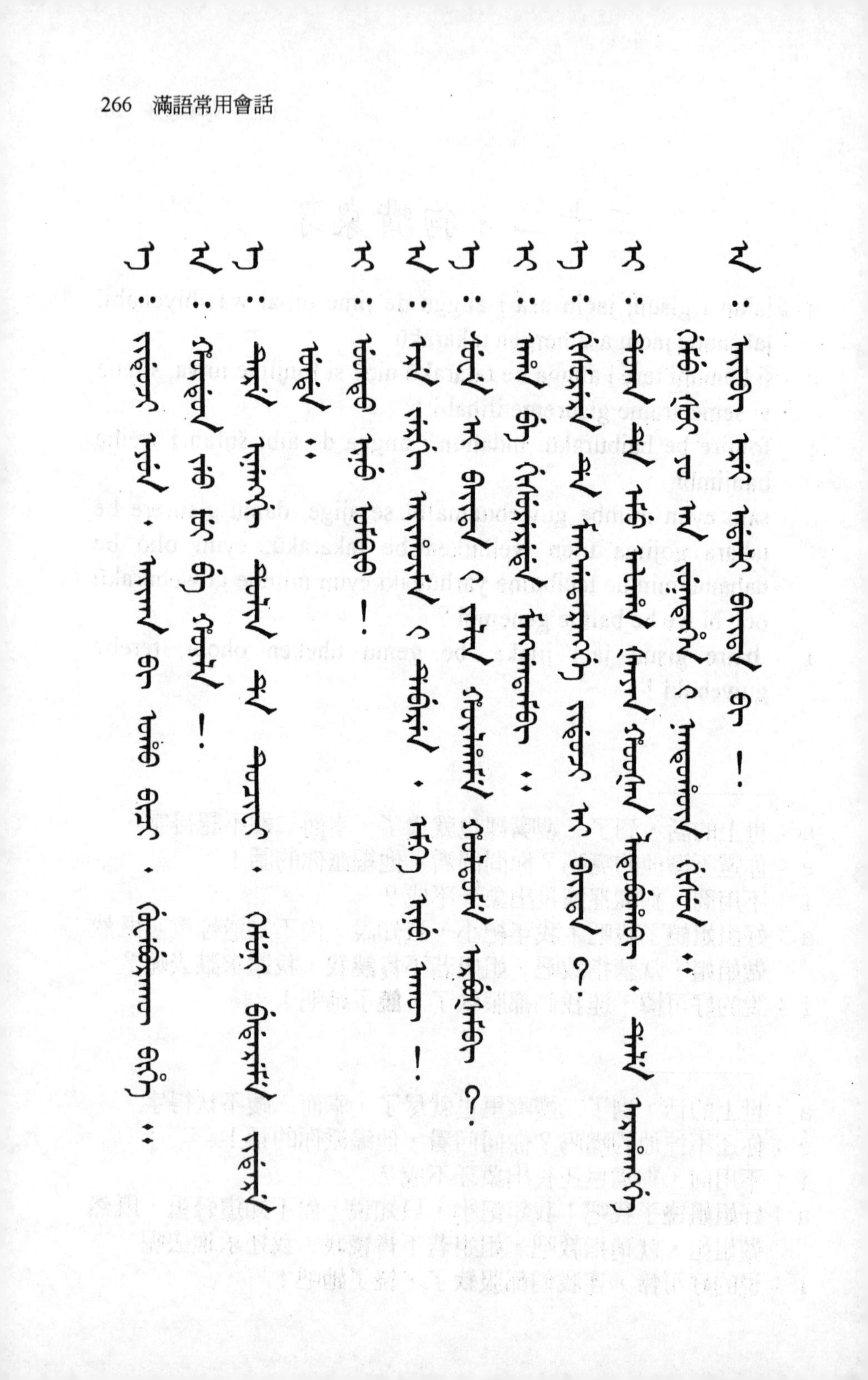

[illegible]

[illegible]

[illegible]

[illegible]

[illegible]

[illegible]

[illegible]

[illegible]

[illegible]

[illegible]

[illegible]

[illegible]

[illegible]

e ：jiduji eyun, aika bi oho bici, guweburakū bihe。
a ：hūdun jeo žui be hūla！
e ：tere inenggi dulin de tucifi，kemuni bedereme jidere unde。
i ：uttu inu ombio！
a ：ere jergi aihūma i deberen，emke inu akū！
e ：suwe ai baita i jalin hūlhame holtome arbušambi？
i ：aha be gisurerede manggatambi。
e ：gisurere de manggatarangge jiduji ai baita？
i ：duka de emu afaha šanyan hoošan latubuhabi，dele arahangge gemu šui yo an juktehen i nantuhūn gisun。
a ：aibi erei adali baita bi！

---

e：到底是姐姐，要是我，可不饒人的。
a：快叫周瑞！
e：他晌午出去了，還沒回來。
i：這個還了得！
a：這些忘八羔子，一個都不在家！
e：你們有什麼事這麼鬼鬼祟祟的？
i：奴才們不敢說。
e：有什麼事不敢說的？
i：門上貼著一張白紙，上面寫的都是水月庵的骯髒話。
a：哪裡有這樣的事！

---

e：到底是姐姐，要是我，可不饶人的。
a：快叫周瑞！
e：他晌午出去了，还没回来。
i：这个还了得！
a：这些忘八羔子，一个都不在家！
e：你们有什么事这么鬼鬼祟祟的？
i：奴才们不敢说。
e：有什么事不敢说的？
i：门上贴着一张白纸，上面写的都是水月庵的肮脏话。
a：哪里有这样的事！

a ：el ye gala halara be gūnin werişe, mimbe dolobuki.
e ：si aibide bihengge?
a ：bi amargi hūwa de bihengge.
e ：si inu mini booi niyalma nio?
a ：inu.
e ：ere booi ningge oci, bi simbe ainu takarakū?
a ：el ye i takarakū ningge labdu kai!
i ：derakū fusihūn jaka! be gemu sinde isirakū oho nio? si cai tukiyere muke tukiyerede teherembio akūn!

---

a：二爺，小心燙了手，讓我來倒。
e：你在哪裡來著？
a：我在後院裡。
e：你也是我屋裡的人嗎？
a：是。
e：既是這屋裡的，我怎麼不認得？
a：二爺不認得的多著呢！
i：沒臉面的下流東西！難道我們倒比不上你嗎？你配遞茶端水不配！

---

a：二爷，小心烫了手，让我来倒。
e：你在哪里来着？
a：我在后院里。
e：你也是我屋里的人吗？
a：是。
e：既是这屋里的，我怎么不认得？
a：二爷不认得的多着呢！
i：没脸面的下流东西！难道我们倒比不上你吗？你配递茶端水不配！

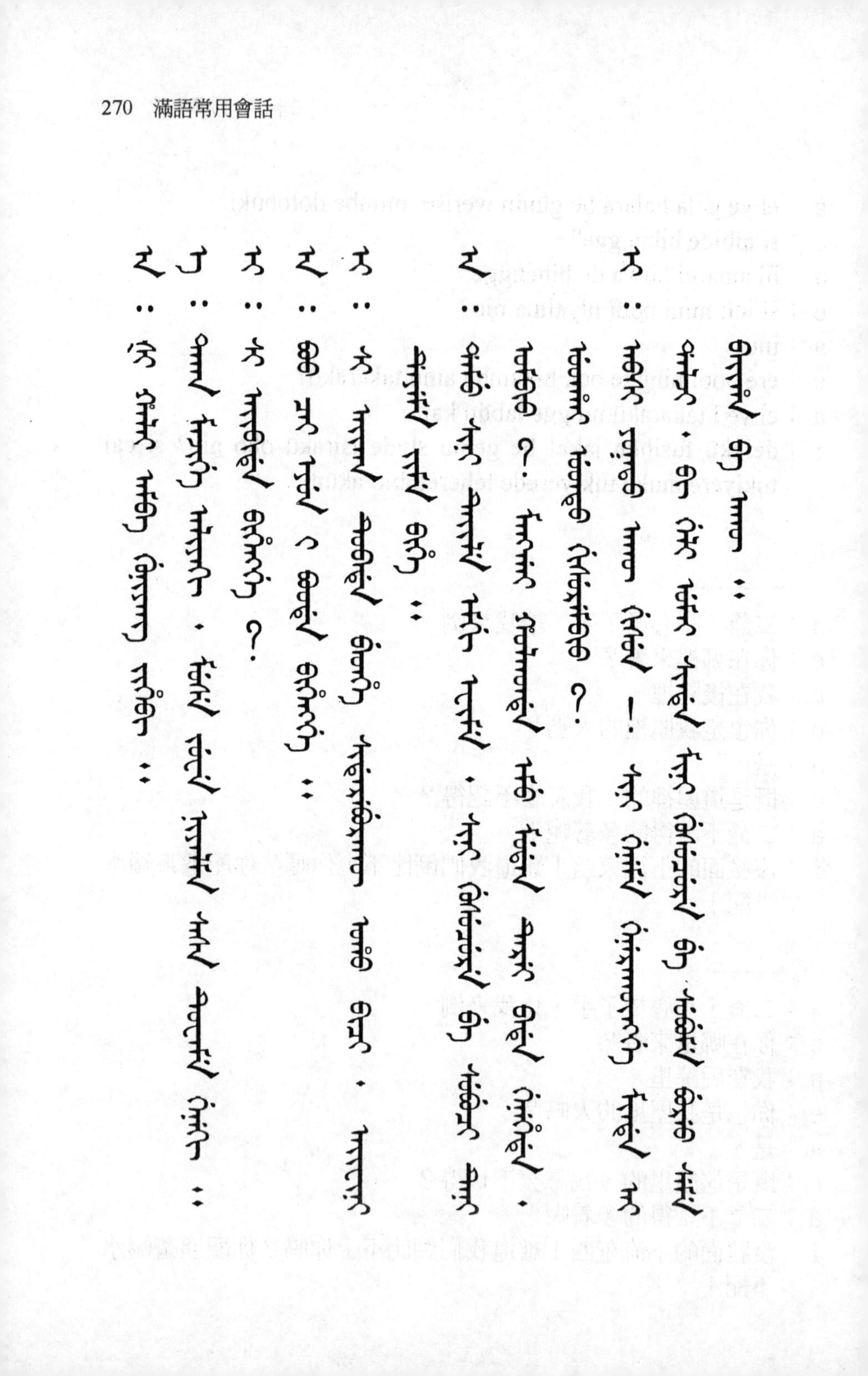

[illegible]

ᠠ᠄ [illegible]

ᡝ᠄ [illegible]

ᠠ᠄ [illegible]

ᡝ᠄ [illegible]

ᠠ᠄ [illegible]

ᡳ᠄ [illegible]

ᡝ᠄ [illegible]

a：ši halai amba guniyang jihebi.
e：taka majige aliyaki, muse juwe niyalma sasa tuwame geneki.
i：si aibide bihengge?
a：boo cai eyun i boode bihengge.
i：si aika tubade bethe sidereburakū oho bici, aifini deyeme jime bihe.
a：damu sini teile emgi efime, sini gusucure be subuci teni ombio? manggai holkonde emu mudan terei bade genehede, uthai uttu gisurembio?
i：absi yokto akū gisun! sini geneme generakūngge minde ai dalji, bi geli umai sinde mini gusucure be subume bureo seme baiha ba akū.

---

a：史大姑娘來了。
e：請稍等，偺們兩個一齊去，瞧瞧他。
i：你哪裡來的？
a：打寶姐姐那裡來的。
i：你要不是在那裡被絆住，早就飛了來了。
a：只許和你玩，替你解悶兒才行嗎？不過偶然到他那裡一次，就說這些閒話！
i：好沒意思的話！去不去，干我什麼事？我又沒叫你替我解悶兒。

---

a：史大姑娘来了。
e：请稍等，咱们两个一齐去，瞧瞧他。
i：你哪里来的？
a：打宝姐姐那里来的。
i：你要不是在那里被绊住，早就飞了来了。
a：只许和你玩，替你解闷儿才行吗？不过偶然到他那里一次，就说这些闲话！
i：好没意思的话！去不去，干我什么事？我又没叫你替我解闷儿。

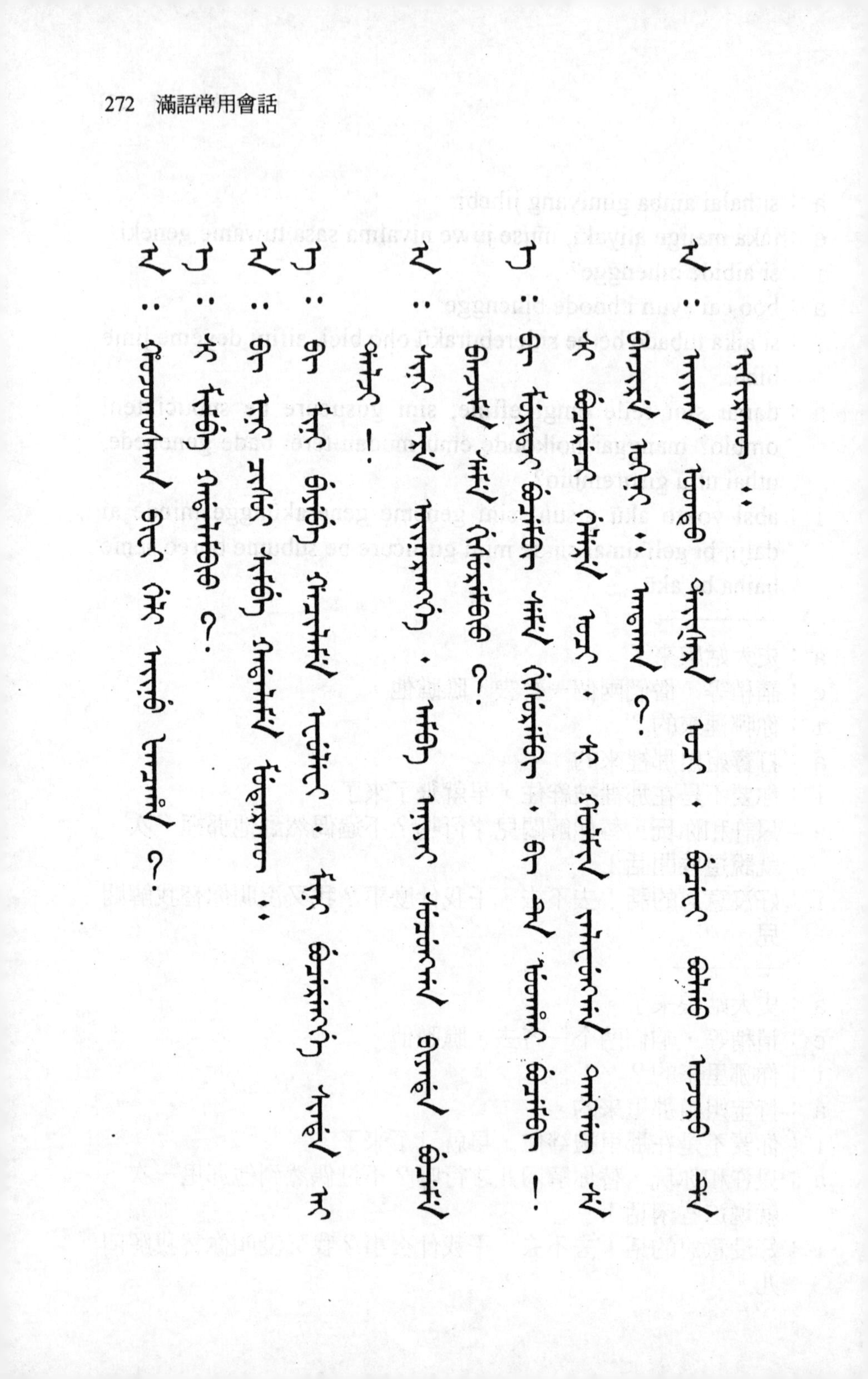

a：hojokosaka bifi geli ainu fancaha?
e：si mimbe kadalambio?
a：bi ini cisui simbe kadalame muterakū.
e：bi mini beyebe gacilame efulefi, mini bucerengge sinde ai dalji!
a：sini ere ainarangge, amba aniyai sucungga biyade buceme banjime seme gisurembio.
e：bi muritai bucembi seme gisurembi, bi te uthai bucembi! si bucereci gelere oci, si golmin jalafungga tanggū se banjire okini, antaka?
a：aika uttu daišara oci, bucefi bolgo ojoro de isirakū.

---

a：好好兒的，怎麼又生氣了？
e：你管我呢？
a：我自然不能管你。
e：我作踐了我的身子，我死我的，與你何干！
a：何苦來？大正月裡，死了活了的。
e：我偏要說死！我這會子就死！你若怕死，你長命百歲的活著，好不好？
a：要是這樣鬧，不如死了乾淨！

---

a：好好儿的，怎么又生气了？
e：你管我呢？
a：我自然不能管你。
e：我作践了我的身子，我死我的，与你何干！
a：何苦来？大正月里，死了活了的。
e：我偏要说死！我这会子就死！你若怕死，你长命百岁的活着，好不好？
a：要是这样闹，不如死了干净！

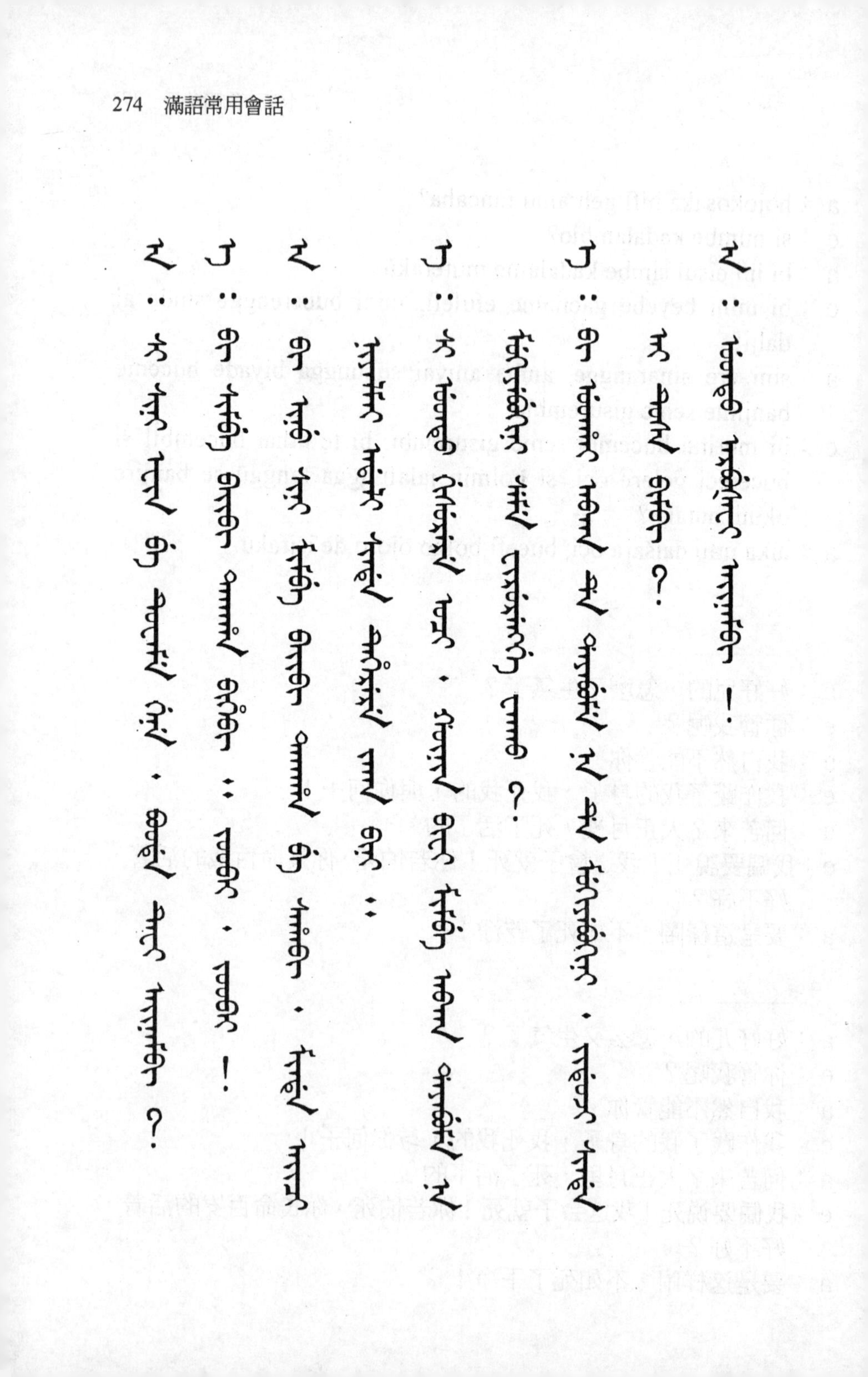

a：si sini efin be tuwame gene, boode tefi ainambi!
e：bi simbe baibi takaha bihebi, joobai, joobai!
a：bi inu sini mimbe baibi takaha be sahabi, minde aici niyalmai adali sinde teherere jaka bini!
e：si uttu gisurere oci, gūnin bifi mimbe abka dayabume na mukiyebukini seme firurengge wakao?
e：bi uthai abka de dayabume na de mukiyebukini, jiduji sinde ai tusa bimbi?
a：uttu arbušafi ainambi!

---

a：你只管聽你的戲去吧，在家裡做什麼？
e：我白認得你了，罷了！罷了！
a：我也知道你白認得我了，我哪裡能够像人家有什麼配的上你的呢！
e：你這麼說，是存心咒我遭天誅地滅不是？
e：我就是被天誅地滅，你又有什麼益處呢？
a：何苦來呢！

---

a：你只管听你的戏去吧，在家里做什么？
e：我白认得你了，罢了！罢了！
a：我也知道你白认得我了，我哪里能够像人家有什么配的上你的呢！
e：你这么说，是存心咒我遭天诛地灭不是？
e：我就是被天诛地灭，你又有什么益处呢？
a：何苦来呢！

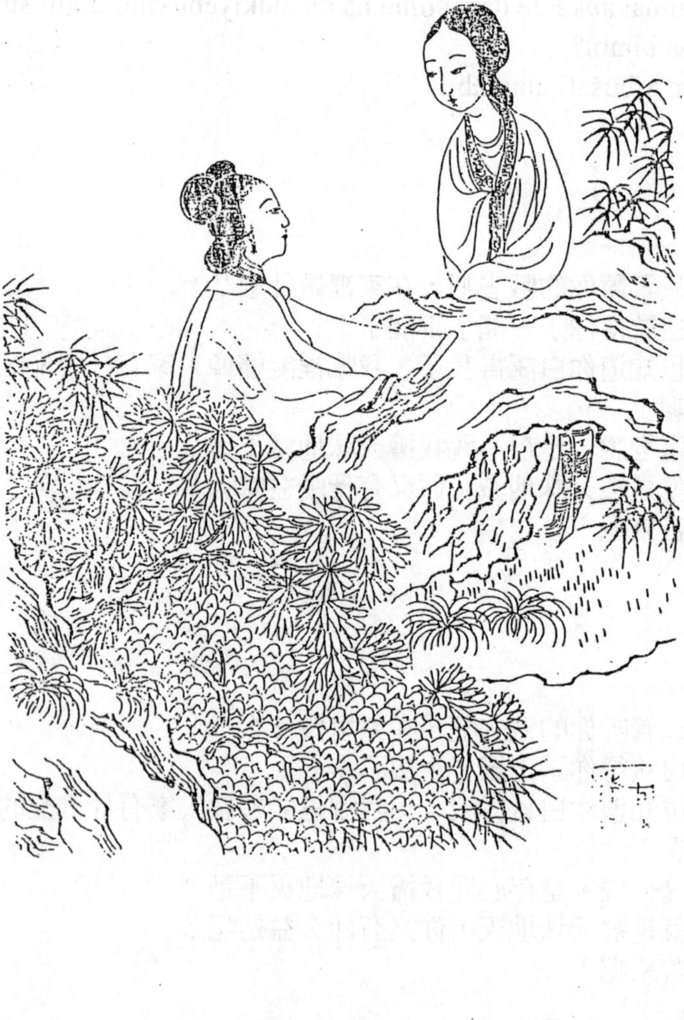

二十三、嘴尖齒俐

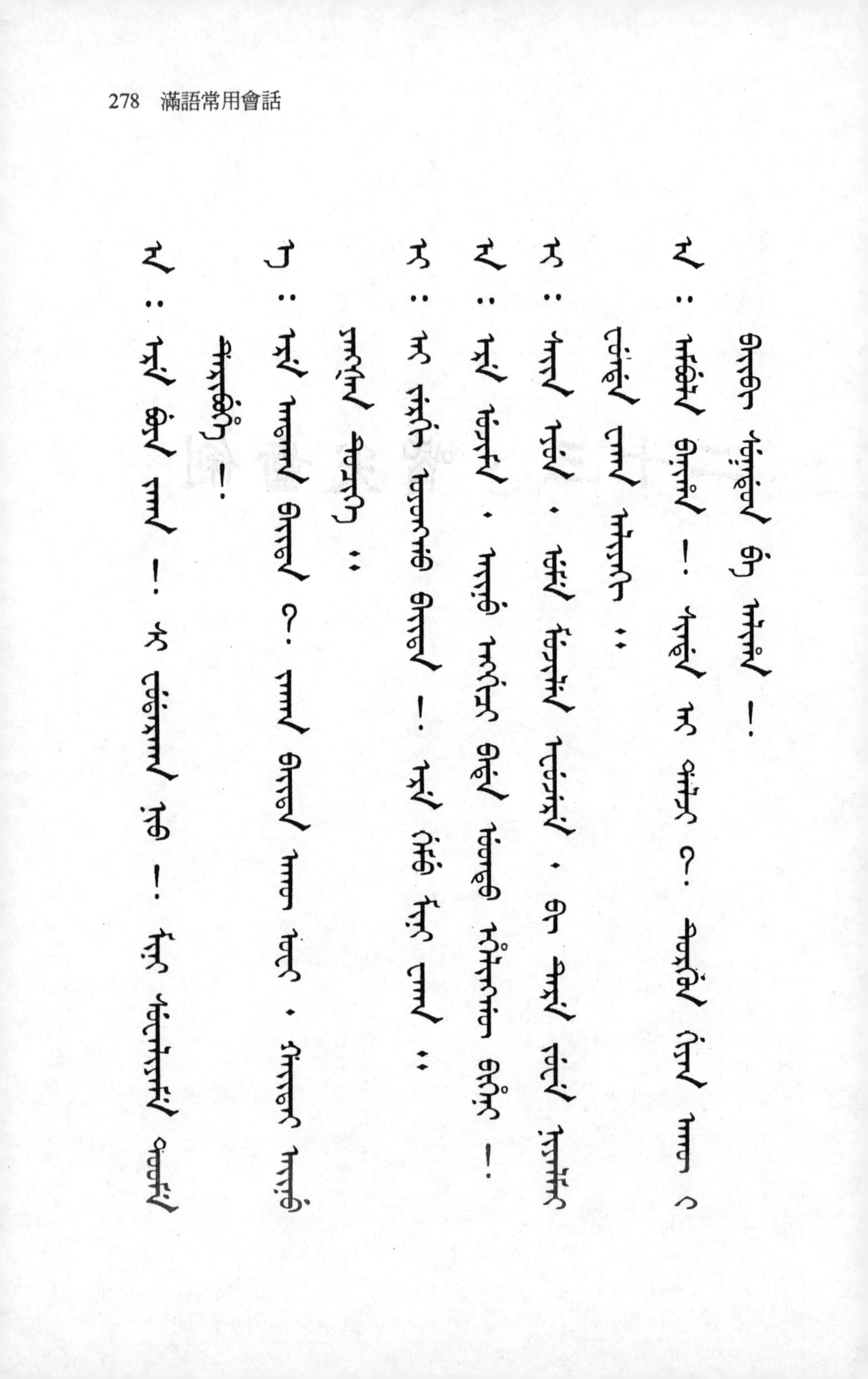

二十三、嘴尖齒俐

a：ere buya jaka! si fudaraka nio! mini suwaliyame toome deribuhe.

e：ere antaka baita? jakan baita akū ofi, gaitai ainu yangšan tucike。

i：ai jergi oyonggo baita! ere gemu mini waka.

a：ere ujima, ainu enggici bade uttu ehelinggū biheni！

i：sain eyun, ume mujilen efujere, bi tere juwe niyalmai funde waka aliyaki.

a：ambula baniha! sinde ai dalji? turgun giyan akū i baibi sukdun be aliha.

---

a：這賤貨！你反了呀？連我也罵起來了！

e：這是怎麼回事？纔好好的，忽然怎麼就鬧起來了。

i：什麼要緊的事？這都是我的不是。

a：那畜牲，怎麼背地裡這麼壞呢！

i：好姐姐，別傷心，我替他們兩個賠個不是吧。

a：多謝！與你什麼相干？平白無故白受氣！

---

a：这贱货！你反了呀？连我也骂起来了！

e：这是怎么回事？纔好好的，忽然怎么就闹起来了。

i：什么要紧的事？这都是我的不是。

a：那畜牲，怎么背地里这么坏呢！

i：好姐姐，别伤心，我替他们两个赔个不是吧。

a：多谢！与你什么相干？平白无故白受气！

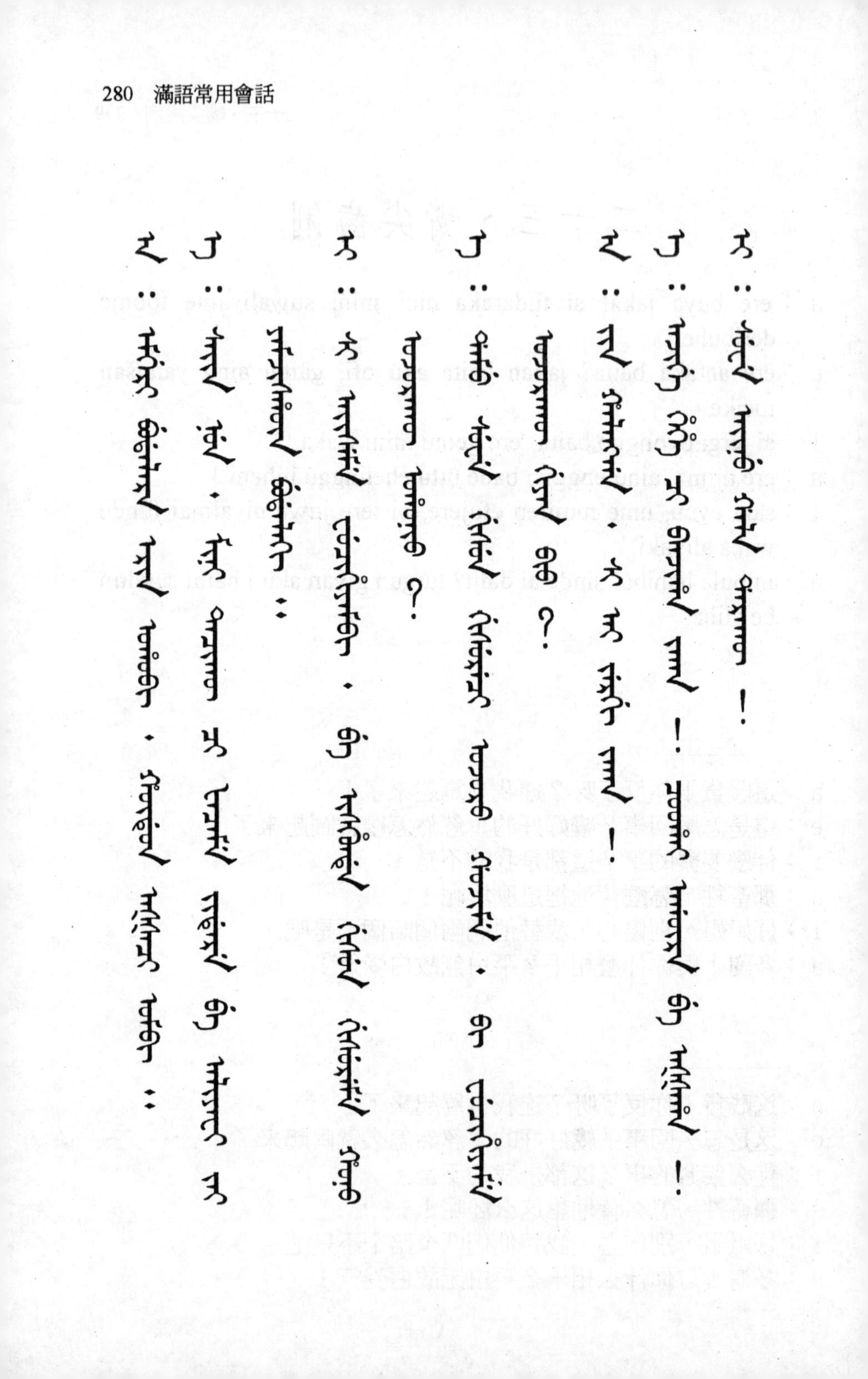

ᠠ: [illegible] !

[illegible]: [illegible] ! [illegible] !

[illegible]: [illegible], [illegible] ᠰᡳ [illegible] !

[illegible]: [illegible] ᠪᡳᠣ ?

ᠠ: ᠰᡳ [illegible], ᠪᡳ [illegible] ::

[illegible]: [illegible], [illegible]

[illegible]: [illegible], [illegible] ::

a ：emgeri budalara erin ohobi, hūdun aššaci ombi.

e ：sain nun, mini tacikū ci facame jidere be aliyafi jai yamjishūn budalaki.

i ：si aiseme fucihiyambi, be ishunde gisun gisureme hono ojorakū ohonio？

e ：damu suwe gisun gisureci ojoro gojime, bi fucihiyame ojorakū giyan bio？

a ：jin halangga, si ai jergi jaka！

e ：ajige hehe ci banjiha jaka！coohai agūra be aššaha！

i ：suwe ainu gala darakū！

---

a：已經飯點了，快點動作吧！

e：好妹妹，等我下學再吃晚飯。

i：你咳嗽什麼？難道我們彼此說話還不行嗎？

e：就許你們說話，難道有我不能咳嗽的道理嗎？

a：姓金的，你是什麼東西！

e：小婦養的，動了兵器了！

i：你們還不來動手！

---

a：已经饭点了，快点动作吧！

e：好妹妹，等我下学再吃晚饭。

i：你咳嗽什么？难道我们彼此说话还不行吗？

e：就许你们说话，难道有我不能咳嗽的道理吗？

a：姓金的，你是什么东西！

e：小妇养的，动了兵器了！

i：你们还不来动手！

ᠠ : ᠰᡝᠮᡝ ᠪᡠᡴᡝ · ᠮᡠᠵᡳᠯᡝᠨ ᠪᡠᡥᡝ ᠠᡴᡡ ::

ᠠ : ᠰᠠᡳᠪᡠ · ᠮᡳᠨᡳ ᡤᠣᠰᡳᡥᠣᠩᡤᠣ ᠠᡴᡡ ᠨᡠ !

ᡳ : ᠰᡳᠨᡳ ᠪᡳ ᡤᡳᠰᡠᠨ ᠠᡴᡡ ?

ᠠ : ᠪᡳᠰᡳᡵᡝ ᡳᠯᡳᡥᠠᠩᡤᡝ ᠪᡝ ᡨᡠᠸᠠᡥᠠ ᠪᡳᡥᡝ · ᠪᡳ ᡳᠯᡳᡥᠠᠩᡤᡝ ᠪᡠᡥᡝ ::

ᡳ : ᠰᡳᠨᡳ ᠶᠠᠪᡠᡵᡝ ᠪᡝ ᠪᡳ ᠰᡝᠮᡝ ᠰᠠᡵᠠ ᠪᡳ ᠰᠠᡵᡴᡡ ᠪᡳᠮᠪᡳ ::

ᠠ : ᠪᡳ ᡤᡠᠸᠠ ᠶᠠᠪᡠᠮᡝ · ᡳᠯᡳᡥᠠᠩᡤᡝ ᡨᡠᠸᠠᡴᡳ ᠪᡳᠮᠪᡳ · ᠪᡳ ᡤᡝᠯᡝᠮᡝ ᠪᡳᡥᡝ · ᡳᠯᡳᡥᠠᠩᡤᡝ ᠪᡳᠮᠪᡳ ᡤᡳᠰᡠᠨ ᠪᡳᡨᡥᡝ ᠪᡝ ᡨᡠᠸᠠᠮᠪᡳ · ᡠᠯᡥᡳᠮᡝ ᠮᡠᠵᡳᠯᡝᠨ ᠪᡠᡥᡝ ᠪᡝ ᠪᡳᡥᡝ · ᠰᡝᠮᡝ ᠰᡳᠨᡳ ᠪᡳᠮᠪᡳ ᠪᡳᡴᡝ · ᡤᡳᠰᡠᠨ ᡥᡝᠰᡝ ᠪᡝ ᡤᡝᠯᡝᠮᡝ ᠰᠠᠮᠪᡳ · ᡠᠯᡥᡳᠮᡝ ᠰᡳᠨᡳ ᠪᡠᠮᠪᡳ ᠪᡳᡥᡝ · ᠰᡳᠨᡳ ᠪᡳᡨᡥᡝ ᠠᡳᠪᡳᡩᡝ ?

a ：sain deo, musede dalji akū.
a ：ayoo, mini jihengge acanaha akū kai！
e ：ere ai gisun oho？
a ：terei jidere be saha bici, bi jirakū bihe.
e ：ere gisun be bi ele ulhirakū oho.
a ：ai gūnin seci, jidere oci gemu jimbi, jiderakū oci emken geli jirakū; enenggi tere jici cimari bi jime, uttu jurcebume jidere oci ohode, ainahai inenggidari jidere niyalma bifi dabali simacuka akū bime inu dabali wenjehun akū ombi. eyun ainu elemangga ere gūnin be ulhirakū ohoni？

---

a ：好兄弟，不與偺們相干。
a ：哎喲！我來的不巧了！
e ：這什麼話呀？
a ：早知他來，我就不來了。
e ：這話我越發不明白了？
a ：要說什麼意思，要來時，一齊來，要不來，一個也不來。今兒他來，明兒我來，這樣錯開了來，豈不天天有人來了嗎？既不至於太冷清，也不至於太熱鬧。姐姐為什麼不解這意思呢？

---

a ：好兄弟，不与咱们相干。
a ：哎哟！我来的不巧了！
e ：这什么话呀？
a ：早知他来，我就不来了。
e ：这话我越发不明白了？
a ：要说什么意思，要来时，一齐来，要不来，一个也不来。今儿他来，明儿我来，这样错开了来，岂不天天有人来了吗？既不至于太冷清，也不至于太热闹。姐姐为什么不解这意思呢？

ᠪ : ᠨᡳᠶᠠᠯᠮᠠ ᠪᡝ ᡨᠠᠴᡳᠮᡝ ᠮᡝ ? ᠰᡳ ᠨᡳᡴᠠᠨ ᠪᡝ ᡤᡝᠮᡠ ::

ᠠ : ᠪᡳ ᠮᠠᠨᠵᡠ ᡤᡳᠰᡠᠨ ᠪᡝ ᡨᠠᠴᡳᡥᠠ ᠰᡝᠮᡝ ᠪᡳᡥᡝ ::

ᠠ : ᡨᡠᠸᠠᠴᡳ ᡳᠰᡳ ᠮᡝᠩᡤᡠᠨ ᠪᠣᡥᠣᠯᡳᡴᡳ 《ᠨᡳᡧᠠᠨ ᠰᠠᠮᠠᠨ》 ᠪᡝ ᡨᡠᠸᠠᠮᠪᡳ , ᡨᡠᠸᠠᡶᡳ ᠪᡝ ᠪᠣᠯᠣᡴᠣᠨ ᡳ ᠪᠠᡳᡨᠠ ᠪᡝ ᡨᡠᠸᠠᠴᡳ , ᠰᠠᡳᡴᠠᠨ ᠪᡝ ᡤᡳᠰᡠᠨ ᡩᡝ ᠪᡳᡥᡝ ::

ᠪ : ᡨᠠᡴᠠᠨ ᠰᡝᠮᡝ ᠨᡳᡴᠠᠨ ᠰᡝᡵᡝ ᠨᡳᠶᠠᠯᠮᠠ ᠪᡝ ᠪᠠᡳᡨᠠᠯᠠᠮᡝ ᠠᡴᡡ ᠪᡝ ᡨᡠᠸᠠᠮᠪᡳ ::

ᠠ : ᠠᠨᠠᠨ ᠪᠣᡥᠣᠯᡳᡴᡳ ᠰᡝᠮᡝ ᡳ ᠪᡳᡨᡥᡝ ᠪᡝ ᠮᠠᠨᠵᡠ ᡤᡳᠰᡠᠨ ᡩᡝ ᠪᡝ ᠰᠠᠮᠪᡳ ᠪᡝ ᠪᠠᡳᡨᠠᠯᠠᠮᠪᡳ , ᡨᠣᡴᠣ ᡥᡝᠨᡩᡠᡥᡝ ::

e ：nimanggi daha nio？mini nereku be gaju.

a ：bi jihengge tere uthai yabume oho.

a ：uthai geli gūsin debtelin《irgebun nomun》be hūlakini, inu gemu šan be gidame honggon hūlhame, niyalma be eitererede wajihabi.

e ：manggai ilan inenggi nimha hereci juwe inenggi asu be walgiyame umai asuru nonggibume ibedehe ba akū.

a ：manggai holtome niyalmai šan yasa be daldarangge dabala, naranggi coko becunebure indahūn sujubume, ilha de saršame fodoho be eficembi.

---

e ：下雪了嗎？取了我的斗篷來。

a ：我來了，他就要走了。

a ：哪怕再念三十本《詩經》，也是掩耳盜鈴，哄人而已。

e ：不過是三日打魚，兩日曬網，却不曾有一點兒長進。

a ：不過掩人耳目而已，畢竟是些鬥雞走狗，尋花向柳的事。

---

e ：下雪了吗？取了我的斗篷来。

a ：我来了，他就要走了。

a ：哪怕再念三十本《诗经》，也是掩耳盗铃，哄人而已。

e ：不过是三日打鱼，两日晒网，却不曾有一点儿长进。

a ：不过掩人耳目而已，毕竟是些斗鸡走狗，寻花向柳的事。

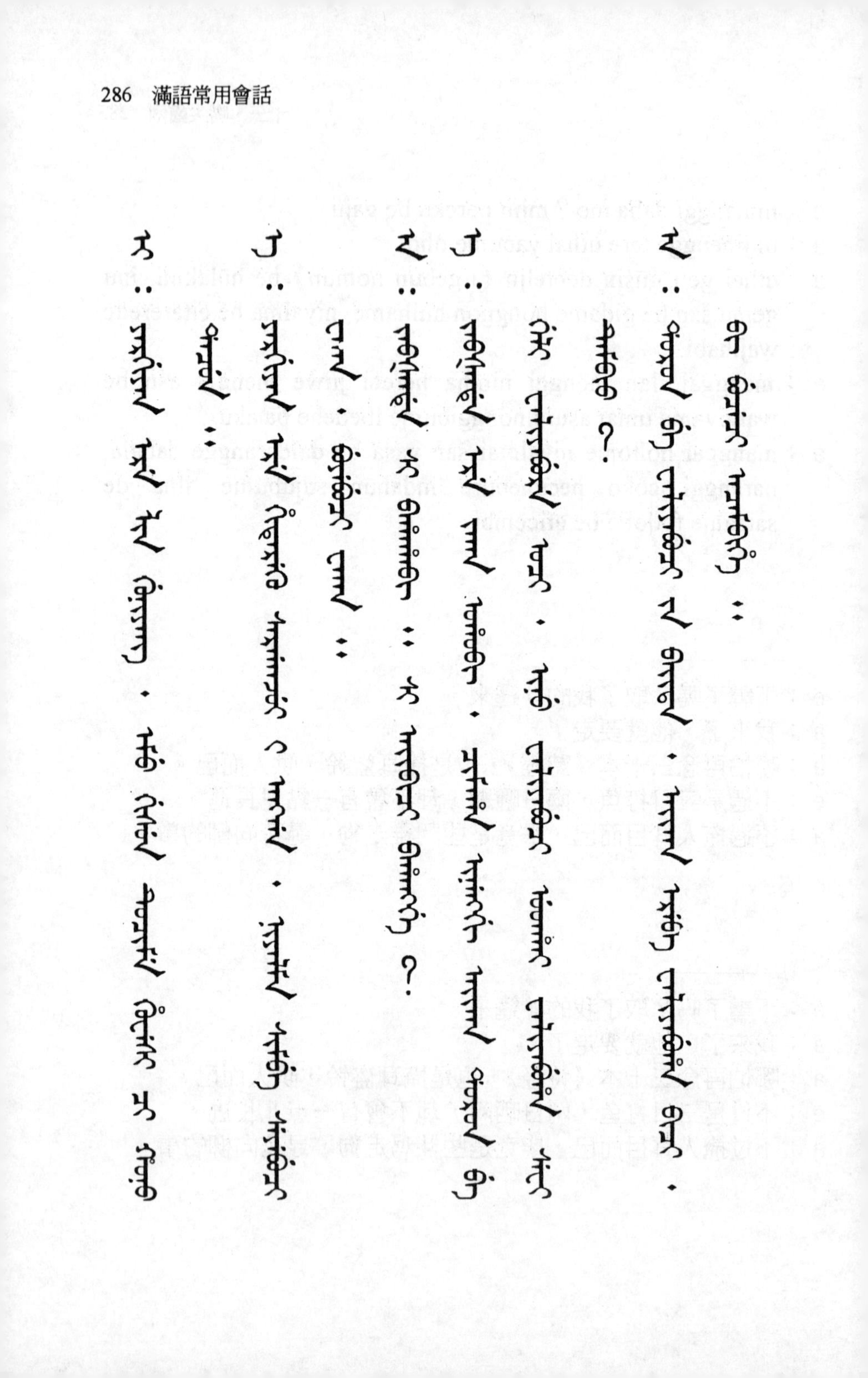

i：yargiyan ere lin guniyang, emu gisun tucime huwesi ci hono dacun.
e：yargiyan ere hitereku sarganjui i angga, niyalma simbe seyebuci waka, buyebuci waka.
a：jabšande si bahahabi, si aibici bahangge?
e：jabšande ere jaka ohobi, cimaha inenggi aika doron be geli waliyabure oci, inu waliyabuci uthai waliyabuha sefi tembio?
a：doron be waliyabuci ja baita, aika erebe waliyabuha bici, bi buceci acambihe.

---

i：真真這林姑娘說出一句話來比刀子還利害！
e：真是的，這個顰丫頭一張嘴，叫人恨又不是，喜歡又不是！
a：虧你揀著了！你是哪裡揀的？
e：幸而是這個，明日倘或把印也丟了，難道也就罷了不成？
a：倒是丟了印平常，若丟了這個，我就該死了。

---

i：真真这林姑娘说出一句话来比刀子还利害！
e：真是的，这个颦丫头一张嘴，叫人恨又不是，喜欢又不是！
a：亏你拣着了！你是哪里拣的？
e：幸而是这个，明日倘或把印也丢了，难道也就罢了不成？
a：倒是丢了印平常，若丢了这个，我就该死了。

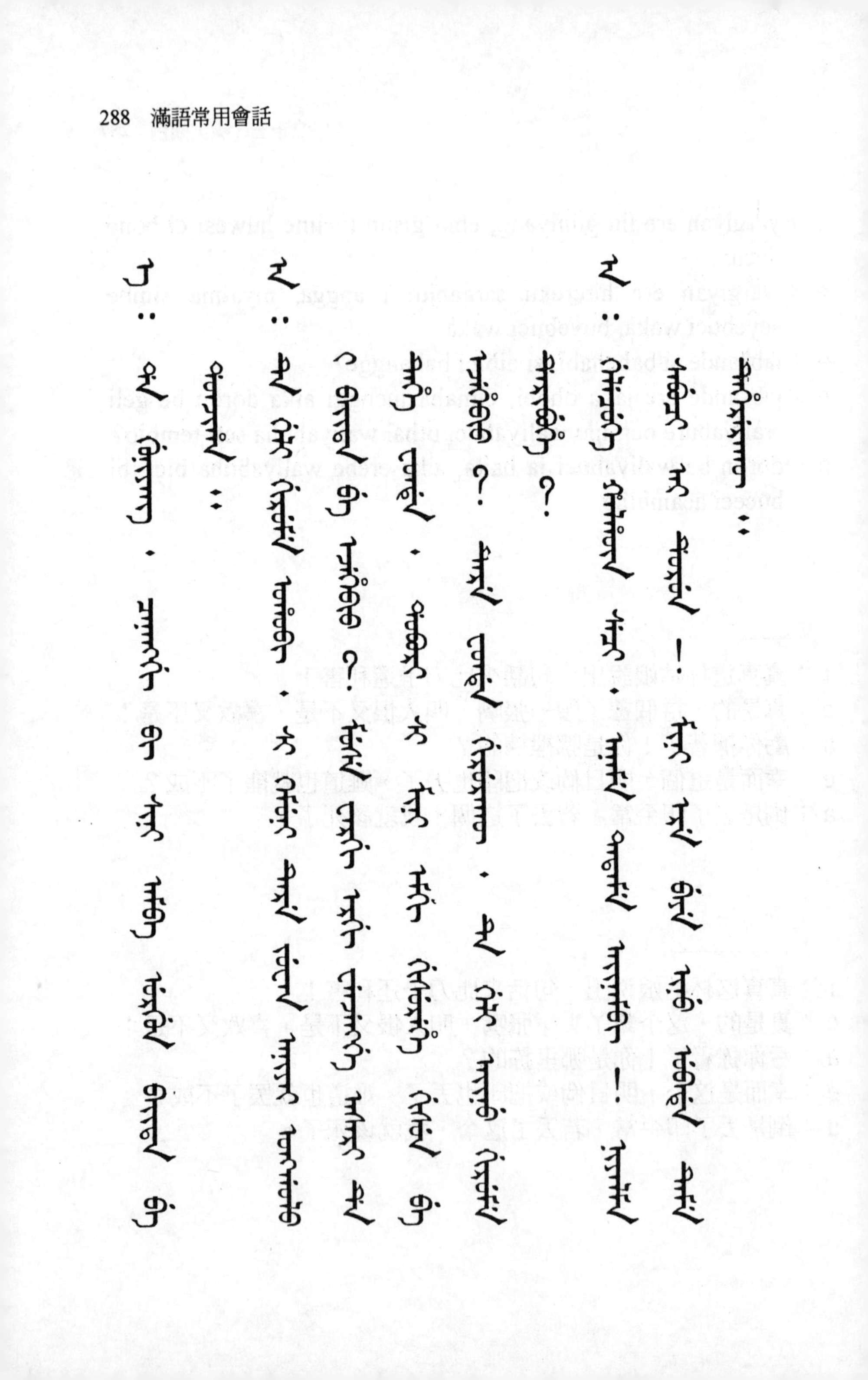

e：da guniyang, cananggi bi sini amba urgun baita be donjiha.

a：te geli girume ohobi, si kemuni tere juwan aniyai onggolo i baita be ejehebio? muse wargi ergi wenjengge asari de tehe fonde, dobori si mini emgi gisurehe gisun be ejehebio? tere fonde girurakū, te geli ainu girume deribuhe?

a：gelecuke halhūn seci, aname tatame ainambi! niyalma sabuci ai durun! mini ere beye inu ubade teme tehererakū.

---

e：大姑娘，我前日聽你大喜呀！

a：這會子又害臊了。你還記得那十年前，偺們在西邊暖閣上住著，晚上你同我說的話兒？那會子不害臊，這會子怎麼又害臊了？

a：怪熱的，拉拉扯扯的做什麼？叫人看見，什麼樣兒呢！我這個身子本來不配坐在這裡！

---

e：大姑娘，我前日听你大喜呀！

a：这会子又害臊了。你还记得那十年前，咱们在西边暖阁上住着，晚上你同我说的话儿？那会子不害臊，这会子怎么又害臊了？

a：怪热的，拉拉扯扯的做什么？叫人看见，什么样儿呢！我这个身子本来不配坐在这里！

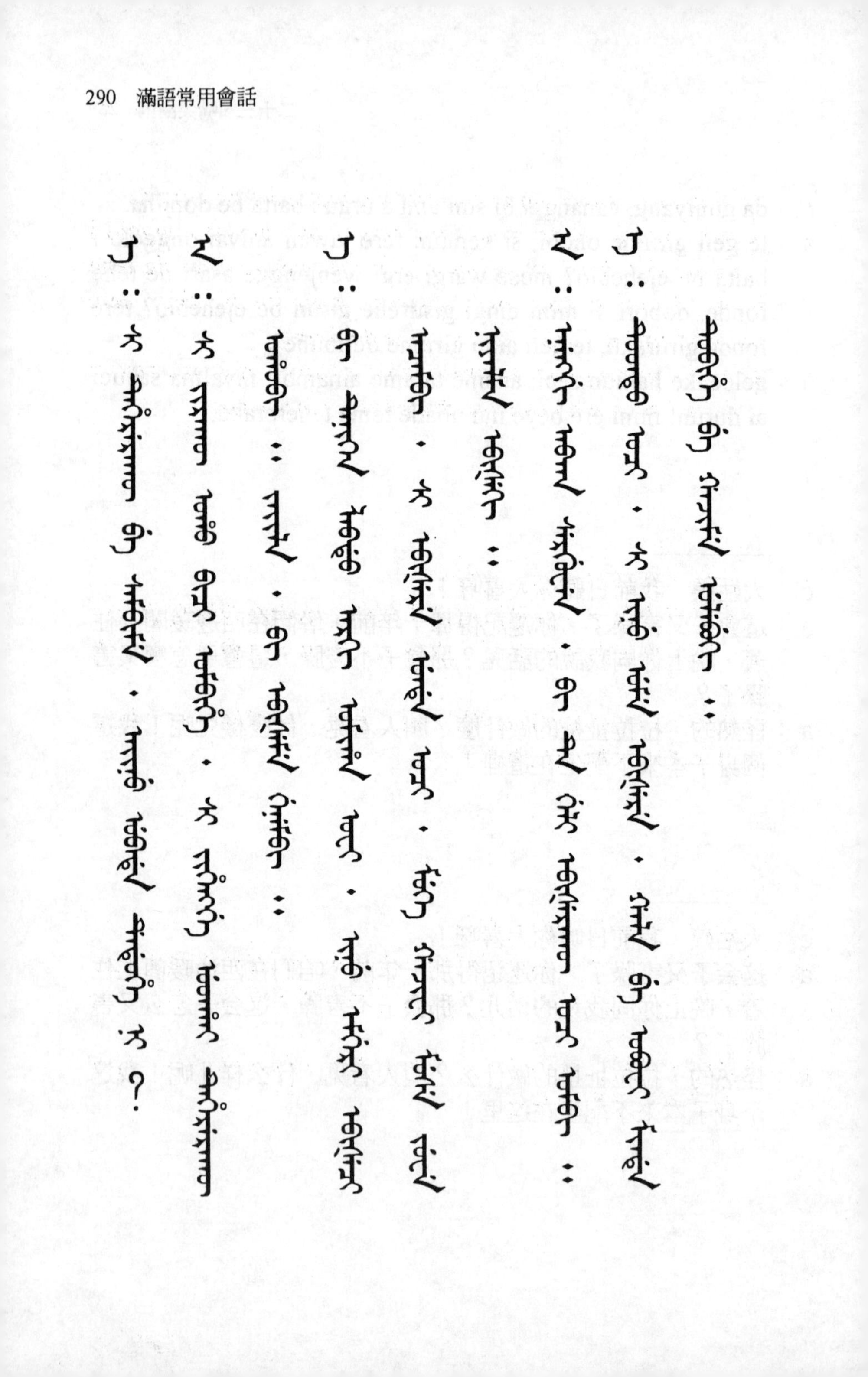

e：si tehererakū be sambime, ainu ubade deduhe ni?
a：si jirakū oho bici ombihe, si jihengge uthai tehererakū ohobi, jaila, bi ebišeme genembi.
e：bi teiken labdu arki omiha ofi, inu emgeri ebišeci acambi, si ebišere unde oci, muke gajifi muse juwe niyalma ebišeki.
a：enenggi abka serguwen, bi te geli ebišerakū oci ombi.
e：tuttu oci, si inu ume ebišere, gala be obofi minde tubihe be gajime ulebuki.

---

e：你既知道不配，爲什麼躺在這裡呢？
a：你不來便使得，你來了就不配了，起來，我去洗澡。
e：我纔又喝了好些酒，還得洗洗，你既沒洗，拿水來，俗們兩個洗。
a：今兒涼快，我也不洗了。
e：既這麼著，你也別洗了，洗洗手拿果子來給我吃吧！

---

e：你既知道不配，为什么躺在这里呢？
a：你不来便使得，你来了就不配了，起来，我去洗澡。
e：我纔又喝了好些酒，还得洗洗，你既没洗，拿水来，咱们两个洗。
a：今儿凉快，我也不洗了。
e：既这么着，你也别洗了，洗洗手拿果子来给我吃吧！

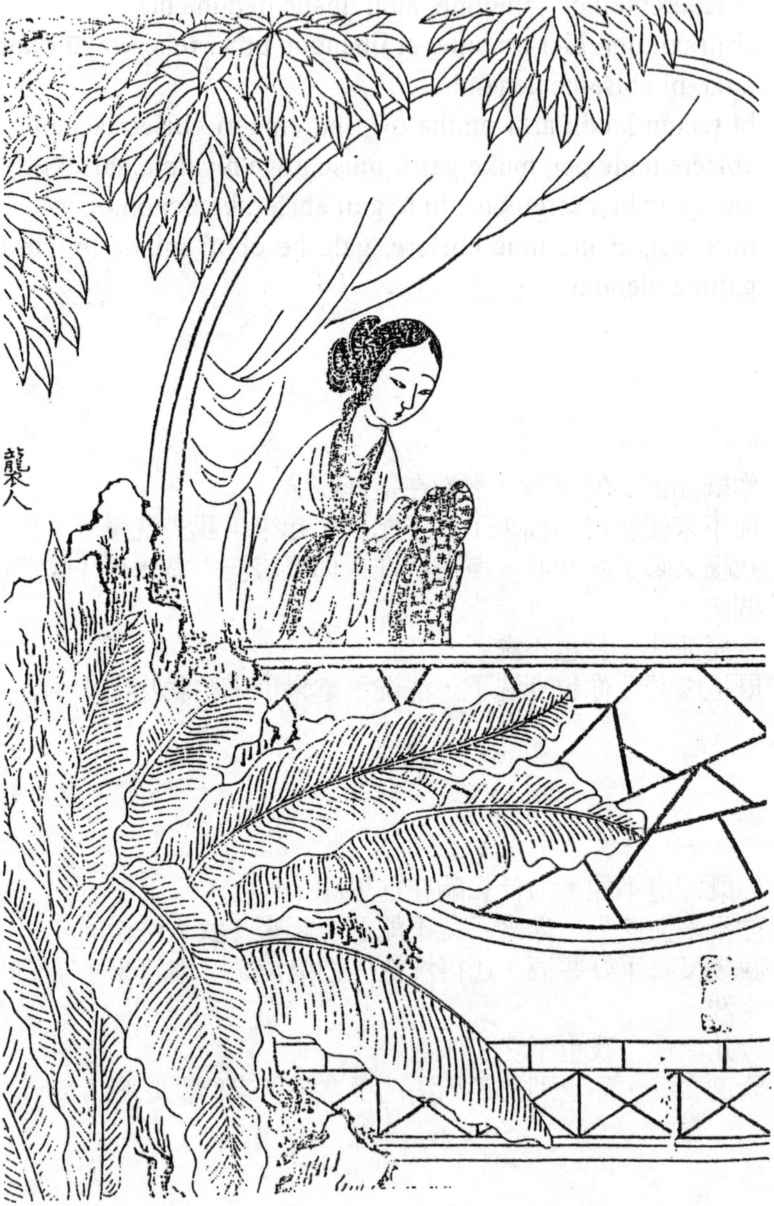
襲人

二十四、月裡嫦娥

ᠪᡳ [illegible] [illegible] ᡳ [illegible] [illegible] ::

[illegible] [illegible] [illegible] · [illegible] [illegible] ᡳ [illegible] [illegible] [illegible] ·

[illegible] [illegible] [illegible] · [illegible] [illegible] ᡩᡝ [illegible] [illegible] [illegible]

[illegible] ᡳ [illegible] · [illegible] [illegible] [illegible] [illegible] [illegible] · [illegible]

[illegible] [illegible] · [illegible] [illegible] [illegible] [illegible] · [illegible] [illegible] [illegible]

ᡝ : [illegible] [illegible] ! [illegible] [illegible] [illegible] [illegible] · [illegible] [illegible]

ᠠ : ᠪᡳ [illegible] ᡩᡝ [illegible] [illegible] ?

ᡝ : ᠰᡳ [illegible] [illegible] ᡩᡝ [illegible] [illegible] [illegible] ?

ᠠ : [illegible] [illegible] [illegible] [illegible] ᡩᡝ [illegible] [illegible] [illegible] ::

ᡝ : ᠰᡳ [illegible] [illegible] ?

二十四、月裡嫦娥

a：si aibide genehe？
e：enenggi tucifi eyun nunte be emu mudan tuwaname genehe。
a：si žen eyun be tuwame genehe nio？
e：bi tere be tuwame ainambi？
i：jaci jengsicuke！ini boode emu sarganjui，banjiha arbun saikan ofi，aimaka boobai ibebure adali，daruhai loo tai tai i juleri，ceni sarganjui banjihangge absi saikan，mujilen gūnin absi saikan，doro yongso be ulhimbime gisun hese absi dacun kemungge，ulme tonggo i weile absi faksi，bi donjime yargiyan i cihakū ohobi。

---

a：你去哪裡了？
e：今兒出去瞧了瞧姐妹們。
a：可是去看襲人姐姐了嗎？
e：我找他做什麼！
i：好討人嫌！家裡有了一個女孩兒，長的好些，便獻寶似的，常常在老太太跟前誇他們姑娘怎麼長的好，心地怎麼好，知道規矩且說話怎麼簡捷，做針線活兒又怎麼巧，我聽著很煩！

---

a：你去哪里了？
e：今儿出去瞧了瞧姐妹们。
a：可是去看袭人姐姐了吗？
e：我找他做什么！
i：好讨人嫌！家里有了一个女孩儿，长的好些，便献宝似的，常常在老太太跟前夸他们姑娘怎么长的好，心地怎么好，知道规矩且说话怎么简捷，做针线活儿又怎么巧，我听着很烦！

ᠵᡳᡥᡝ ?

ᠠ : [illegible] ᠪᡝ [illegible] ᠰᠠᡳᠨ ! [illegible] [illegible] [illegible] [illegible] [illegible] ::

ᡝ : [illegible] [illegible] [illegible] [illegible] , [illegible] [illegible] [illegible] [illegible] [illegible] [illegible] ,

ᡳ : ᠪᡳ [illegible] [illegible] [illegible] [illegible] , ᠪᡳ [illegible] [illegible] ::

[illegible] [illegible] [illegible] [illegible] !

ᡝ : [illegible] [illegible] ! [illegible] [illegible] [illegible] , [illegible] ᠪᡝ [illegible] , [illegible]

ᠠ : [illegible] [illegible] ᠪᡝ [illegible] [illegible] !

ᡳ : [illegible] [illegible] [illegible] [illegible] ?

ᠠ : [illegible] [illegible] !

ᡝ : [illegible] [illegible] [illegible] [illegible] [illegible] [illegible] [illegible] [illegible] ᠪᡝ [illegible] ::

a ：julgeci ebsi biyai dorgi cang e inu asigan be buyembi.
e ：hūlhin ujima！
i ：ede ai yertere babi？
e ：terei angga be geneme hūwala！
a ：ajige ujima！niyalma ubade giyan i gisun be gisureci, si cihai balai ušame yarumbi！
i ：bi umai balai ušame yaruhakūbi, bi sini jalin.
a ：amba muru hehe niyalma i banin gemu mukei adali fulha ilha i gese.
e ：girutu be takarakū jaka！sini gūninde absi oki sembi？

---

a ：自古嫦娥愛少年。
e ：混帳！
i ：這有什麼臊的？
e ：快撕他的嘴！
a ：小蹄子兒！人家在這裡說正經的，你又來胡拉亂扯的了！
i ：我倒不是胡拉亂扯，我是爲你。
a ：大凡女人都是水性楊花。
e ：不知羞恥的東西，你心裡想怎麼樣？

---

a ：自古嫦娥爱少年。
e ：混帐！
i ：这有什么臊的？
e ：快撕他的嘴！
a ：小蹄子儿！人家在这里说正经的，你又来胡拉乱扯的了！
i ：我倒不是胡拉乱扯，我是为你。
a ：大凡女人都是水性杨花。
e ：不知羞耻的东西，你心里想怎么样？

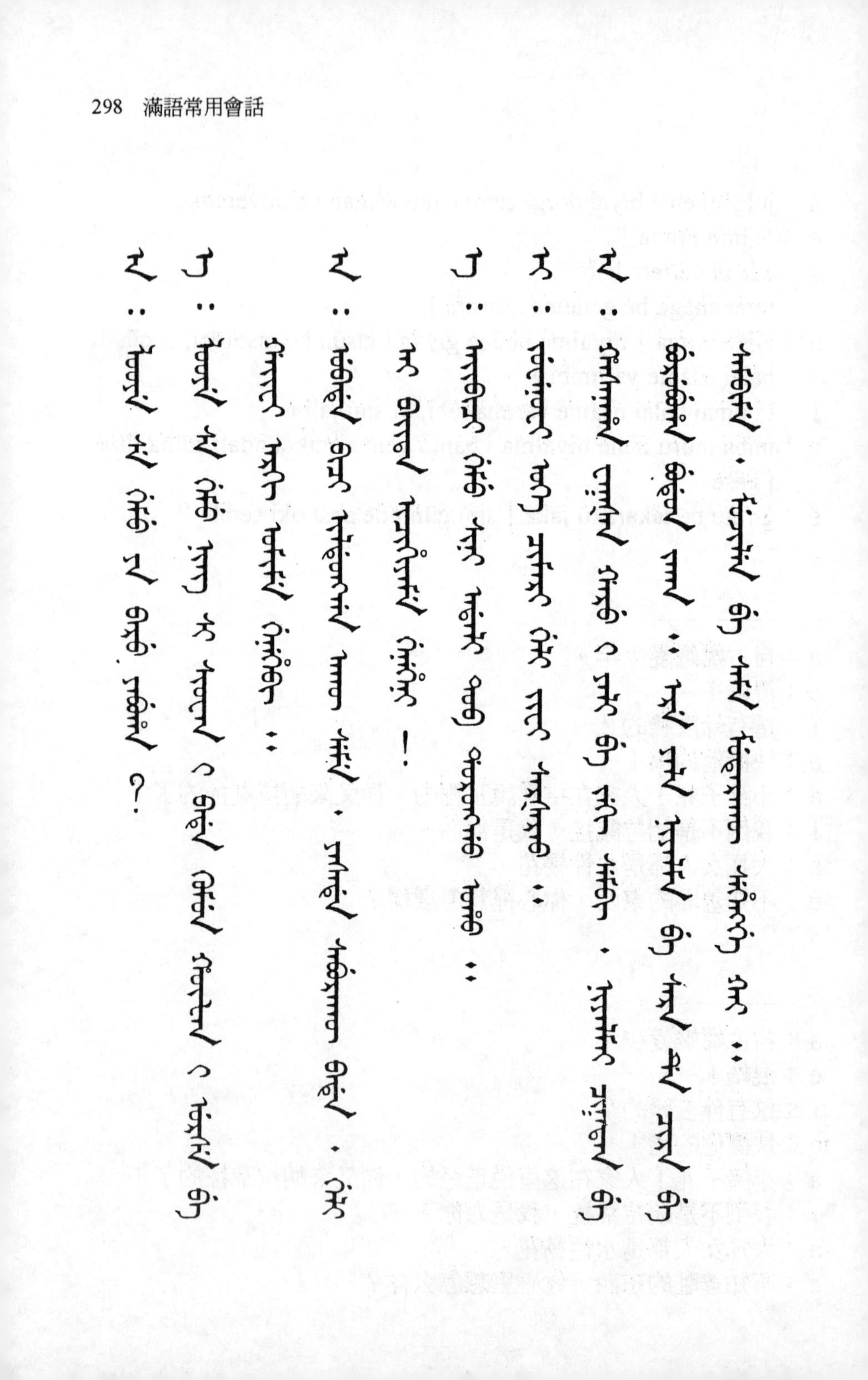

a：looye se gemu ya baru yabuha？
e：looye se gemu ning si siowan i bade kumun hūfan i urse be gaifi arki omime genehebi。
a：ubade bici ildungga akū seme yasade saburakū bade, geli ai baita icihiyame geneheni！
e：aibici gemu sini adali tob doronggo oho。
i：juwenofi oke cimari geli jifi saršarao。
a：hasanaha wakšan garu i yali be jeki sembi, niyalmai ciktan be burubuha budun jaka , ere yala niyalma be sara de cira be sambime, mujilen be same muterakū sehengge kai。

---

a：爺們都到哪裡去了？
e：爺們都到凝曦軒，帶了十番，吃酒去了。
a：在這裡不方便，到背地裡又不知幹什麼去了。
e：哪裡都像你這麼正經人呢？
i：二位嬸子明日還過來逛逛。
a：癩蛤蟆想喫天鵝肉，沒人倫的混帳東西。這纔是知人知面不知心呢！

---

a：爷们都到哪里去了？
e：爷们都到凝曦轩，带了十番，吃酒去了。
a：在这里不方便，到背地里又不知干什么去了。
e：哪里都像你这么正经人呢？
i：二位婶子明日还过来逛逛。
a：癞蛤蟆想吃天鹅肉，没人伦的混帐东西。这纔是知人知面不知心呢！

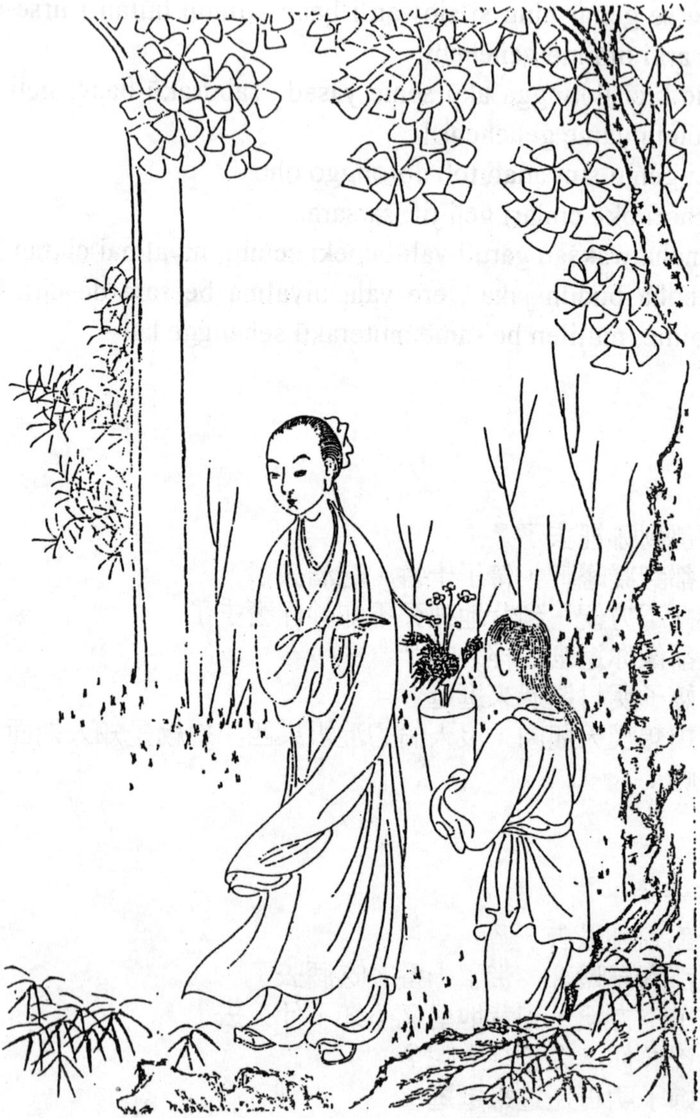
賈芸

二十五、禮尚往來

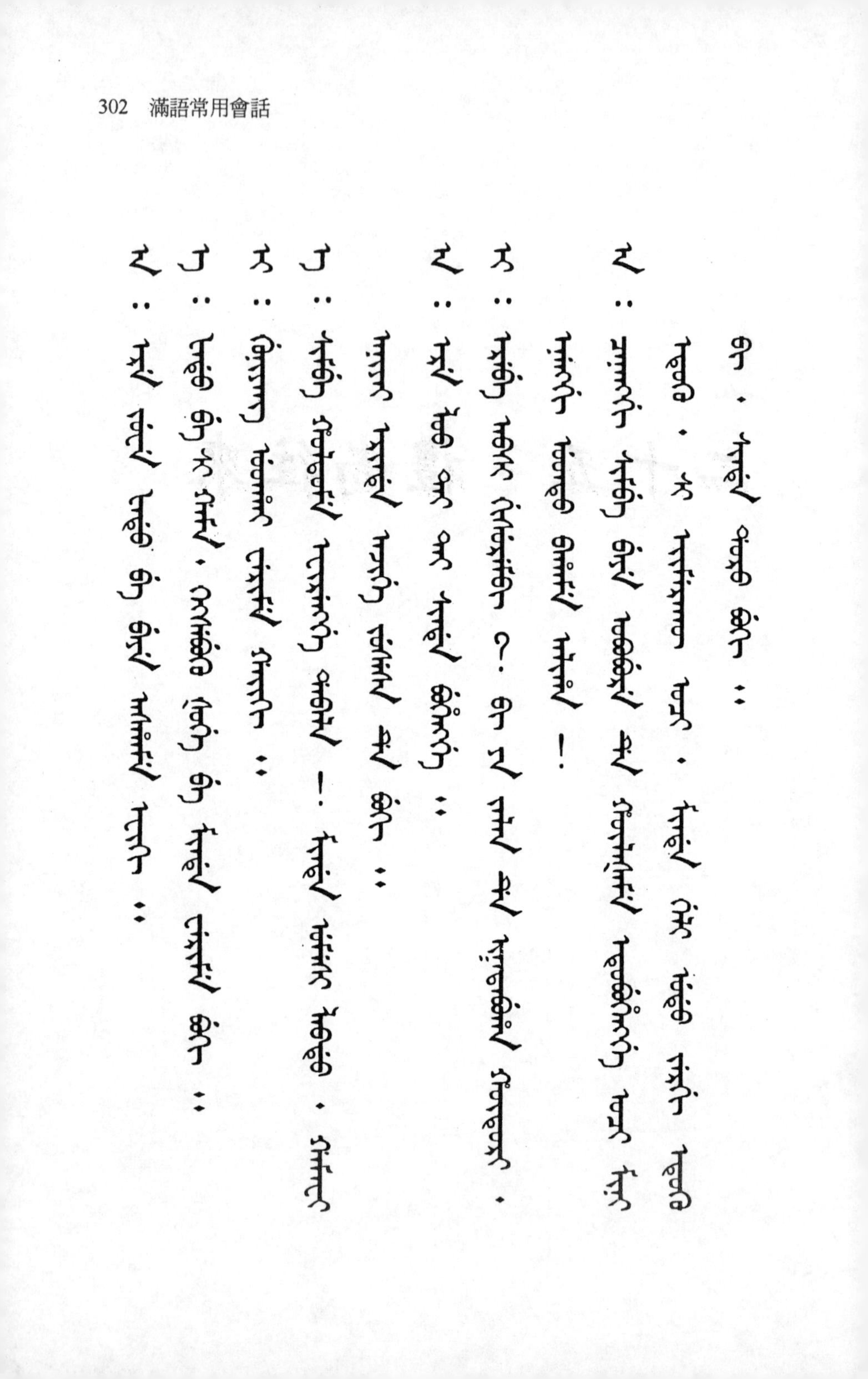

二十五、禮尚往來

a ：ere juwe fadu be beye ashame efiki。
e ：fadu be si gama，keksebuku šoge be minde werime buki。
i ：guniyang uthai werime gaiki。
e ：simbe holtome efirengge dabala！minde umesi labdu，gamafi aniyai erinde ajige jusesa de buki。
a ：ere loo tai tai sinde buhengge。
i ：erebe absi gisurembi？bi ya jalan de iktabuha hūturi，enenggi uttu bahame aliha！
a ：cananggi simbe beye obobure de hūlašame etubuhengge oci mini etuku，si eimerakū oci，minde geli udu jergi etuku bi，sinde doro buki。

---

a：這兩個荷包，你帶著玩吧！
e：荷包你拿去，如意錁子留給我吧！
i：姑娘便留下吧！
e：哄你玩罷了，我有好些呢，拿去過年時給孩子們吧！
a：這是老太太給你的。
i：這是哪裡說起？我哪世修來的福分，今兒能這樣承受。
a：前天叫你洗澡時換的衣裳是我的，你若不嫌棄，我還有幾件，也送給你吧！

---

a：这两个荷包，你带着玩吧！
e：荷包你拿去，如意锞子留给我吧！
i：姑娘便留下吧！
e：哄你玩罢了，我有好些呢，拿去过年时给孩子们吧！
a：这是老太太给你的。
i：这是哪里说起？我哪世修来的福分，今儿能这样承受。
a：前天叫你洗澡时换的衣裳是我的，你若不嫌弃，我还有几件，也送给你吧！

a：bulukan giyalan i dolo emu gu wehe i golmin fengseku sindahabi.

e：sain ilha! ere boo ele halhūn oci, ere ilha i wa ele tumin ombi. sikse ainu sabuhakū biheni?

a：ere oci suweni booi uheri da li da nai nai, siyo halai jacin guniyang de benjihe juwe fengseku šunggiyada ilha, juwe fengseku šuwayan nenden ilha inu. tere erebe minde emu fengseku šunggiyada ilha, siyang yun de emu fengseku šuwayan nenden ilha be dendeme buhebi. si gaire oci, bi sinde buci antaka?

e：mini boode kemuni juwe fengseku bi, damu ere de isirakū.

---

a：暖閣之中有一玉石條盆。

e：好花！這屋子越暖，這花香的越濃！怎麼昨兒沒見？

a：這是你們家的大總管李大奶奶送薛二姑娘的兩盆水仙，兩盆臘梅。他送了我一盆水仙，送了湘雲一盆臘梅。你若要，我轉送你如何？

e：我屋裡卻有兩盆，只是不及這個。

---

a：暖阁之中有一玉石条盆。

e：好花！这屋子越暖，这花香的越浓！怎么昨儿没见？

a：这是你们家的大总管李大奶奶送薛二姑娘的两盆水仙，两盆腊梅。他送了我一盆水仙，送了湘云一盆腊梅。你若要，我转送你如何？

e：我屋里却有两盆，只是不及这个。

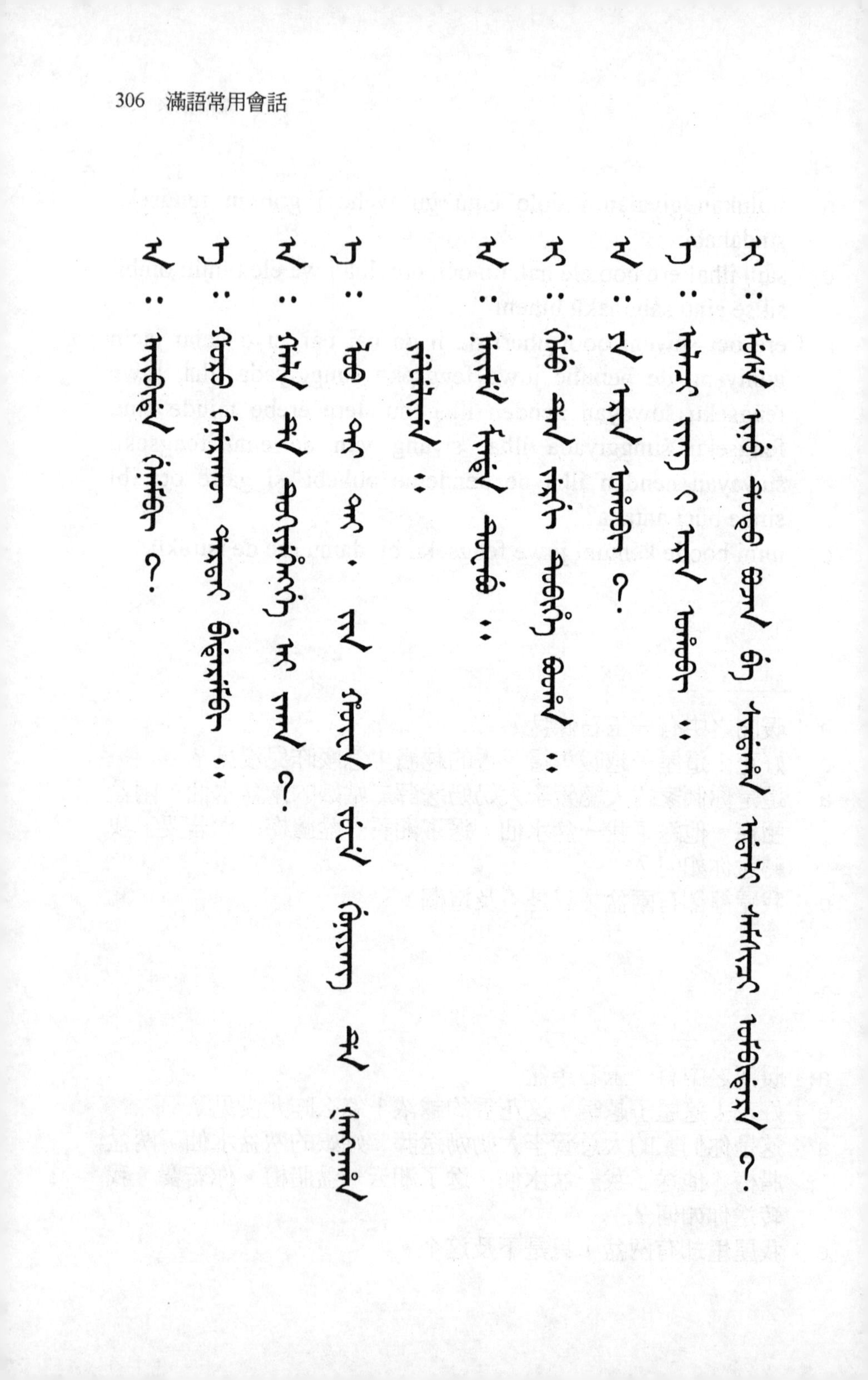

a ：aibide genembi?
e ：goro generakū dartai bederembi.
a ：gala de tukiyehengge ai jaka?
e ：loo tai tai jin hūwa juwe guniyang de šangnaha jefeliyen.
a ：neime minde tuwabu.
i ：gemu den jergi tubihe booha.
a ：ya erin ohobi?
e ：ilaci jing i erin ohobi.
i ：muse inu dutu pojan be sindaha adali samsici ombidere?

---

a ：往哪裡去?
e ：不往遠去，只出去就來。
a ：手裡拿著甚麼?
e ：是老太太賞給金花二姑娘的食品。
a ：揭起來我瞧瞧。
i ：都是上等的菓品茶點。
a ：幾更了?
e ：三更了。
i ：偺們也該聾子放炮仗似的散了吧？

---

a ：往哪里去?
e ：不往远去，只出去就来。
a ：手里拿着甚么?
e ：是老太太赏给金花二姑娘的食品。
a ：揭起来我瞧瞧。
i ：都是上等的菓品茶点。
a ：几更了?
e ：三更了。
i ：咱们也该聋子放炮仗似的散了吧？

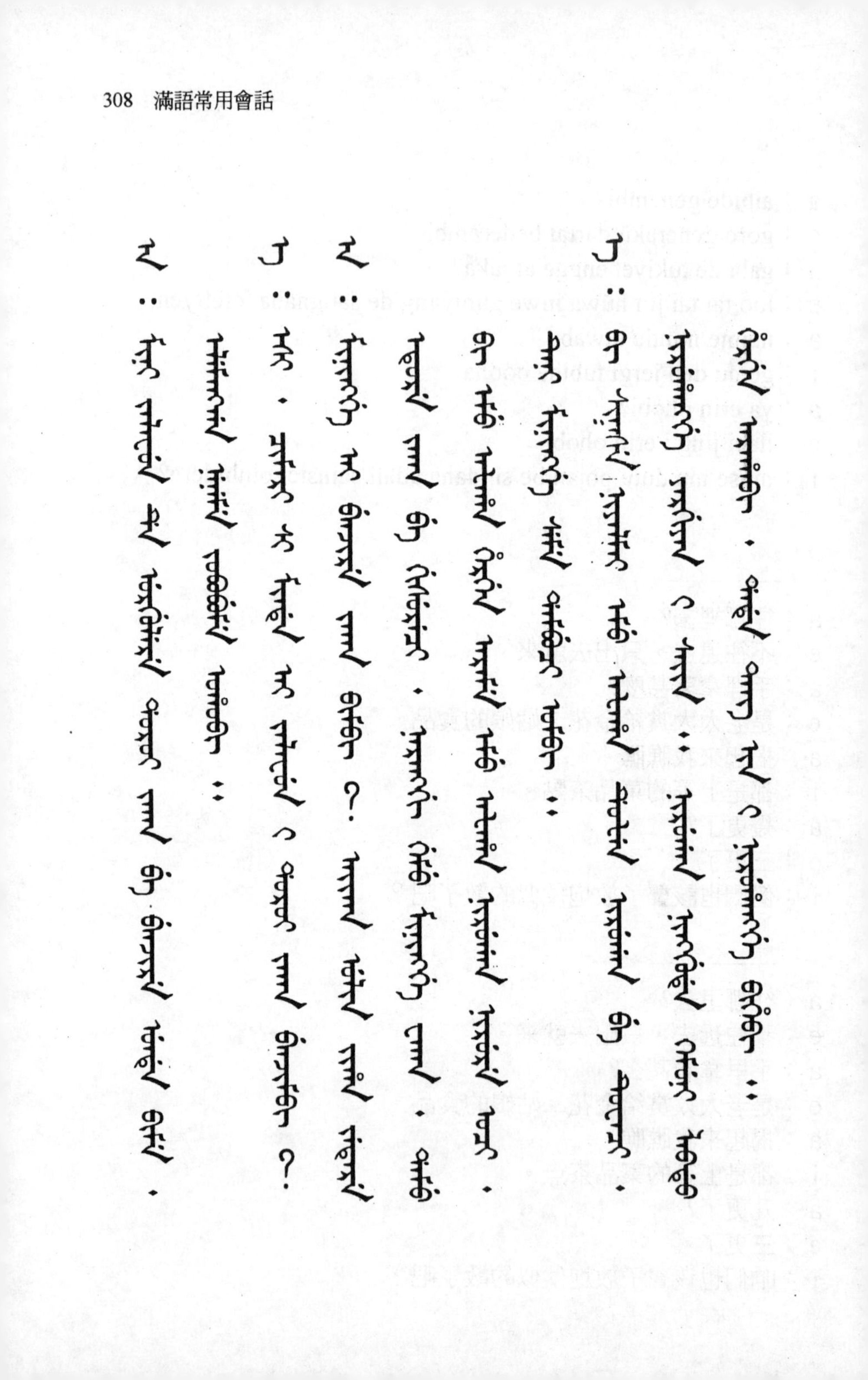

a：mini jalafun de urgulere doroi jaka be benjire unde bime elemangga neneme jobobume ohobi.
e：esi, cimari si minde ai jalafun i doroi jaka benjimbi?
a：miningge ai benjire jaka bimbi? aika ulin jiha jetere eture jaka be gisureci, naranggi gemu miningge waka, damu bi emu afaha hergen arame emu afaha nirugan nirure oci, teni miningge seme dambuci ombi.
e：bi sikse niyalmai emu afaha dufen nirugan be tuwaci, niruhangge yargiyan i sain, nirugan ninggude kemuni labdu hergen arahabi, dade "tang in " i niruhangge bihebi.

---

a：我的慶壽禮還沒送來，倒先擾了。
e：可是呢！你明兒來拜壽，打算送什麼禮物？
a：我有什麼可送的？若論銀錢吃穿等類的東西，畢竟都不是我的，惟有我寫一張字，或畫一張畫，纔算是我的。
e：昨兒我看人家春宮兒，畫的著實好，上頭還有許多的字，原來是什麼"唐寅"的。

---

a：我的庆寿礼还没送来，倒先扰了。
e：可是呢！你明儿来拜寿，打算送什么礼物？
a：我有什么可送的？若论银钱吃穿等类的东西，毕竟都不是我的，惟有我写一张字，或画一张画，纔算是我的。
e：昨儿我看人家春宫儿，画的着实好，上头还有许多的字，原来是什么"唐寅"的。

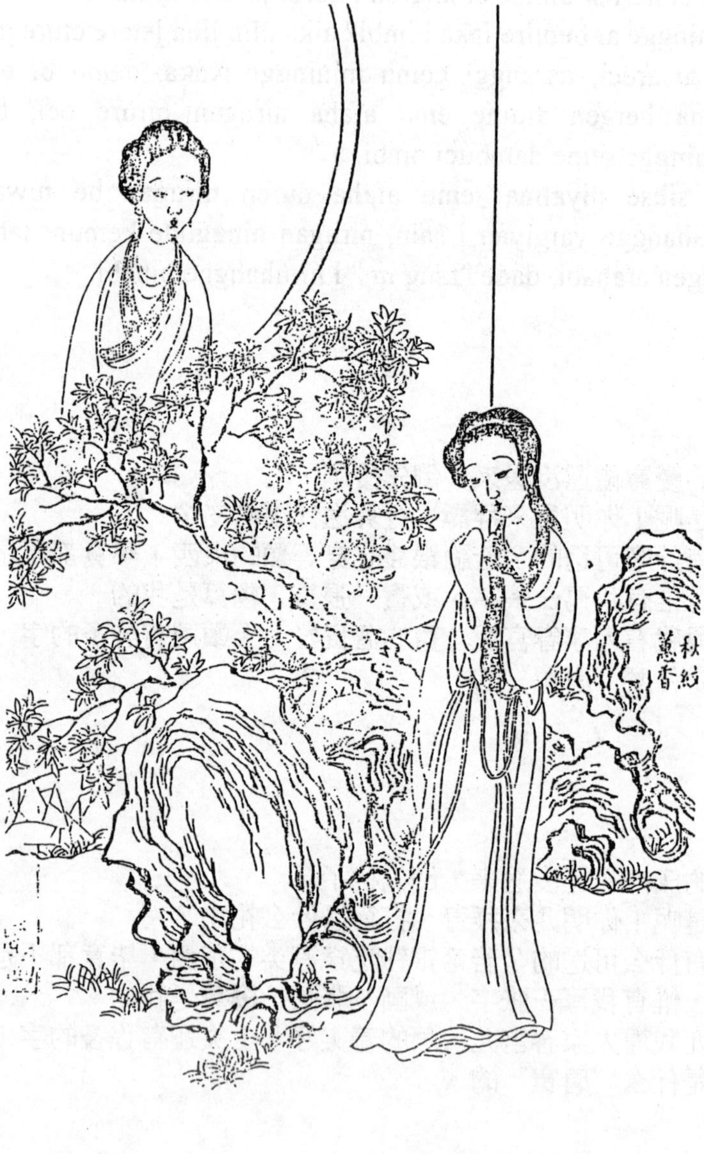
秋紋
蕙香

二十六、不諳世務

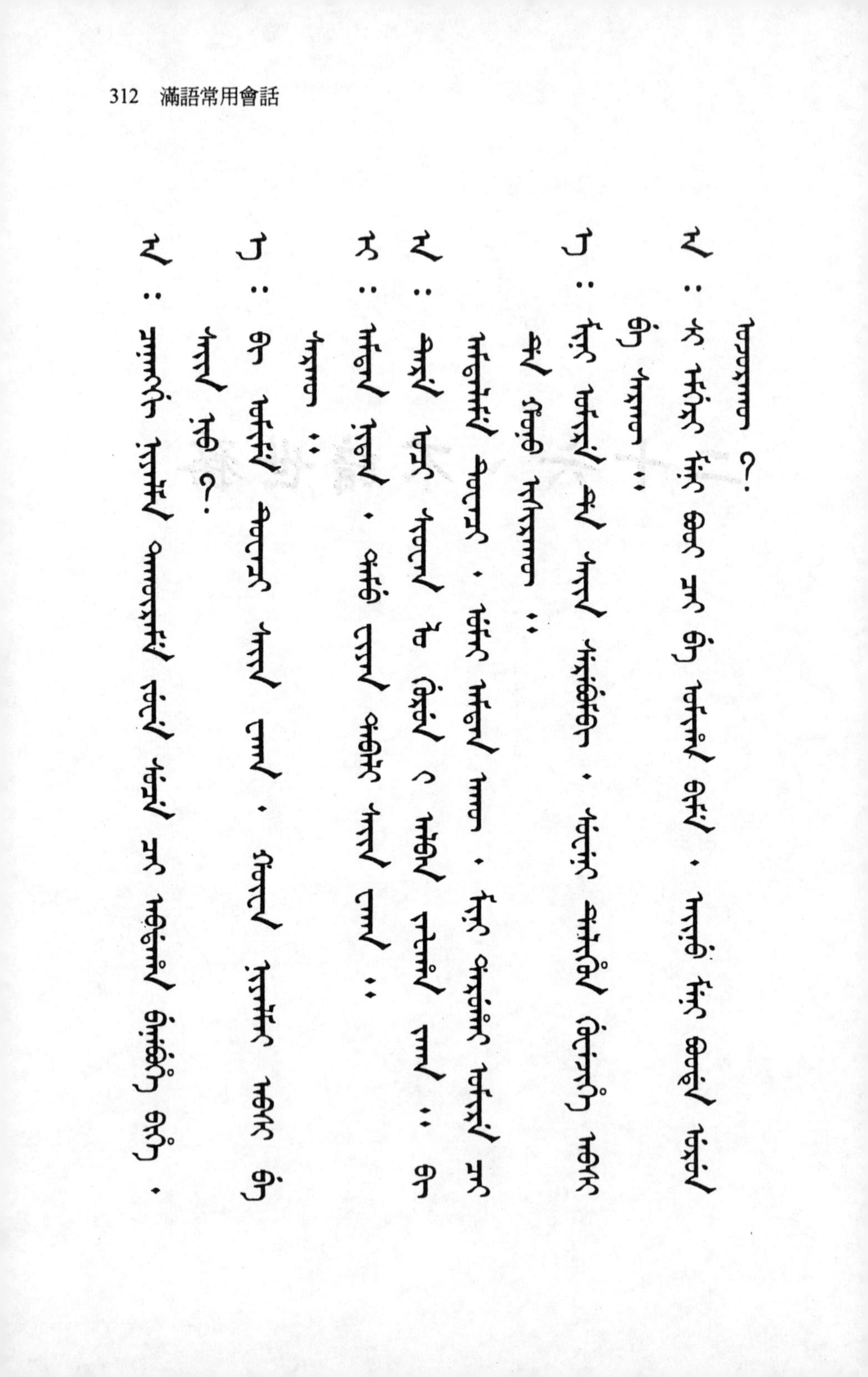

二十六、不諳世務

a：cananggi niyalma takūrame juwe suce cai abdaha benebuhe bihe, sain nio?
e：bi omime tuwaci sain waka, gūwa niyalmai absi be sarkū.
i：amtan nitan, damu fiyan dabali sain waka.
a：tere oci siowan lo gurun i alban jafaha jaka, bi amtalame tuwaci umai amtan akū, mini daruhai omire cai de hono isirakū.
e：mini omire de sain serebumbi, suweni delihun guwejihe absi be sarkū.
a：si emgeri meni booi cai be omiha bime, ainu meni boode urun ojorakū?

---

a：我前日打發人送了兩瓶茶葉給姑娘，可還好嗎？
e：我嚐了不好，也不知別人怎麼說？
i：味倒好，只是顏色不大好。
a：那是暹羅國進貢的，我嚐了也沒味，還不及我常喝的茶呢！
e：我吃著卻好，不知你們的脾胃是怎樣的。
a：你既吃了我們家的茶，怎麼還不給我們家作媳婦呢？

---

a：我前日打发人送了两瓶茶叶给姑娘，可还好吗？
e：我尝了不好，也不知别人怎么说？
i：味倒好，只是颜色不大好。
a：那是暹罗国进贡的，我尝了也没味，还不及我常喝的茶呢！
e：我吃着却好，不知你们的脾胃是怎样的。
a：你既吃了我们家的茶，怎么还不给我们家作媳妇呢？

ᡝ: ᠰᡳ ᠠᡳ ᠪᠠᡳᡨᠠ ᠪᡳᠣ?

ᠠ: ᠮᡠᠰᡝ ᠪᠠᡳᡨᠠ ᠪᡳ ᠨᡳᠶᠠᠯᠮᠠ ᡳ ᠠᠰᠠᡵᠠᠨ ᠪᡝ ᠪᠠᡳᡥᠠᠨᠠ ᠪᡳᠣ :: ᡨᡝᠮᡝ ᠪᡳᠶᡝ ᠪᡝᠶᡝ · ᡨᡝᡵᡝ ᠨᡳᠶᠠᠯᠮᠠ ᠪᠠᡵᡤᡳᠶᠠᠮᠪᡳ ·

ᠵᠠᡴᠠ ᠪᡝ ᠵᡠᠸᡝᠨ ᠮᡠᡩᠠᠨ ᡩᡝ ᠪᠠᡥᠠᠮᠪᡳ ᠠᠰᠠᡵᠠᠮᠪᡳ ᡤᡝᠨᡝᠮᠪᡳ · ᠮᡝᠨᡳ ᠵᡠᠸᡝᠨ ᠪᠠᡳᡨᠠ ᡨᡠᠸᠠᠮᠪᡳ ᠪᡝ ᠪᡠᠮᠪᡳ ᠪᡳ ::

ᡝ: ᠰᡠᠸᡝᠨ ᡳᠨᡳ ᠪᡳ ᠵᠠ ᠮᡠᠵᡳᠯᡝᠨ ᠮᡳᠨᡳ :: ᠪᡠᠵᠠᠨ ᠮᡝᠨᡳ ᠰᡠᠸᡝᠨ ᡳ ᠮᡠᡩᠠᠨ ᡤᡝᠨᡝᠮᠪᡳ ᠪᡝ ᠪᠠᡳᡨᠠ ᠪᡳᠶᡝᠨ ᠠᠰᠠᡵᠠᠮᠪᡳ · ᠮᡠᠰᡝ ᠪᡠᠮᠪᡳ ᡝᠮᡠ ᡨᡠᠸᡝᠮᡝ ᠮᡠᠰᡝ ᡳ ᠮᡳᠨᡳ ::

ᠠ: ᠮᠠᠨᡤᡤᠠ ᠪᡳ ᠨᡳᠶᠠᠯᠮᠠ ᠪᡝ ᠵᡠᠸᠠᠨ ᠮᡠᠰᡝ ᠪᡝ ᡨᡠᠸᠠᠮᠪᡳ ᠪᡳ ᠪᠠᡳᡥᠠᠨᠠ ᡨᡝᠮᠪᡳ ::

a ：si ai baita bifi jihe?

e ：emu baita bifi nakcu i aisilara be baime jihe. minde emu hacin baita bifi, majige bing piyan, še siyang baitangga ohobi, bahaci nakcu hacin tome duin yan šeleme buki, jakūn biyai tofohon siden urunakū ton songkoi jiha be benjimbi.

a ：šelembi sere gisun be jai ume jonoro oho, erei onggolo meni puseli i emu niyalma ini giranggi yali de udu yan menggun i hūdai jaka šeleme bufi, netele kemuni toodara unde.

e ：nakcu i gisun de giyan bi.

---

a ：你來有什麼事？

e ：有件事求舅舅幫襯，因爲我有件事需要用冰片、麝香，好歹舅舅每樣賒四兩給我，八月十五日前必定按數送了錢來。

a ：再休提賒欠一事，前日也是我們舖子裡一個夥計，替他的親戚賒了幾兩銀子的貨，至今還沒還。

e ：舅舅說的有理。

---

a ：你来有什么事？

e ：有件事求舅舅帮衬，因为我有件事需要用冰片、麝香，好歹舅舅每样赊四两给我，八月十五日前必定按数送了钱来。

a ：再休提赊欠一事，前日也是我们铺子里一个伙计，替他的亲戚赊了几两银子的货，至今还没还。

e ：舅舅说的有理。

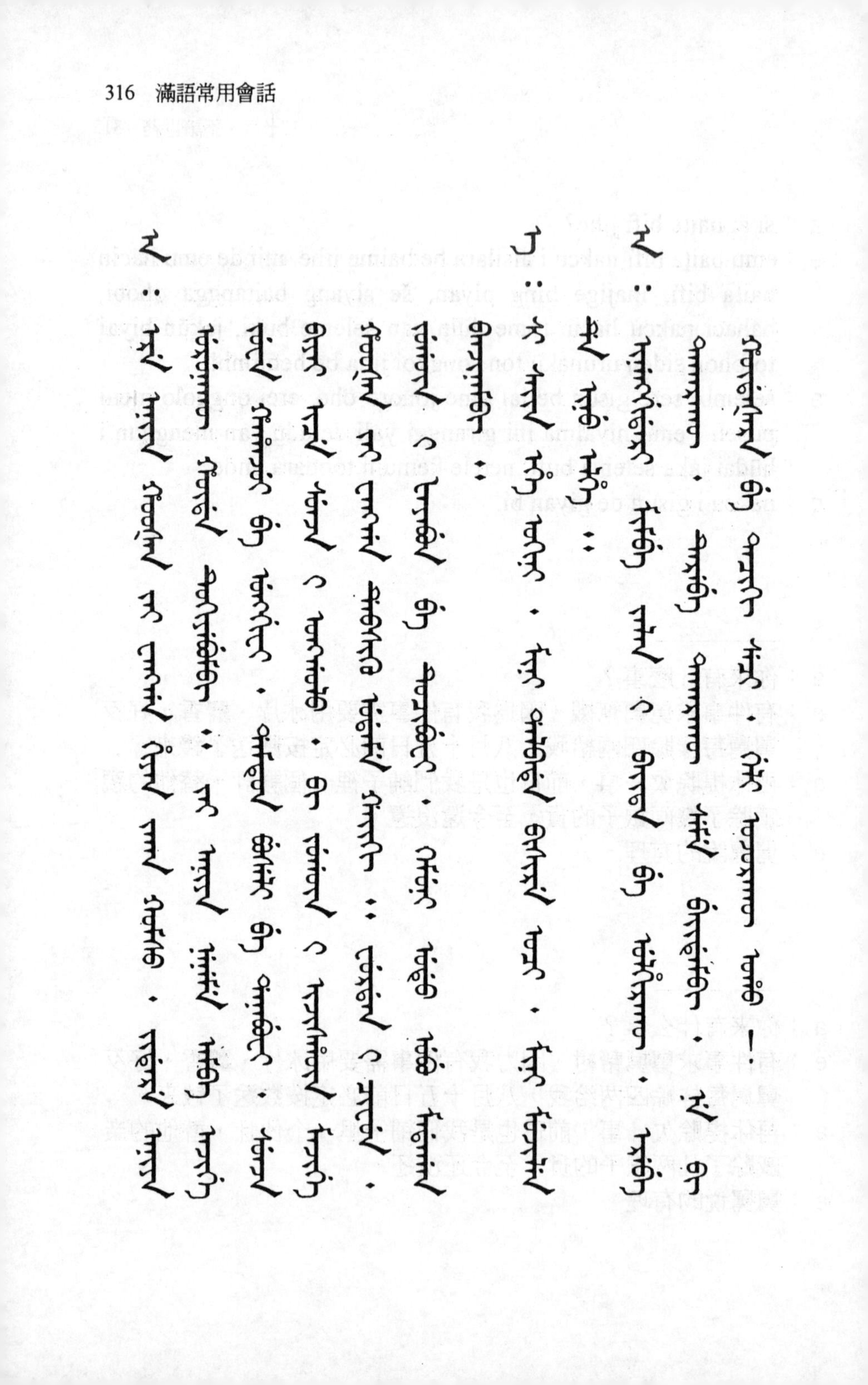

[illegible]
[illegible]
[illegible]
[illegible]
[illegible]
[illegible]
[illegible]
[illegible]
[illegible]
[illegible]
[illegible]

a：ere aniya hoošan jai wangga hiyan jaka komso, jidere aniya urunakū hūda tukiyebumbi, jai aniya neneme amba ajige juwe hahaju be unggifi, damtun puseli be danabufi, sunja biyai ice sunja i onggolo, bi jugūn i ijishūn majige hoošan jai wangga debsiku udame gaiki, furdan i cifun, jugūn i fayabun be tucibufi, kemuni udu ubu madagan banjinambi.

e：si sain ehe okini, mini dalbade bisire oci, mini mujilen de inu elhe.

a：inenggidari mimbe jalan i baita be ulhirakū, erebe takarakū, terebe takarakū seme beidembi；ne bi hūdašara be taciki seci, geli ojorakū oho！

---

a：今年紙和香等物短少，來年必定價格上漲。明年先打發大小兩個兒子來，照管當鋪，趕端陽前，我順路就販些紙和香扇來賣。除去關稅、路費，也還可以長出幾倍利息。

e：你好歹留在我身邊，我還放心些。

a：天天指責我不知世務，這個也不知，那個也不懂，如今我要學習買賣，又不可以了。

---

a：今年纸和香等物短少，来年必定价格上涨。明年先打发大小两个儿子来，照管当铺，赶端阳前，我顺路就贩些纸和香扇来卖。除去关税、路费，也还可以长出几倍利息。

e：你好歹留在我身边，我还放心些。

a：天天指责我不知世务，这个也不知，那个也不懂，如今我要学习买卖，又不可以了。

[illegible]

a：enteke amba niyalma ohobi, aika damu terei jalan i baita be takarakū jalin olhome， duka tuciburakū oci, baita icihiyame bahanarakū, ere aniya boode horifi, jai aniya kemuni da durun。

e：sini gisun acanambi dere, majige jiha fayabucibe tere sain ci fororo oci, inu salimbi. dulin niyalmai giyan be akūmbume, dulin abkai hesebun be aliyara dabala。

a：juwan duin oci tucime yabure sain inenggi, tara ahūn si belheme bisu, lorin turifi juwan duin i erde uthai juraki。

---

a：這麼大人了，若只管怕他不知世事，不讓出門，則不會辦事，今年關在家裡，明年還是照樣。

e：倒是你說的是，花費些錢，叫他學乖，也值得。一半盡人力，一半聽天罷了。

a：十四日是出行吉日，表兄你且打點行李，僱下騾子，十四日一早就啓行吧！

---

a：这么大人了，若只管怕他不知世事，不让出门，则不会办事，今年关在家里，明年还是照样。

e：倒是你说的是，花费些钱，叫他学乖，也值得。一半尽人力，一半听天罢了。

a：十四日是出行吉日，表兄你且打点行李，雇下骡子，十四日一早就启行吧！

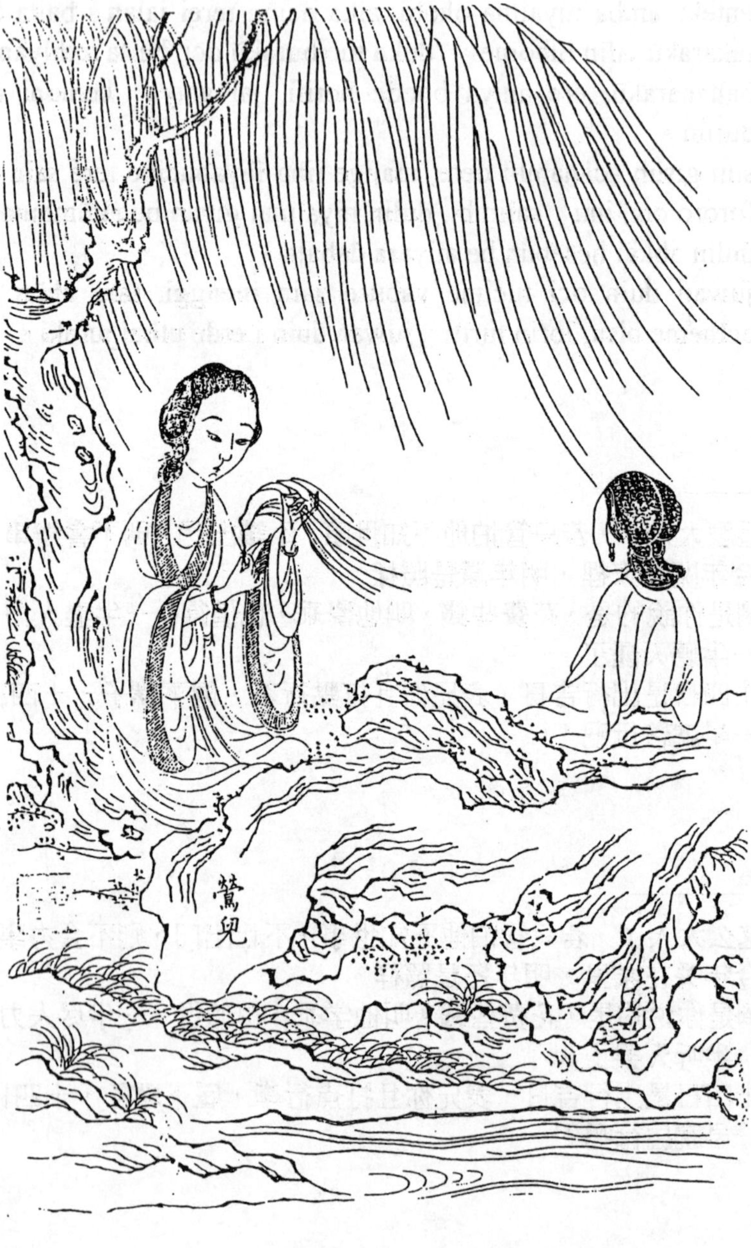
鶯兒

二十七、坦白從寬

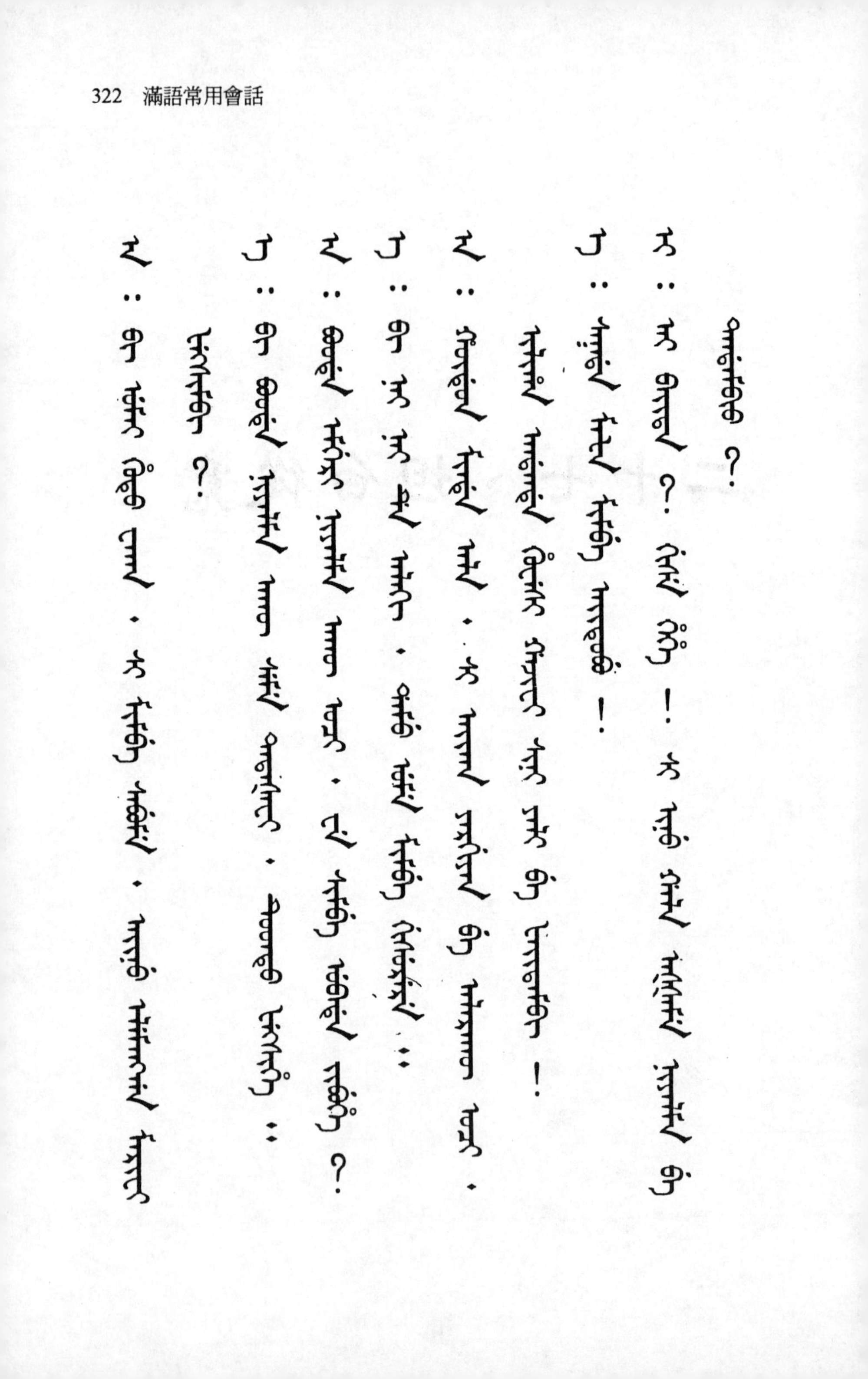

二十七、坦白從寬

a ：bi umai hutu waka, si mimbe sabume, ainu elemangga marifi feksimbi？
e ：bi boode niyalma akū seme tatašafi, tuttu feksihe。
a ：boode emgeri niyalma akū oci, we simbe ubade jibuhe？
e ：bi nai nai de alaki, damu ume mimbe gisurere。
a ：hūdun minde ala, si aika yargiyan be alarakū oci, iliha andande huwesi gajifi sini yali be faitambi！
e ：sakda mafa mimbe aitubu！
i ：ai baita? gise hehe! si inu gala aššame niyalma be tandambio？

---

a：我又不是鬼，你見了我，怎麼倒往回跑？
e：我惦記著屋裡沒人，纔跑來。
a：屋裡既沒人，誰叫你到這裡來的？。
e：我告訴奶奶，可別說我。
a：快告訴我，你要不實說，立刻拿刀子來割你的肉。
e：老祖宗救我呀！
i：什麼事？好娼婦，你也動手打人嗎？

---

a：我又不是鬼，你见了我，怎么倒往回跑？
e：我惦记着屋里没人，纔跑来。
a：屋里既没人，谁叫你到这里来的？。
e：我告诉奶奶，可别说我。
a：快告诉我，你要不实说，立刻拿刀子来割你的肉。
e：老祖宗救我呀！
i：什么事？好娼妇，你也动手打人吗？

ᠠ: ᠪᡳ ᠠᠯᠪᠠᠨ ᡩᡝ ᠶᠠᠪᡠᠮᠪᡳ ::

ᡝ: ᠰᡳ ᠶᠠᠮᡠᠨ ᡳ ᡥᠠᡶᠠᠨ ᠪᡳᠣ ?

a：sikse looye duka de latubuha afahari be sabufi jilidame，eneggi looye ere dere akū baita be fonjire šolo akū。
e：ere jergi gisun inu balai cihai labsime ombio？jiduji cin el de ere jergi baita bisire akū be si fonjime dulekekūn？
a：jakan bi emgeri fonjiha。
i：emu niyalma miosihūn baita be icihiyame inu cihanggai alime gaimbio？
a：tere sarganjuse ne aibide bi？
e：gemu yafan de horihabi。

---

a：昨日老爺見了揭帖生氣，今日老爺沒空問這件不成體統的事。
e：這些話可是混嚼說得的嗎？你到底問了芹兒有這件事沒有呢？
a：剛纔我問過了。
i：一個人幹了混帳事也肯承認嗎？
a：那些女孩子如今在哪裡？
e：都在園裡關著呢！

---

a：昨日老爷见了揭帖生气，今日老爷没空问这件不成体统的事。
e：这些话可是混嚼说得的吗？你到底问了芹儿有这件事没有呢？
a：刚纔我问过了。
i：一个人干了混帐事也肯承认吗？
a：那些女孩子如今在哪里？
e：都在园里关着呢！

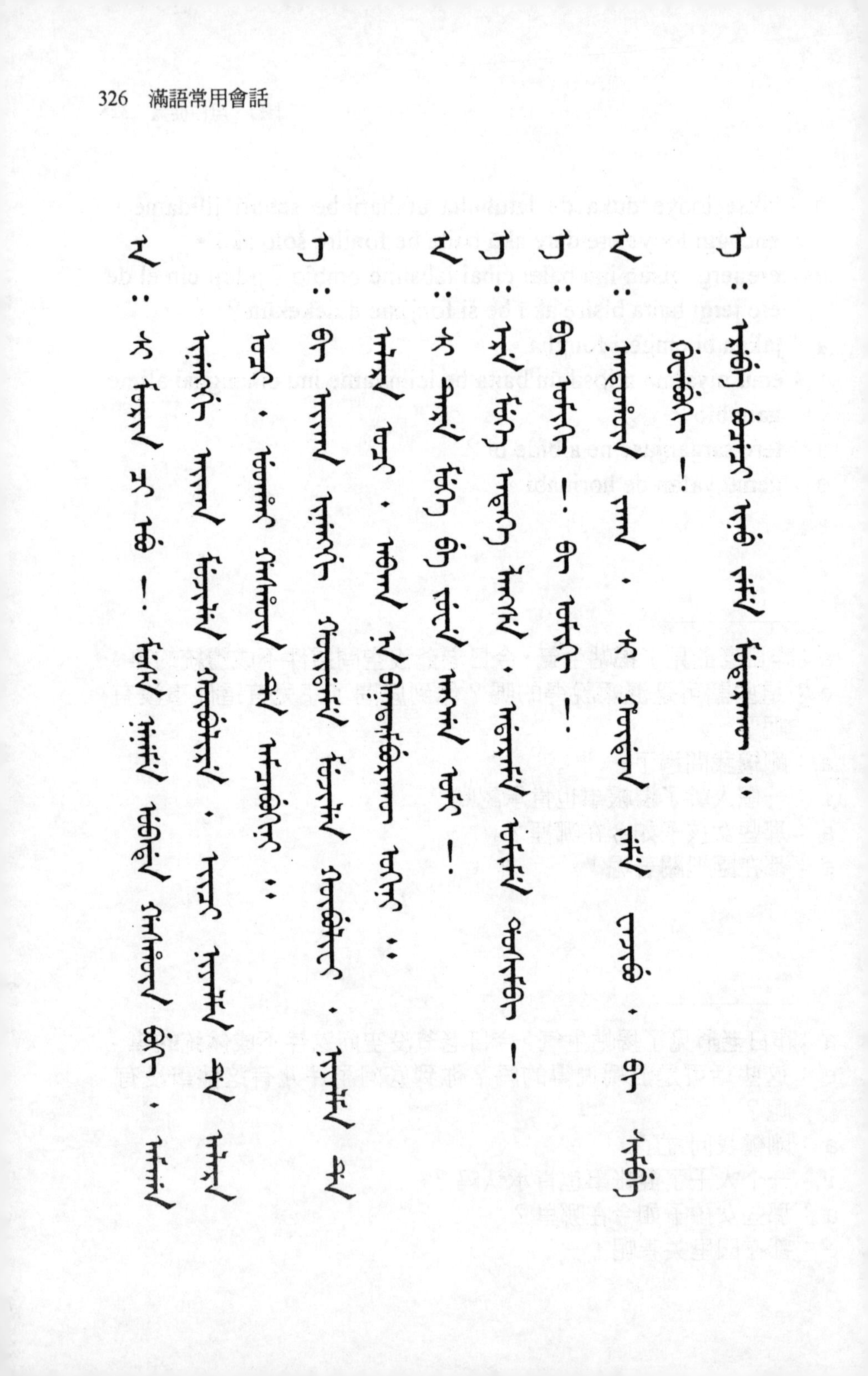

a：si morin ci ebu！muse neneme ubade gashūn buki, amaga inenggi aika mujilen kūbulire，eici niyalma de alara oci，uthai gashūn de amcabukini。
e：bi aika inenggi goidame mujilen kūbulifi，niyalma de alara oci, abka na baktamburakū okini。
a：si tere muke be juwe angga omi！
e：ere muke enteke langse，adarame omime dosimbi！
e：bi omiki！bi omiki！
a：nantuhūn jaka，si hūdun jeme wajibu, bi simbe guwebuki！
e：erebe buceci inu jeme muterakū。

---

a：你下馬來，偺們先在這裡發誓，日後要變了心，或告訴別人，就應誓。
e：我要日久變心，告訴了別人，天誅地滅。
a：你把那水喝兩口！
e：這水實在骯髒，怎麼喝的下去！
e：我喝！我喝！
a：骯髒東西，你快喫完，我饒你！
e：這至死也不能喫的。

---

a：你下马来，咱们先在这里发誓，日后要变了心，或告诉别人，就应誓。
e：我要日久变心，告诉了别人，天诛地灭。
a：你把那水喝两口！
e：这水实在肮脏，怎么喝的下去！
e：我喝！我喝！
a：肮脏东西，你快吃完，我饶你！
e：这至死也不能吃的。

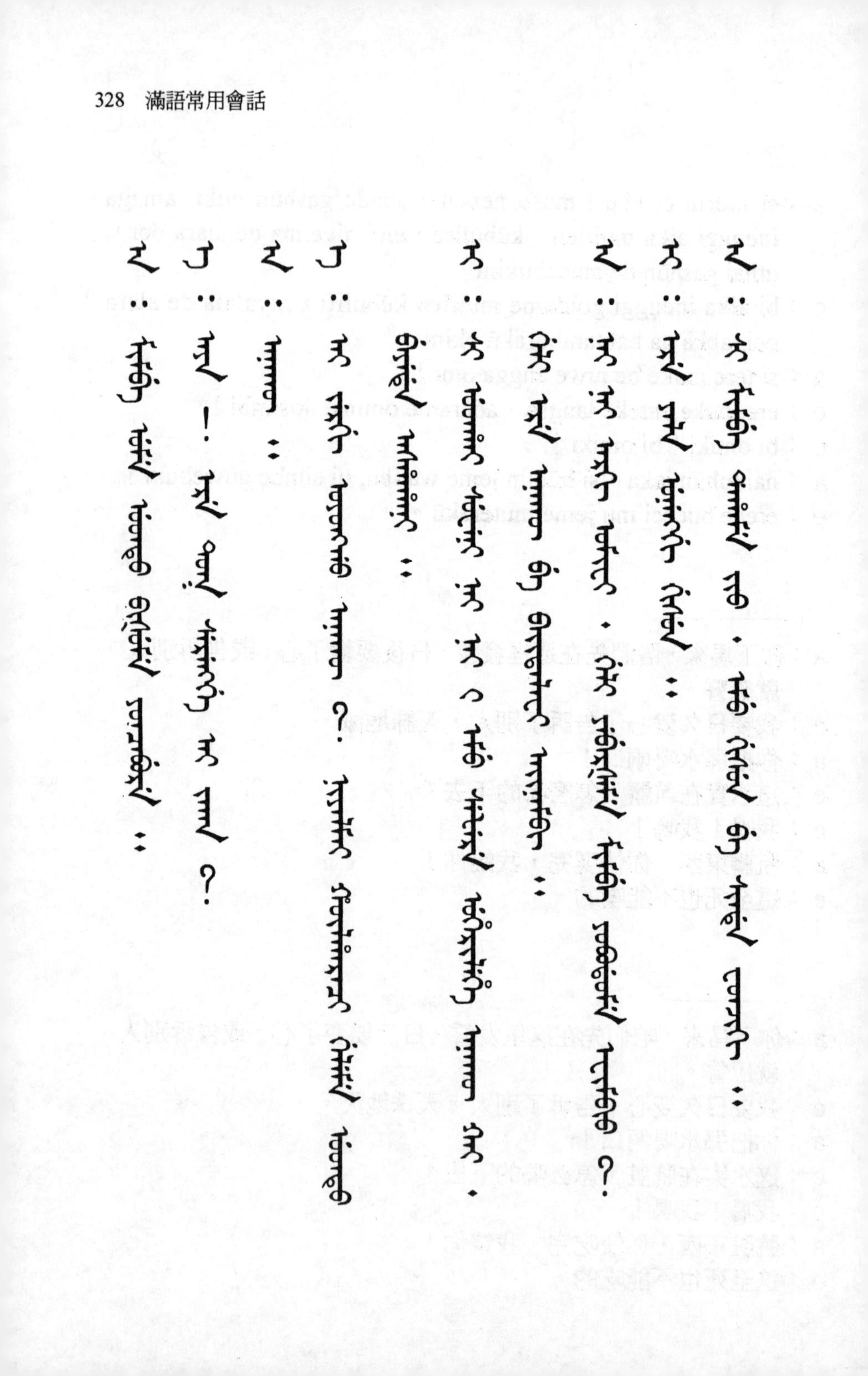

a：mimbe ume uttu bišume yoncabure.
e：aya！ere tok serengge ai jaka?
a：anakū.
e：ai jergi oyonggo anakū? niyalmai hūlharaci geleme uttu beyede ashahani.
i：si uthai suweni nai nai i emu sefere uherilehe anakū kai, geli ere anakū be baitalafi ainambi.
a：nai nai arki omifi, geli yeberšeme mimbe yobodome efimbio?
i：ere yala unenggi gisun.
a：si mimbe dahame jio，emu gisun be sinde fonjiki.

---

a：別這麼摸得我怪癢癢的。
e：噯喲！這硬的是什麼？
a：是鑰匙。
e：有什麼要緊的鑰匙怕人偷了去，卻帶在身上？
i：你就是你奶奶的一把總鑰匙，還要用這把鑰匙做什麼？
a：奶奶吃了酒，又拿我來打趣著取笑兒了。
i：這倒是真話。
a：你跟我來，有句話要問你。

---

a：别这么摸得我怪痒痒的。
e：嗳哟！这硬的是什么？
a：是钥匙。
e：有什么要紧的钥匙怕人偷了去，却带在身上？
i：你就是你奶奶的一把总钥匙，还要用这把钥匙做什么？
a：奶奶吃了酒，又拿我来打趣着取笑儿了。
i：这倒是真话。
a：你跟我来，有句话要问你。

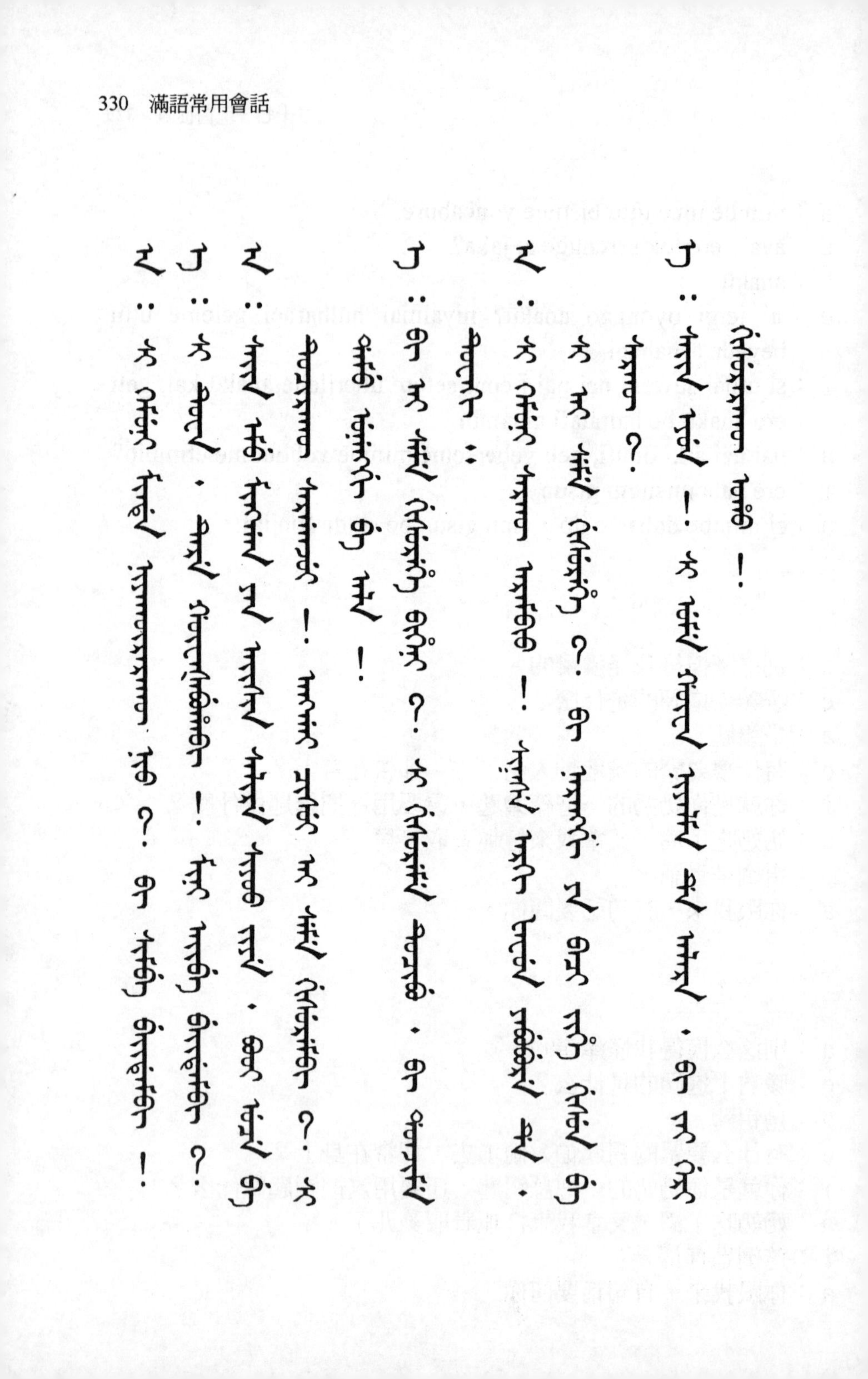

[illegible]

[illegible]

[illegible]

[illegible]

[illegible]

[illegible]

[illegible]

[illegible]

[illegible]

[illegible]

a：si kemuni minde niyakūrarakū nio？bi simbe beidembi！
e：si tuwa，tere gūwašabuhabi！mini aibe beidembi？
a：sain emu minggan yan aisin salire siyoo jiye，booi uce be tucirakū sarganjui！anggai cisui ai seme gisurembi？si damu unenggi be ala！
e：bi ai seme gisurehe biheni？si gisureme tucibu，bi donjime tuwaki。
a：si kemuni sarkū arambio！sikse arki fafun yabubure de，si ai seme gisurehe？bi naranggi ya baci jihe gisun be sarkū？
e：sain eyun！si ume gūwa niyalma de alara，bi jai geri gisurerakū oho！

---

a：你還不給我跪下？我要審你。
e：你看，他怪罪了吧，審我什麼呀？
a：好好的一個千金小姐，足不出戶的女子，信口說什麼呀？你只管從實招來。
e：我說什麼了？你且說來我聽。
a：你還裝不知道，昨日行酒令，你怎麼說的？我實不知話從何來？
e：好姐姐，你不要告訴別人，我再不說了。

---

a：你还不给我跪下？我要审你。
e：你看，他怪罪了吧，审我什么呀？
a：好好的一个千金小姐，足不出户的女子，信口说什么呀？你只管从实招来。
e：我说什么了？你且说来我听。
a：你还装不知道，昨日行酒令，你怎么说的？我实不知话从何来？
e：好姐姐，你不要告诉别人，我再不说了。

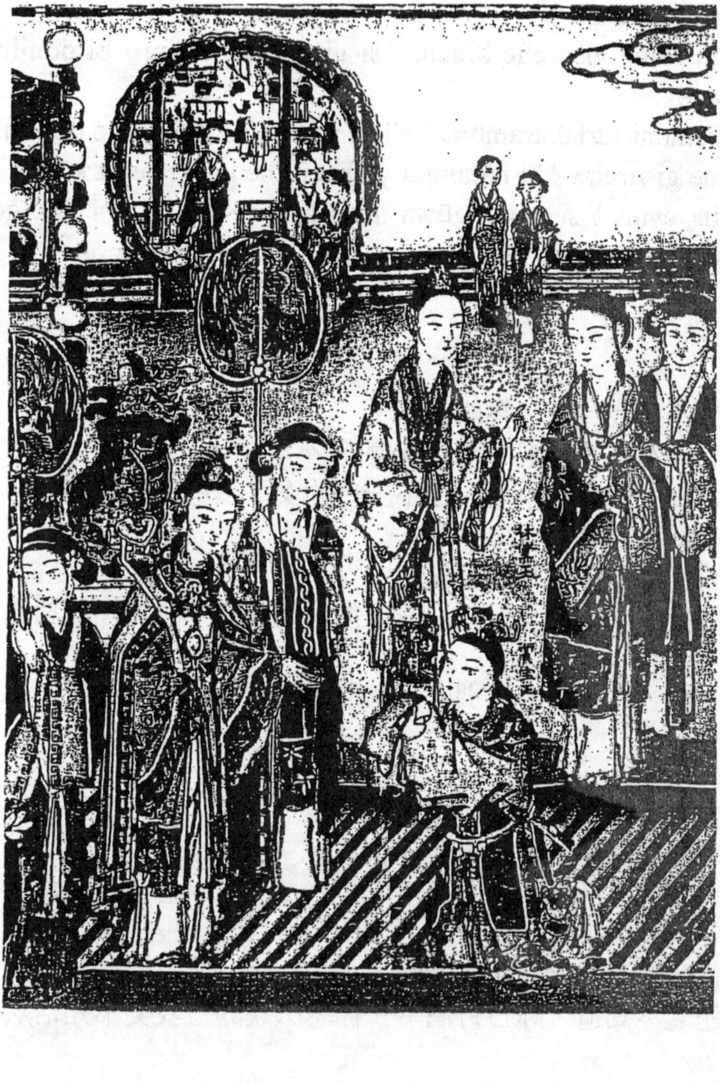

二十八、嚴父慈母

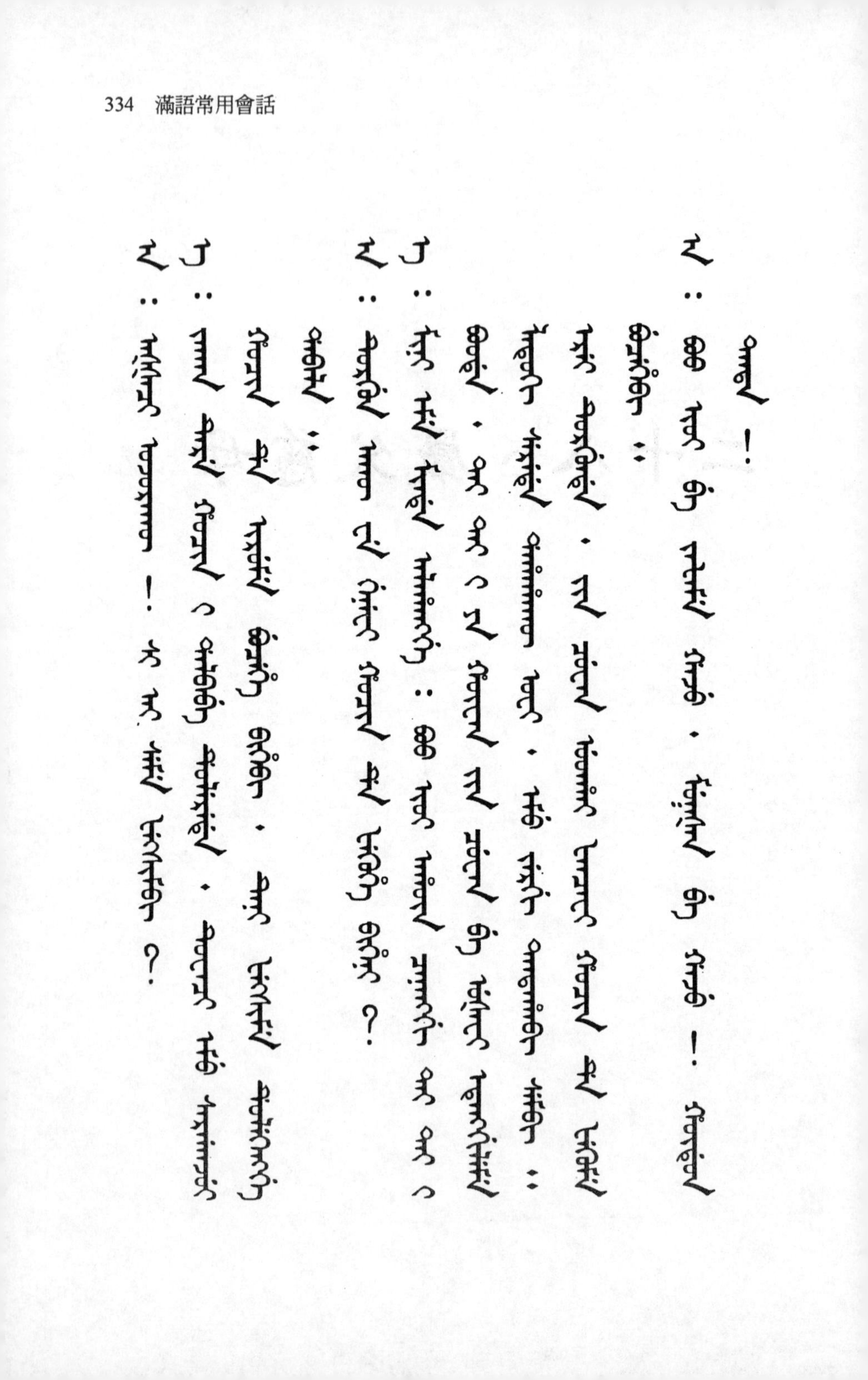

二十八、嚴父慈母

a：aššaci ojorakū! si ai seme feksimbi?

e：jakan tere hocin i dalbabe dulerede, tuwaci emu sarganjui hocin de irume bucehe bihebi, teni feksime dulekengge dabala.

a：turgun akū we genefi hocin de fekuhe biheni?

e：mini eme minde alahangge, boo ioi ahūn cananggi tai tai i boode, tai tai i ya hūwan jin cuwan be ušafi etenggileme latuki serede dahahakū ofi, emu jergi tantahabi sembi, erei turgunde, jin cuwan uthai fancafi, hocin de fekume bucehebi.

a：boo ioi be jafame gaju, mukšan be gaju! hūdun tanta!

---

a：不許動！你跑什麼？

e：方纔從那井邊經過時，看見一個丫頭淹死在井裡，纔趕著跑過來了。

a：好端端的，誰去跳井？

e：聽我母親告訴我說：寶玉哥哥前日在太太屋裡拉著太太的丫頭金釧兒強姦不遂，打了一頓，金釧兒便賭氣投井死了。

a：拿寶玉來，拿大棍！快給我打！

---

a：不许动！你跑什么？

e：方纔从那井边经过时，看见一个丫头淹死在井里，纔赶着跑过来了。

a：好端端的，谁去跳井？

e：听我母亲告诉我说：宝玉哥哥前日在太太屋里拉着太太的丫头金钏儿强奸不遂，打了一顿，金钏儿便赌气投井死了。

a：拿宝玉来，拿大棍！快给我打！

i ：looye mimbe tantame ohobi.
a ：suwe terei yabuha baita be guwebuci ojoro ojorakūn be fonji!
e ：boo ioi be tantame acambi secibe, looye inu beyebe ujeleci acambi.
e ：boo ioi be tantame warangge ajige baita, aikabade loo tai tai erken terken ojoro oci, ainahai amba baita ojorakūn？
e ：looye jui be tacibume tuwancihiyarade, inu muse eigen sargan i derebe tuwaci acambi. bi ne emgeri susai se ohobi, bisirengge damu ere suingga jaka, tetendere terebe fasibume wara oci, neneme mimbe hahūrame wafi jai terebe hahūrame

---

i ：老爺要打我呢！
a ：你們問問他幹的勾當，可饒不可饒。
e ：寶玉雖然該打，老爺也要保重。
e ：打死寶玉事小，倘或老太太一時不自在了，豈不事大？
e ：老爺雖然應當管教兒子，也要看夫妻分上，我如今已五十歲的人，只有這個孽障，既要勒死他，那就先掐死我，再掐死他！

---

i ：老爷要打我呢！
a ：你们问问他干的勾当，可饶不可饶。
e ：宝玉虽然该打，老爷也要保重。
e ：打死宝玉事小，倘或老太太一时不自在了，岂不事大？
e ：老爷虽然应当管教儿子，也要看夫妻分上，我如今已五十岁的人，只有这个孽障，既要勒死他，那就先掐死我，再掐死他！

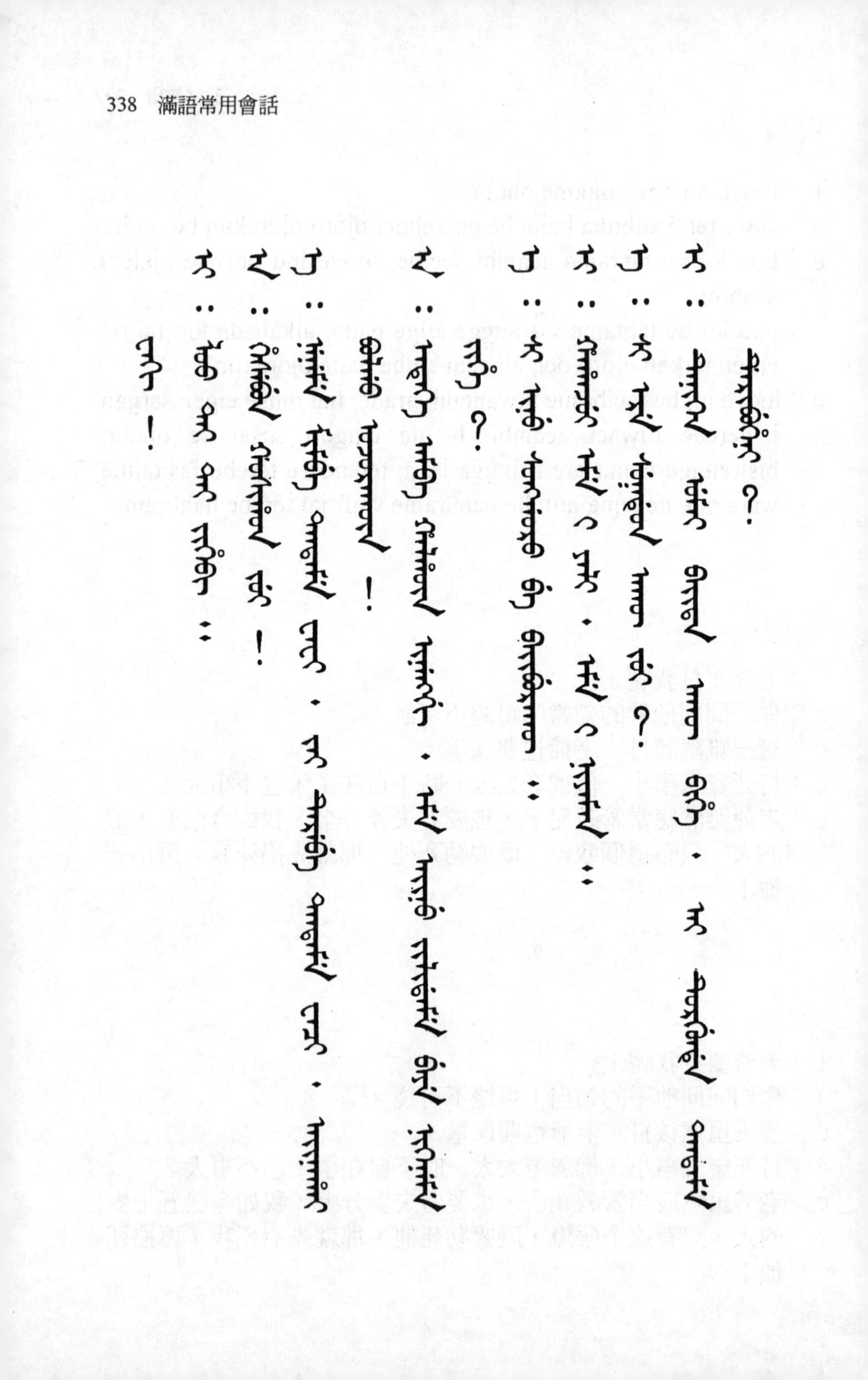

waki.
i ：loo tai tai jihebi.
a ：hesebun gosihon jui!
e ：neneme mimbe tantame wafi, jai terebe tantame waci, ainahai bolgo ojorakūn!
a：enteke amba halhūn inenggi, eme ainu jilidame beye nikeneme jihe?
e ：si inu songgoro be baiburakū.
i ：hahajui eme i “yali,”eme i “niyaman”.
e ：si ere sukdun akū jui.
i ：ṭeniken umai baita akū bihe, ai turgunde tantame deribuheni?

---

i：老太太來了。
a：苦命的兒。
e：先打死我，再打死他！豈不乾淨了！
a：如此大熱的天，母親爲何生氣親自過來？
e：你也不必哭了。
i：兒子是母親的「肉」，母親的「心」。
e：你這不爭氣的兒！
i：方纔好端端的，爲什麼打起來了呢？

---

i：老太太来了。
a：苦命的儿。
e：先打死我，再打死他！岂不干净了！
a：如此大热的天，母亲为何生气亲自过来？
e：你也不必哭了。
i：儿子是母亲的「肉」，母亲的「心」。
e：你这不争气的儿！
i：方纔好端端的，为什么打起来了呢？

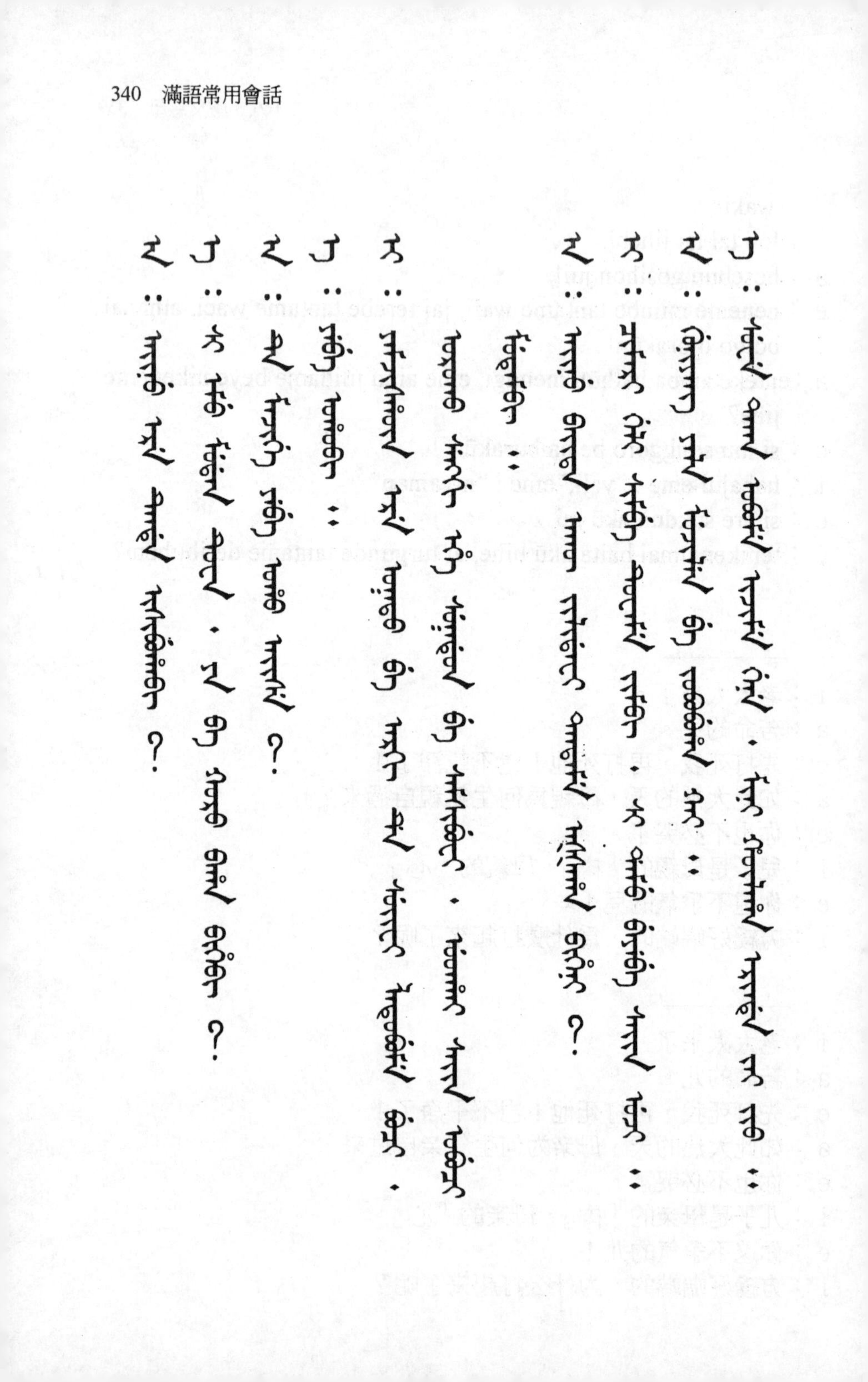

a：ainu ere tende isibuhabi？
e：si emu mudan tuwa, ya ba koro baha biheni？
a：te majige yebe oho aise？
e：yebe ohobi.
i：yamjishūn ere okto be arki de suifi latubume buci, oroko senggi ehe sukdun be samsibufi, uthai sain obuci mutembi.
a：ainu baita akū jilidafi tantame aššaha biheni？
i：cimari geli simbe tuwame jimbi, si damu beyebe sain uji.
a：guniyang yala mujilen be jobobuha kai.
e：suwe taka obome ijime gene, mini hūlaha erinde jai jio.

---

a：怎麼到了這步田地？
e：你瞧瞧，那兒受傷了？
a：這會兒可好些？
e：好些了。
i：晚上把這藥用酒研過，替他敷上，把那淤血的熱毒散開就好了。
a：怎麼好好的就打起來了呢？
i：明日再來看你，好生養著吧！
a：姑娘倒費心了。
e：你們且去梳洗，等我叫時再來吧！

---

a：怎么到了这步田地？
e：你瞧瞧，那儿受伤了？
a：这会儿可好些？
e：好些了。
i：晚上把这药用酒研过，替他敷上，把那淤血的热毒散开就好了。
a：怎么好好的就打起来了呢？
i：明日再来看你，好生养着吧！
a：姑娘倒费心了。
e：你们且去梳洗，等我叫时再来吧！

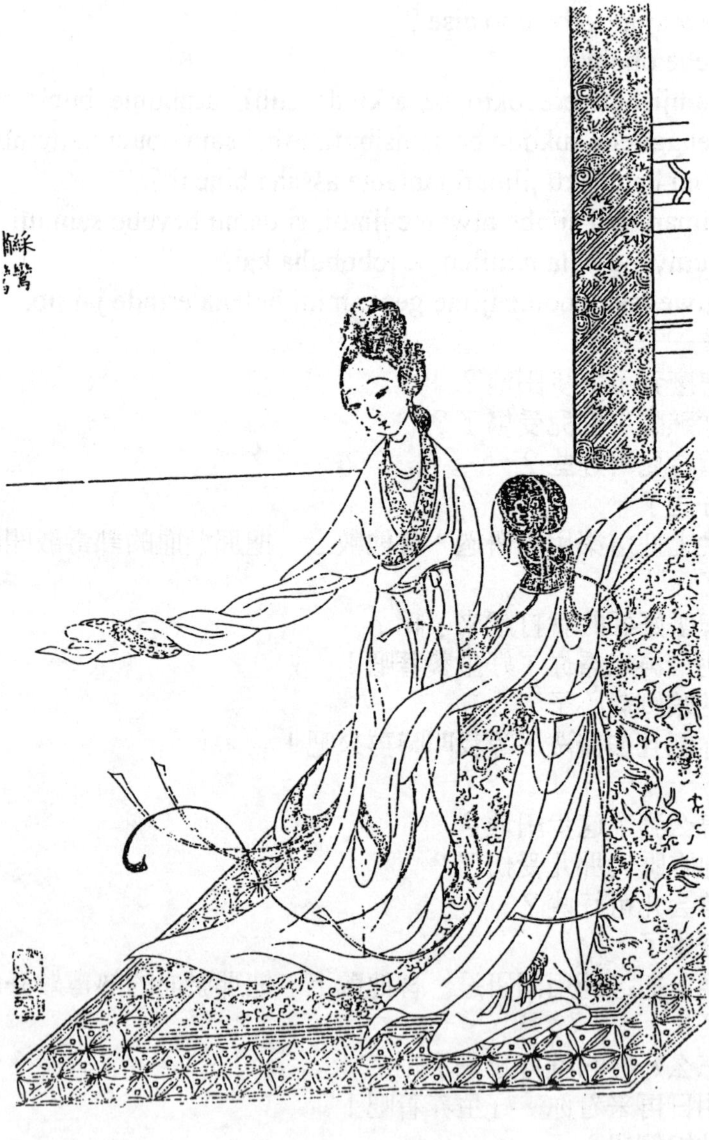

二十九、鐵面無私

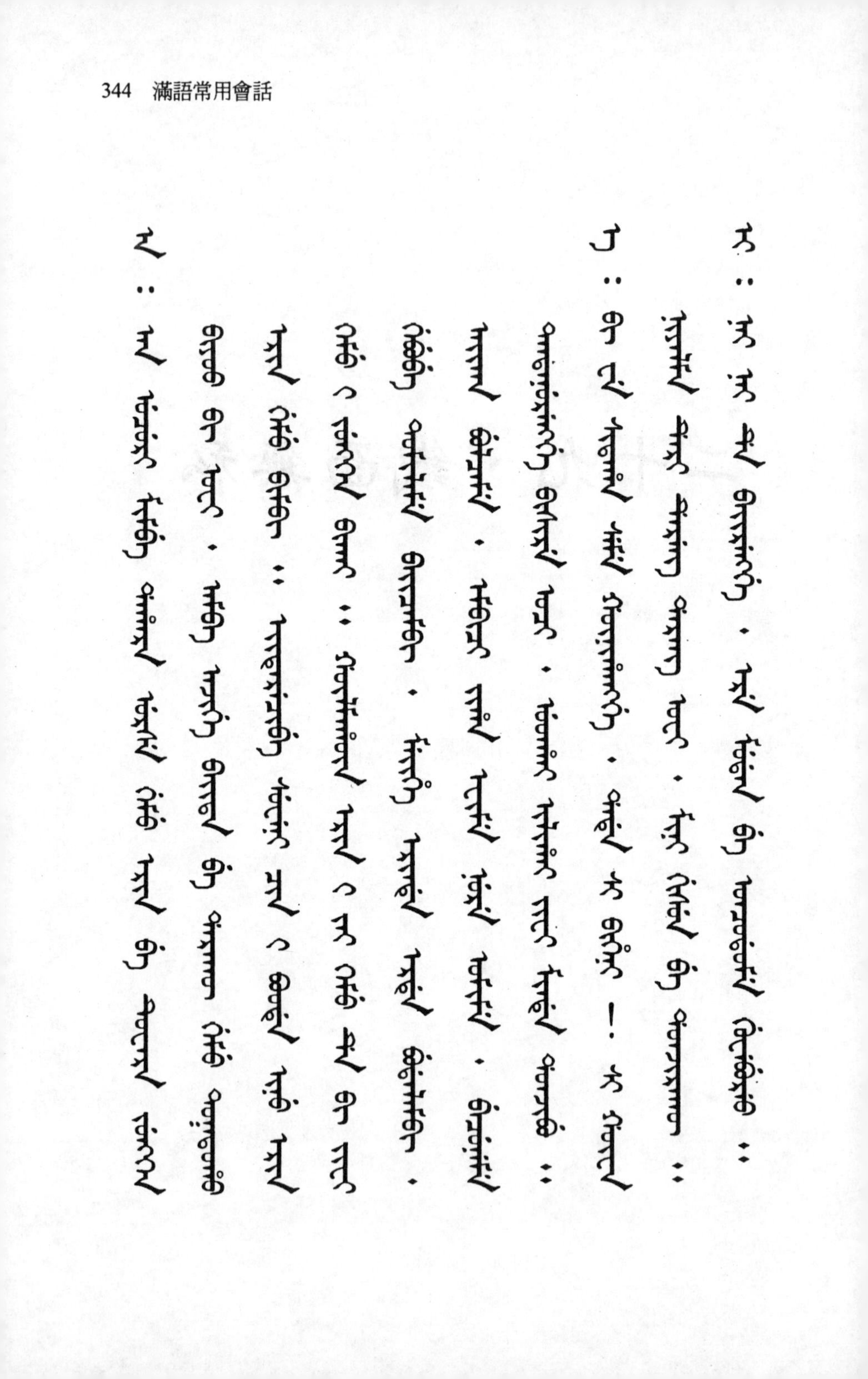

二十九、鐵面無私

a：an ucuri mimbe dahara urse gemu erin be tuwara jungken biyoo bi ofi, amba ajige baita be darakū gemu toktoho erin gemu bimbi. eiterecibe suweni cin i boode inu erin kemu i jungken bikai. gūlmahūn erin i jai kemu de bi jifi gebube tomilame baicambi, meihe erinde erde budalambi. aika bulcame, embici jiha efime nure omime, becuneme tantanurengge bisire oci, uthai ilihai jifi minde donjibu.

e：bi we sitaha seme gūnihangge, dade si biheni! si gūwa niyalma deri dereng darang ofi mini gisun be donjirakū.

i：nai nai de bairengge ere mudan be oncodome guwebureo!

---

a：素日跟我的人，隨身俱有鐘表，不論大小事，皆有一定的時刻，橫豎你們上房裡也有時辰鐘，卯時二刻，我來點卯，巳時吃早飯。或有偷懶、賭錢、吃酒、拌嘴、打架的，立刻來回我。

e：我說是誰遲了，原來是你！你比他們有體面，所以不聽我的話！

i：求奶奶饒過這次！

---

a：素日跟我的人，随身俱有钟表，不论大小事，皆有一定的时刻，横竖你们上房里也有时辰钟，卯时二刻，我来点卯，巳时吃早饭。或有偷懒、赌钱、吃酒、拌嘴、打架的，立刻来回我。

e：我说是谁迟了，原来是你！你比他们有体面，所以不听我的话！

i：求奶奶饶过这次！

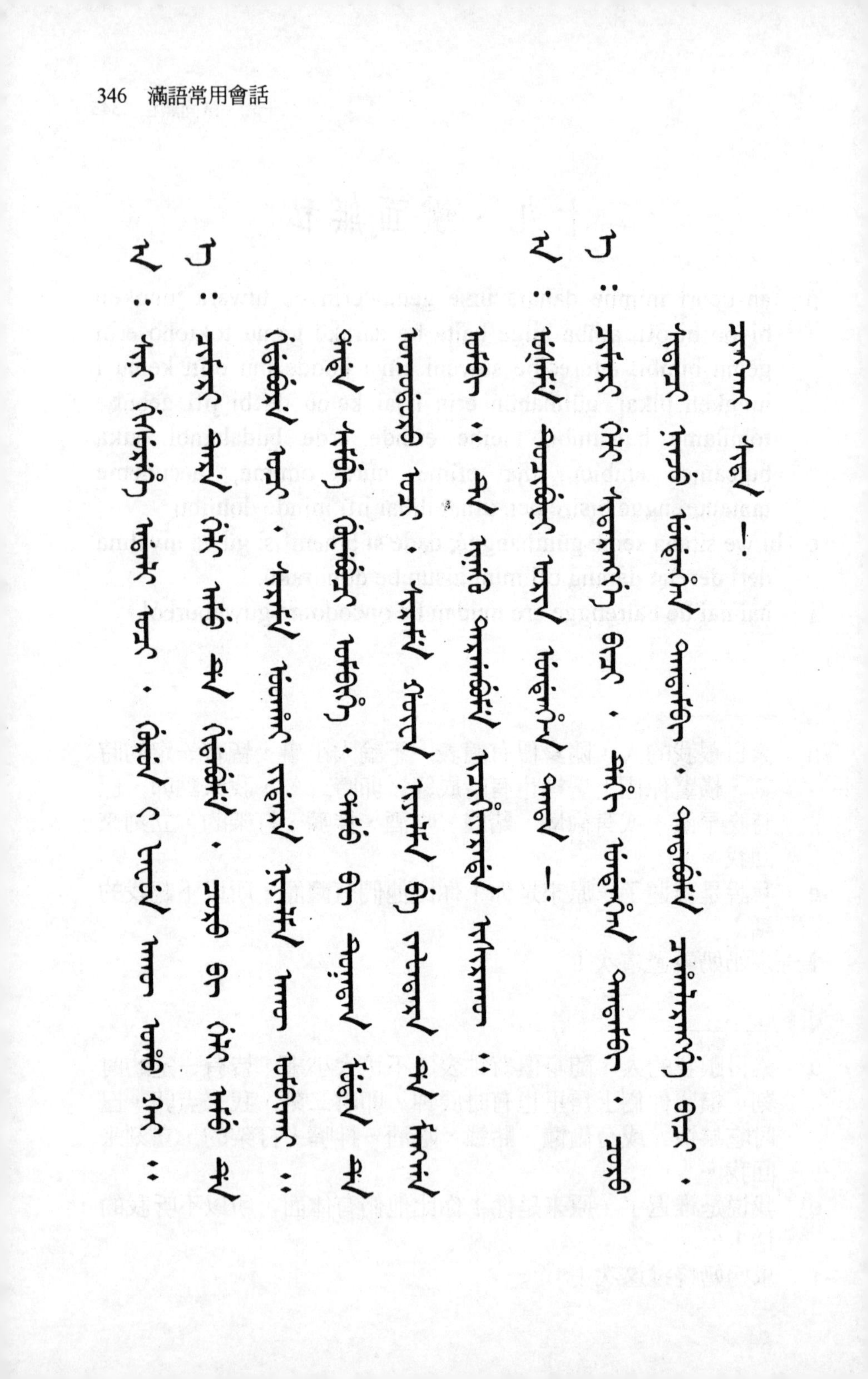

a ：sini gisurehe adali oci, gurun i fafun akū oho kai.

e ：cimari tere geli amu de gidabume, coro bi geli amu de gidabure oci, sirame uthai jidere niyalma akū ombikai, dade simbe guwebuci ombihe, damu bi tuktan mudan de oncodoro oci, sirame gūwa niyalma be jafatara de mangga ombi, te ineku targabume icihiyarade isirakū.

a ：ušame tucibufi orin undehen tanta!

e ：cimari geli sitarangge bici, dehi undehen tantambi, coro sitaci ninju undehen tantambi, tantabume cihalarangge bici, cingkai sita!

---

a ：若依你說，卻沒國法了！

e ：明日他睡迷了，後日我也睡迷了，將來就沒人來了！原本要饒你，只是我頭一次寬了，下次就難管人了，如今不如開發的好！

a ：拖出去打他二十板子！

e ：明日再有誤的打四十板，後日誤的打六十板，有願挨打的只管誤！

---

a ：若依你说，却没国法了！

e ：明日他睡迷了，后日我也睡迷了，将来就没人来了！原本要饶你，只是我头一次宽了，下次就难管人了，如今不如开发的好！

a ：拖出去打他二十板子！

e ：明日再有误的打四十板，后日误的打六十板，有愿挨打的只管误！

i ：fung jiye jobome suilaha de baniha.

a ：bi aibici ere jergi baita be icihiyame mutembi!sarangge micihiyan seci, angga geli mondo, gūnin mujilen inu tondo sijirhūn ofi, niyalma emu mukšan buci bi ulme seme takambi. cira geli uhuken, niyalmai juwe sain gisun be alime muterakū mujilen uthai jilangga ombi. terei dade dulembun akū bime fahūn ajige, tai tai heni icakū arbun tuyembuhe de, bi uthai gelefi amgame hono muterkū ombi, bi utala mudan tai tai juleri gosihon i akara be baici, tai tai akaburakū bime, elemangga mimbe bulcakū,

---

i ：謝謝鳳姐的辛苦操持。

a ：我哪裡辦得這些事來！見識膚淺，口舌笨拙，心腸又耿直，人家給個棒槌，我就拿著認作針了；臉又薄，擱不住人家給兩句好話兒，心腸就軟了；況且又沒經過大事，膽子又小，太太略顯不自在，就嚇的我連覺也睡不著了。我在太太面苦辭了幾回，太太又不允，倒反說我圖受用，

---

i ：谢谢凤姐的辛苦操持。

a ：我哪里办得这些事来！见识肤浅，口舌笨拙，心肠又耿直，人家给个棒槌，我就拿着认作针了；脸又薄，搁不住人家给两句好话儿，心肠就软了；况且又没经过大事，胆子又小，太太略显不自在，就吓的我连觉也睡不着了。我在太太面苦辞了几回，太太又不允，倒反说我图受用，

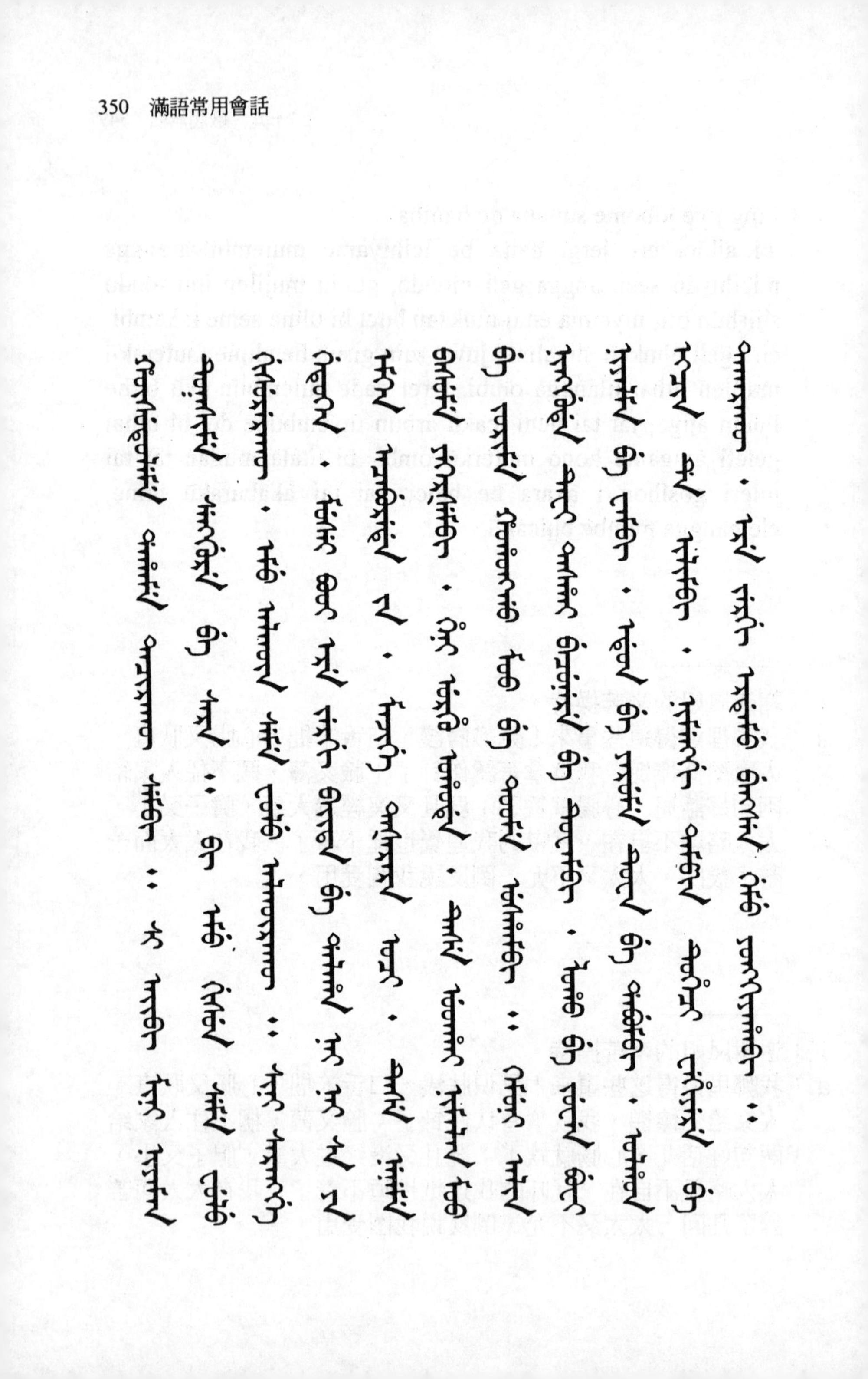

hūsutuleme dahame tacirakū sembi.si aibi mini niyaman tuksime senggure be sara, bi emu gisun seme fulu gisurerakū, emu alkūn seme fulu alkūrakū, sini sarangge getuken, musei booi ere jergi baita be dalaha nai nai sa ya emken acaburede ja, majige tašarara oci, tese neneme basume yekeršembi. heni urhu ohode, tese uthai nimalan moo be jorime hohonggo moo be toome ushambi. kemuni"alin ninggude tefi tashai becunere be tuwambi," "loho be juwen bufi niyalma be wambi," edun be yarume tuwa be dabumbi, olhon ekcin de ilimbi," nimenggi tampin tuheci wehiyere be takarakū," ere jergi erdemu bengsen gemu yongkiyahabi.

不肯努力學習。你哪裡知道我心裡的惶恐，我一句也不敢多說，一步也不敢多邁，你是知道的，偺們家所有的這些管家奶奶們，哪一個是好纏的，但凡錯一點兒，他們就先笑話打趣，偏一點兒，他們就指桑罵槐的抱怨，還要坐山觀虎鬥，借刀殺人，煽風點火，隔岸觀望，油瓶倒而不扶，這些本事都全了！

不肯努力学习。你哪里知道我心里的惶恐，我一句也不敢多说，一步也不敢多迈，你是知道的，咱们家所有的这些管家奶奶们，哪一个是好纏的，但凡错一点儿，他们就先笑话打趣，偏一点儿，他们就指桑骂槐的抱怨，还要坐山观虎斗，借刀杀人，煽风点火，隔岸观望，油瓶倒而不扶，这些本事都全了！

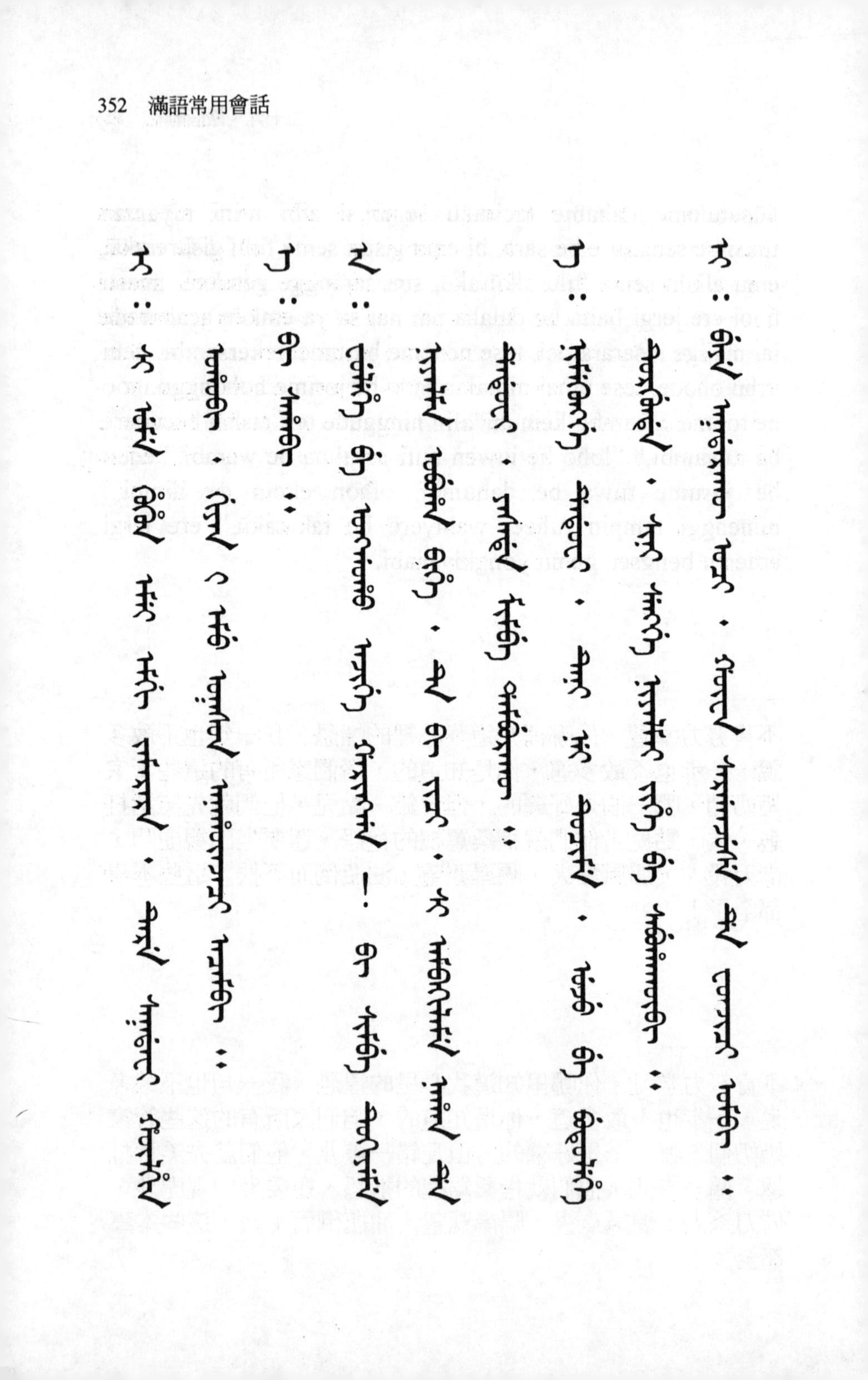

i ：si ume huhun emei emgi jamarara, tere sakdafi hūlhin ohobi, giyan i emu okson anahūnjaci acambi.
e ：bi sahabi.
a ：fulehe be onggoho ajige garingga! bi simbe tukiyeme niyalma obuha bihe, te bi jici, si ambakilame nahan de dedufi, yasade mimbe damburakū.
e ：nimekungge dedufi, teni nei tucime, uju be butulehe turgunde, sini sengge niyalmai jihe be sabuhakūbi.
i ：beye akdarakū oci, gūwa sarganjuse de fonjici ombi.

---

i ：你別和你奶媽吵纔是呢，她是老糊塗了，理應退讓一步。
e ：我知道了。
a ：忘了本的小娼婦兒！我抬舉你起來，這會子我來了，你大模大樣兒的躺在炕上，見了我也不睬！
e ：病了，纔出汗，因蒙著頭，原沒看見你老人家。
i ：你不信，只問別的丫頭。

---

i ：你别和你奶妈吵纔是呢，她是老糊涂了，理应退让一步。
e ：我知道了。
a ：忘了本的小娼妇儿！我抬举你起来，这会子我来了，你大模大样儿的躺在炕上，见了我也不睬！
e ：病了，纔出汗，因蒙着头，原没看见你老人家。
i ：你不信，只问别的丫头。

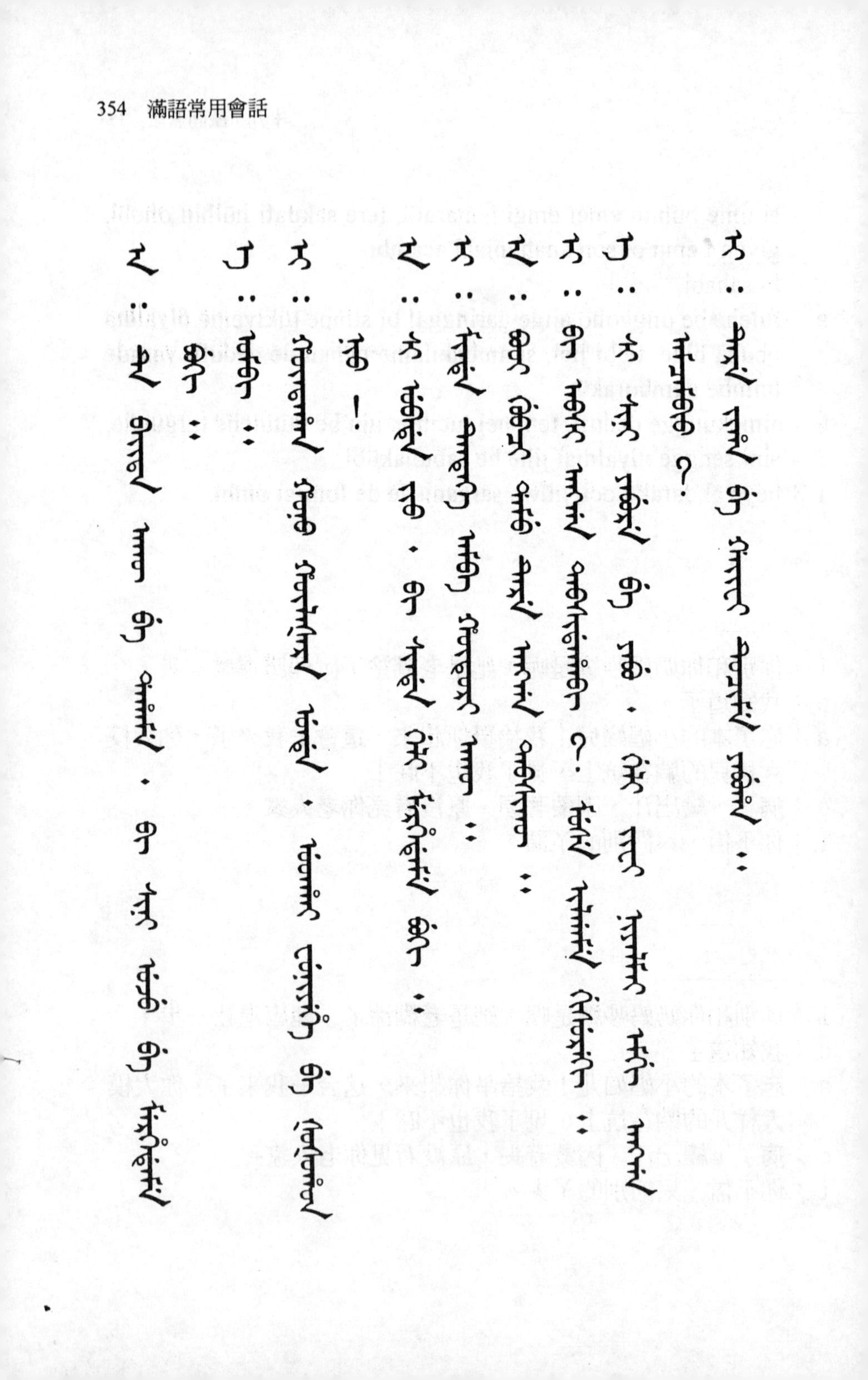

a ：te baita akū be dahame, bi sini uju be merhedeme buki.
e ：ombi.
i ：hūntahan hono hūlašara unde, uthai funiyehe be šošohon nio?
a ：si ubade jio bi sinde geli merhedeme buki.
i ：minde tenteke amba hūturi akū.
a ：booi gubci damu tere angga tabsikū.
i ：bi absi angga tabsidahabi! muse ilgame gisureki.
e ：si sini yabure be yabu, geli jifi niyalmai emgi angga amcambio?
i ：tere jiha be gaifi tucime yabuha.

---

a ：這會子沒什麼事，我替你篦頭吧！
e ：使得。
i ：交杯盞兒還沒吃，就盤了頭了嗎？
a ：你來這兒，我也替你篦篦。
i ：我可沒這麼大福分！
a ：滿屋裡就只是他磨牙。
i ：我怎麼磨牙了，偺們倒得理論理論。
e ：你去你的吧，何苦來與人質對。
i ：他拿了錢就出去了。

---

a ：这会子没什么事，我替你篦头吧！
e ：使得。
i ：交杯盏儿还没吃，就盘了头了吗？
a ：你来这儿，我也替你篦篦。
i ：我可没这么大福分！
a ：满屋里就只是他磨牙。
i ：我怎么磨牙了，咱们倒得理论理论。
e ：你去你的吧，何苦来与人质对。
i ：他拿了钱就出去了。

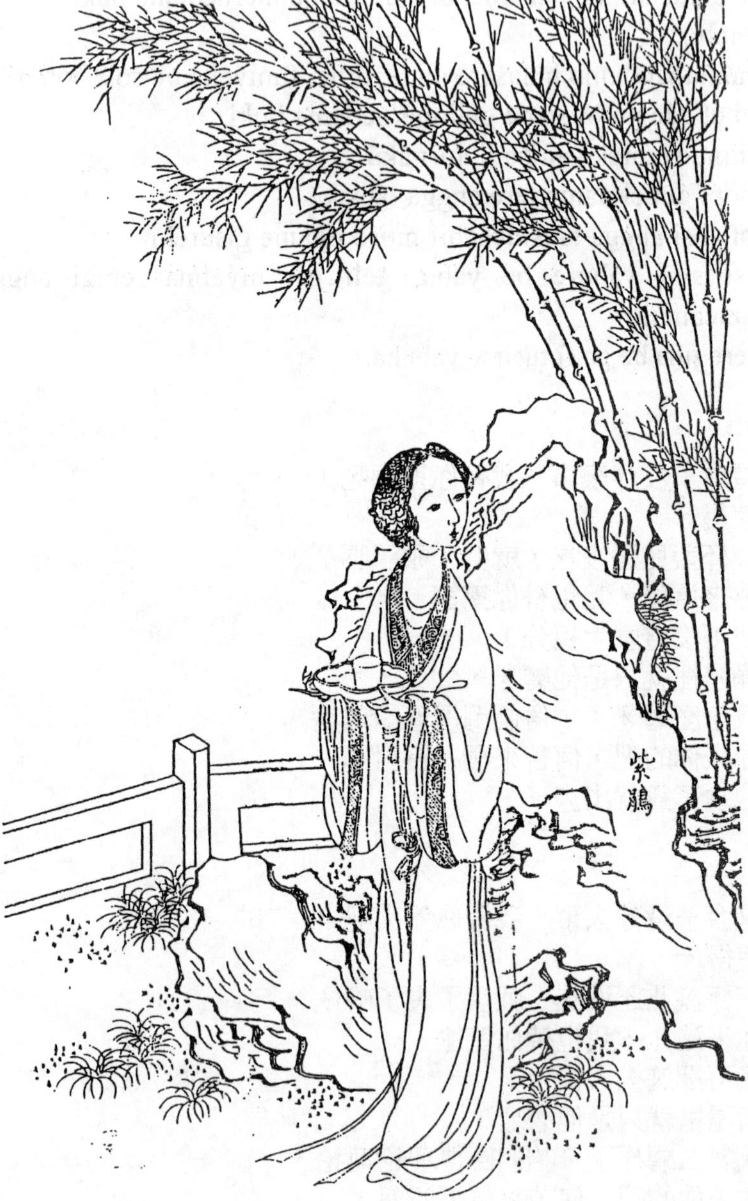
紫鵑

三十、偶感風寒

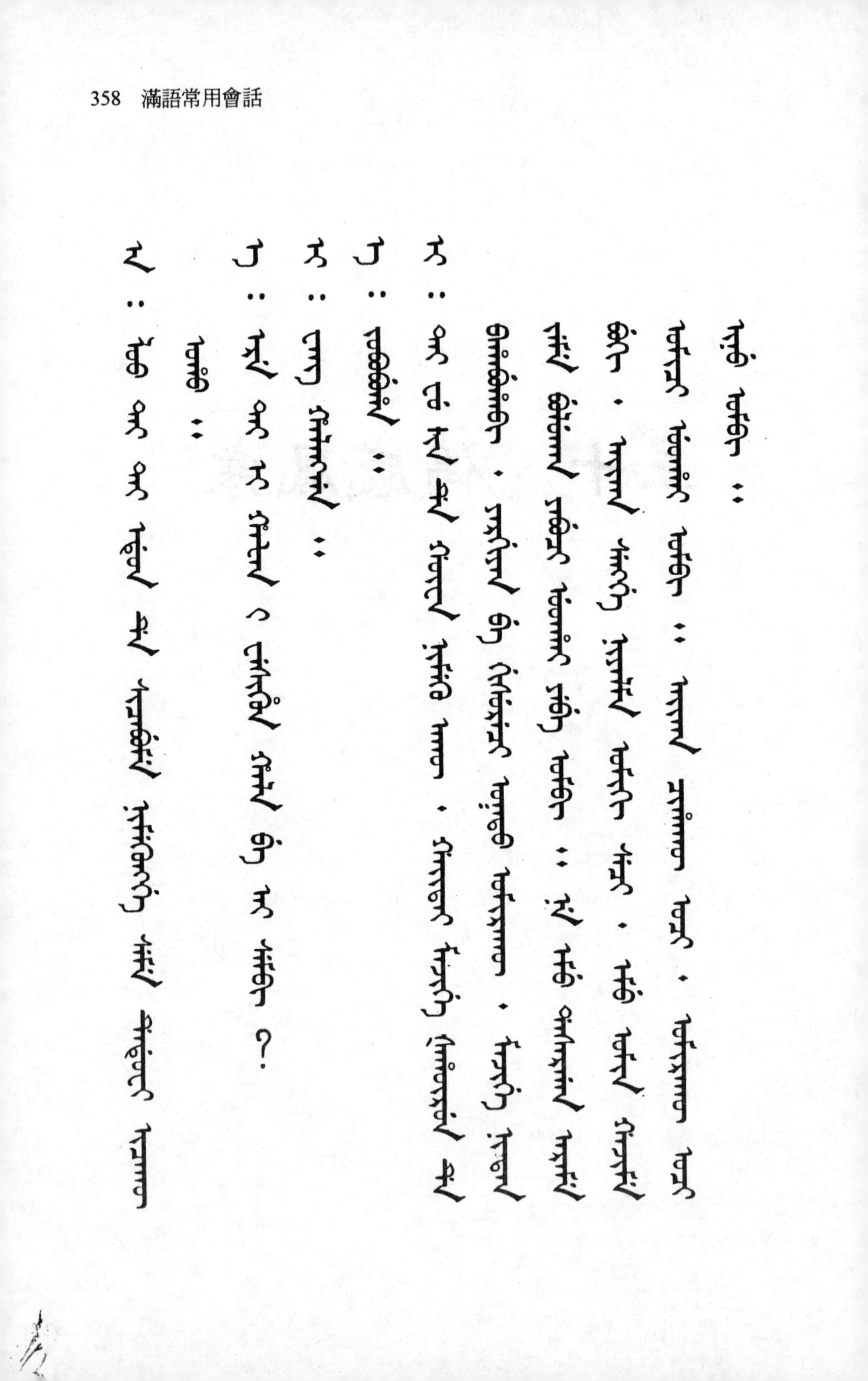

[illegible]

[illegible]

[illegible]

[illegible]

[illegible]

[illegible]

[illegible]

[illegible]

[illegible]

[illegible]

[illegible]

[illegible]

三十、偶感風寒

a：loo tai tai edun de sicabume nimekungge seme dedufi icakū oho。
e：ere tai i hafan i wesihun hala be ai sembi？
i：wang halangga。
e：jobobuha。
i：tai fu žen de gūwa nimeku akū，gaitai majige šahūrun de bahabuhabi，yargiyan be gisureci okto omirakū，majige nitan jeme bulukan yabuci uthai yebe ombi。ne emu dasargan arame buki，aika sengge niyalma omiki seci emu omin gajime omici uthai ombi，aika cihakū oci omirakū oci inu ombi。

---

a：老太太叫風吹病了，躺著不舒服。
e：這位太醫貴姓？
i：姓王。
e：辛苦了。
i：太夫人並無別症，偶感了些風寒，說實話不用吃藥，不過吃清淡些，暖和點兒即可痊愈。現寫給一個方子，若老人家要吃，便按方煎一劑吃，若不愛吃，不吃也可以。

---

a：老太太叫风吹病了，躺着不舒服。
e：这位太医贵姓？
i：姓王。
e：辛苦了。
i：太夫人并无别症，偶感了些风寒，说实话不用吃药，不过吃清淡些，暖和点儿即可痊愈。现写给一个方子，若老人家要吃，便按方煎一剂吃，若不爱吃，不吃也可以。

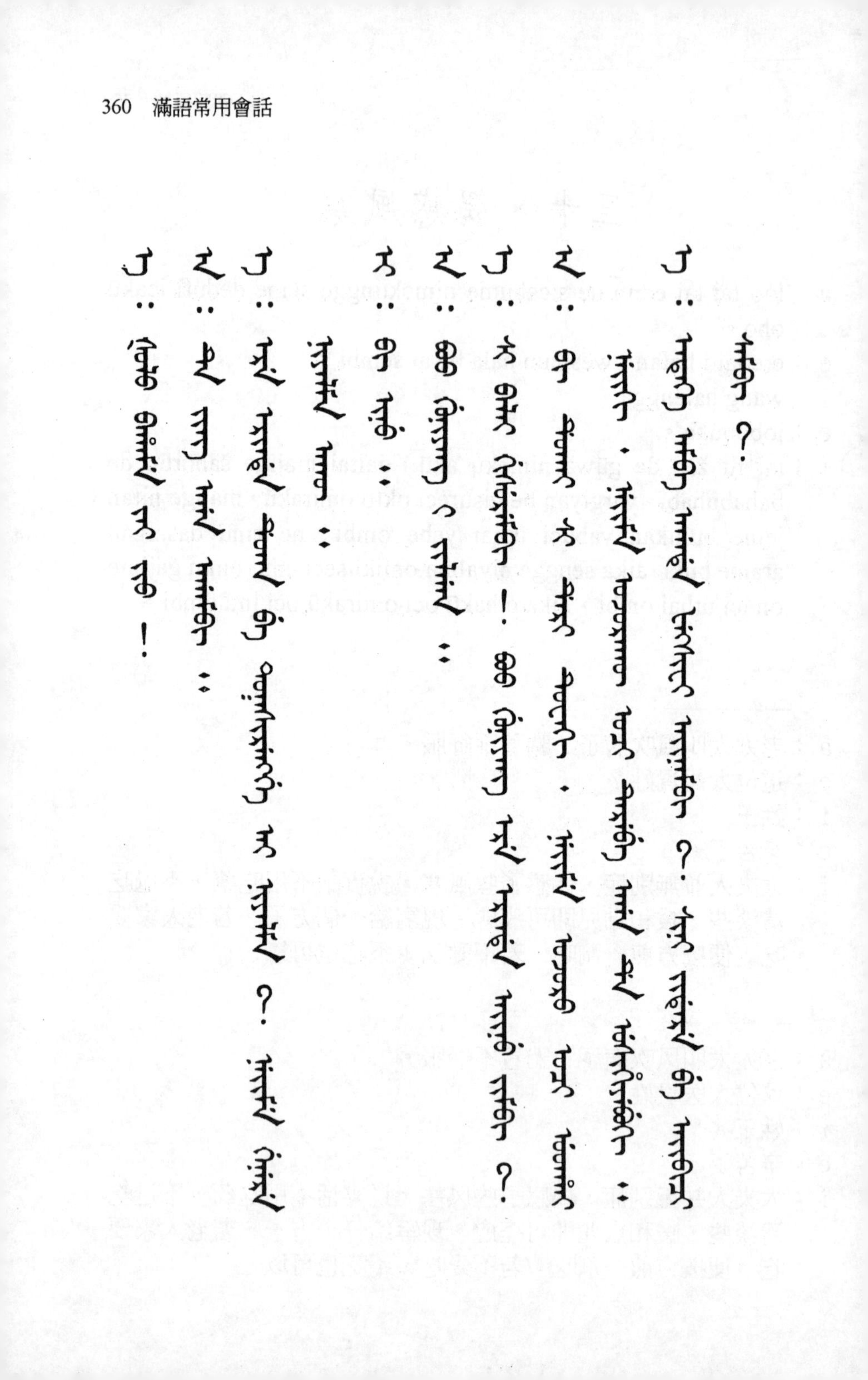

e：šolo bahame jai jio！
a：te jing aga agambi.
e：ere erinde duka be toksirengge ai niyalma? neime genere niyalma akū.
i：bi inu.
a：boo guniyang i jilgan.
e：si balai gisurembi! boo guniyang ere erinde ainu jimbi?
a：bi dukai si deri tuwaki, neime ojoro oci uthai neiki, neime ojorakū oci terebe aga de usihiyebuki.
e：enteke amba agade feksifi ainambi? sini jidere be aibici sambi？

---

e：有空再來！
a：如今正下著雨。
e：誰這會子叫門？沒人開去。
i：是我。
a：是寶姑娘的聲音。
e：你胡說！寶姑娘這會子來做什麼？
a：讓我隔著門縫兒瞧瞧，可開就開，若不能開就叫他被雨淋著吧！
e：怎麼大雨裡跑了來？哪裡知道是你來？

---

e：有空再来！
a：如今正下着雨。
e：谁这会子叫门？没人开去。
i：是我。
a：是宝姑娘的声音。
e：你胡说！宝姑娘这会子来做什么？
a：让我隔着门缝儿瞧瞧，可开就开，若不能开就叫他被雨淋着吧！
e：怎么大雨里跑了来？哪里知道是你来？

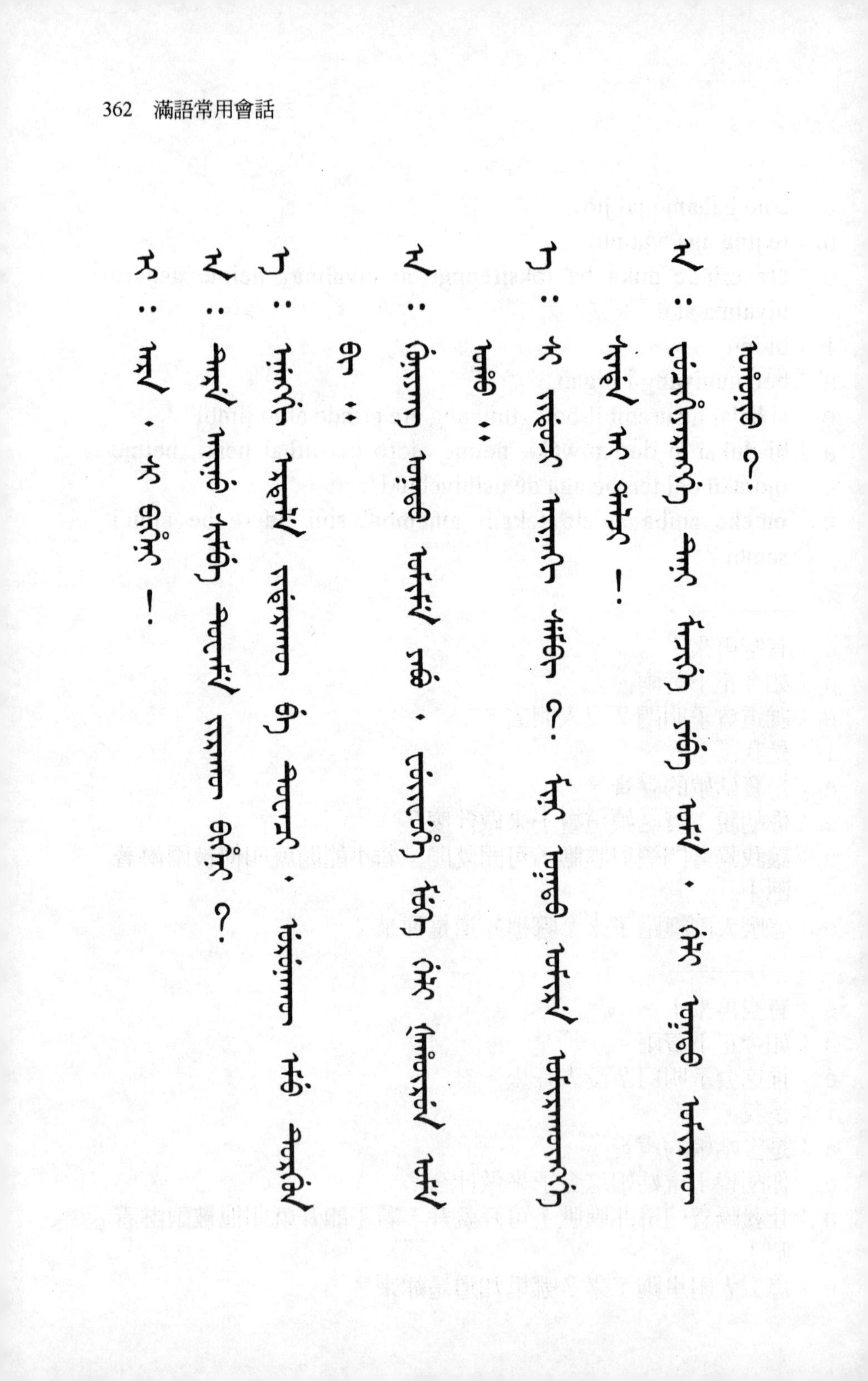

[illegible] : [illegible]

[illegible] : ᠰᡳ [illegible] ! [illegible] ? [illegible]

[illegible] : [illegible]

[illegible] : [illegible]

[illegible] : [illegible]

[illegible] : [illegible] ?

[illegible] : ᠵᡝ , ᠰᡳ [illegible] !

i：ara, si biheni!
a：tere ainu simbe tuwame jirakū biheni？
e：enenggi ertele jiderakū be tuwaci, urunakū emu turgun bi.
a：guniyang okto omime yabu, fuifuhe muke geli šahūrun ome oho.
e：si jiduji ainaki sembi？mini okto omire omirakūngge sinde ai dalji！
a：fucihiyarangge teni majige yebe ome, geli okto omirakū ohonio？

---

i：噯喲！是你來了！
a：他怎麼不來瞧瞧你呢？
e：今兒這早晚不來，必有緣故。
a：姑娘吃藥去吧！開水又涼了。
e：你到底要怎麼樣？我吃不吃藥，與你有何相干？
a：咳嗽的纔好了些，又不吃藥了嗎？

---

i：嗳哟！是你来了！
a：他怎么不来瞧瞧你呢？
e：今儿这早晚不来，必有缘故。
a：姑娘吃药去吧！开水又凉了。
e：你到底要怎么样？我吃不吃药，与你有何相干？
a：咳嗽的纔好了些，又不吃药了吗？

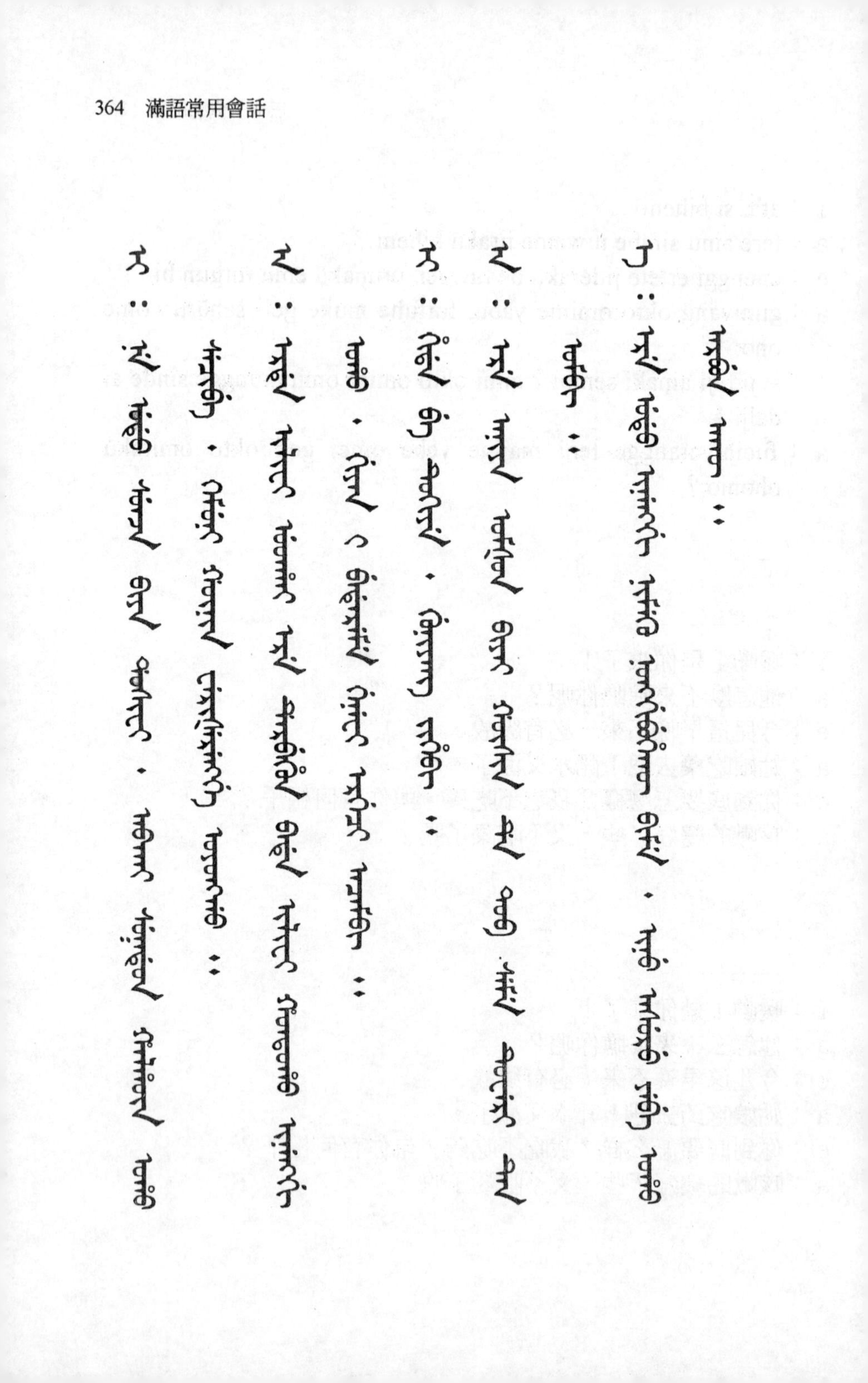

[illegible] ::

[illegible] : [illegible] ::

[illegible] : [illegible]

[illegible] : [illegible] ::

[illegible] ::

[illegible] : [illegible]

[illegible] ::

[illegible] : [illegible]

i ：ne udu sunja biya dosifi, abkai sukdun halhūn oho secibe, kemuni gūnin werišerengge oyonggo.

a ：erde ilifi uthai ere derbehun bade ilifi hontoho inenggi oho, giyan i bedereme genefi ergeci acambi.

i ：hida be tukiye, guniyang jihebi.

a ：ere aniya omšon biyai gūsin de tob seme tuweri ten ombi。

e ：ere udu inenggi nimeku nonggibuhekū bime, inu asuru yebe oho arbun akū。

---

i ：如今雖是五月裡，天氣熱，到底也還該小心些。

a ：大清早起來，就在這個潮濕地上站了半天，也該回去歇歇了。

i ：掀起簾子，姑娘來了。

a ：這年十一月三十日正是冬至。

e ：這幾日沒見添病，也不見怎麼好。

---

i ：如今虽是五月里，天气热，到底也还该小心些。

a ：大清早起来，就在这个潮湿地上站了半天，也该回去歇歇了。

i ：掀起帘子，姑娘来了。

a ：这年十一月三十日正是冬至。

e ：这几日没见添病，也不见怎么好。

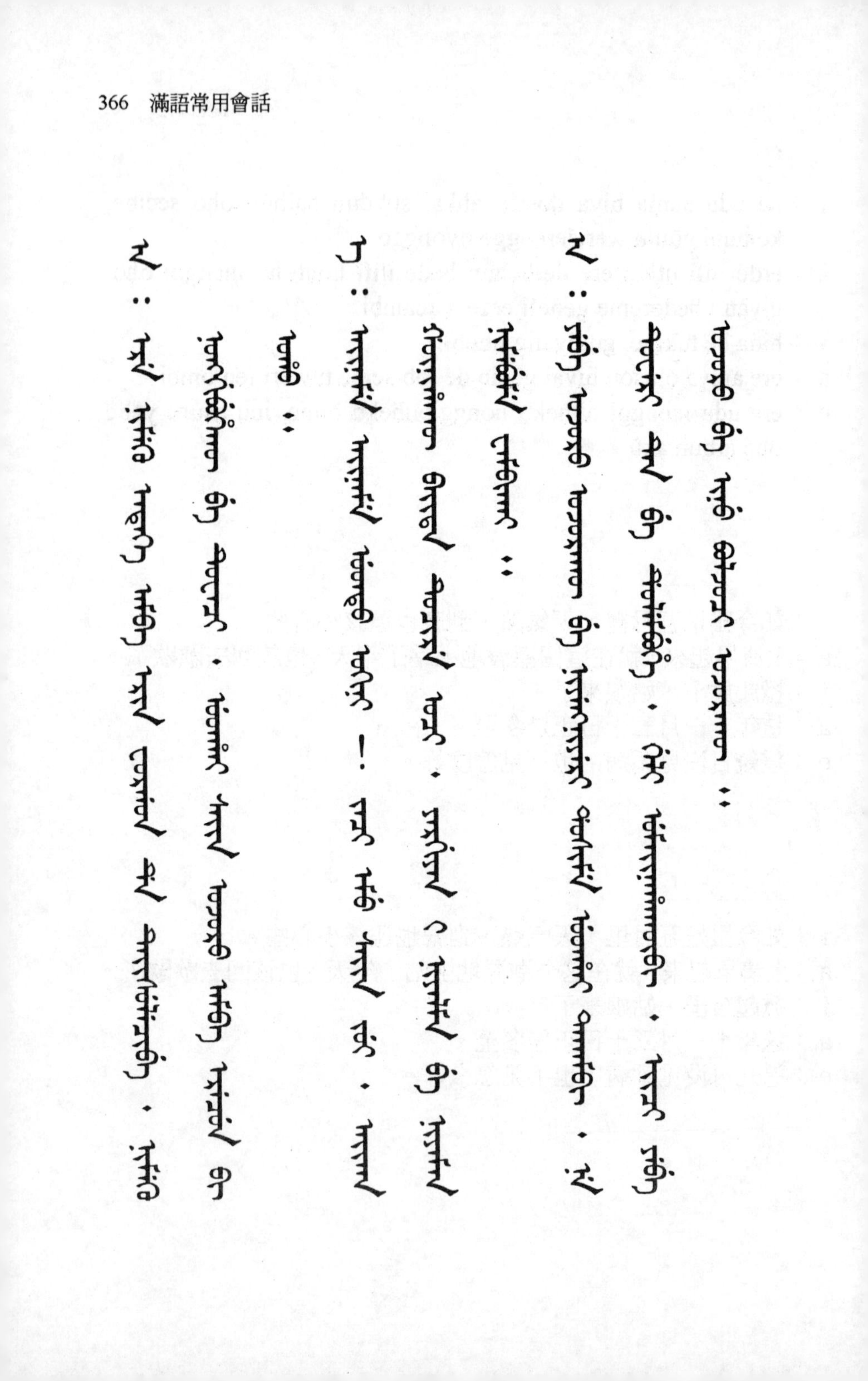

a：ere nimeku enteke amba erin forgon de teisulecibe, nimeku nonggibuhekū be tuwaci, uthai sain ojoro amba erecun bi oho。

e：ainame ainame uttu okini！jaci emu sain jui, aika gūnihakū baita tucire oci, yargiyan i niyalma be niyaman nimebume wambikai。

a：yebe ojoro ojorakū be niyengniyeri dosime uthai takambi, ne tuweri ten be dulembuhe, geli umainahakūbi, eici yebe ojoro be inu boljoci ojorakū。

---

a：這個症候，遇著這樣節氣，不添病，就有指望了。

e：但願如此。好個孩子！要有個長短，豈不叫人疼死！

a：好不好，開春就知道了。如今過了冬至，又沒怎麼樣，或者能好，也未可知。

---

a：这个症候，遇着这样节气，不添病，就有指望了。

e：但愿如此。好个孩子！要有个长短，岂不叫人疼死！

a：好不好，开春就知道了。如今过了冬至，又没怎么样，或者能好，也未可知。

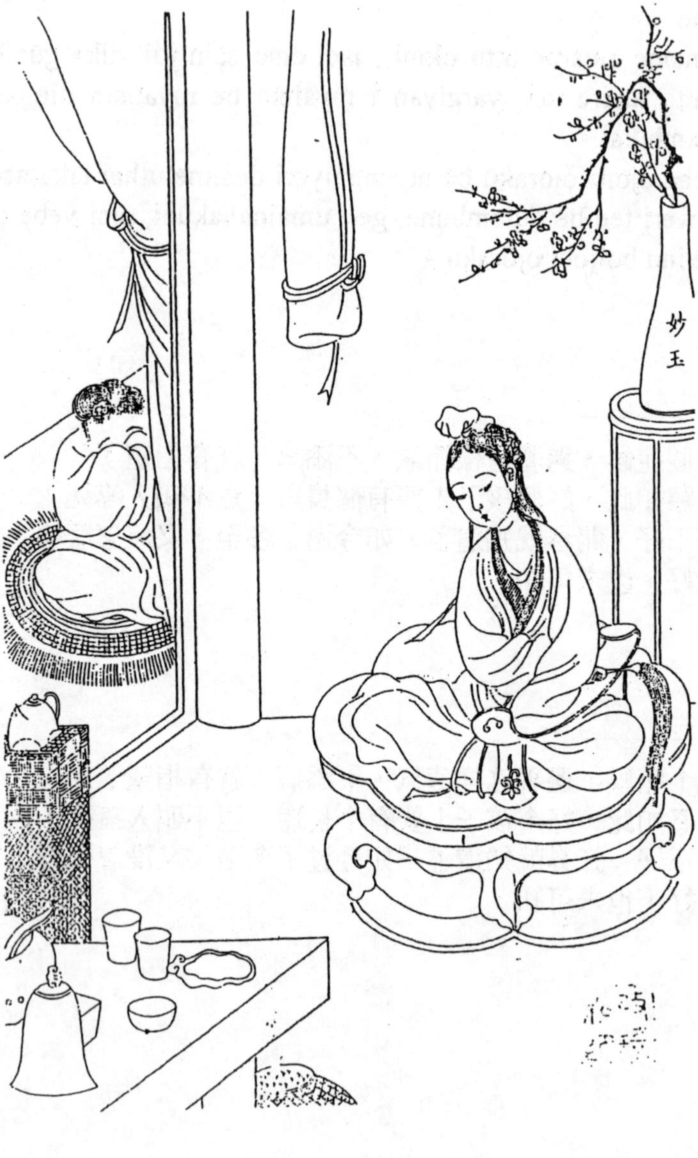
妙玉

三十一、民俗醫療

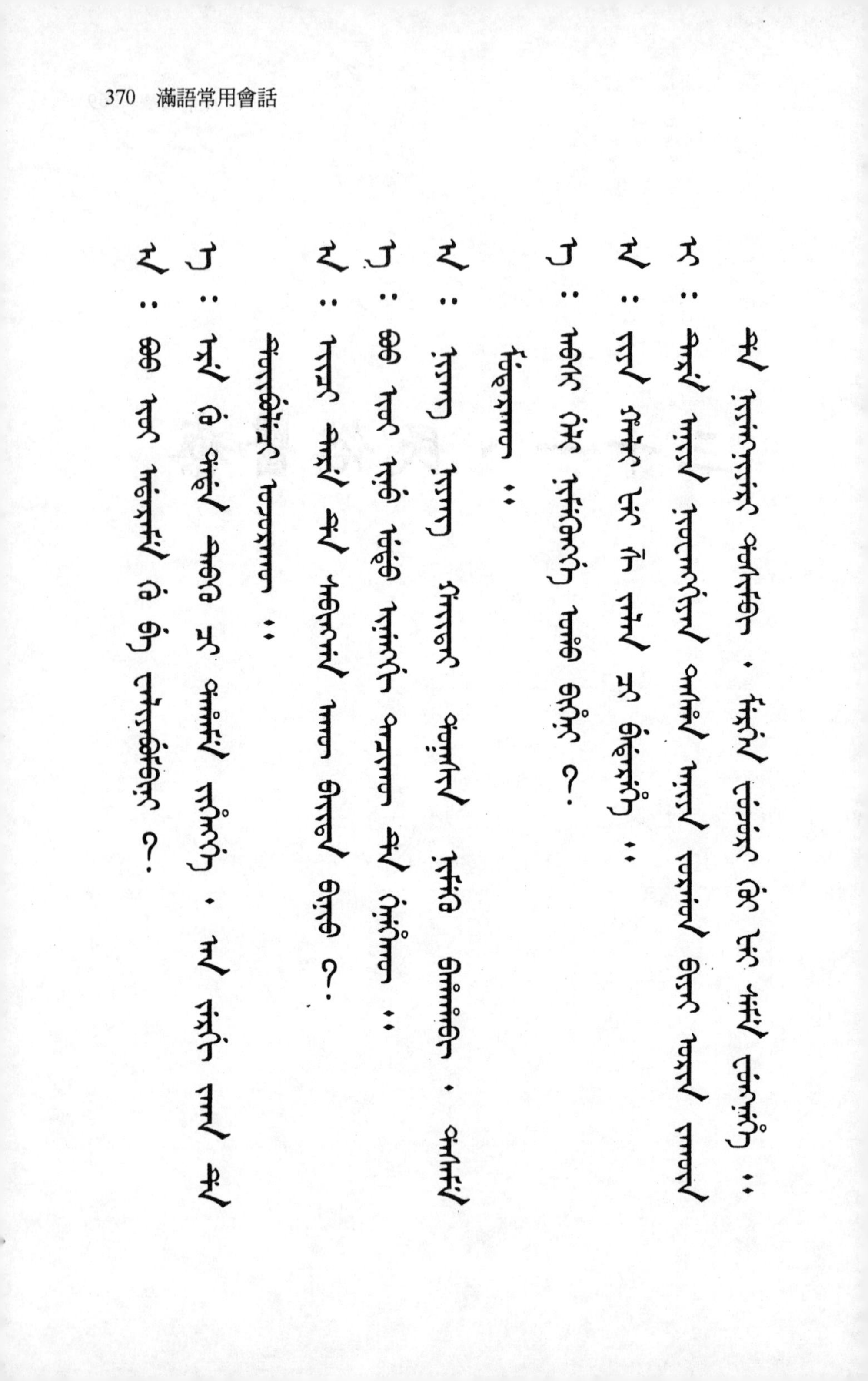

[illegible]

[illegible]

[illegible]

[illegible]

[illegible]

[illegible]

[illegible]

[illegible]

[illegible]

[illegible]

[illegible]

三十一、民俗醫療

a：boo ioi adarame gu be waliyabumbini？

e：ere gu dade tebku ci dahame jihengge，an jergi jaka de duibuleci ojorakū。

a：eici tere de sabingga akū baita binio？

e：boo ioi inu udu inenggi tacikū de genehekū。

a：niyang niyang gaitai doksin nimeku bahahabi，dasame muterakū。

e：absi geli nimekungge oho biheni？

a：jiya halai fei dz jalan ci bederehe。

i：tere aniya niowanggiyan tasha aniya jorgon biyai orin jakūn de niyengniyeri dosimbi，mergen fujuri gui fei seme fungnehe。

---

a：寶玉如何把玉丟了呢？

e：這塊玉原是胎裡帶來的，非比尋常之物。

a：莫非他有不祥之事？

e：寶玉也好幾天沒上學。

a：娘娘忽得暴病，不能醫治。

e：怎麼又病了。

a：賈娘娘薨逝了。

i：是年甲寅年十二月十八日立春，謚曰賢淑貴妃。

---

a：宝玉如何把玉丢了呢？

e：这块玉原是胎里带来的，非比寻常之物。

a：莫非他有不祥之事？

e：宝玉也好几天没上学。

a：娘娘忽得暴病，不能医治。

e：怎么又病了。

a：贾娘娘薨逝了。

i：是年甲寅年十二月十八日立春，谥曰贤淑贵妃。

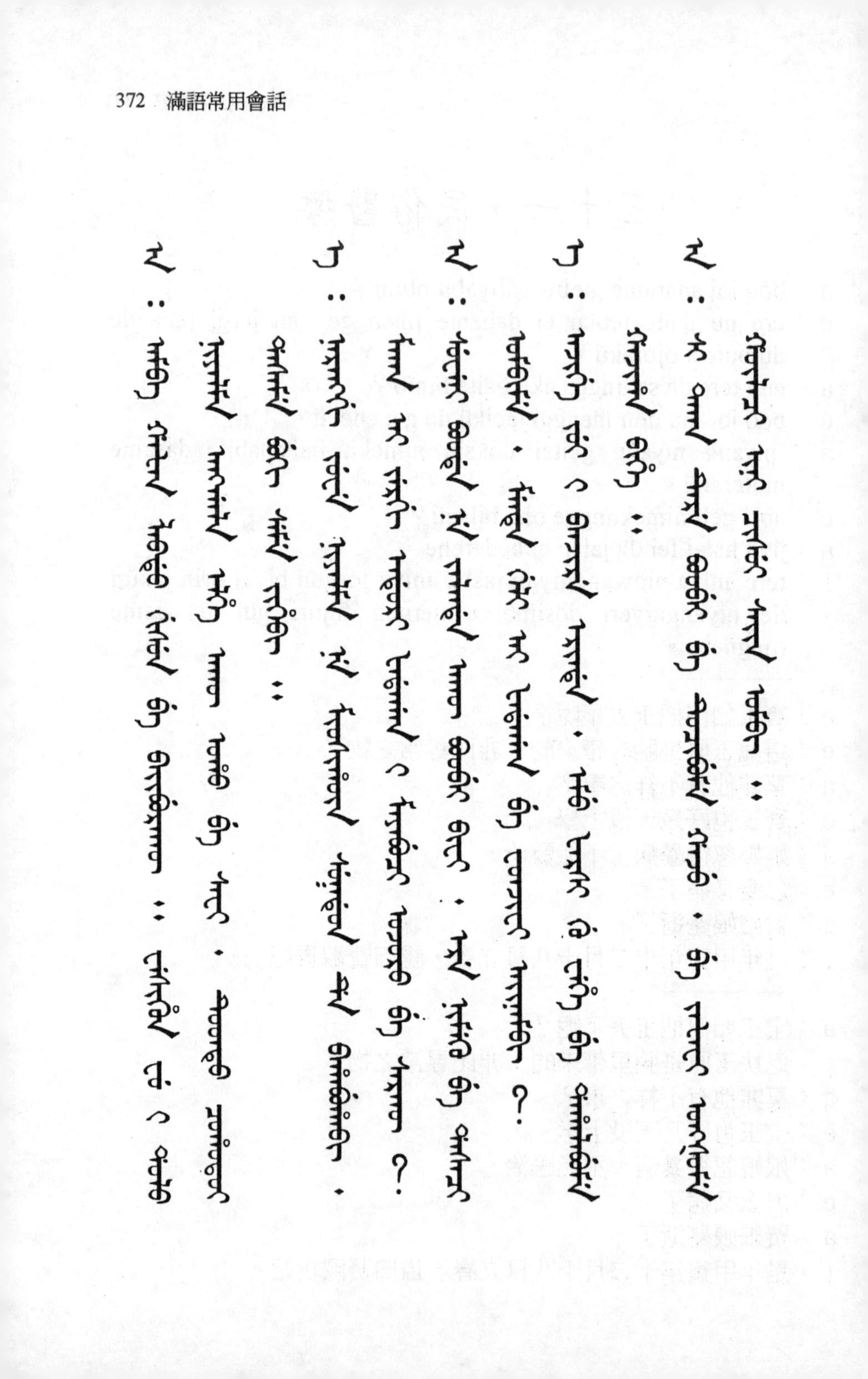

ᡝ : [illegible] ::

ᠠ : [illegible] ::

ᡝ : [illegible] ?

ᠠ : [illegible] ?

ᡝ : [illegible] ::

a：amba hafan labdu gisun be baiburakū, wesihun fu i dolo niyalma anggala elhe akū oho be safi, tuttu cohotoi dasame buki seme jihebi.

e：naranggi juwe niyalma ne miosihūn sukdun de bahabuhabi, maka ai jergi enduri fadagan i mayabuci ojoro be sarkū?

a：suweni boode ne jalande akū boobei bifi, ere nimeku be dasaci ombime, mende geli ai fadagan be fonjifi ainambi?

e：ajige jui i banjire erinde emu farsi gu wehe be dahalabume gajiha bihe.

a：si taka tere boobei be tucibume gaju, be jafafi ongšome hūlaci ini cisui sain ombi.

---

a：長官不消多話，因知府上人口不利，特來醫治的。

e：確有兩個人中了邪，不知有何仙方可治？

a：你家現有希世之寶，可治此病，何須開方！

e：小兒生時，原帶了一塊玉來。

a：你且將此寶拿出來，待我持誦持誦，就自然好了。

---

a：长官不消多话，因知府上人口不利，特来医治的。

e：确有两个人中了邪，不知有何仙方可治？

a：你家现有希世之宝，可治此病，何须开方！

e：小儿生时，原带了一块玉来。

a：你且将此宝拿出来，待我持诵持诵，就自然好了。

a：cananggi sini amba nun minde alahangge, žung gel i sargan beye asuru sain waka sembi, jiduji absi ohobi?

e：terei ere nimeku be bahangge inu ferguwecuke, duleke biyai tofohon de, hono loo tai tai,tai tai sai emgi hontoho dobori efifi, boode bedereme jihede inu umai baita sitan akū bihe. orin be duleke amala, uthai emu inenggi ci emu inenggi lang seme serebume, jaka jetere be inu bandame deribufi, emgeri hontoho biya hamišaha. etuku halarangge inu juwe biya duleme jihekū.

a：jusei haran aise.

e：umai jusei haran waka, emu hacin jaci largin nimeku.

---

a：前日聽見你大妹妹說，蓉哥媳婦身上有些不大好，到底是怎麼了。

e：他這個病得的也奇。上月十五日，還跟著老太太、太太玩了半夜，回家來好好的。到了二十日以後，一日比一日覺著懶散。又懶得吃東西，已將近有半個月，經期也有兩個月沒來。

a：是喜吧！

e：不是喜，是一個大症候。

---

a：前日听见你大妹妹说，蓉哥媳妇身上有些不大好，到底是怎么了。

e：他这个病得的也奇。上月十五日，还跟着老太太、太太玩了半夜，回家来好好的。到了二十日以后，一日比一日觉着懒散。又懒得吃东西，已将近有半个月，经期也有两个月没来。

a：是喜吧！

e：不是喜，是一个大症候。

[illegible]

a：korsocun be mayabure morishūn be sidarabure pusa, ere jaka emgeri lingge ohobi, felehudeme nantuhūrabuci ojorakū, amgara booi beren de lakiyafi ceni juwe niyalma be emu booi dolo tebufi, beyei niyamangga niyalma ci tulgiyen gūwa hehe niyalma de necime fudarabuci ojorakū, gūsin ilan inenggi i amala toktofi beye elheneme nimeku mayafi, da an i sain ombi.
e：boo eyun ainu injembi?
i：mini injerengge žu lai fucihi jalan niyalma ci hono ekšembi: geren ergengge be biretei doobumbi, si gisure ere ekšerengge injecuke mujangga wakao?

---

a：南無解怨解冤菩薩，此物已靈，不可褻瀆，懸於臥室上檻，令他二人同住一室，除自己親人外，不可令其他婦人沖犯，三十三日之後，包管身安病退，復舊如初。
e：寶姐姐笑什麼？
i：我笑如來佛比世人還忙，又要普渡眾生，你說這忙可笑不可笑？

---

a：南无解怨解冤菩萨，此物已灵，不可亵渎，悬于卧室上槛，令他二人同住一室，除自己亲人外，不可令其它妇人冲犯，三十三日之后，包管身安病退，复旧如初。
e：宝姐姐笑什么？
i：我笑如来佛比世人还忙，又要普渡众生，你说这忙可笑不可笑？

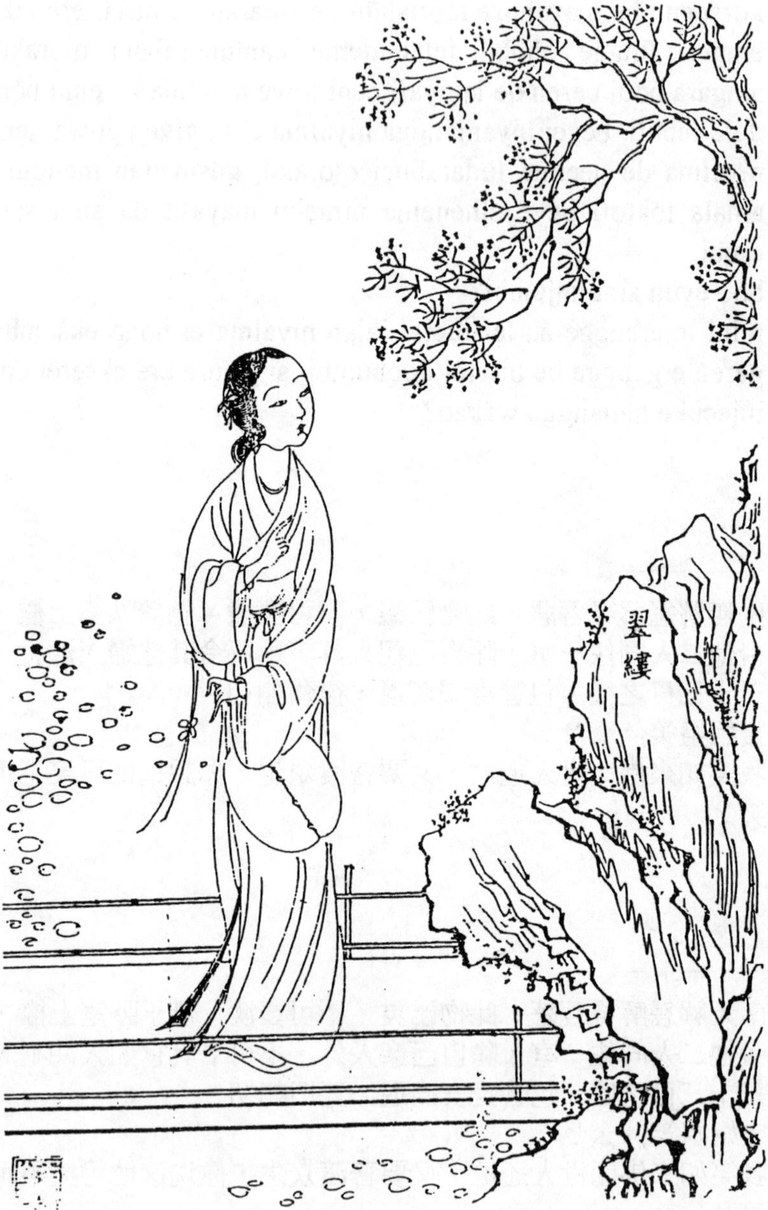
翠縷

三十二、妙手回春

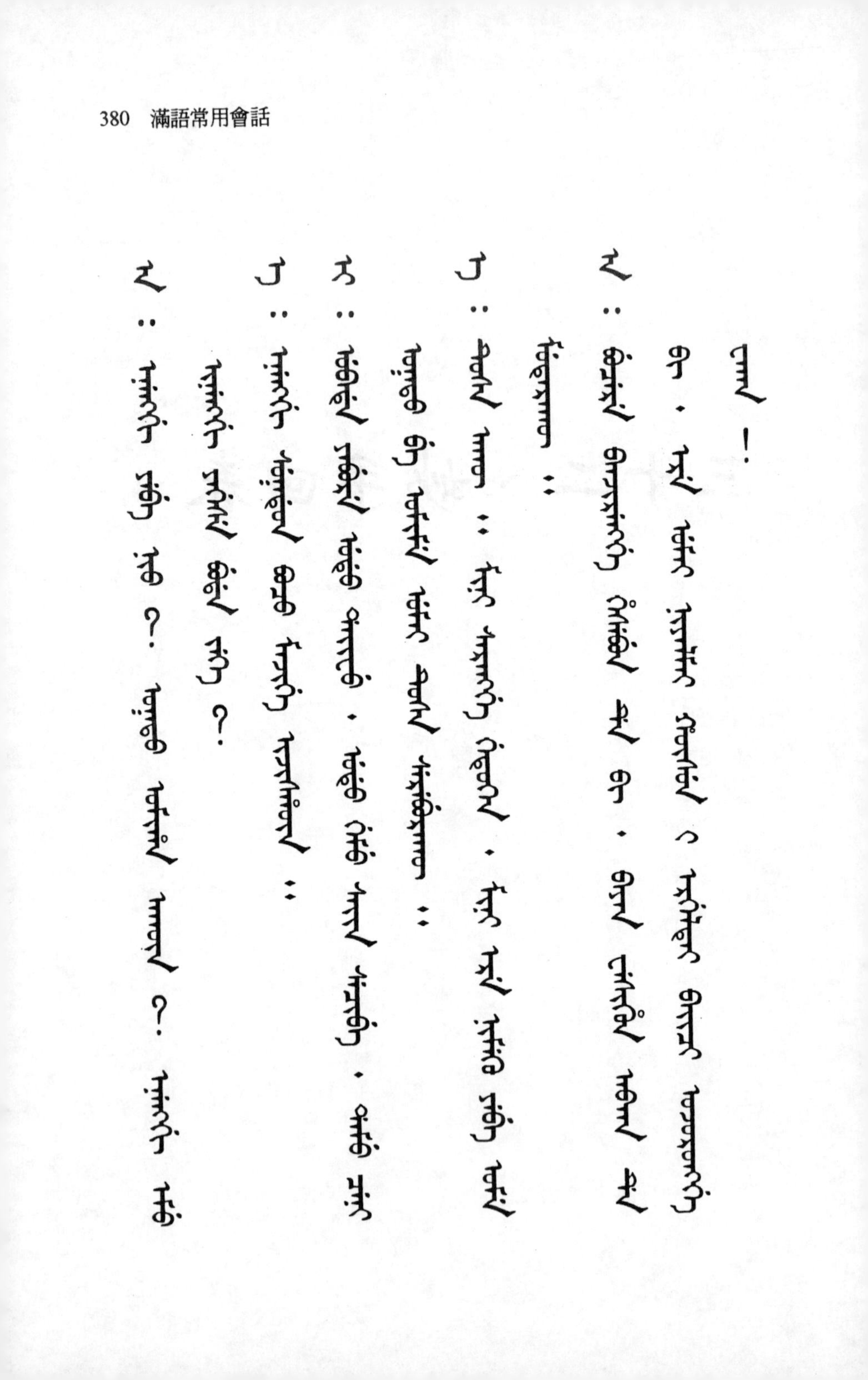

三十二、妙手回春

a：enenggi yebe nio? okto omiha akūn? enenggi emu inenggi yagese buda jeke?

e：enenggi sukdun boco majige ijishūn.

i：ubade yabure udu daifu, udu gemu sain secibe, damu ceni okto be omime umai tusa sereburakū.

e：tusa akū, mini sarangge getuken, mini ere nimeku yebe ome muterakū.

a：bucere banjirengge hesebun de bi, bayan wesihun abka de bi, ere umai niyalmai hūsun i ergeltei baici ojorongge waka！

---

a：今天好些嗎？吃藥了沒有？今兒一天吃了多少飯？

e：今天氣色好些了。

i：在這裡行醫的幾個大夫，雖說都好，但吃他們的藥，並不見效。

e：不中用，我知道我的病是不能好的了。

a：生死有命，富貴在天，這也不是人力所能強求的！

---

a：今天好些吗？吃药了没有？今儿一天吃了多少饭？

e：今天气色好些了。

i：在这里行医的几个大夫，虽说都好，但吃他们的药，并不见效。

e：不中用，我知道我的病是不能好的了。

a：生死有命，富贵在天，这也不是人力所能强求的！

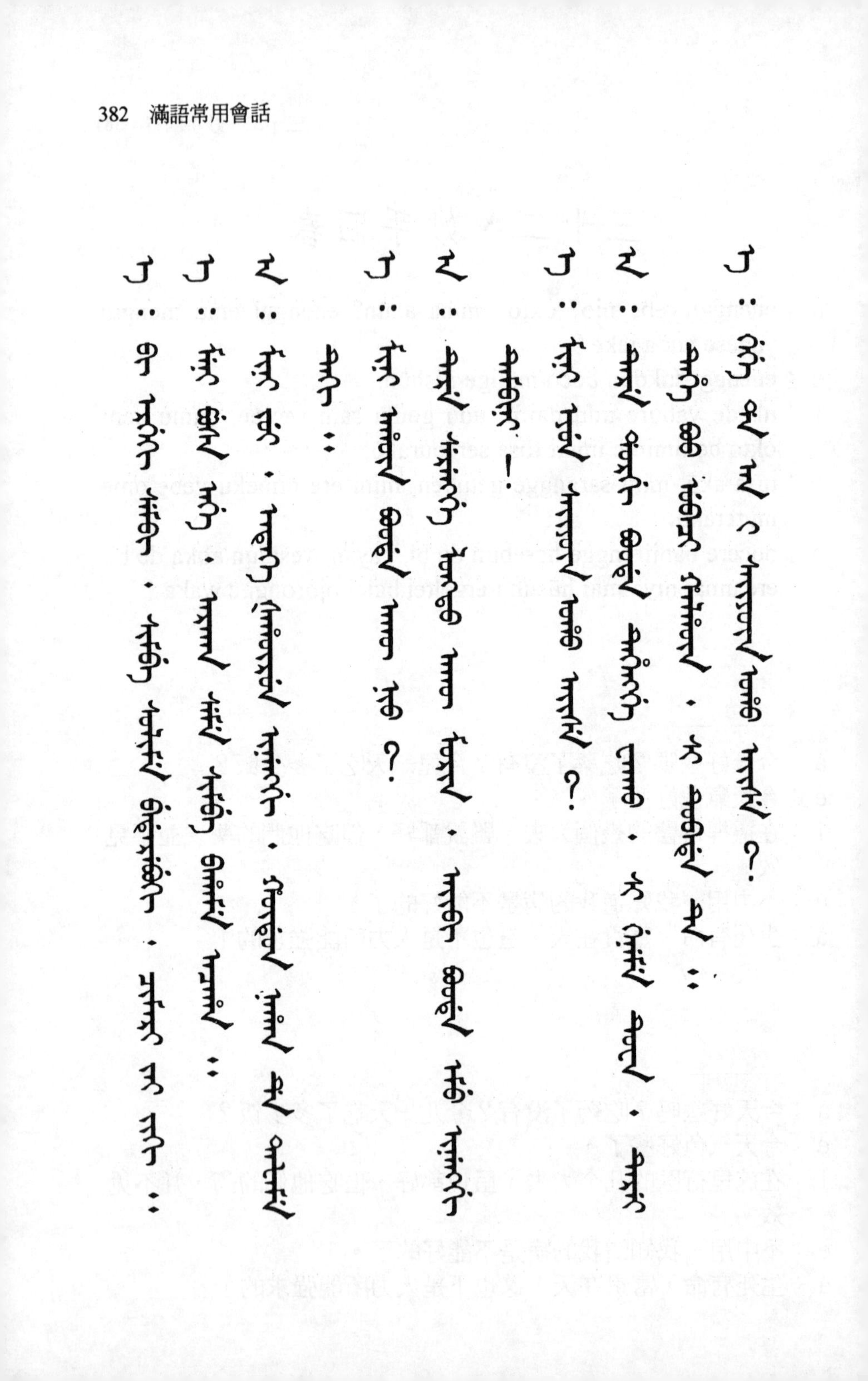

e：bi ergeki sembi, simbe solime bederebuki, cimari jai jiki。
e：meni pusa age, arkan seme simbe bahame acaha.
a：mini jui, enteke šahūrun inenggi, hūdun nahan de tafame teki.
e：mini ahūn boode akū nio?
a：tere serengge longto akū morin, aibi boode emu inenggi tembini?
e：mini eyun saiyūn oho aise?
a：tere dorgi boode tehengge wakao, si geneme tuwa, terei tehe boo ubaci halhūn, si tubade te.
e：gege da an i saiyūn oho aise?

---

e：我要歇了，你請回吧，明日再來。
e：我的菩薩哥兒，好不容易才見到你了。
a：這麼冷的天氣，我的兒，快上炕來坐著吧！
e：我哥哥不在家嗎？
a：他是沒籠頭的馬，那裡肯在家一日呢！
e：我姐姐可痊癒了？
a：她在裏間坐著不是，你去瞧，他那裡比這裡暖和，你在那裡坐著吧。
e：姐姐可康復了？

---

e：我要歇了，你请回吧，明日再来。
e：我的菩萨哥儿，好不容易才见到你了。
a：这么冷的天气，我的儿，快上炕来坐着吧！
e：我哥哥不在家吗？
a：他是没笼头的马，那里肯在家一日呢！
e：我姐姐可痊癒了？
a：她在里间坐着不是，你去瞧，他那里比这里暖和，你在那里坐着吧。
e：姐姐可康复了？

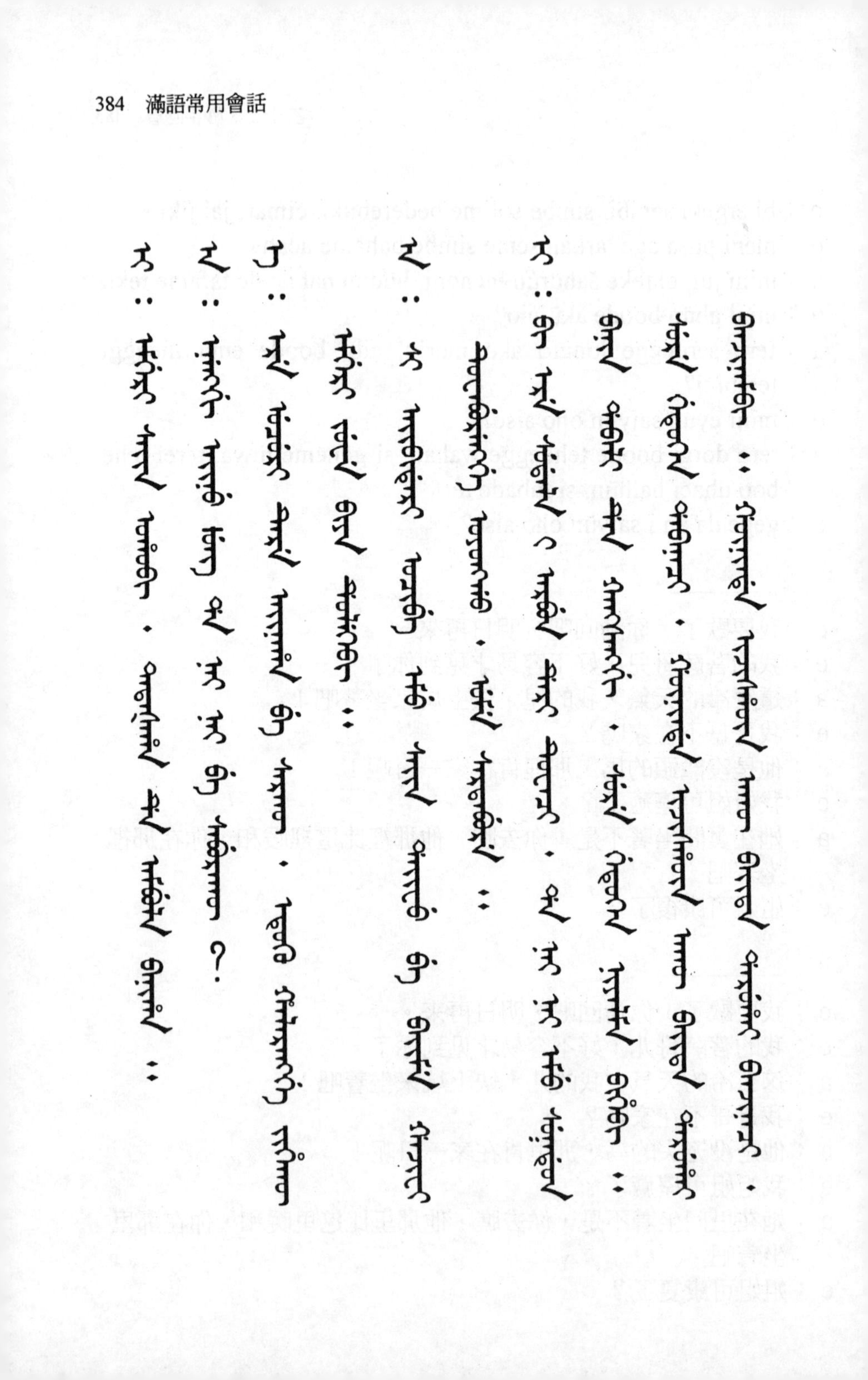

i ：emgeri sain ohobi, tatašaha de ambula baniha.
a ：enenggi ainu žung da nai nai be saburakū？
e ：ere ucuri tere ainaha be sarkū, etuku halarangge jihekū emgeri juwe biya dulekebi.
a ：si aibideri ocibe emu sain daifu be baime gajifi tuwaburengge oyonggo, ume sartabure.
i ：bi ere sudala i arbun deri tuwaci: da nai nai emu sukdun banin dabali den kangsanggi, sure getuken niyalma bihebi; sure getuken dabanaci, gūninde ijishūn akū baita daruhai banjinambi; gūninde ijishūn akū baita daruhai banjinaci,

---

i ：已經好了，多謝惦掛著。
a ：今日怎麼不見蓉大奶奶？
e ：她這些日子，不知怎麼了，經期有兩個多月沒有來。
a ：你無論從哪裡尋一個好大夫給她瞧瞧要緊，可別躭誤了。
i ：據我看這脈息，大奶奶是個心性高強聰慧明白的人。但聰明太過，則心裡常有不如意的事；心裡常有不如意的事，

---

i ：已经好了，多谢惦挂着。
a ：今日怎么不见蓉大奶奶？
e ：她这些日子，不知怎么了，经期有两个多月没有来。
a ：你无论从哪里寻一个好大夫给她瞧瞧要紧，可别躭误了。
i ：据我看这脉息，大奶奶是个心性高强聪慧明白的人。但聪明太过，则心里常有不如意的事；心里常有不如意的事，

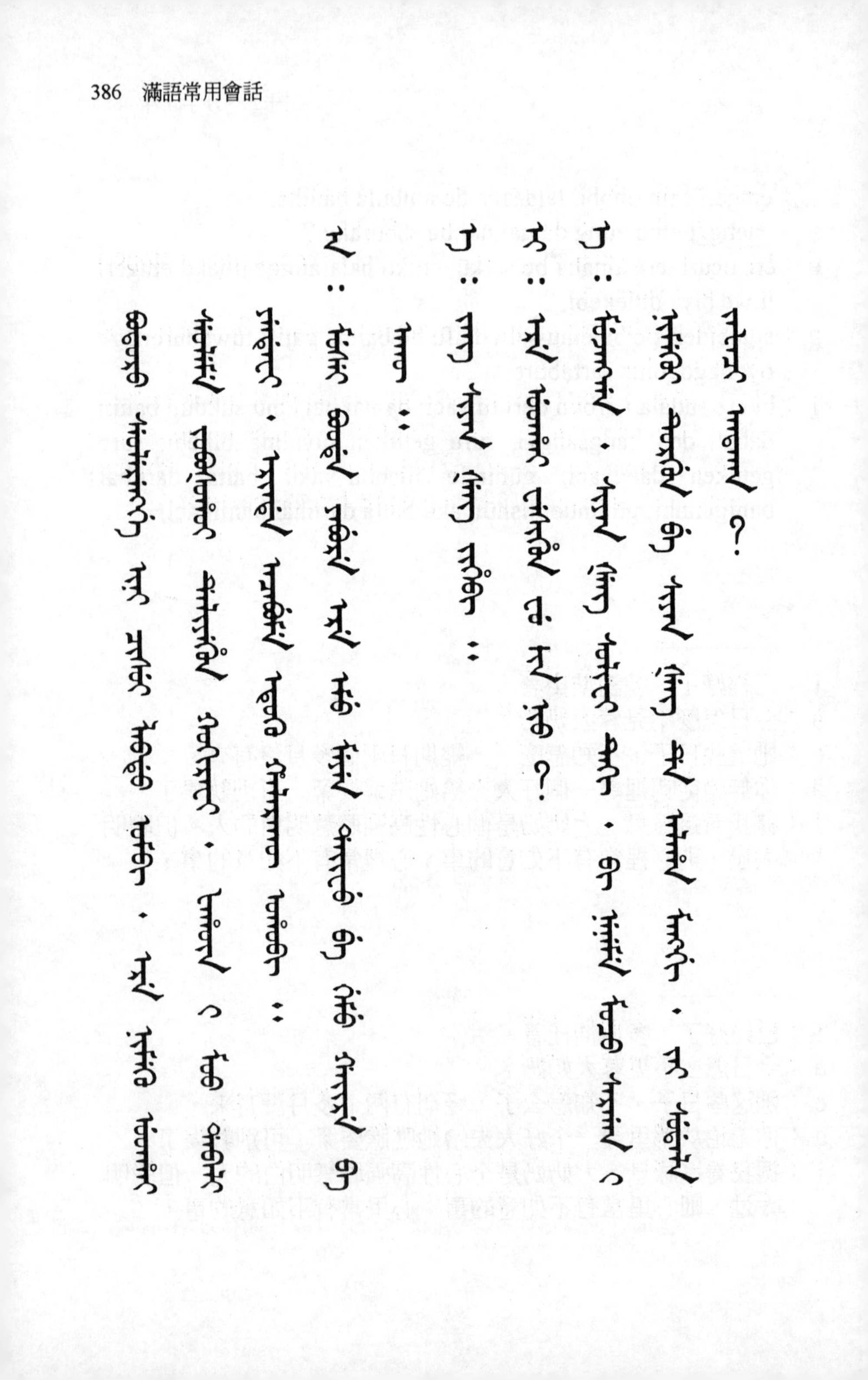

[illegible]

[illegible]

[illegible]

[illegible]

[illegible]

[illegible]

[illegible]

[illegible]

[illegible]

bodoro seolerengge ini cisui labdu ombi, ere nimeku uthai seoleme jobošohoi deliyehun kokirafi, fahūn i moo dabali yendefi, erinde acabume etuku halarakū ohobi.

a：musei boode yabure ere emu meyen daifu be, gemu gaire ba akū.

e：jang siyan šeng jihebi.

i：ere uthai wesihun fu žin nio？

e：mujangga, siyan šeng solifi teki, bi neneme moco sargan i nimekui turgun be šiyan šeng de alaha manggi, jai sudala jafaci antaka？

則思慮自然太過。此病是憂慮傷脾，肝木過盛，以致經血不能時行。

a：僧們家供事的這群大夫，都沒法要！

e：張先生來了。

i：這就是尊夫人了？

e：正是，先生請坐，讓我把賤內的病症說一說，再看脈，如何？

则思虑自然太过。此病是忧虑伤脾，肝木过盛，以致经血不能时行。

a：咱们家供事的这群大夫，都没法要！

e：张先生来了。

i：这就是尊夫人了？

e：正是，先生请坐，让我把贱内的病症说一说，再看脉，如何？

i ：ajige deo mini gūninde neneme sudala be jafame tuwafi jai gisureki sembi.

a ：siyan šeng i tuwahangge umesi mergen, kemuni daifu de dacilame fonjirengge, ere nimeku šošohonde ergen beyede goicuka isinara isinakūn？

i ：ere okto be omibuha manggi, daifurara salgabun be tuwara oho dabala.

a ：sarganjui si boo daifu i okto be omihangge majige sain ohonio?

e ：inu manggai uttu ilihabi. loo tai tai mimbe geli wang daifu i okto be omi sembi.

---

i ：依小弟意下，竟先看脈，再說病情如何。

a：先生看得很高明，還要請教大夫，這病與性命終久有妨無妨？

i ：吃了這藥，就要看醫緣了。

a ：大姑娘，你吃那鮑大夫的藥，可好些？

e ：也不過這麼著，老太太還叫我吃王大夫的藥呢。

---

i ：依小弟意下，竟先看脉，再说病情如何。

a ：先生看得很高明，还要请教大夫，这病与性命终久有妨无妨？

i ：吃了这药，就要看医缘了。

a ：大姑娘，你吃那鲍大夫的药，可好些？

e ：也不过这么着，老太太还叫我吃王大夫的药呢。

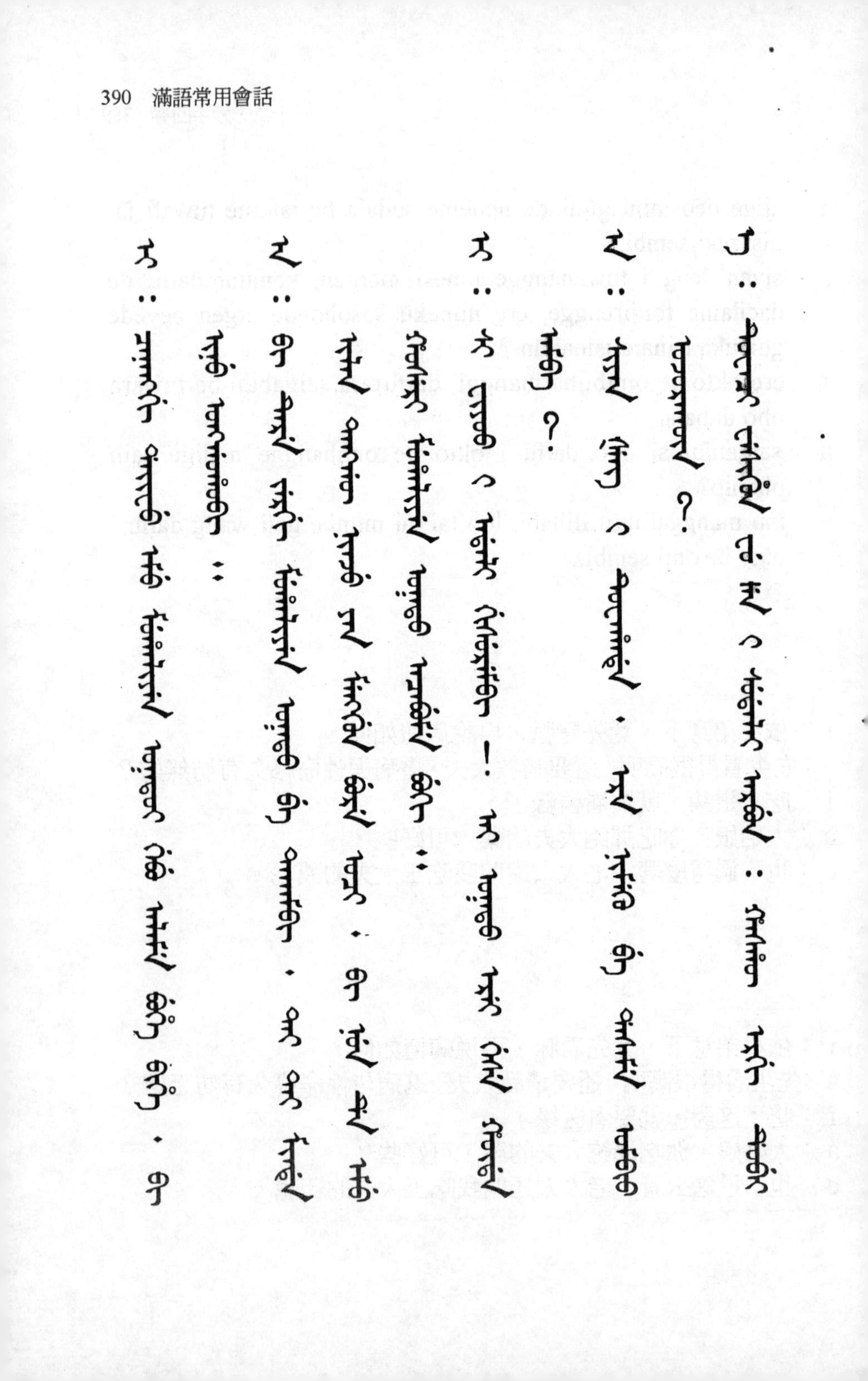

i ：cananggi daifu emu muhaliyen oktoi gebu alame buhe bihe, bi inu onggohobi.

a ：bi tere jergi muhaliyen okto be takambi, tai tai minde ilan tanggū ninju yan menggun bure oci, bi nun de emu hoseri muhaliyen okto acabume buki.

i ：si fiyoo i adali gisurembi! ai okto erei gese hūda amba?

a ：siyan šeng i tuwahade, ere nimeku be dasame ombio ojorakūn？

e ：tuwaci wesihun fu žen i sudalai arbun: hashū ergi dubei

---

i ：前兒大夫說了個丸藥的名字，我也忘了。

a ：我知道那些丸藥，太太給我三百六十兩銀子，我替妹妹配一盒丸藥。

i ：你說屁話！什麼藥這麼貴？

a ：先生看這脈息還治得治不得？

e ：看得尊夫人脈息：左寸沉數，

---

i ：前儿大夫说了个丸药的名字，我也忘了。

a ：我知道那些丸药，太太给我三百六十两银子，我替妹妹配一盒丸药。

i ：你说屁话！什么药这么贵？

a ：先生看这脉息还治得治不得？

e ：看得尊夫人脉息：左寸沉数，

sudala niruha adali bime hūdun, hashū ergi dulimbai sudala niruha adali bime somibuha gese, ici ergi dubei sudala narhūn bime hūsun akū, ici ergi dulimbai sudala kumdu bime cinen akū, terei hashū ergi sudala niruha adali bime hūdun yaburengge oci, niyaman i sukdun kumdu ofi tuwa banjinaha turgun, hashū ergi dulimbai sudala niruha adali bime somibuha gese ohongge oci, fahūn i sukdun hanggabufi senggi ekiyehun oho turgun. ici ergi dubei sudala narhūn bime hūsun akū.ohongge oci, ufuhu i ergen gaire sukdun dabali niyere oho haran, ici ergi

---

左關沉伏；右寸細而無力，右關虛而無神。其左寸沉數者，乃心氣虛而生火；左關沉伏者，乃肝家氣滯血虧。右寸細而無力者，乃肺經氣分太虛，

左关沉伏；右寸细而无力，右关虚而无神。其左寸沉数者，乃心气虚而生火；左关沉伏者，乃肝家气滞血亏。右寸细而无力者，乃肺经气分太虚，

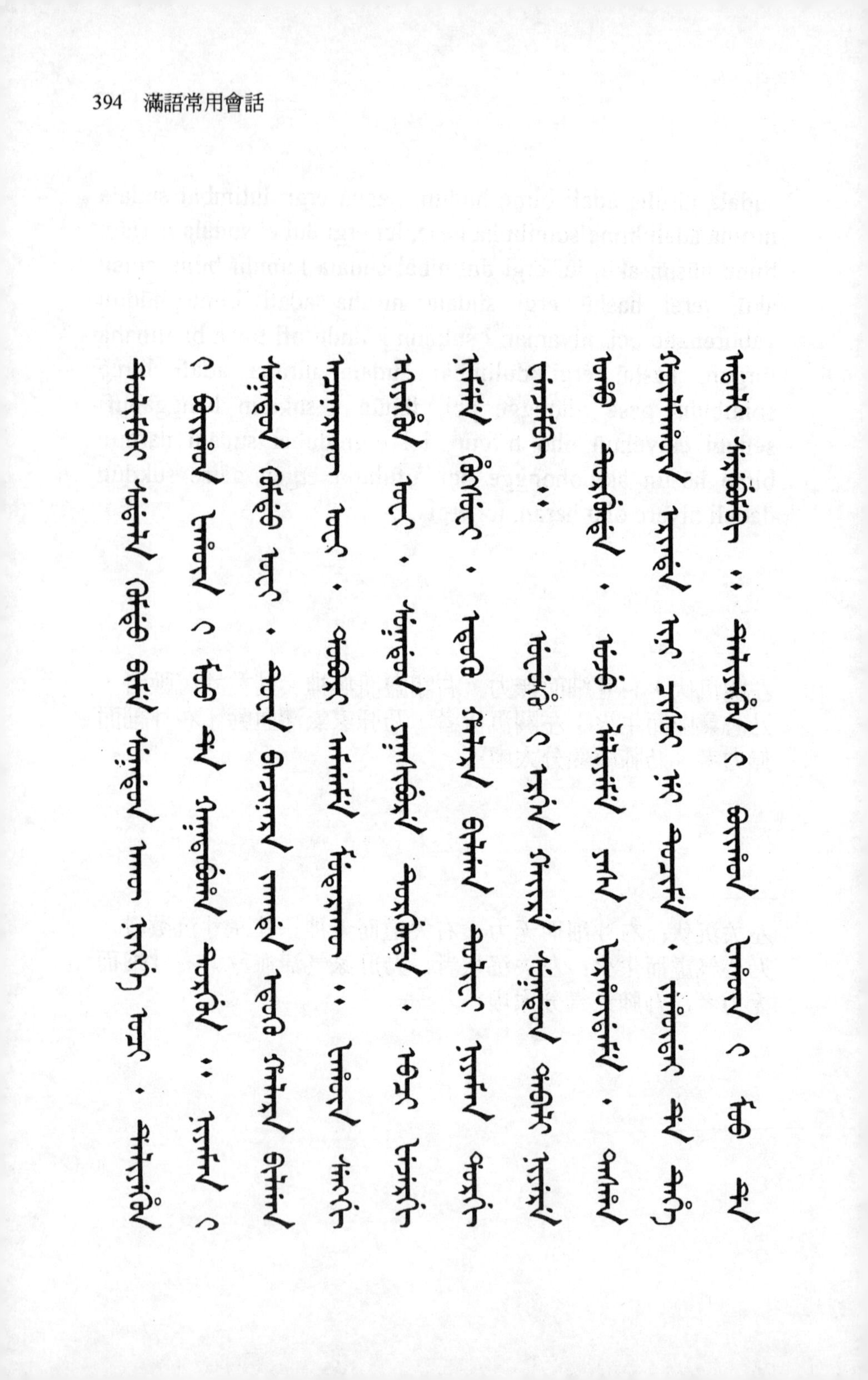

[illegible]

[illegible]

[illegible]

[illegible]

[illegible]

[illegible]

[illegible]

[illegible]

[illegible]

[illegible]

dulimbai sudala kumdu bime sukdun akū ningge oci, deliyehun i boihon fahūn i moo de kaktabuha turgun, niyaman i sukdun kumdu ofi, tuwa banjinara jakade etuku halara bilgan acanarakū ofi, dobori amgame muterakū, fahūn senggi ekiyehun ofi, sukdun yaksibure turgunde, ebci fejergi nimeme huksufi, etuku halara bilgan tulifi niyaman dorgi wenjembi. ufuhu i ergen gaire sukdun dabali niyere oho turgunde, uju leliyeme yasa farhūdame, tasha gūlmahūn erinde ini cisui nei tucime, jahūdai de tehe adali serebumbi. deliyehun i boihon fahūn i moo de

---

右關虛而無神者，乃脾土被肝木尅制。心氣虛而生火者，應現今經期不調，夜間不寐，肝家血虧氣滯者，應脅下痛脹，月信過期，心中發熱，肺經氣分太虛者，頭目不時眩暈，寅卯間必然自汗，如坐舟中；脾土被肝木剋制者；

右关虚而无神者，乃脾土被肝木克制。心气虚而生火者，应现今经期不调，夜间不寐，肝家血亏气滞者，应胁下痛胀，月信过期，心中发热，肺经气分太虚者，头目不时眩晕，寅卯间必然自汗，如坐舟中；脾土被肝木克制者；

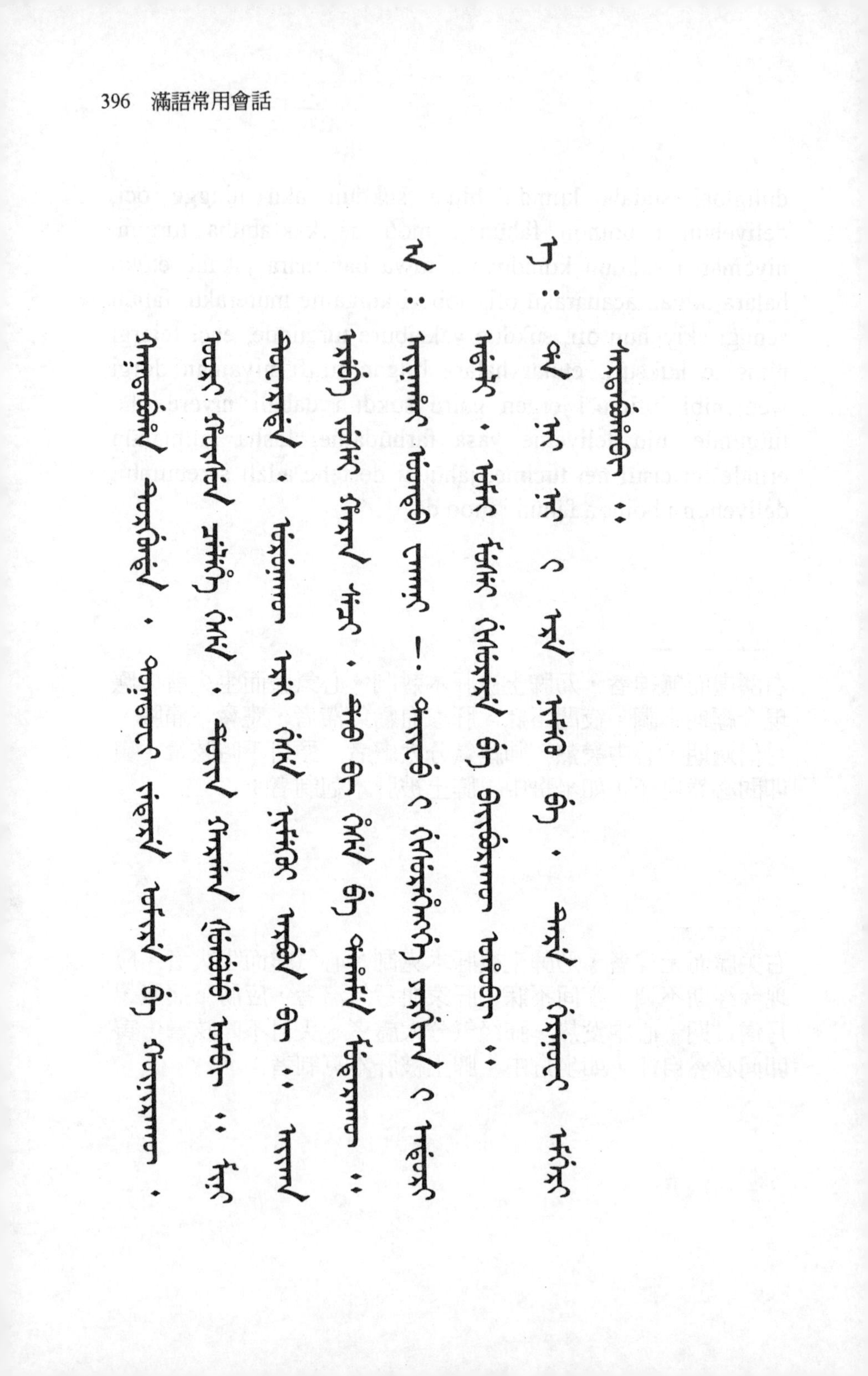

kaktabuha turgunde, toktofi jetere omire be gūnirakū, oori hūsun celehe gese, duin gargan šunpulu ombi. mini tuwarade, urunakū erei gese nimekui arbun bi, aika erebe jusei haran seci, deo bi hese be dahame muterkū.

a：ainahai uttu wakani. daifu i gisurehengge yargiyan i enduri adali, umai musei gisurere be baiburakū ohobi.

e：da nai nai i ere nimeku be tere gerenofi emgeri sartabuhabi.

必定不思飲食，精神倦怠，四肢酸軟。據我看這脈，當有這些症候纔對。或以這個脈爲喜脈，則小弟不敢聞命矣。

a：何嘗不是這樣呢！真正先生說得如神，倒不用我們說了！

e：大奶奶這個症候，可是眾位躭擱了！

必定不思饮食，精神倦怠，四肢酸软。据我看这脉，当有这些症候纔对。或以这个脉为喜脉，则小弟不敢闻命矣。

a：何尝不是这样呢！真正先生说得如神，倒不用我们说了！

e：大奶奶这个症候，可是众位躭搁了！

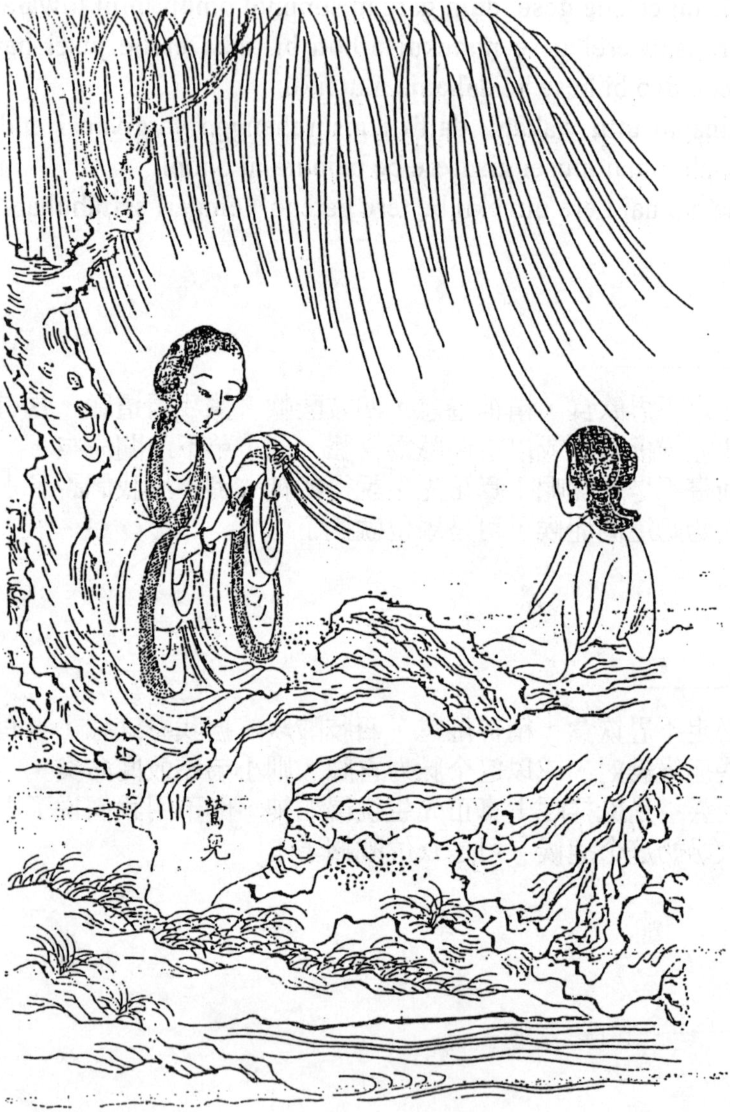
鶯兒

三十三、俚諺俗語

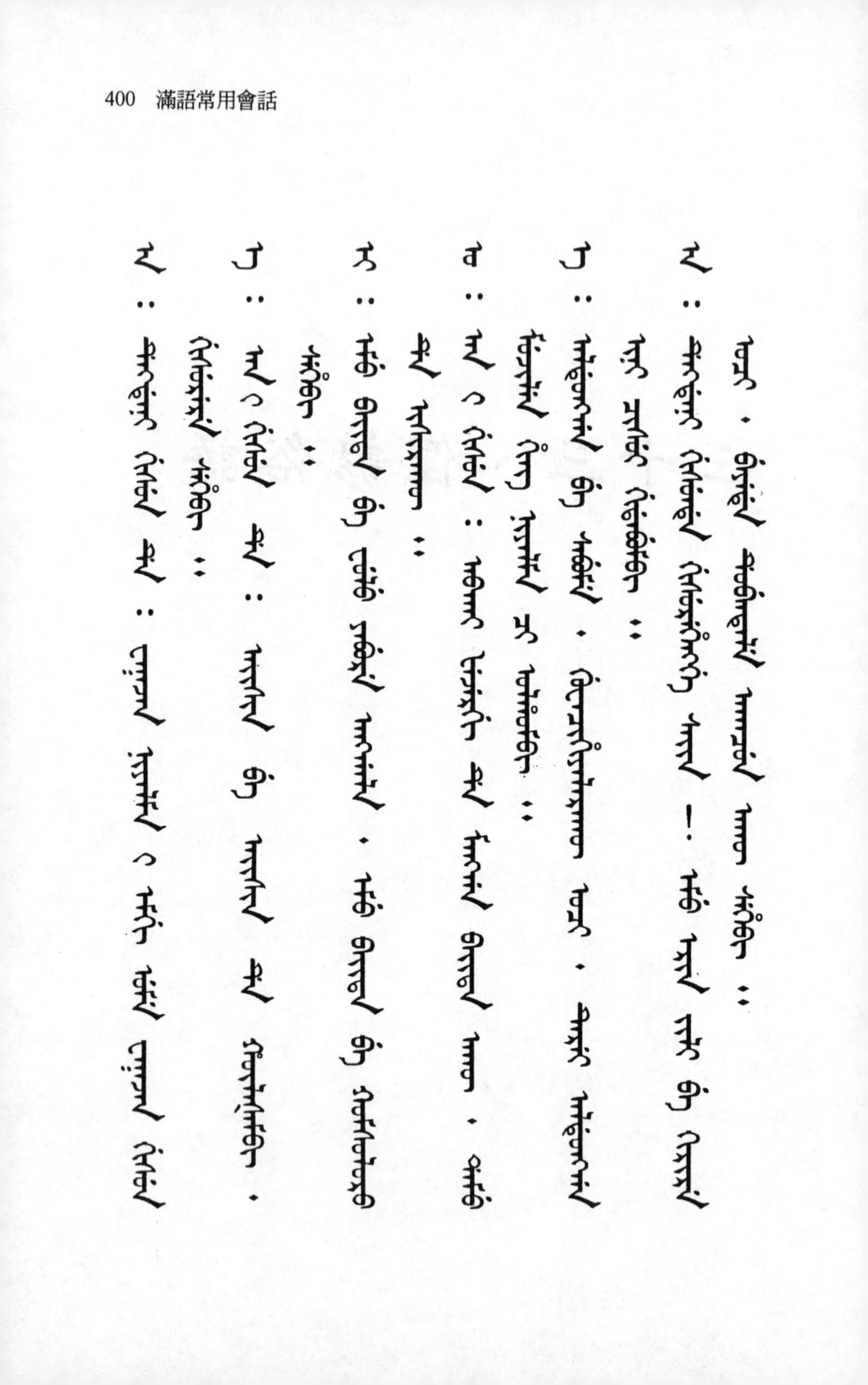

三十三、俚諺俗語

a ：dekdeni gisun de: wakjan niyalma i emgi ume wakjan gisun gisurere sehebi.

e ：an i gisun de, aisin be aisin de hūlašambi sehebi.

i ：emu baita be fulu yabure anggala, emu baita be komsoloro de isirakū.

o ：an i gisun: abkai fejergi de mangga baita akū, damu mujilen hing niyalma ci olhombi.

u ：aldungga be sabume, guwacihiyalarakū oci, terei aldungga ini cisui gidabumbi.

a ：dekdeni gisunde gisurehengge sain! “emu erin jili be kirire oci. beyede dubentele akacun akū”, sehebi.

---

a ：俗話說：當著矮人，別說矮話。

e ：常言道：金子還是金子換。

i ：多一事，不如省一事。

o ：常言道：天下無難事，只怕有心人。

u ：見怪不怪，其怪自敗。

a ：俗語說的好，「忍得一時忿，終身無惱悶。」

---

a ：俗话说：当着矮人，别说矮话。

e ：常言道：金子还是金子换。

i ：多一事，不如省一事。

o ：常言道：天下无难事，只怕有心人。

u ：见怪不怪，其怪自败。

a ：俗语说的好，「忍得一时忿，终身无恼闷。」

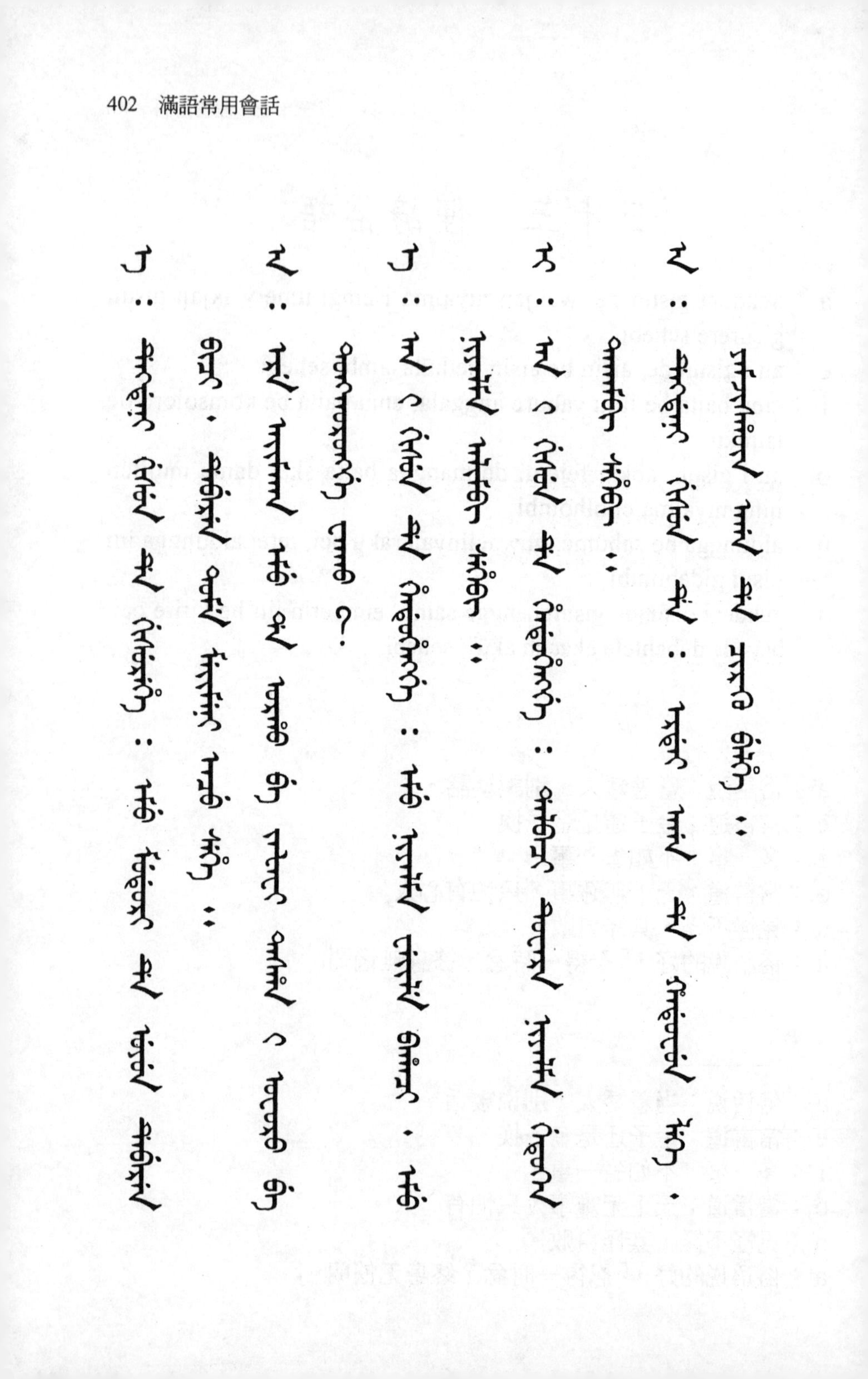

e ：dekdeni gisun de gisurehe" emu muduri de uyun deberen bici, deberen tome meimeni encu" sehe.

a ：ere aimaka emu da orho be jafafi tasha i oforo be tongkorongge wakao?

e ：an i gisun de henduhengge:"emu niyalma weile bahaci emu niyalma alimbi" sehebi.

i ：an i gisun de henduhengge:"dalbaci tuwara niyalma getuken takambi" sehebi.

a ：dekdeni gisun de: erdei aga de hadufun leke yamjishūn aga de cirku belhe.

---

e ：俗語說：「一龍九種，種種有別。」
a ：難道這不是拿根草戳老虎鼻子嗎？
e ：常言道：「一人獲罪一人當。」
i ：常言道：「旁觀者清。」
a ：俗話說：早晨的雨磨鐮刀，黃昏的雨備枕頭。

---

e ：俗语说：「一龙九种，种种有别。」
a ：难道这不是拿根草戳老虎鼻子吗？
e ：常言道：「一人获罪一人当。」
i ：常言道：「旁观者清。」
a ：俗话说：早晨的雨磨镰刀，黄昏的雨备枕头。

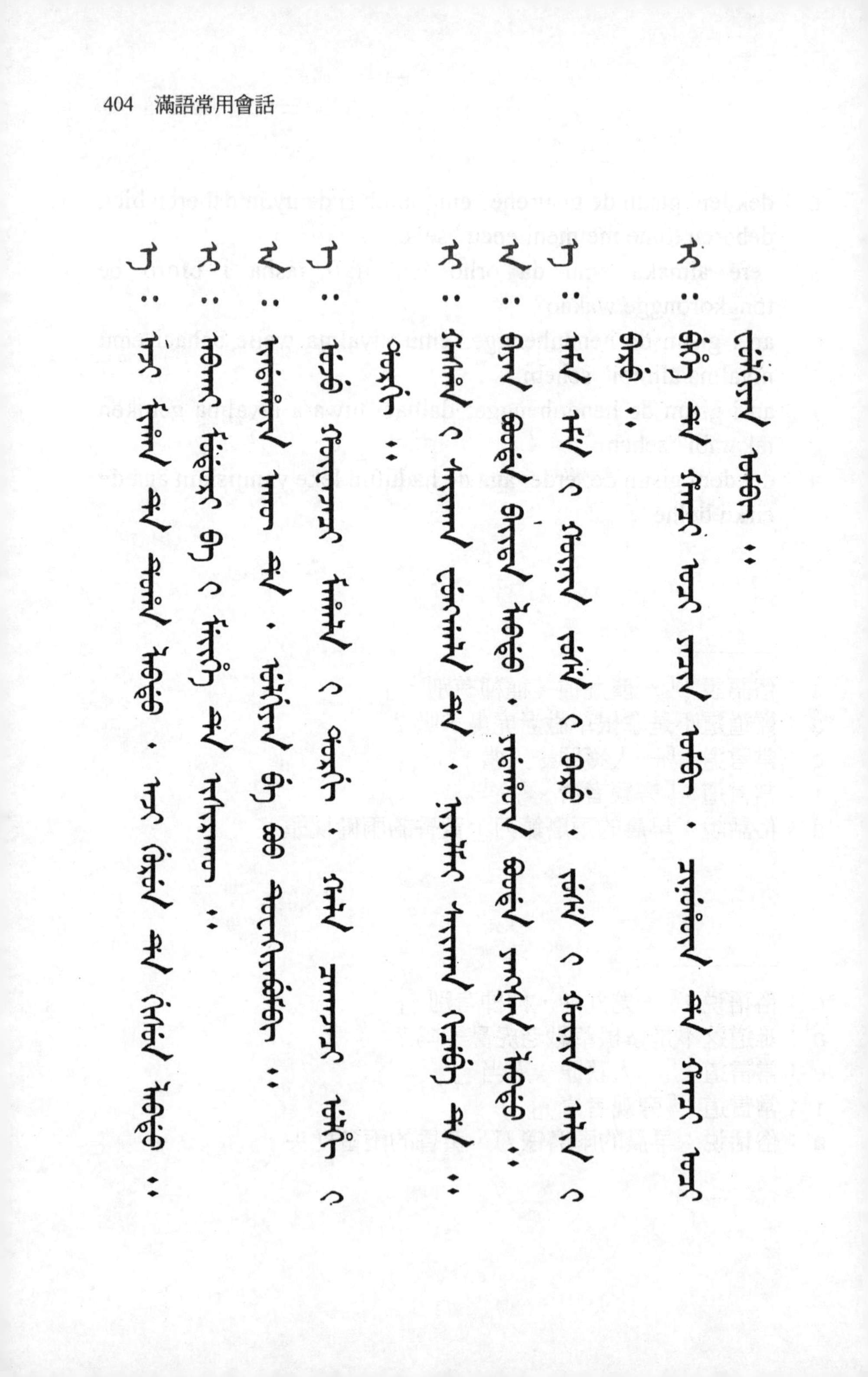

e ：aji mihan de duha labdu, aji gurun de gisun labdu.
i ：abkai muduri ba i meihe de isirakū.
a ：indahūn akū de ulgiyan be boo tuwakiyabumbi.
e ：uju hūwajaci mahala i dorgi, gala cakajaci ulhi i dorgi.
i ：gasha i saikan funggala de, niyalmai saikan kicebe de.
a ：bayan boode baita labdu, yadahūn boode yangšan labdu.
e ：ama eme i gūnin juse i baru, juse i gūnin alin i baru.
i ：behe de hanci oci yacin ombi, cinuhūn de hanci oci fulgiyan ombi.

---

e ：小猪腸多，小孩話多。
i ：天上的龍，不如地頭蛇。
a ：沒有狗而讓豬看家。
e ：腦袋破了帽子護著，胳膊折了袖子包著。
i ：鳥美在於羽毛，人美在於勤勞。
a ：富貴人家是非多，貧寒人家爭吵多。
e ：父母之心向兒女，兒女之心向山外。
i ：近墨者黑，近朱者赤。

---

e ：小猪肠多，小孩话多。
i ：天上的龙，不如地头蛇。
a ：没有狗而让猪看家。
e ：脑袋破了帽子护着，胳膊折了袖子包着。
i ：鸟美在于羽毛，人美在于勤劳。
a ：富贵人家是非多，贫寒人家争吵多。
e ：父母之心向儿女，儿女之心向山外。
i ：近墨者黑，近朱者赤。

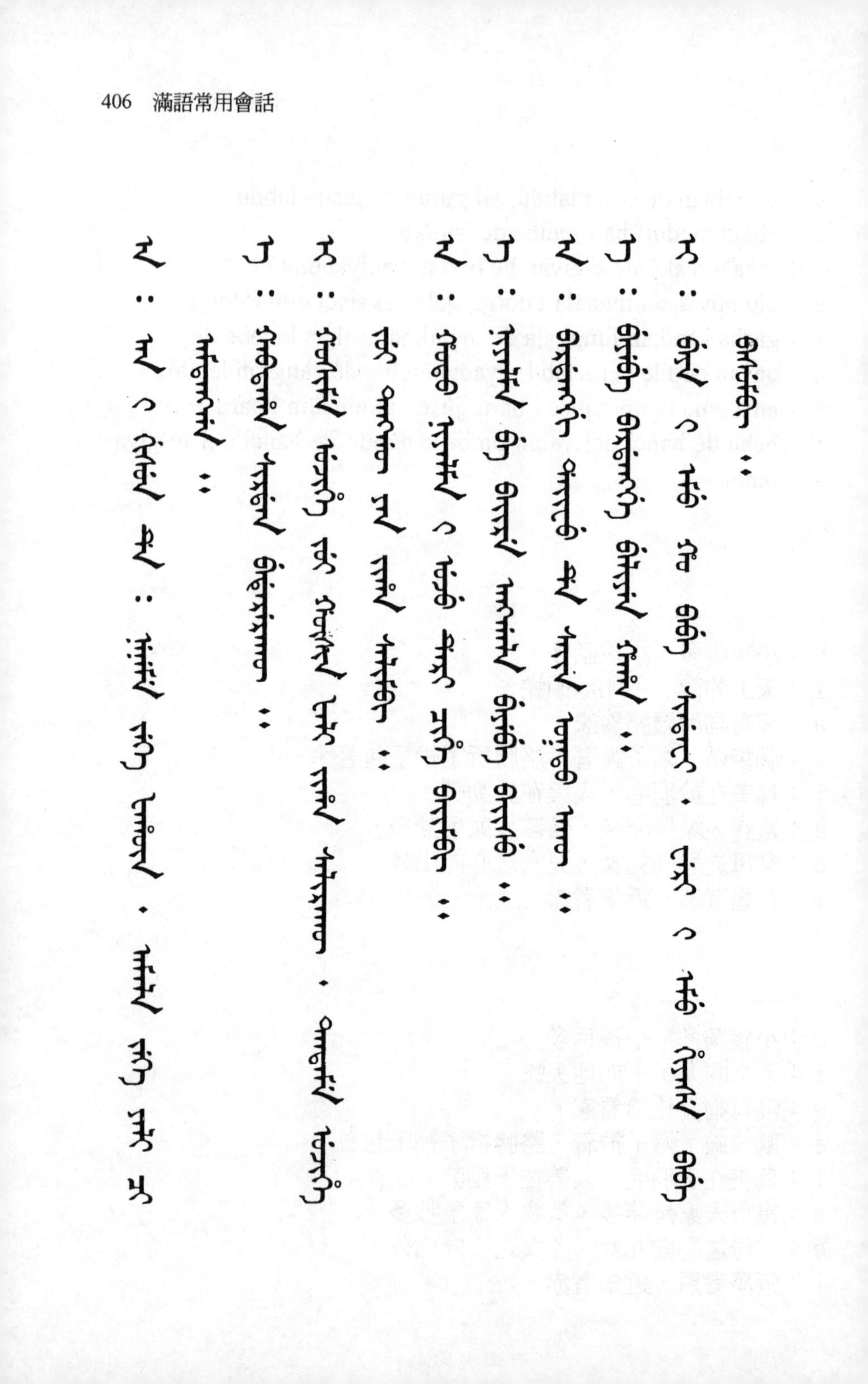

a：an i gisun de: neneme jeke fahūn, amala jeke yali ci amtangga.
e：gabtaha sirdan bedererakū.
i：gosime ujihe jui gūsin fali jiha salirakū, tantame ujihe jui tanggū yan jiha salimbi.
a：hoto niyalma i uju deri cihe baimbi.
e：niyalma be baire anggala beyebe baisu.
a：bardanggi daifu de sain okto akū.
e：beyebe bardangge beliyen haha.
i：beye i emu ho babe sindafi, weri i emu hiyase babe basumbi.

---

a：常言道：先吃的肝子，比後吃的肉香。
e：射出去的箭不回頭。
i：寵愛的孩子不值三十枚銅錢，嚴教的孩子能值一百兩銀子。
a：禿子頭上找虱子，吹毛求疵。
e：求人不如求自己。
a：誇嘴的郎中沒有好藥。
e：誇耀自己是蠢漢。
i：五十步笑百步。

---

a：常言道：先吃的肝子，比后吃的肉香。
e：射出去的箭不回头。
i：宠爱的孩子不值三十枚铜钱，严教的孩子能值一百两银子。
a：秃子头上找虱子，吹毛求疵。
e：求人不如求自己。
a：夸嘴的郎中没有好药。
e：夸耀自己是蠢汉。
i：五十步笑百步。

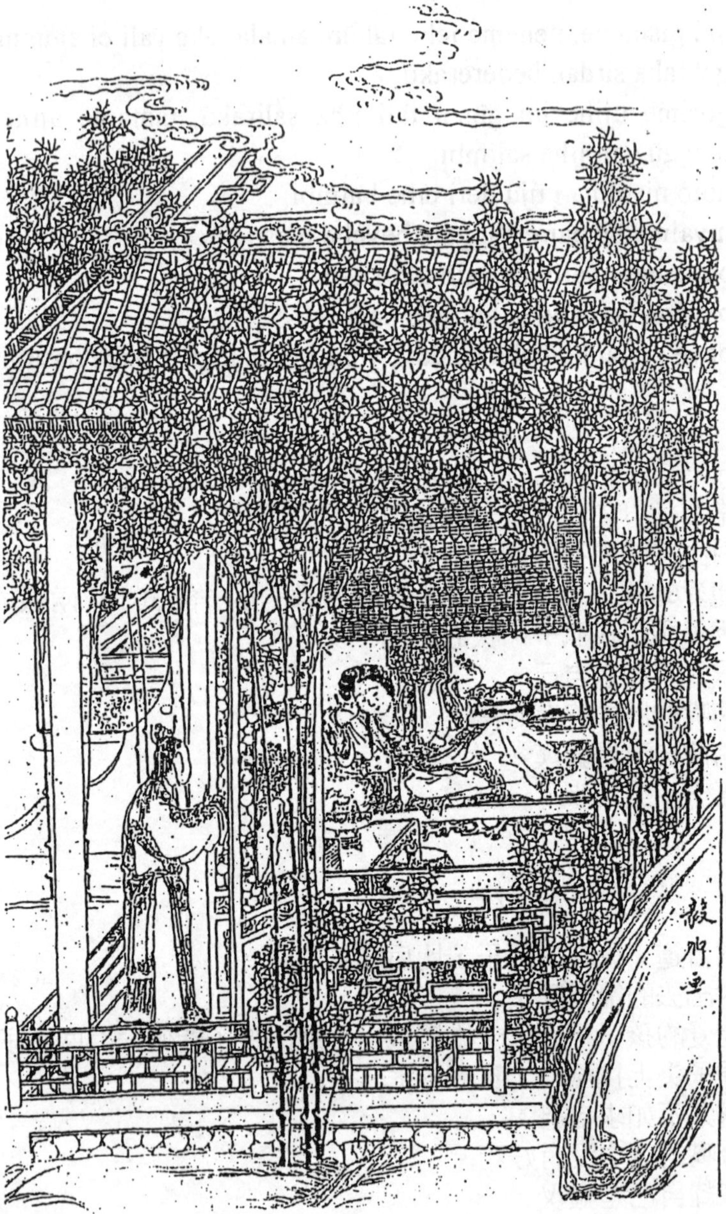

三十四、生寄死歸

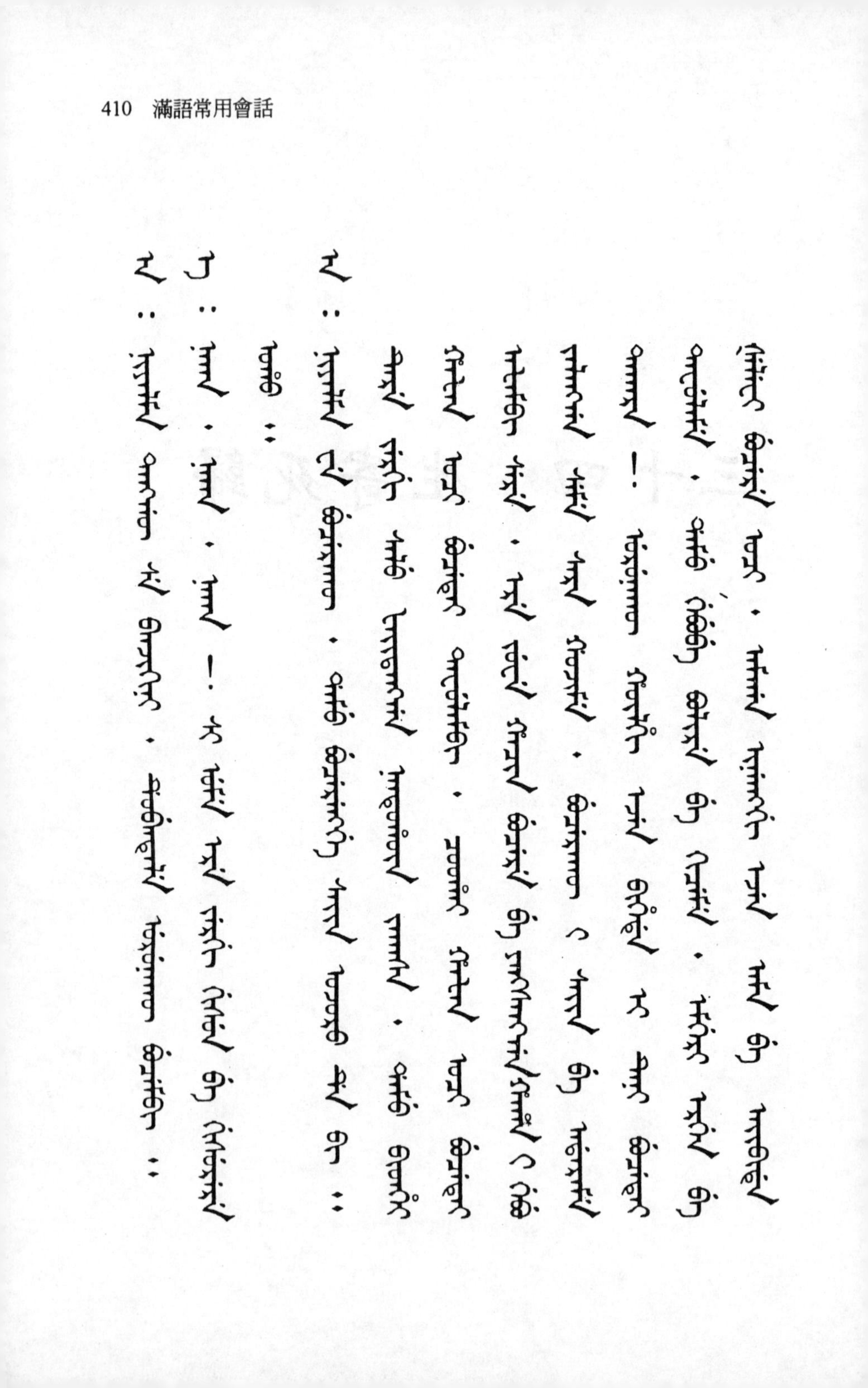

三十四、生寄死歸

a ：niyalma tanggū se banjikini, dubentele urunakū bucembi.
e ：naka, naka, naka, si ume ere jergi gisun be gisurere oho.
a ：niyalma we bucerakū, damu bucerengge sain ojoro de bi, tere jergi salu faitangga nantuhūn jakasa, damu bithei hafan oci bucetei tafulambi, coohai hafan oci bucetei afambi sere, ere juwe hacin bucere be yangsangga haha i gebu jalangga seme sara gojime, bucerakū i sain be adarame takara! urunakū hūlhi ejen bihede i teni bucetei tafulame, damu gebube bolire be kiceme, emgeri ergen be šelefi bucere oci, amaga inenggi ejen ama be aibide

---

a ：人活百歲，橫豎要死。
e ：罷，罷，罷，你別說這些話了。
a ：人誰不死，只要死的好，那些鬚眉濁物，只知道文則死諫，武則死戰，這兩種死是大丈夫的名節，便只管胡鬧起來，哪裡知道不死的好。必有昏君方有死諫之臣，只顧邀名，猛拚一死，將來置君父於何地？

---

a ：人活百岁，横竖要死。
e ：罢，罢，罢，你别说这些话了。
a ：人谁不死，只要死的好，那些须眉浊物，只知道文则死谏，武则死战，这两种死是大丈夫的名节，便只管胡闹起来，哪里知道不死的好。必有昏君方有死谏之臣，只顾邀名，猛拼一死，将来置君父于何地？

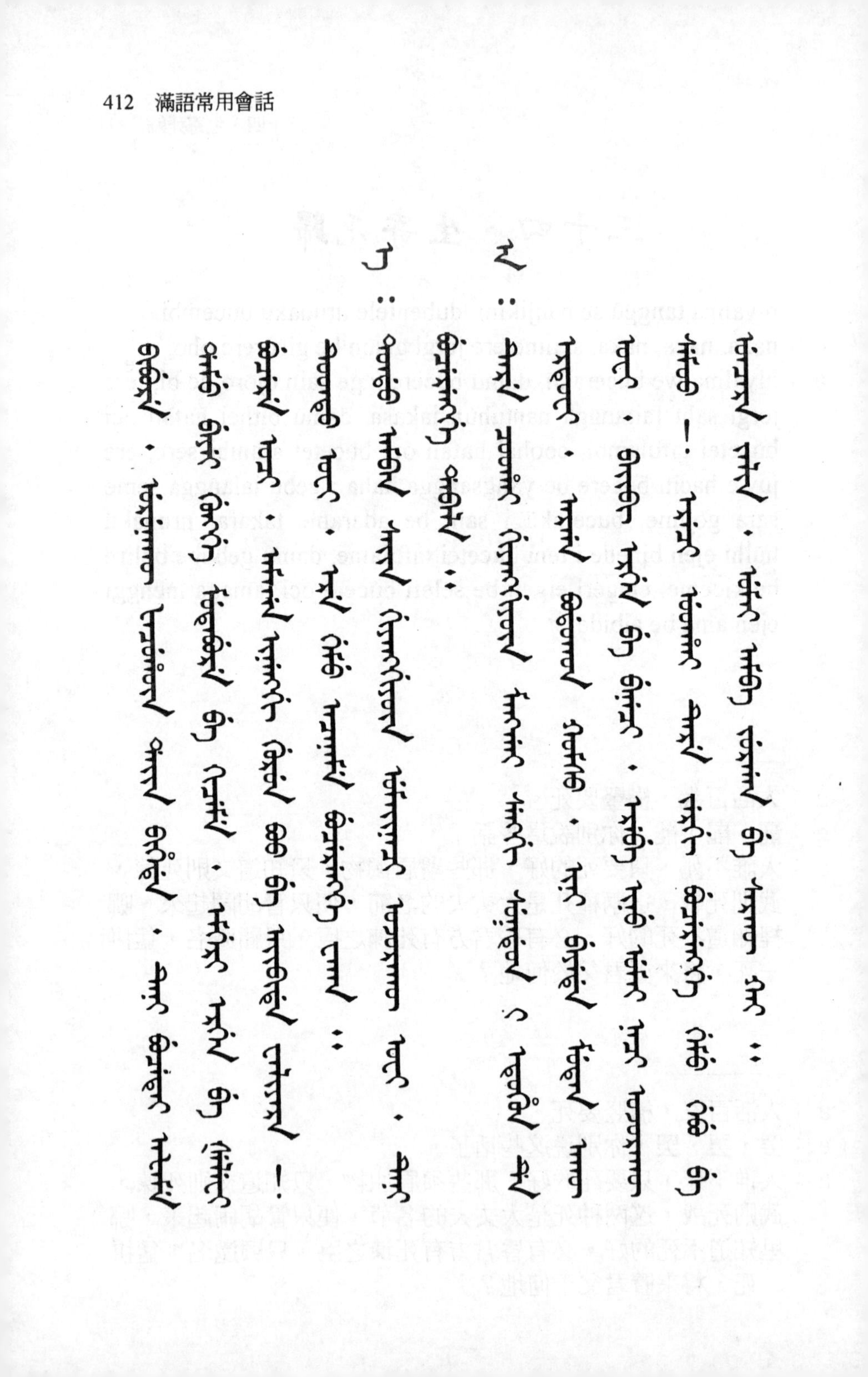

[illegible]

bibure, urunakū facuhūn dain bihede, teni bucetei afame damu beyei gungge mutebure be kiceme, emgeri ergen be šelefi bucere oci, amaga inenggi gurun boo be aibide waliyara! tuttu ofi, ere gemu acaname bucerengge waka.

e：tondo amban sain giyanggiyūn, umainaci ojorakū ofi teni bucerengge dabala.

a：tere coohai giyanggiyūn manggai senggi sukdun i etuhun de ertufi, arga bodokon komso, ini beyede muten akū ofi, baibi ergen be beneci, erebe inu umai naci ojorakū semoo! ereci uthai tere jergi bucerengge gemu gebu be uncara jalin, umai amba jurgan be sarkū kai.

必定有戰亂，方有死戰，只顧邀功，猛拚一死，將來棄國家於何地！所以皆非正死。

e：忠臣良將，皆出於不得已纔死啊！

a：那武將不過仗血氣之勇，疏謀少略，他自己無能，白送了性命，這難道也是不得已嗎？由此可見那些死的都是沽名釣譽，並不知大義。

必定有战乱，方有死战，只顾邀功，猛拼一死，将来弃国家于何地！所以皆非正死。

e：忠臣良将，皆出于不得已纔死啊！

a：那武将不过仗血气之勇，疏谋少略，他自己无能，白送了性命 这难道也是不得已吗？由此可见那些死的都是沽名钓誉，并不知大义。

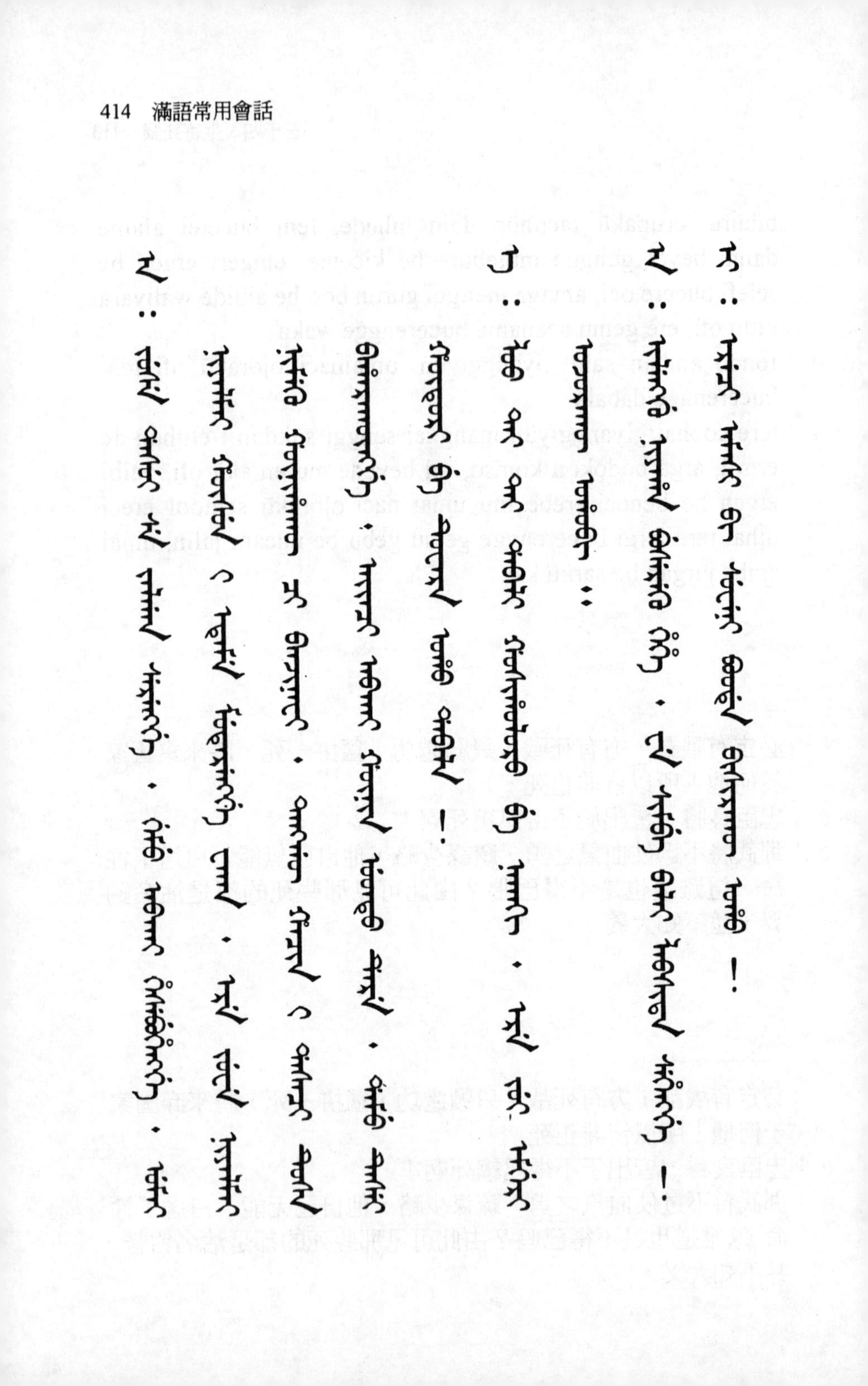

[illegible] : [illegible] !

[illegible] : [illegible] · [illegible] !

[illegible] ::

[illegible] : [illegible] · [illegible] ! [illegible] · [illegible] · [illegible] · [illegible] · [illegible]

[illegible] : [illegible] · [illegible] ·

a：juse dasui se jalgan serengge, gemu abkai hesebuhengge, umai niyalmai hūsun i eteme muterengge waka, ere juwe niyalmai nimeku gūnihakū ci banjinafi, tanggū hacin i dasaci tusa baharakūngge, ainci abkai gūnin uttu dere, damu tesei hūturi be tuwara oho dabala.

e：loo tai tai dabali gosiholoro be nakaki, ere jui emgeri ojorakū ohobi.

a：ilenggu niyaha busereku hehe, we simbe balai labsita sehengge!

i：ereci amasi bi suweni boode bisirakū oho!

---

a：兒女之數總由天命，非人力可強，他二人之病，意外而生，百般醫治無效，想是天意該如此，也只好看他們的福分了！

e：老太太也不必過於悲痛，哥兒已是不中用了。

a：爛了舌頭的混帳女人，誰說你絮叨了？

i：從今以後，我可不在你家了！

---

a：儿女之数总由天命，非人力可强，他二人之病，意外而生，百般医治无效，想是天意该如此，也只好看他们的福分了！

e：老太太也不必过于悲痛，哥儿已是不中用了。

a：烂了舌头的混帐女人，谁说你絮叨了？

i：从今以后，我可不在你家了！

ᠠ: [illegible]

ᠪ: [illegible]

ᠠ: [illegible]

ᠪ: [illegible]

ᠠ: [illegible]

a：ere yargiyan i "abka de boljoho akū edun tugi bi, niyalma de erde yamji jobolon hūturi bi" sehengge kai, enteke se asihan de aika ere nimeku de erken terken ojoro oci, niyalmai jalande banjirede geli ai amtan bimbi.
e：sini sargan enenggi absi?
i：asuru sain waka! oke wajime dosime tuwaci uthai sambi.
e：mini mama! ainu udu inenggi sabuhakū de uthai erei gese gebsehun ohoni!
a：ere gemu mini hūturi akūngge kai!

---

a：這真的是「天有不測風雲，人有旦夕禍福」，這點年紀，倘或因這病上有個長短，人生在世，還有什麼趣兒呢！
e：你媳婦今日怎麼樣？
i：不好呢！嬸子一會兒進去瞧瞧就知道了。
e：我的奶奶，怎麼幾日不見，就瘦的這樣了！
a：這都是我沒福！

---

a：这真的是「天有不测风云，人有旦夕祸福」，这点年纪，倘或因这病上有个长短，人生在世，还有什么趣儿呢！
e：你媳妇今日怎么样？
i：不好呢！婶子一会儿进去瞧瞧就知道了。
e：我的奶奶，怎么几日不见，就瘦的这样了！
a：这都是我没福！

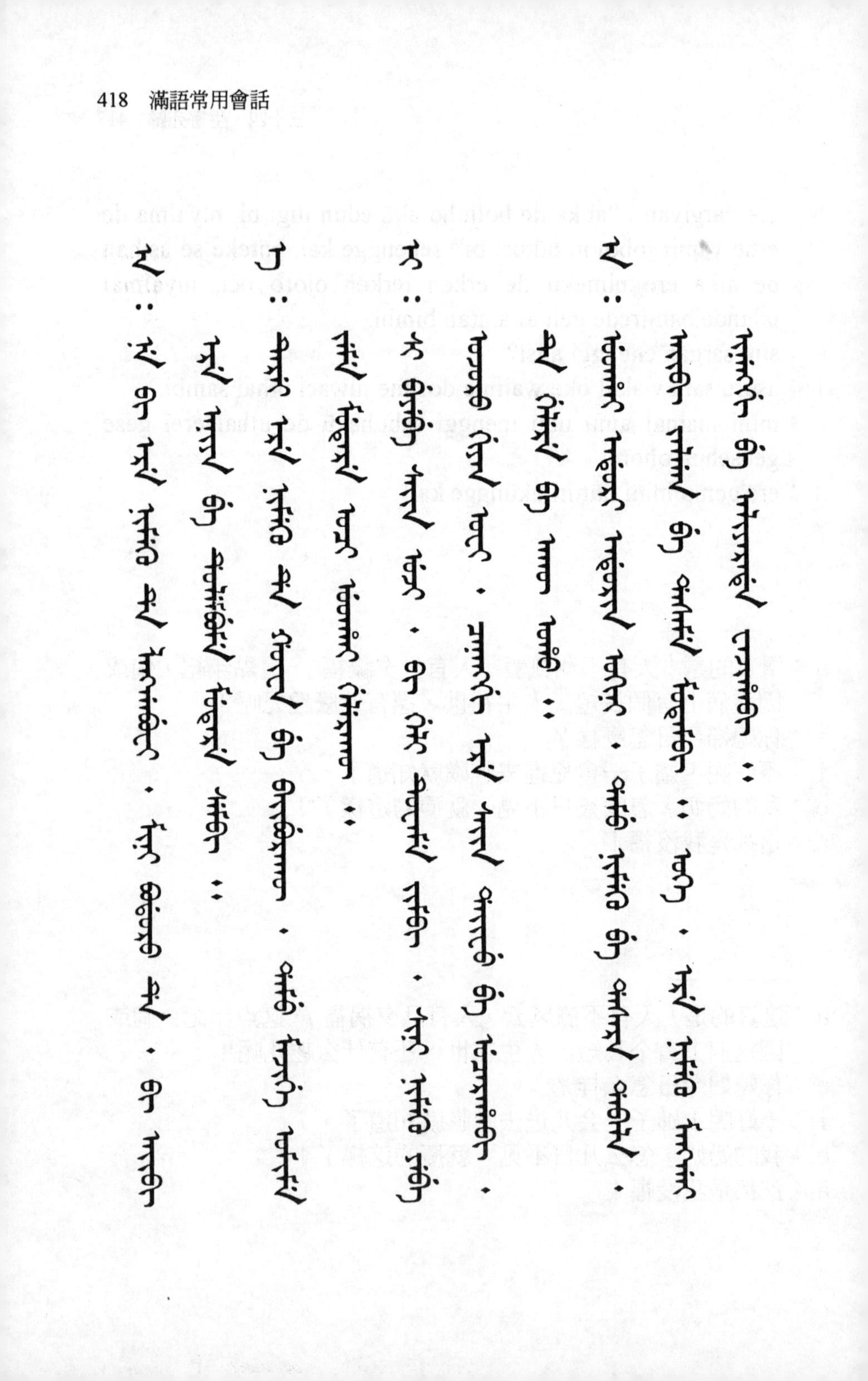

a：ne bi ere nimeku de langgabufi, mini bodoro de, bi aibi ere aniya be dulembume mutere sembi.

e：terei ere mimeku de gūwa be baiburakū, damu majige omime jeme mutere oci uthai gelerakū.

i：si beyebe sain uji, bi geli tuwame jimbi, sini nimeku yebe ojoro giyan ofi, cananggi ere sain daifu be ucarahabi, te gelere ba akū oho.

a：uthai enduri endurin okini, damu nimeku be dasara dabala, aibi jalgan be dasame mutembi. oke, ere nimeku manggai inenggi be aliyarade wajihabi.

---

a：如今我得了這個病，我自忖度，未必熬得過年去。

e：他這病也不用別的，只吃得下些飯食就不怕了。

i：你好生養著，我再來看你吧！合該你這病要好了，所以前日遇著這個好大夫，再也是不怕的了。

a：任憑他是神仙，也是治了病治不得命！嬸子，這病不過是捱日子的。

---

a：如今我得了这个病，我自忖度，未必熬得过年去。

e：他这病也不用别的，只吃得下些饭食就不怕了。

i：你好生养着，我再来看你吧！合该你这病要好了，所以前日遇着这个好大夫，再也是不怕的了。

a：任凭他是神仙，也是治了病治不得命！婶子，这病不过是捱日子的。

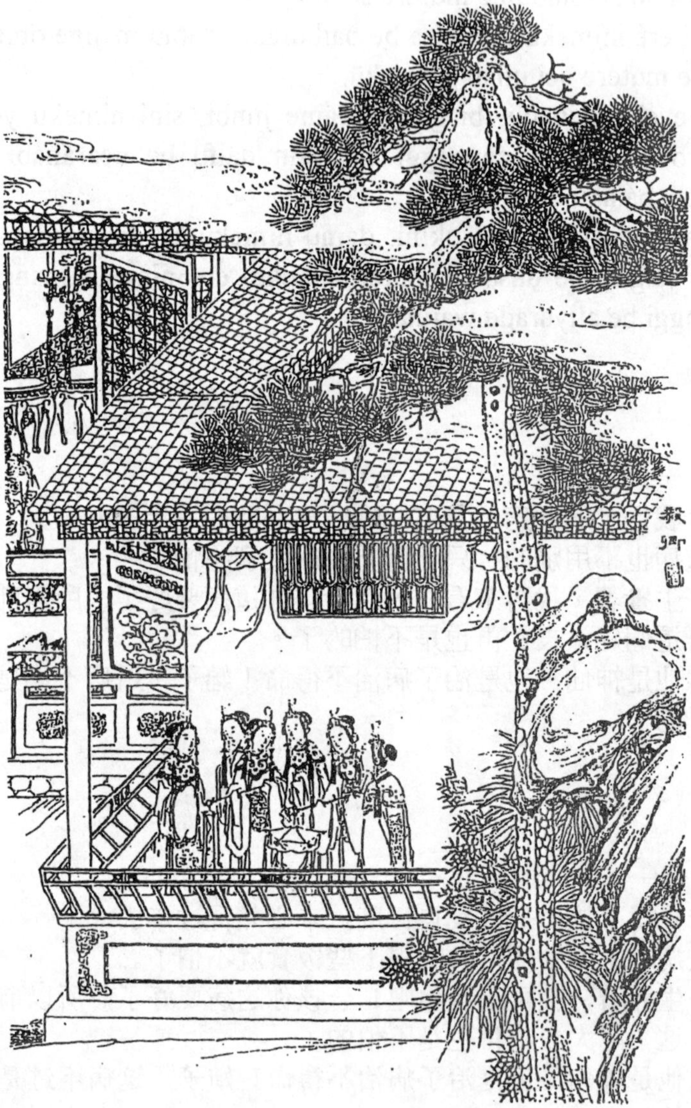

三十五、幻想破滅

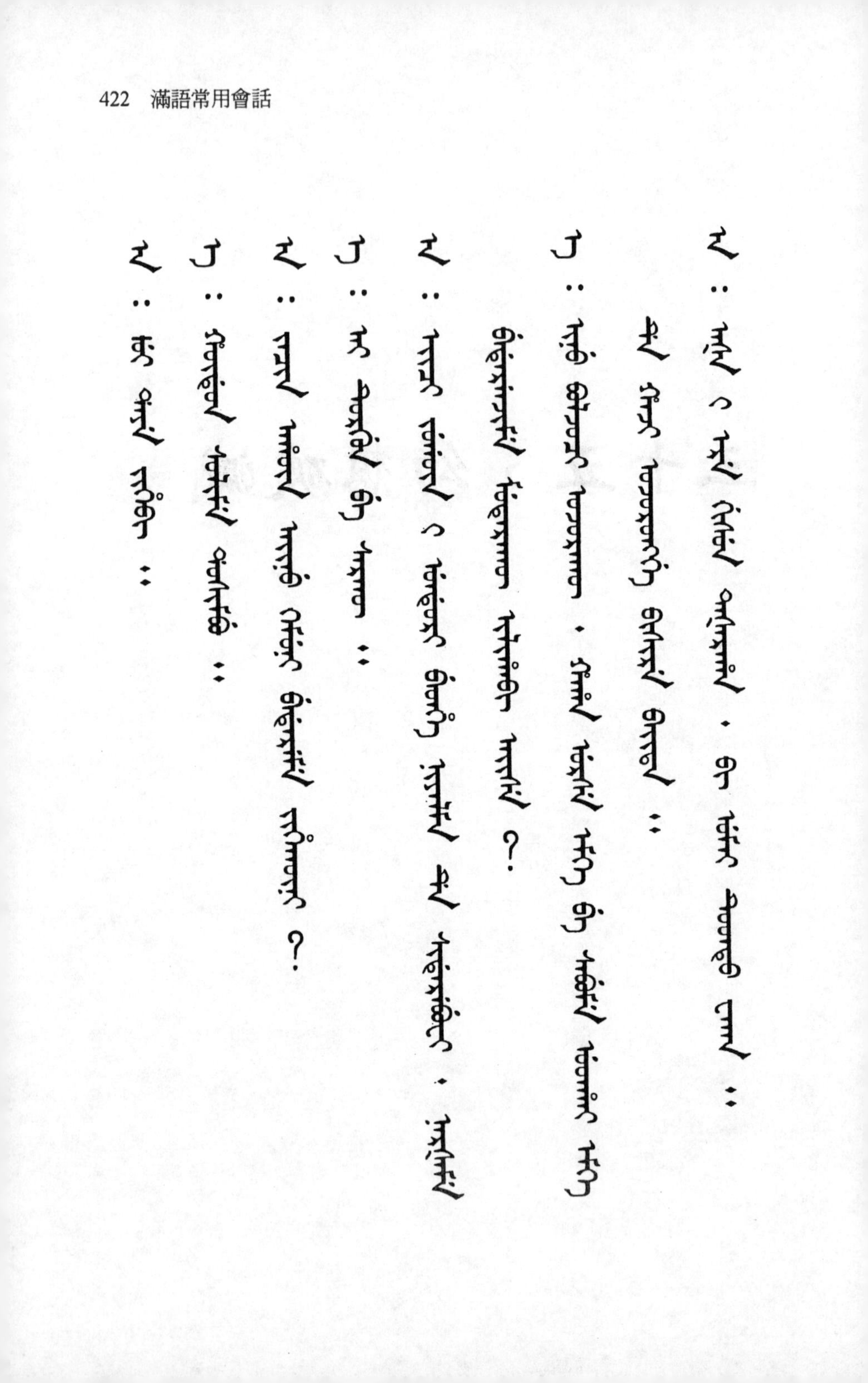

[illegible] : [illegible] [illegible] [illegible] ::

[illegible] : [illegible] [illegible] [illegible] ::

[illegible] : [illegible] [illegible] [illegible] [illegible] [illegible] [illegible] ?

[illegible] : [illegible] [illegible] [illegible] [illegible] ::

[illegible] : [illegible] [illegible] [illegible] [illegible] [illegible] [illegible] [illegible] [illegible] · [illegible]
[illegible] [illegible] [illegible] [illegible] ?

[illegible] : [illegible] [illegible] [illegible] · [illegible] [illegible] [illegible] [illegible] [illegible] [illegible] [illegible]
[illegible] [illegible] [illegible] ᠪᡳᡥᡝ ::

[illegible] : [illegible] [illegible] [illegible] [illegible] [illegible] · ᠪᡳ [illegible] [illegible] ᠵᡳᡥᡝ ::

三十五、幻想破滅

i ：žui daye jihebi。
e ：hūdun solime dosimbu。
a ：jacin ahūn ainu kemuni bedereme jihekūni？
e ：ai turgun be sarkū。
a ：eici jugūn i unduri bethe niyalma de siderebufi, naršame bederenjime muterakū ilihabi aise？
e ：inu boljoci ojorakū, haha urse emke be sabume uthai emke de haji ojorongge bisire baita。
a ：aša i ere gisun tašaraha, bi umai tuttu waka。

---

i ：瑞大爺來了。
e ：快請進來！
a ：二哥哥怎麼還不回來？
e ：不知什麼緣故？
a ：別是有人在路上絆住了腳，捨不得回來也未可知？
e ：也未可知，男人家見一個愛一個，也是有的。
a ：嫂子這話錯了，我並不那樣。

---

i ：瑞大爷来了。
e ：快请进来！
a ：二哥哥怎么还不回来？
e ：不知什么缘故？
a ：别是有人在路上绊住了脚，舍不得回来也未可知？
e ：也未可知，男人家见一个爱一个，也是有的。
a ：嫂子这话错了，我并不那样。

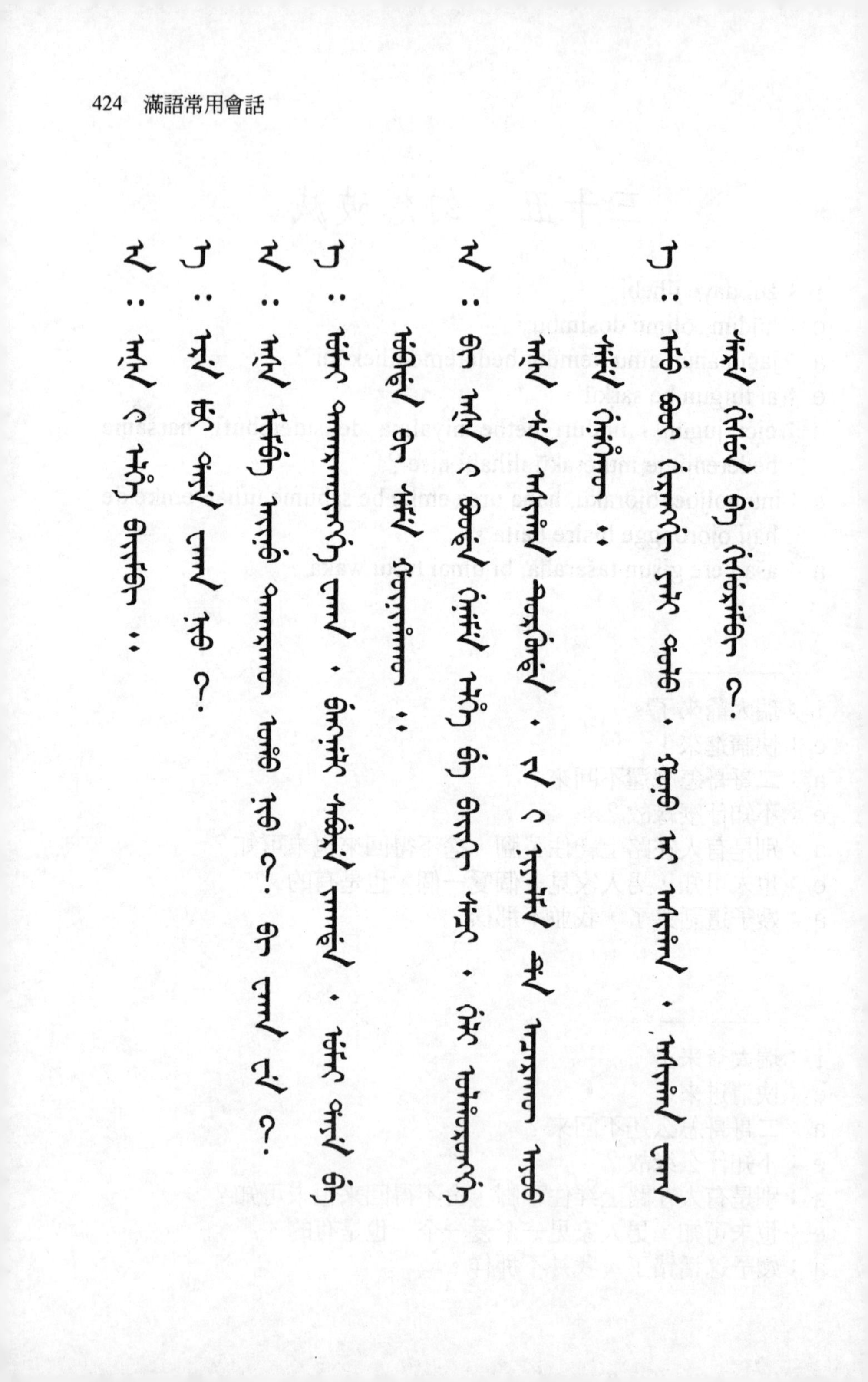

ᡝ : [illegible] ::

ᠠ : [illegible] ?

ᡝ : [illegible] ? [illegible] ?

ᠠ : [illegible]
[illegible] ::

ᡝ : [illegible]
[illegible]
[illegible] ::

ᠠ : [illegible]
[illegible] ?

a：aša i elhe baimbi。
e：ere žui daye waka nio？
a：aša mimbe ainu takarakū oho nio？ bi waka we？
e：umai takarakūngge waka, bengneli sabure jakade, umai daye be ubade bi seme gūnihakū。
a：bi aša i boode geneme elhe be baiki seci, geli olhorongge aša se asihan turgunde, ja i niyalma de acarakū ayoo seme genehekū。
e：emu booi giranggi yali dolo, hono ai asihan, asihan waka sere gisun be gisurembi？

---

a：請嫂子安。
e：這是瑞大爺不是？
a：嫂子連我也不認得了，不是我是誰？
e：不是不認得，猛然一見，並沒想到大爺在這裡。
a：我想到嫂子家裡去請安，又怕嫂子年輕，不肯輕易見人，所以沒去。
e：一家子骨肉，說什麼年輕不年輕的話？

---

a：请嫂子安。
e：这是瑞大爷不是？
a：嫂子连我也不认得了，不是我是谁？
e：不是不认得，猛然一见，并没想到大爷在这里。
a：我想到嫂子家里去请安，又怕嫂子年轻，不肯轻易见人，所以没去。
e：一家子骨肉，说什么年轻不年轻的话？

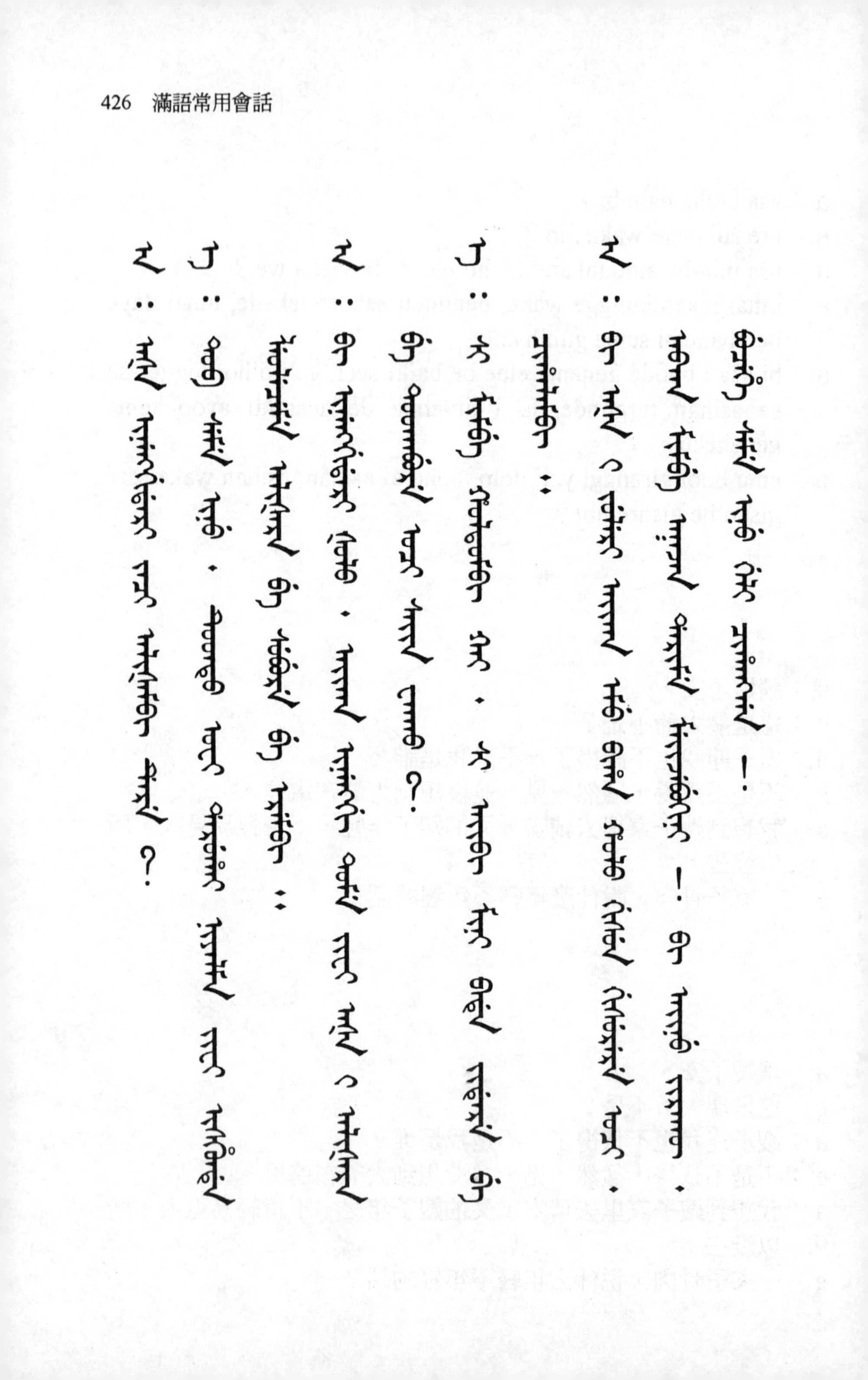

[illegible]

[illegible]

[illegible]

[illegible]

[illegible]

[illegible]

a：aša inenggidari jaci ališambi dere？
e：tob seme inu, tuttu ofi daruhai niyalma jifi ishunde leoleceme ališara be subure be erembi。
a：bi inenggidari šolo, aika inenggi tome jifi aša i ališara be tookabure oci sain wakao？
e：si mimbe holtombi kai, si aibi mini bade jidere be cihalambi。
a：bi aša i juleri aika emu biha holo gisun gisurere oci, abka mimbe akjan darime meijebukini！ bi ainu jirakū, bucehe seme inu geli cihangga！

---

a：嫂子天天也悶的很？
e：正是呢！只盼個人來說話解解悶兒。
a：我倒天天閒著，若天天過來替嫂子解解悶兒，不好嗎？
e：你哄我呢，你哪裡願到我這裡來！
a：我在嫂子面前，若有一句謊話，天打雷劈！我怎麼不來？死了也情願！

---

a：嫂子天天也闷的很？
e：正是呢！只盼个人来说话解解闷儿。
a：我倒天天闲着，若天天过来替嫂子解解闷儿，不好吗？
e：你哄我呢，你哪里愿到我这里来！
a：我在嫂子面前，若有一句谎话，天打雷劈！我怎么不来？死了也情愿！

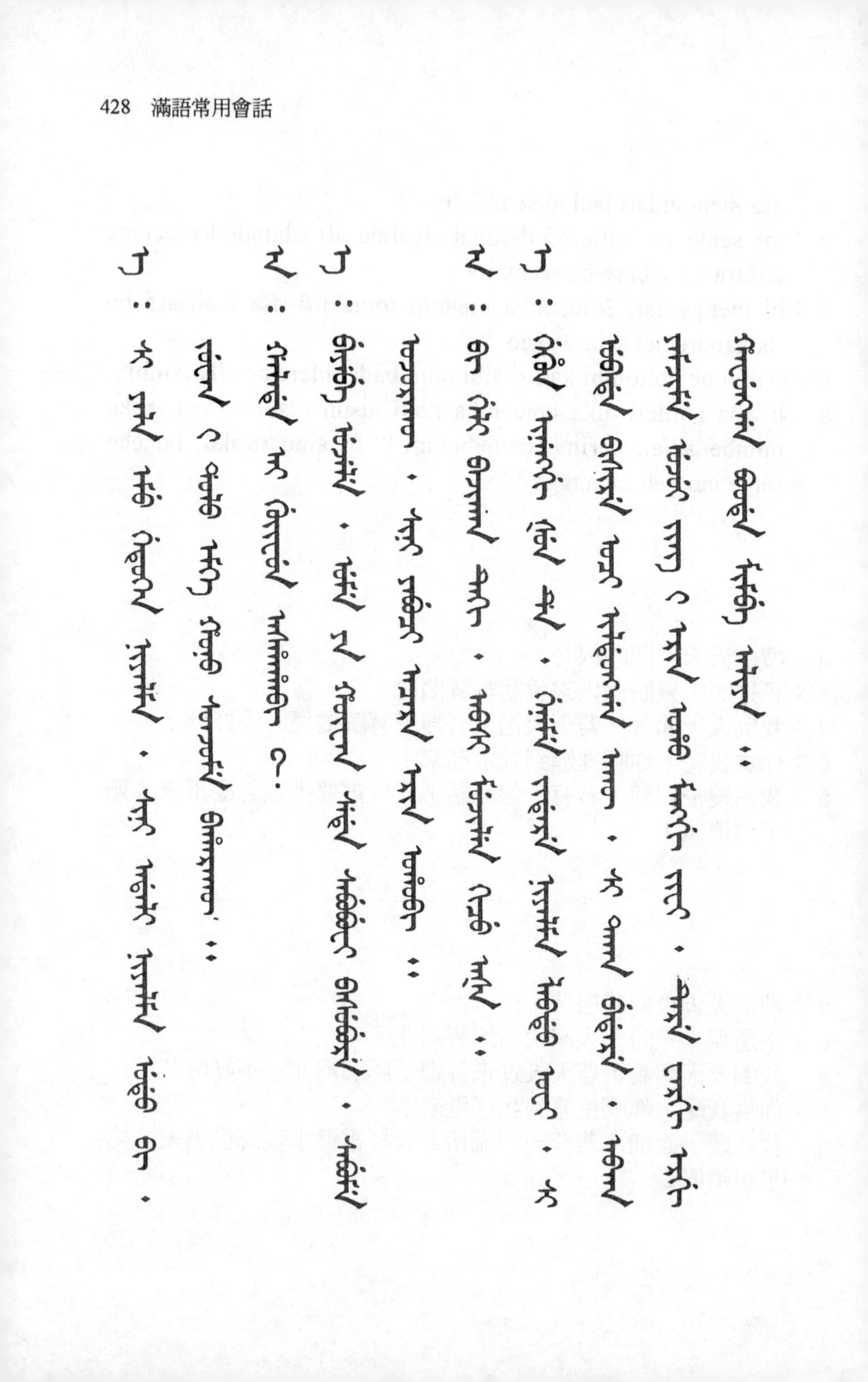

[illegible]

[illegible]

[illegible]

[illegible]

[illegible]

[illegible]

[illegible]

[illegible]

[illegible]

e：si yala emu getuken niyalma, sini adali niyalma udu bi, juwan i dolo emke hono sonjome baharakū。

a：galade ai guifun ashahabi？

e：beyebe ujele, ume ya hūwan sede sabubufi basubure, sabume ojorakū sini yabuci acara erin ohobi。

a：bi geli bajikan teki, absi mujilen kicu aša。

e：gehun inenggi šun de, geneme jidere niyalma labdu ofi, si ubade bisire oci ildungga akū, si taka bedere, abka yamjime ujui jing i erin oho manggi jifi, tere wargi ergi hafungga boode mimbe aliya。

---

e：你果然是個明白人，像你這樣的人，能有幾個呢？十個裡也挑不出一個來。

a：手上戴著什麼戒指？

e：放尊重些！別叫丫頭們看見了笑話，不能看見，你該去了。

a：我再坐一坐兒，好狠心的嫂子。

e：大白天的，來往人多，你若在這裡，不方便。你暫且回去，等到晚上起了更，再來，在西邊穿堂兒等我。

---

e：你果然是个明白人，像你这样的人，能有几个呢？十个里也挑不出一个来。

a：手上戴着什么戒指？

e：放尊重些！别叫丫头们看见了笑话，不能看见，你该去了。

a：我再坐一坐儿，好狠心的嫂子。

e：大白天的，来往人多，你若在这里，不方便。你暂且回去，等到晚上起了更，再来，在西边穿堂儿等我。

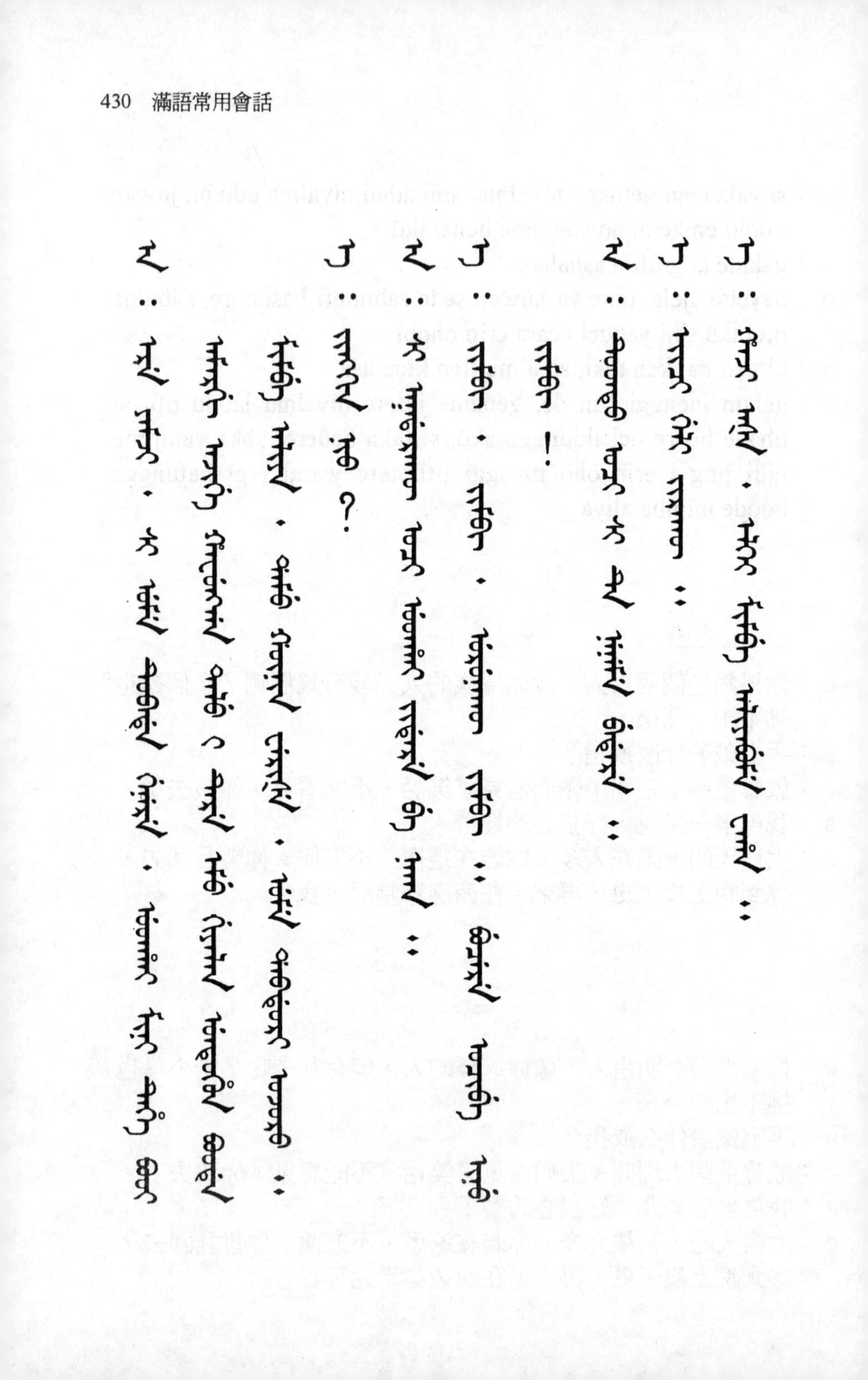

[illegible]

[illegible]

[illegible]

[illegible]

[illegible]

[illegible]

[illegible]

[illegible]

[illegible]

[illegible]

a ：ere yamji, si ume tubade genere, uthai mini tehe booi amargi ajige hafungga talu i tere emu giyalan untuhun boode mimbe aliya, damu gūnin werišе, ume dabduri ojoro.
e ：jingkin nio?
a ：si akdarakū oci uthai jidere be naka.
e ：jimbi, jimbi, urunakū jimbi, bucere ocibe inu jimbi!
a ：tuttu oci si te neneme bedere.
e ：eici geli jirakū.
e ：haji aša, elkei mimbe aliyabume waha.

---

a：今兒晚上，你別去那裡，就在我這房後小過道兒裡頭那間空屋子裡等我，可得小心，可別冒撞了。
e：可是真的？
a：你不信，就別來。
e：來，來，必來。就是死也要來！
a：那麼這會子你先去吧。
e：別是不來了。
e：親嫂子，差點叫我等死。

---

a：今儿晚上，你别去那里，就在我这房后小过道儿里头那间空屋子里等我，可得小心，可别冒撞了。
e：可是真的？
a：你不信，就别来。
e：来，来，必来。就是死也要来！
a：那么这会子你先去吧。
e：别是不来了。
e：亲嫂子，差点叫我等死。

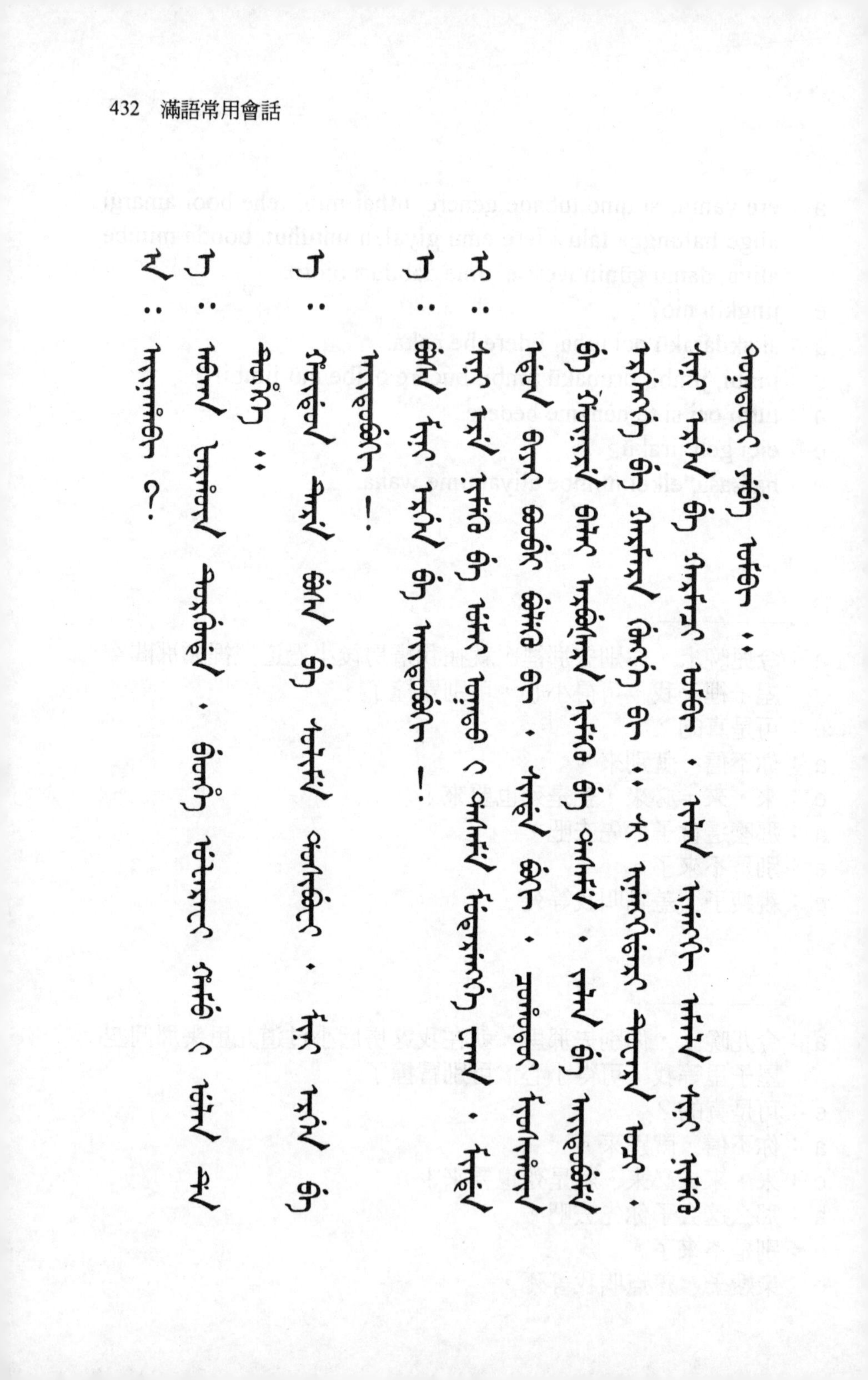

[illegible]

[illegible]

[illegible]

[illegible]

[illegible]

[illegible]

[illegible]

[illegible]

a ：ainahabi?
e ：abka farhūn turgunde, bethe ufarafi, hamu i ulan de tuheke.
e ：hūdun tere pusa be solime dosibufi, mini ergen be aitubuki!
e ：pusa mini ergen be aitubuki.
i ：sini ere nimeku be umai okto i dasame muterengge waka, minde edun biyai boobei buleku bi, sinde buki, cohotoi miosihūn be gūnire balai arbušara nimeku be dasame, jalan be aitubume ergengge be karmara gungge bi. si inenggidari tuwara oci, sini ergen be karmaci ombi, ilan inenggi amala sini nimeku toktofi yebe ombi.

---

a ：是怎麼了？
e ：因爲天黑，失脚掉在茅厠裡去了。
e ：快去請進那位菩薩來救我命！
e ：菩薩請救我！
i ：你這病非藥可醫！我有風月寶鑑與你，專治邪思妄動之症，有濟世保生之功， 你天天看時，此命可保矣，三日後，管叫你病好。

---

a ：是怎么了？
e ：因为天黑，失脚掉在茅厕里去了。
e ：快去请进那位菩萨来救我命！
e ：菩萨请救我！
i ：你这病非药可医！我有风月宝鉴与你，专治邪思妄动之症，有济世保生之功， 你天天看时，此命可保矣，三日后，管叫你病好。

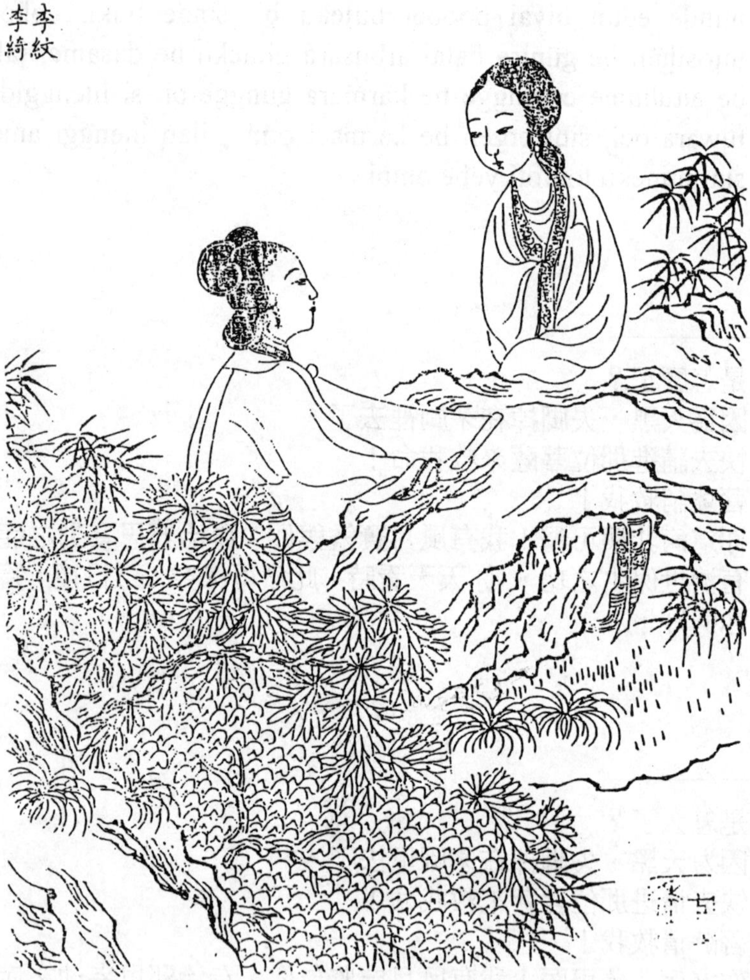
李紋
李綺

三十六、陰陽順逆

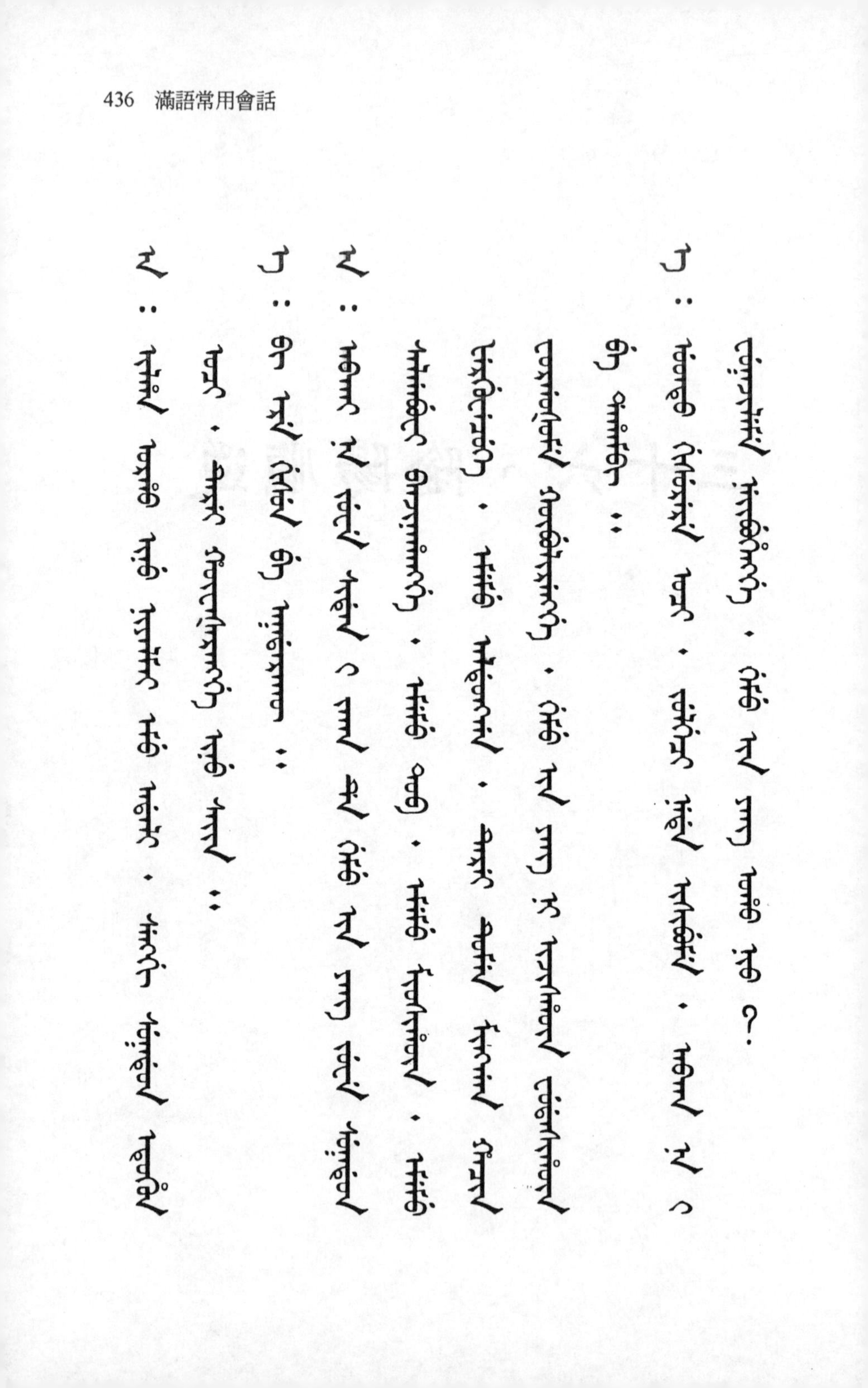

ᡝ: [illegible]

ᠠ: [illegible]

ᡝ: [illegible]

ᠠ: [illegible] ?

三十六、陰陽順逆

a：ilha orho inu niyalmai emu adali, senggi sukdun etuhun oci, terei hūwašarangge inu sain.

e：bi ere gisun be akdarakū.

a：abkai na juwe siden i jaka de gemu in yang juwe sukdun salgabufi banjinahangge, ememu tob, ememu miosihūn, ememu ferguwecuke, ememu aldungga, terei tumen minggan hacin forgošome kūbulirengge, gemu in yang ni ijishūn fudasihūn be dahambi.

e：uttu gisurere oci, julgeci nede isibume, abka na i fukjileme neibuhengge, gemu in yang oho nio?

---

a：花草也是和人一樣，氣脈充足，長的就好。

e：我不信這話！

a：天地間都賦陰陽二氣所生，或正或邪，或奇或怪，千變萬化，都是循陰陽的順逆。

e：這麼說起來，從古至今，開天闢地，都是些陰陽了？

---

a：花草也是和人一样，气脉充足，长的就好。

e：我不信这话！

a：天地间都赋阴阳二气所生，或正或邪，或奇或怪，千变万化，都是循阴阳的顺逆。

e：这么说起来，从古至今，开天辟地，都是些阴阳了？

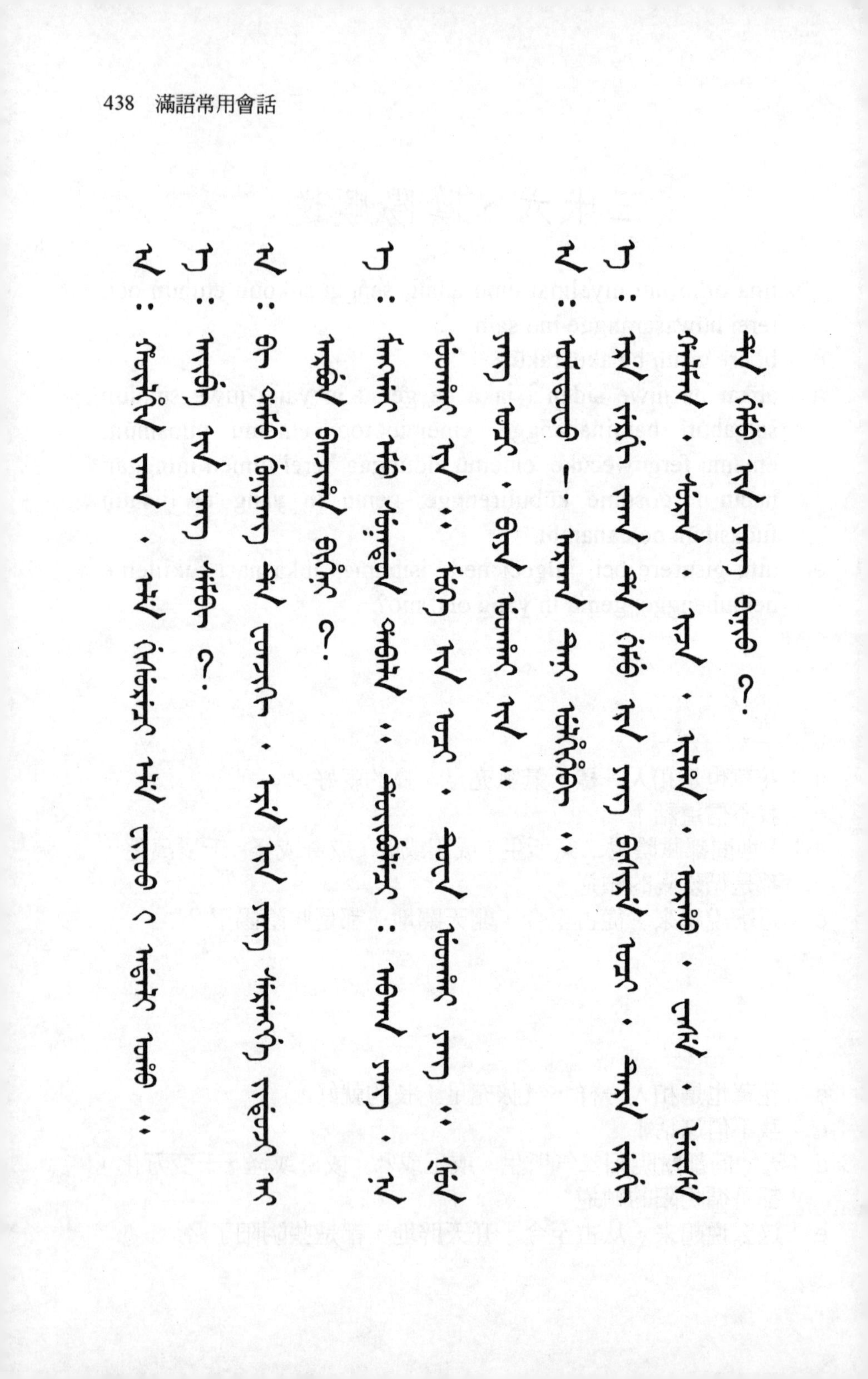

a：hūlhin jaka, ele gisureci ele fiyoo i adali oho.
e：aibe in yang sembi?
a：bi damu guniyang de fonjiki, ere in yang serengge jiduji ai arbun banjiha biheni?
e：manggai emu sukdun dabala, duibuleci abka yang, na uthai in; muke in oci, tuwa uthai yang; šun yang oci, biya uthai in.
a：omitofo! arkan teni ulhihebi.
e：ere jergi jaka de gemu in yang bisire oci, tere jergi galman, suran, ija, ilha, orho, wase, feise de gemu in yang binio?

---

a：糊塗東西！越說越像放屁！
e：什麼叫陰陽？
a：我只問姑娘，這陰陽究竟長的什麼樣兒？
e：不過是個氣罷了，譬如天是陽，地就是陰；水是陰，火就是陽；日是陽，月就是陰。
a：阿彌陀佛！好不容易才明白了！
e：這些東西有陰陽也罷了，難道那些蚊子、跳蚤、虻蟲兒、花兒、草兒、瓦片兒、磚頭兒，也有陰陽不成？

---

a：胡涂东西！越说越像放屁！
e：什么叫阴阳？
a：我只问姑娘，这阴阳究竟长的什么样儿？
e：不过是个气罢了，譬如天是阳，地就是阴；水是阴，火就是阳；日是阳，月就是阴。
a：阿弥陀佛！好不容易才明白了！
e：这些东西有阴阳也罢了，难道那些蚊子、跳蚤、虻虫儿、花儿、草儿、瓦片儿、砖头儿，也有阴阳不成？

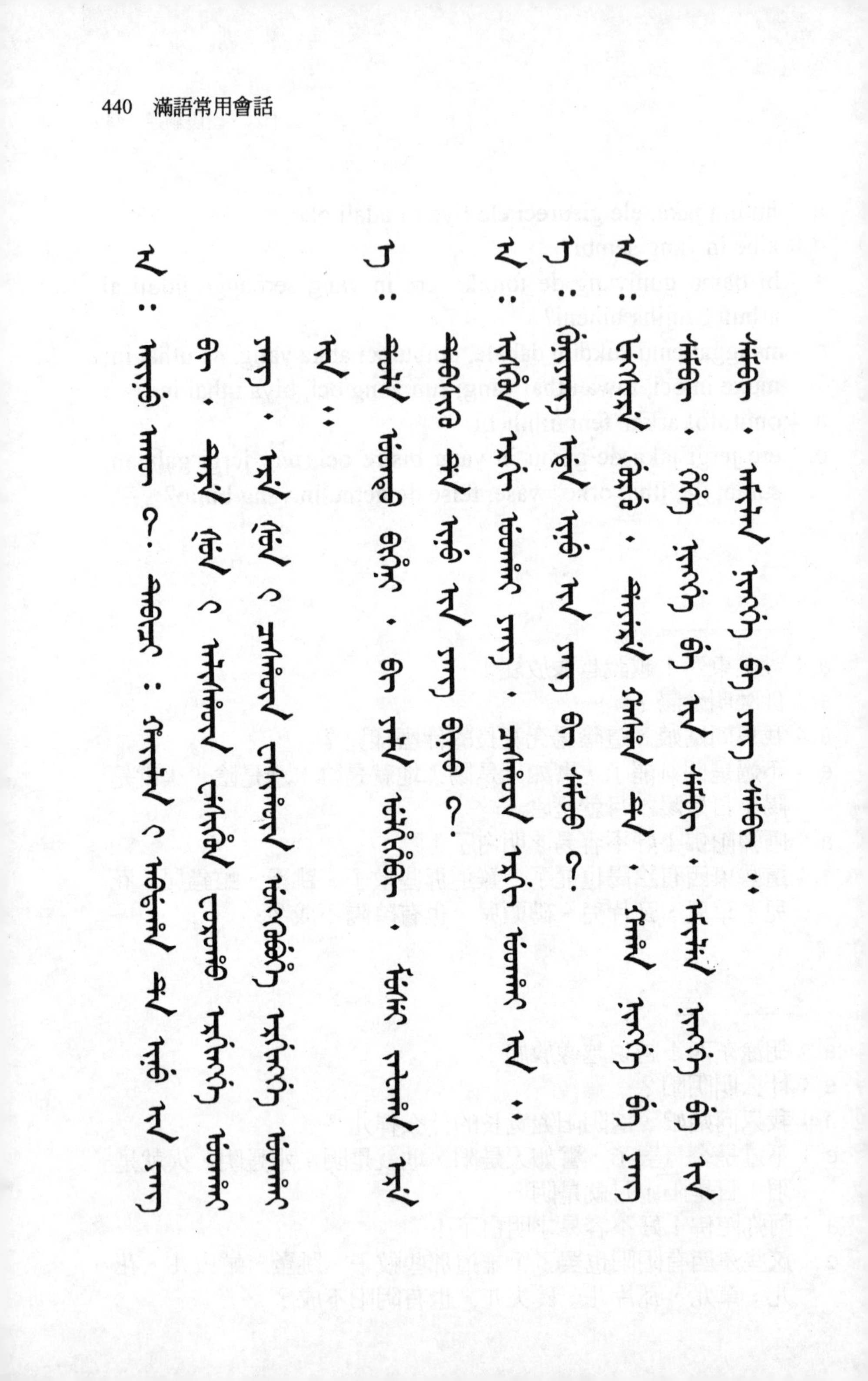

[illegible]

[illegible]

[illegible]

[illegible]

[illegible]

[illegible]

[illegible]

[illegible]

[illegible]

[illegible]

[illegible]

a ：ainu akū? tebici: hailan i abdaha de inu in yang bi, tere šun i alishūn wesihun foroho ergingge uthai yang, ere šun i cashūn wasihūn ungkubuhe ergingge uthai in.

e ：dule uttu biheni, bi yala ulhihebi, musei jafaha ere debsiku de inu in yang binio?

a ：ishun ergi uthai yang, cashūn ergi uthai in.

e ：guniyang ede inu in yang bi semoo?

a ：feksire gurgu、deyere gasha de, haha ningge be yang sembi, hehe ningge be in sembi; emilen ningge be in sembi, amilan ningge be yang sembi.

---

a ：怎麼沒有呢？比如那樹葉兒還分陰陽呢，那邊向陽朝上的便是陽，這邊背陰朝下的便是陰了。

e ：原來這樣，我可明白了。只是偺們這手裡的扇子，怎麼是陰，怎麼是陽呢？

a ：這邊正面就是陽，那邊反面就是陰。

e ：姑娘，這個難道也有陰陽？

a ：飛禽走獸，雄爲陽，雌爲陰；牝爲陰，牡爲陽。

---

a ：怎么没有呢？比如那树叶儿还分阴阳呢，那边向阳朝上的便是阳，这边背阴朝下的便是阴了。

e ：原来这样，我可明白了。只是咱们这手里的扇子，怎么是阴，怎么是阳呢？

a ：这边正面就是阳，那边反面就是阴。

e ：姑娘，这个难道也有阴阳？

a ：飞禽走兽，雄为阳，雌为阴；牝为阴，牡为阳。

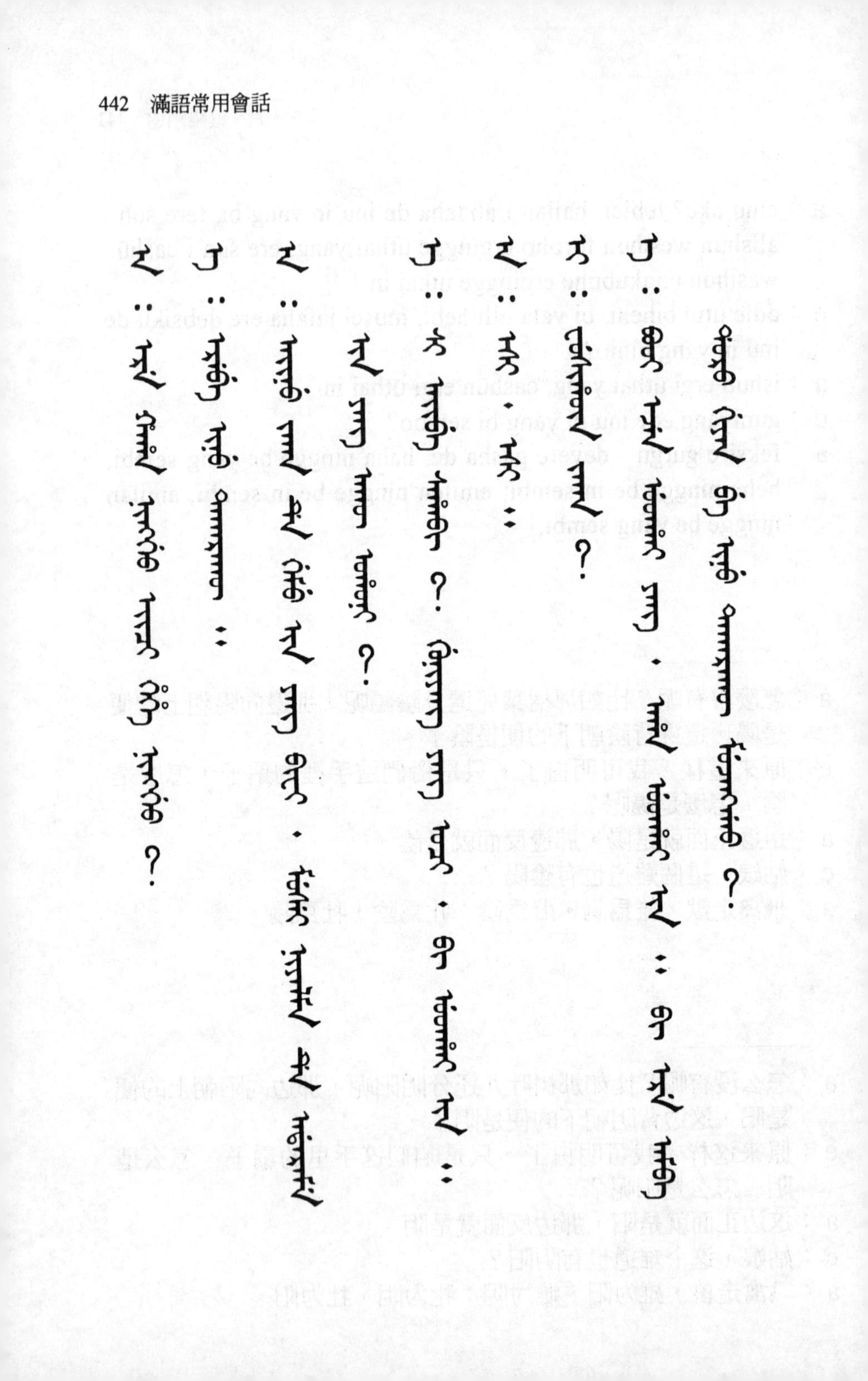

a ：ere haha ninggeo eici hehe ninggeo?
e ：erebe inu takarakū.
a ：ainu jaka de gemu in yang bifi, musei niyalma de adarame in yang akū ohoni?
e ：si aibe sahabi? guniyang yang oci, bi uthai in.
a ：esi, esi.
i ：fusihūn jaka!
e ：booi ejen uthai yang, aha uthai in, bi ere amba doro giyan be inu takarakū mujanggao?

---

a ：這是公的，還是母的呢？
e ：這也不知道。
a ：怎麼東西都有陰陽，偺們人倒沒有陰陽呢？
e ：你知道什麼？姑娘是陽，我就是陰。
a ：很是！很是！
i ：下流東西。
e ：主子爲陽，奴才爲陰，我連這個大道理也真不知道嗎？

---

a ：这是公的，还是母的呢？
e ：这也不知道。
a ：怎么东西都有阴阳，咱们人倒没有阴阳呢？
e ：你知道什么？姑娘是阳，我就是阴。
a ：很是！很是！
i ：下流东西。
e ：主子为阳，奴才为阴，我连这个大道理也真不知道吗？

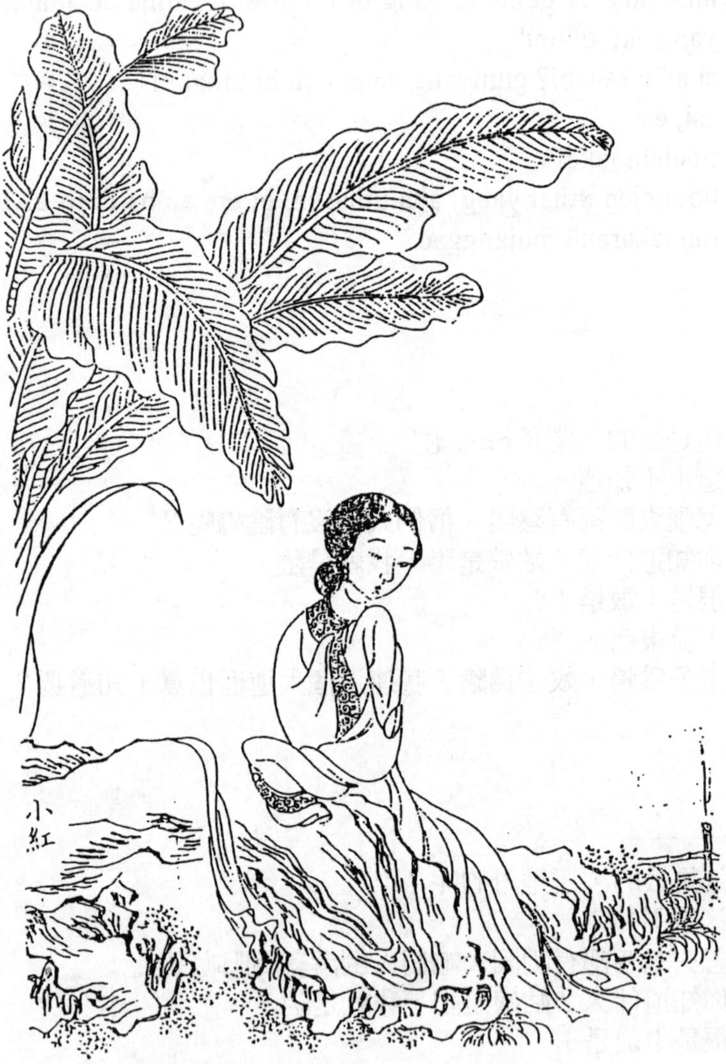
小紅

三十七、參禪悟道

ᠰᡳ᠄ ᡤᡝᡵᡝᠨ ᡳ ᠵᠠᡴᡩᠠ ᠪᡝ ᡤᡝᠮᡠ ᡳ ᡠᠵᡳᡥᡝ ᠪᡝ ᡤᡳᠰᡠᡵᡝᡵᡝ ᠪᡝ ᡩᡝ ᠪᡝᠶᡝ ᡳ ᡩᡝ ᡩᡝ ᠪᡝ ᡤᡝᠮᡠ ᡳ ᡠᡥᡝ ᠪᡝ ᡨᡠᠸᡝᠮᡝ ᡠᠵᡳᡥᡝᠩᡤᡝ ::

ᠵᡠ᠄ ᡠᠵᡳᡥᡝ ᠪᠣᠣ ᡩᡝ ᠰᡝ ᡳ ᡨᠣᡴᠣᠰᠣᠨ ᠪᡝ ᡤᡳᠰᡠᡵᡝᠮᠪᡳ ᡩᡝ ᡝᡵᡝ ᠪᠣᠣ ᡳ ᠰᡳᠨᡳ ᠪᡝ ᡤᡝᡵᡝᠨ ᡳ ᡤᡝᠮᡠ ᡳᠨᡝᠩᡤᡳ ᠪᡠᡩᡝ ᡳ ᡥᡝᠨᡩᡠᡥᡝ ᠪᡠᡥᡝ ᠪᡝ ᡩᡝ ᡨᡠᠸᡝᡵᡝ ᡝᠮᡠ ᡳᠨᡝᠩᡤᡳ ᠪᡝ ᡠᠵᡳᡥᡝᠩᡤᡝ ᠪᡝ ᡨᡠᠸᠠᠮᠪᡳ ::

ᡨᡝ᠄ ᡠᠵᡳᡥᡝ ᠪᡝ ᡩᡝ ᡨᡠᠸᡝᠮᡝ ᠪᡝᠶᡝ ᡩᡝ ᡳᠨᡝᠩᡤᡳ ᠪᡠᡩᡝ ᡤᡝᠮᡠ ᡩᡝ ᡠᠵᡳᡥᡝ ᡠᡥᡝ ᠪᡝᠶᡝ ᡳᠨᡝᠩᡤᡳ ᠪᡠᡩᡝ ᡨᡠᠸᡝᠮᡝ ᡩᡝ ᡤᡝᡵᡝᠨ ᠪᡝ ᡠᠵᡳᡥᡝ ᡳᠨᡝᠩᡤᡳ ᠪᡠᡩᡝ ᡨᡠᡵᡠ ᠰᡝᡵᡝᡴᡡ ?

三十七、參禪悟道

a：sunjaci jalan i mafa ini tacihiyan be sirara niyalma be baiki seme, geren šabi hūwašan sabe meimeni emte nomun i maktacun arabuha.

e：dergi tekui šen sio i henduhengge:"beye oci puti hailan i mujilen oci genggiyen buleku, karan i adali, erindari kiceme dasihiyame fumbi, toso buraki be umai biburakū obumbi" sehebi.

i：tere fonde hūi neng budai boode bele niyeleme bihebi, ere maktacun be donjifi gisurehengge: puti dade hailan waka, genggiyen buleku inu karan waka, dade emu jaka akū bime, yabade toso buraki icebure?

---

a：五祖欲求法嗣，令眾徒諸僧各出一偈。

e：上座神秀說道：身是菩提樹，心如明鏡臺，時時勤拂拭，莫使有塵埃。

i：那時惠能在厨房舂米，聽了這偈說道：菩提本非樹，明鏡亦非臺，本來無一物，何處染塵埃。

---

a：五祖欲求法嗣，令众徒诸僧各出一偈。

e：上座神秀说道：身是菩提树，心如明镜台，时时勤拂拭，莫使有尘埃。

i：那时惠能在厨房舂米，听了这偈说道：菩提本非树，明镜亦非台，本来无一物，何处染尘埃。

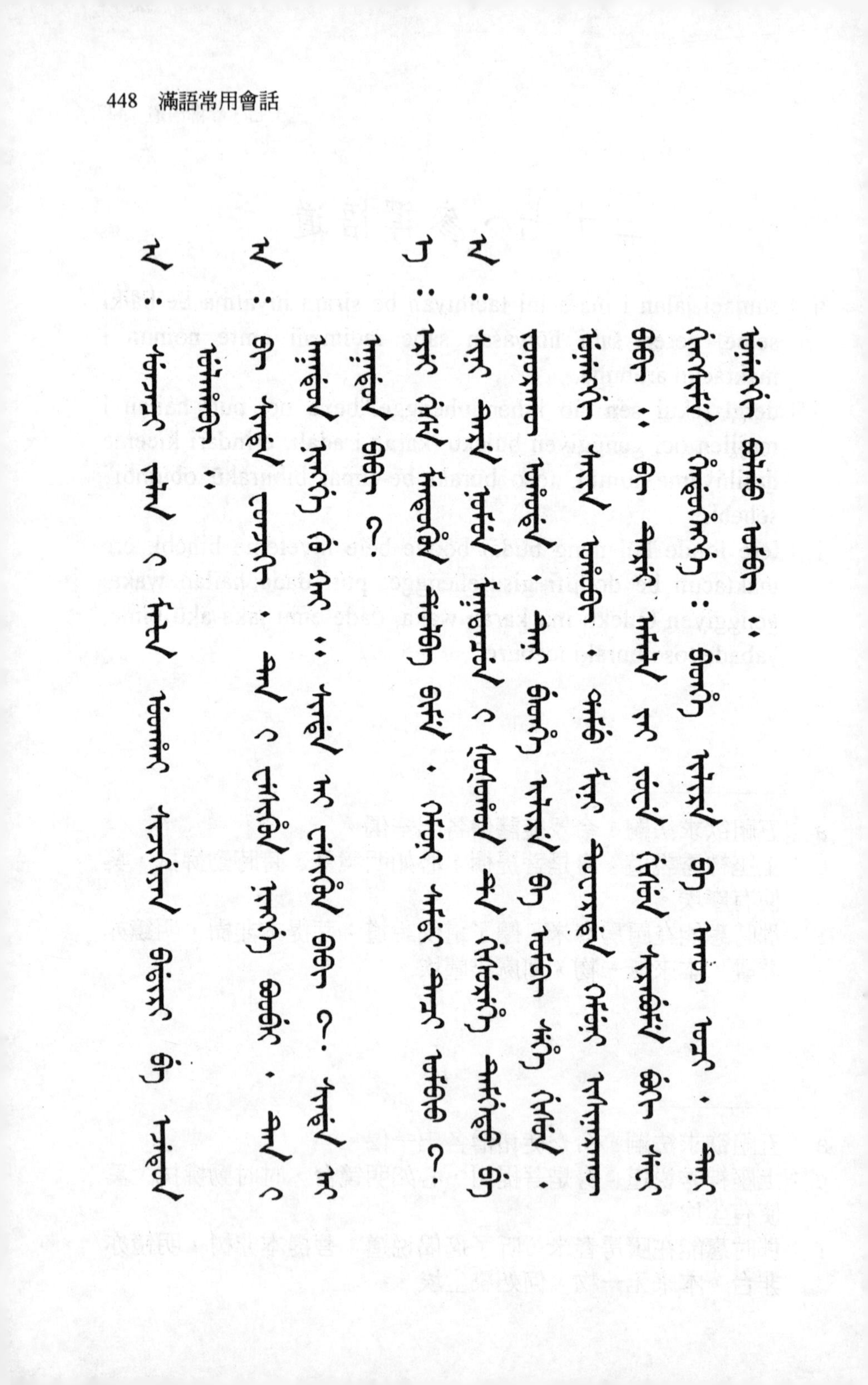

a：sunjaci jalan i mafa uthai sijigiyan badiri be ejetun ulahabi.

a：bi sinde fonjiki, ten i wesihun ningge “boobei”, ten i akdun ningge”gu“ kai, sinde ai wesihun babi? sinde ai akdun babi?

e：erei gese mentuhun dulba bime, kemuni samdi teci ombio?

a：sini tere nomun maktacun i šošohon de gisurehe temgetu be jonorakū ohode, teni bethe ilire ba ombi sehe gisun, unenggi sain ohobi, damu mini tuwarade kemuni isinarakū babi, bi terei amala jai juwe gisun sirabume buki sefi gingsime henduhengge: bethe ilire ba akū oci, teni unenggi bolgo ombi.

---

a：五祖便將衣鉢傳給了他。

a：我問你：至貴者寶，至堅者玉，爾有何貴？爾有何堅？

e：如此愚鈍，還參禪呢？

a：你那偈語結尾說「無可云證，是立足境」，固然好，只是據我看來，還未盡善，我再續兩句，遂唱道：「無立足境，方爲乾淨。」

---

a：五祖便将衣钵传给了他。

a：我问你：至贵者宝，至坚者玉，尔有何贵？尔有何坚？

e：如此愚钝，还参禅呢？

a：你那偈语结尾说「无可云证，是立足境」，固然好，只是据我看来，还未尽善，我再续两句，遂唱道：「无立足境，方为干净。」

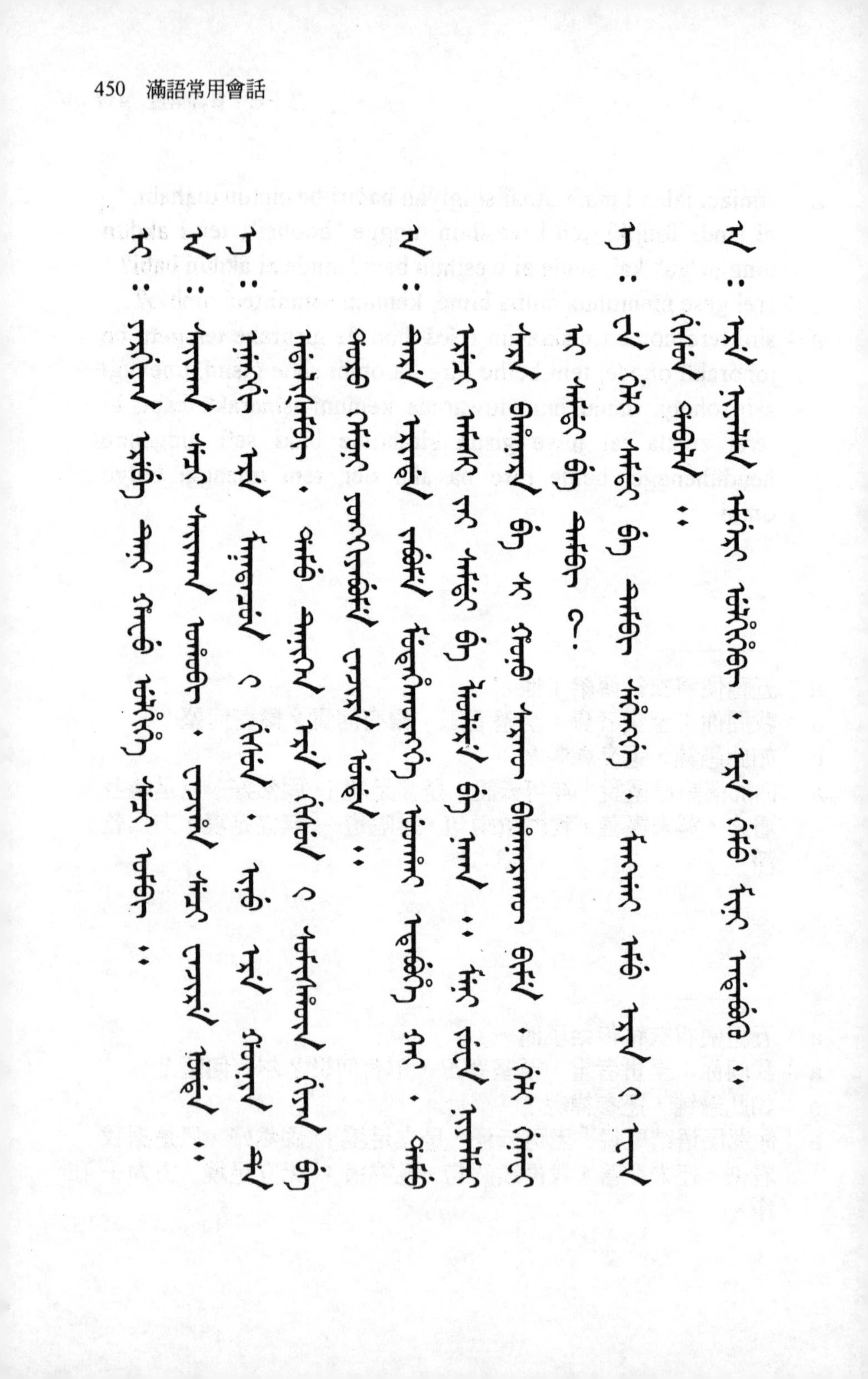

[illegible]

[illegible]

[illegible]

[illegible]

[illegible]

[illegible]

[illegible]

[illegible]

[illegible]

[illegible]

i ：yargiyan erebe teni hafu ulhihe seci ombi.
a ：saikan seci saikan ohobi, wajiha seci wajire unde.
e ：enenggi ere maktacun i gisun, inu ere gūnin de adališambi. damu teniken ere gisun i somishūn giyan be doro kemuni yongkiyabume wajire unde.
a ：tere erinde jabume mutehekūngge uthai etebuhe kai, damu ereci amasi jai samdi be leolere be naka, meni juwe niyalmai sara bahanara be si hono sarkū bahanarakū bime geli genefi ai samdi be tembi?
e ：we geli samdi be tembi sehengge, manggai emu erin i efin gisun dabala.
a ：ere niyalma emgeri ulhihebi, ere gemu mini endebuku.

---

i ：委實這才叫悟徹。
a ：美則美矣，了則未了。
e ：今日這偈語，亦同此意了。只是方纔這句機鋒，尚未完全了結。
a ：到時不能回答者，就算輸了，只是以後再不許談禪了，連我們兩個所知所能的，你還不知不能呢，還去參什麼禪呢？
e ：誰又參禪了？不過是一時的頑話兒罷了。
a ：這個人悟了，都是我的不是。

---

i ：委实这才叫悟彻。
a ：美则美矣，了则未了。
e ：今日这偈语，亦同此意了。只是方纔这句机锋，尚未完全了结。
a ：到时不能回答者，就算输了，只是以后再不许谈禅了，连我们两个所知所能的，你还不知不能呢，还去参什么禅呢？
e ：谁又参禅了？不过是一时的顽话儿罢了。
a ：这个人悟了，都是我的不是。

[illegible]

[illegible]

[illegible]

[illegible]

[illegible]

[illegible]

[illegible]

a：mini gūninde niyalma baifi ainambi? abka na i sidende mimbe akū oci, hono bolgo ombi!

e：dade bi bifi uthai niyalma bi ohobi; niyalma bi oho turgunde, uthai ton akū faihacun banjiname jihebi.

a：umesi acanaha, umesi acanaha, sini sure ulhisu, minde duibuleci bi goro calabume bihebi.

e：samdi duka i ujuci targacun eitereku gisun gisurerakū.

a：ilan hacin boobai adali, bi udu juweda ninggun jušuru aisin beye secibe, kemuni sini emu gargan i wembure de nikembi.

e：jakan mini gisurehengge gemu efin gisun.

---

a：我想，求人做什麼？天地間沒有了我倒也乾淨。

e：原是有了我，便有了人；有了人，便有無數的煩惱生出來。

a：很是，很是，你的性靈，比我竟強遠了。

e：禪門第一戒是不打誑語的。

a：有如三寶，我雖丈六金身，還藉你一莖所化。

e：剛纔我說的，都是玩笑話。

---

a：我想，求人做什么？天地间没有了我倒也干净。

e：原是有了我，便有了人；有了人，便有无数的烦恼生出来。

a：很是，很是，你的性灵，比我竟强远了。

e：禅门第一戒是不打诳语的。

a：有如三宝，我虽丈六金身，还藉你一茎所化。

e：刚纔我说的，都是玩笑话。

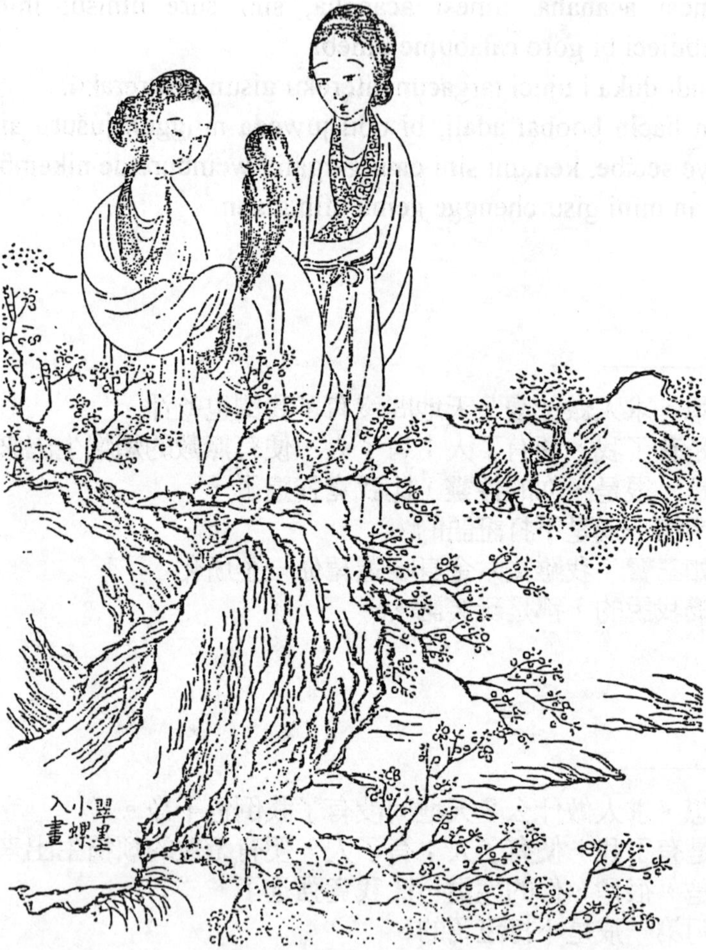
翠黛小螺入畫

三十八、盛筵必散

ᠠ: [illegible] ᠪᠣᠣᡩᡝ ᠪᡳᠣ ?

ᡝ: ᠪᡳ ᠪᠣᠣᡩᡝ ᠪᡳ . ᠰᡳ ᡩᠣᠰᡳᠮᡝ ᠵᡳᠣ ::

ᠠ: [illegible] ? [illegible]

ᡝ: ᠰᡳ [illegible] !

ᠠ: [illegible] !

ᡝ: [illegible] ?

ᠠ: [illegible] ::

三十八、盛筵必散

a ：eyun boode bio？
e ：bi boode bi, si dosime jio.
a ：ere ucuri sini mujilen dolo absi serebumbi? mini gūninde si boode genefi udu inenggi ergeme, emu daifu be solime gaifi tuwabume emu juwe omin okto omici, uthai sain ombi.
e ：si ume balai gisurere! okto inu balai omire jaka nio?
a ：ai gelere babi, erdeken buceci, hono erdeken bolgo ombi!
e ：baitakū ainu ere jergi gisun be gisurembi?
a ：dekdeni gisunde henduhengge sain, "minggan bade golmin lempen caha seme, samsirakū sarin akū" sehebi.

---

a ：姐姐在屋裡嗎？
e ：在家裡呢，你進來吧！
a ：這一陣子你心裡到底覺著怎麼樣？依我說，你竟家去住數日，請一個大夫來瞧瞧，吃兩劑藥，就好了。
e ：你別胡說！藥也是混吃的東西嗎？
a ：怕什麼？還不如早死了早乾淨！
e ：好好兒的，怎麼說這些話？
a ：俗語說的好，"千里搭長棚，也沒有不散的筵席"。

---

a ：姐姐在屋里吗？
e ：在家里呢，你进来吧！
a ：这一阵子你心里到底觉着怎么样？依我说，你竟家去住数日，请一个大夫来瞧瞧，吃两剂药，就好了。
e ：你别胡说！药也是混吃的东西吗？
a ：怕什么？还不如早死了早干净！
e ：好好儿的，怎么说这些话？
a ：俗语说的好，"千里搭长棚，也没有不散的筵席"。

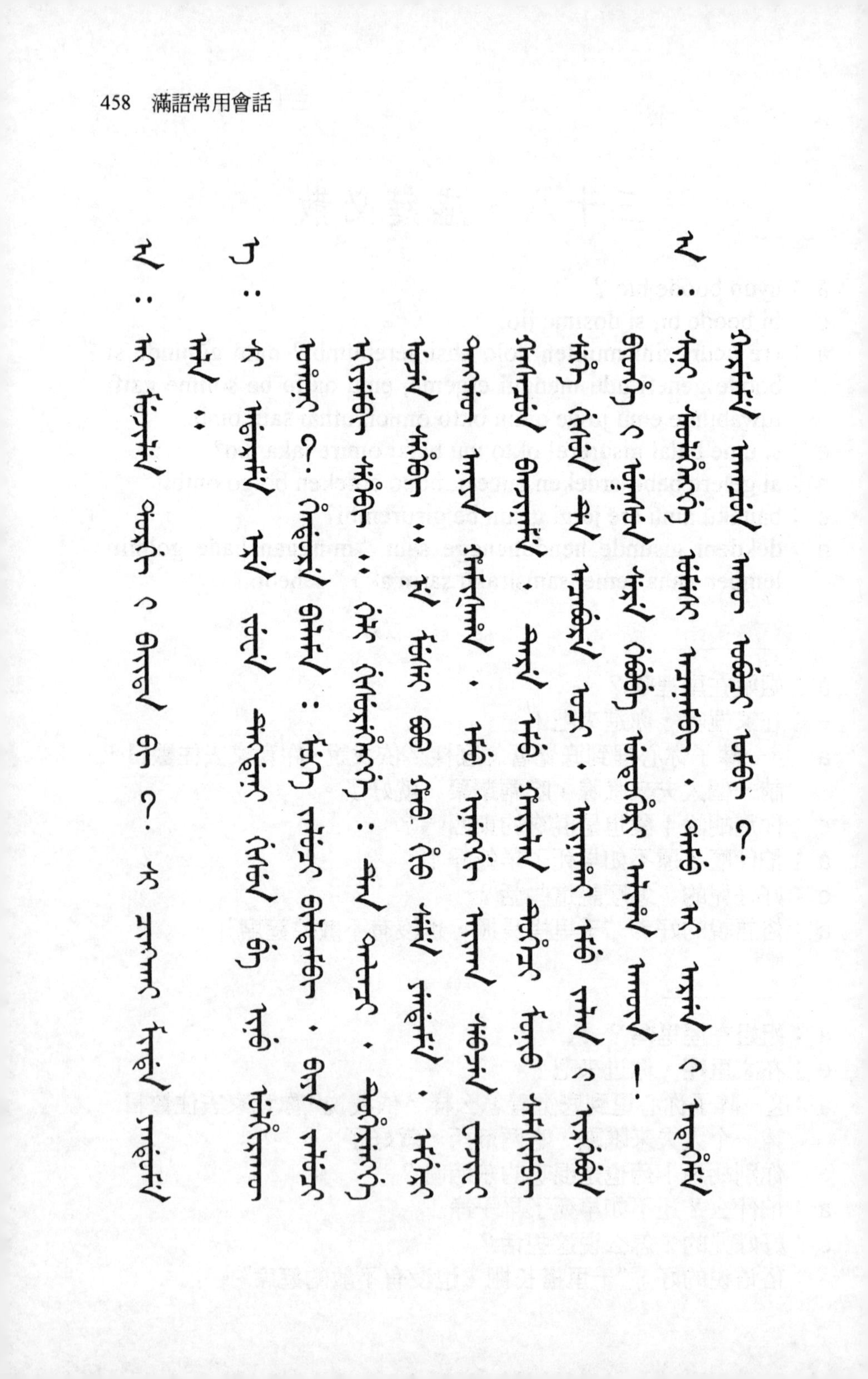

a ：ai mujilen dorgi i baita bi? si cingkai minde yandume ala.

e ：si adarame ere juwe dekdeni gisun be inu ulhirakū ohoni?hendure balama “muke jaluci biltembi, biya jaluci ekiyembi” sehebi; geli gisurehengge “den tafaci tuherengge ujen” sehebi. ne musei boo hao hio seme yendeme, emgeri tanggū aniya hamišaha, emu inenggi aika sebjen wajifi gasacun banjiname, tere emu “hailan tuheci monio samsimbi” sehe gisun de acabure oci, ainahai emu jalan i irgebun bithe i uksun sere gebube untuhuri aliha akūn!

a ：sini seolehengge umesi acanambi, damu ai arga i enteheme karmame akacun akū obuci ombi?

---

a ：有何心願，只管託我就是了。

e ：你如何連兩句俗語也不曉得？常言：「水滿則溢，月滿則虧」；又道是「登高必跌重」。如今我們家赫赫揚揚，已將百載，一日如若樂極生悲，應了那句「樹倒猢猻散」的俗語，豈不虛稱了一世之詩書旺族了。

a ：這話慮的是，但有何法可以永保無虞？

---

a ：有何心愿，只管托我就是了。

e ：你如何连两句俗语也不晓得？常言：「水满则溢，月满则亏」；又道是「登高必跌重」。如今我们家赫赫扬扬，已将百载，一日如若乐极生悲，应了那句「树倒猢狲散」的俗语，岂不虚称了一世之诗书旺族了。

a ：这话虑的是，但有何法可以永保无虞？

e：oke jaci beliyen kai, yaksin ten de isiname hafun jimbi, derengge fusihūn serengge julgeci ebsi halanjame forgošombi, ainahai niyalmai hūsun i enteheme karmame mutere, damu ne ere derengge fiyangga erinde amga inenggi i eberere mohoro erin i baita be tosome seolere oci, esi geli enteheme karmatame muyahūn obuci ombi dere, ne geren baita gemu yongkiyahabi, damu juwe hacin baita yongkiyara unde, aika ere baita be uttu yabubure oci, amaga inenggi enteheme karmatame yongkiyabufi akacun akū ombi aise.

a：ai baita?

---

e：嬸娘好癡啊！否極泰來，榮辱自古輪回更替，豈人力所能永保？但在今此榮華之時能够思慮日後衰敗之時的世業，料亦可以永久保全了。即如今日，諸事俱備，只有兩件未妥；若把此事如此辦理，則日後永保無虞了。

a：什麼事？

---

e：婶娘好痴啊！否极泰来，荣辱自古轮回更替，岂人力所能永保？但在今此荣华之时能够思虑日后衰败之时的世业，料亦可以永久保全了。即如今日，诸事俱备，只有两件未妥；若把此事如此办理，则日后永保无虞了。

a：什么事？

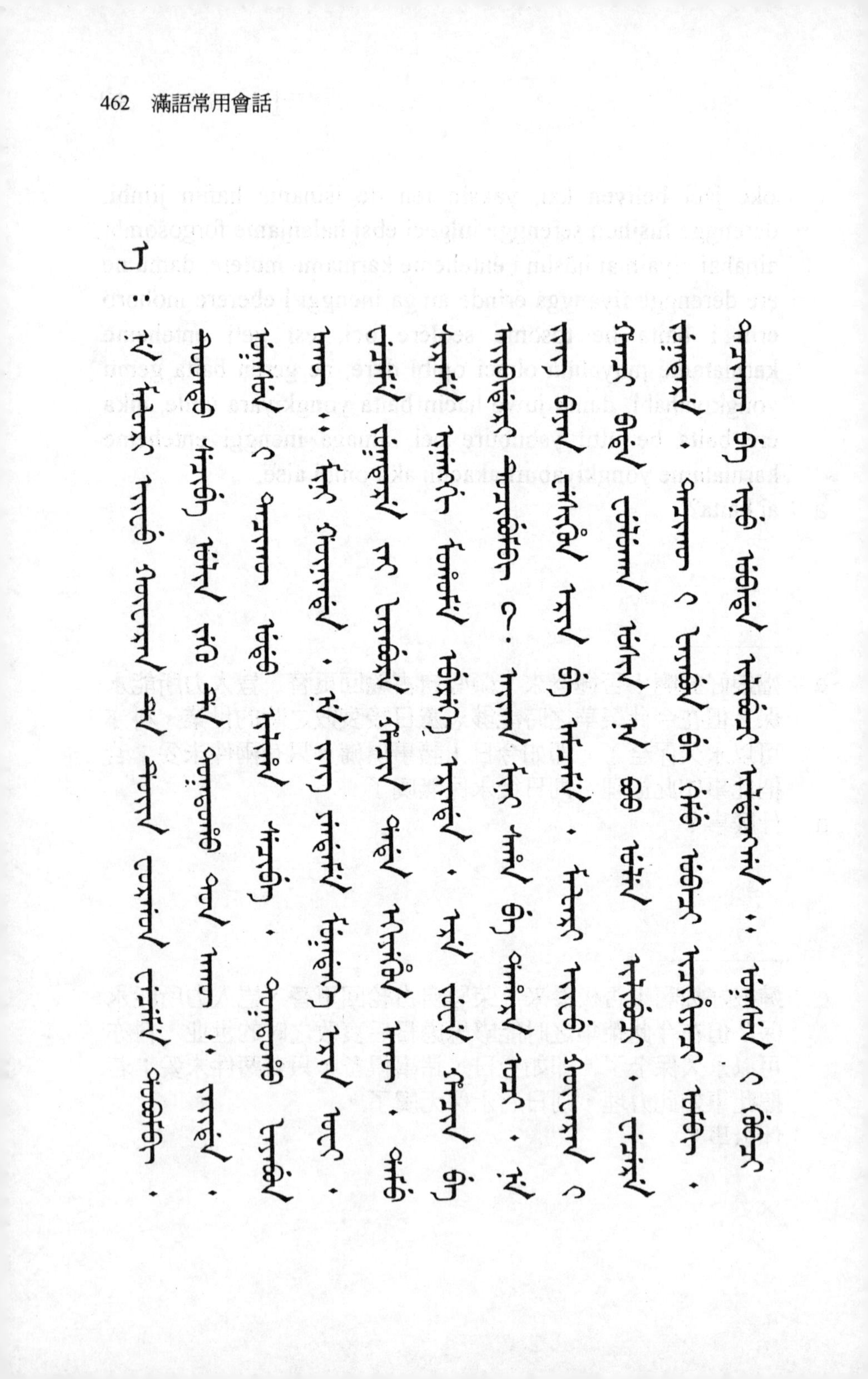

e：ne mafari eifu kūwaran de duin forgon weceme dobombi, tuttu secibe ulin jeku de toktoho ton akū; jaide, uksun i tacikū udu iliha secibe, toktoho fayabun akū, mini gūninde, ne jing yendeme mukdeke erin ofi, weceme juktere jai fayabure hacin dade ekiyehun akū, damu sirame inenggi mohome ebereke erinde, ere juwe hacin be aibideri tucibumbi? aika mini saha be dahara oci, ne jing bayan wesihun erin be amcame, mafari eifu kūwaran i hanci bade fulukan usin na boo ulen ilibuci, wecere juktere, tacikū i fayabun be gemu ubaci icihiyaci ombi, tacikū be inu ubade ilibuci ildungga, uksun i gubci

---

e：目今祖塋雖四時祭祀，只是無一定的錢糧；其二，族學雖立，無一定的費用，依我想來，今值盛時固不缺祭祀費用，但將來敗落之時，此二項由何而出？莫若依我之見，趁今日富貴之時，於祖塋附近多置田莊、房舍，則祭祀、族學之費，皆可由此辦理，將族學亦設於此則便利。

---

e：目今祖茔虽四时祭祀，只是无一定的钱粮；其二，族学虽立，无一定的费用，依我想来，今值盛时固不缺祭祀费用，但将来败落之时，此二项由何而出？莫若依我之见，趁今日富贵之时，于祖茔附近多置田庄、房舍，则祭祀、族学之费，皆可由此办理，将族学亦设于此则便利。

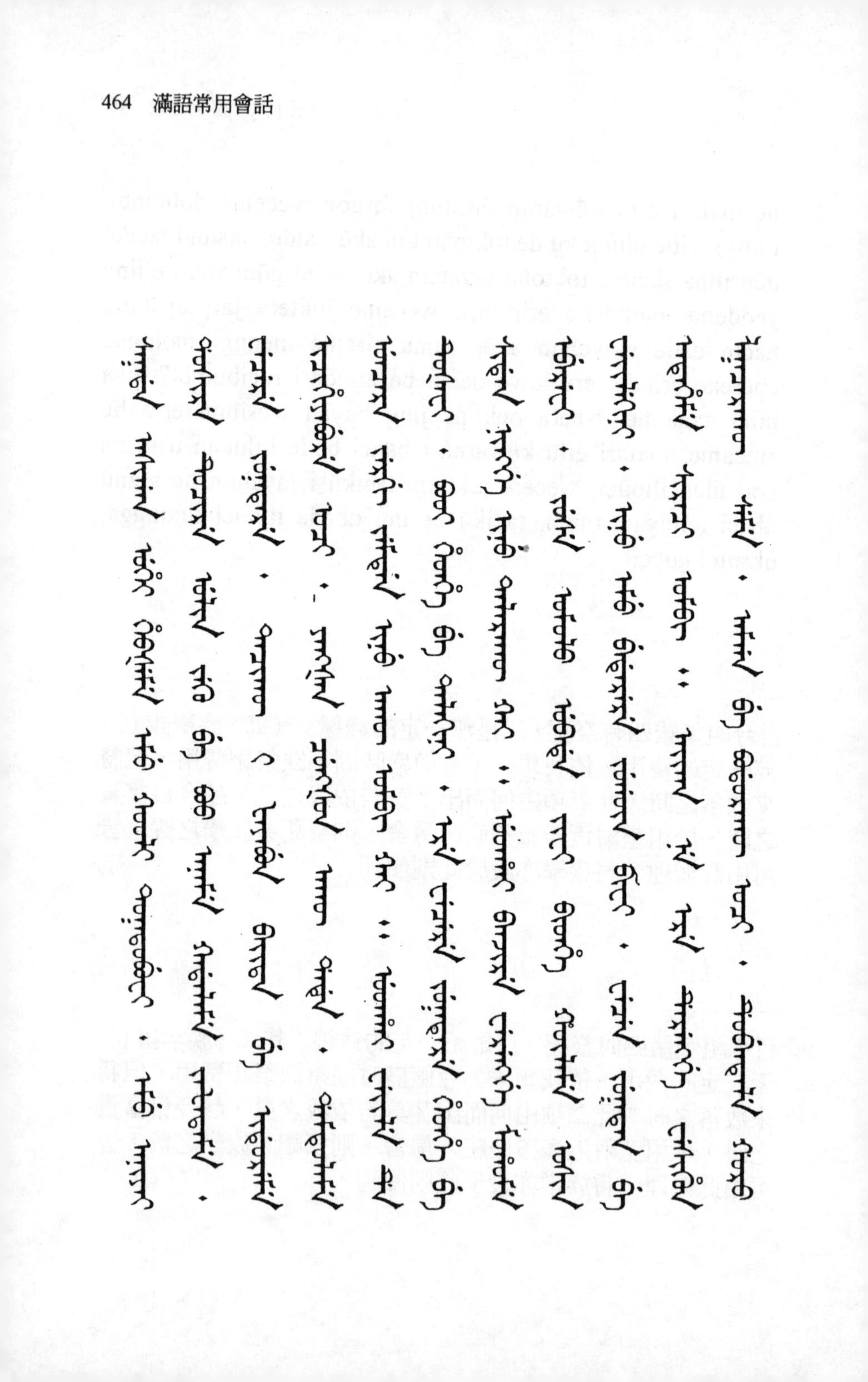

sakda asigan uhei hebšeme emu kooli toktobufi, emu aniyai dosire tucire ulin jeku be boo aname kadalame jafatame, wecere juktere, tacikū i fayabun baita be idureme icihiyabure oci, yangšan cungšon akū dade, damtulame uncara jergi jemden inu akū ombi kai. uthai weile de tušafi, booi hethe be talakini, ere wecere juktere hethe be siden ningge inu talarakū kai. uthai banjire werengge mohome eberefi, juse omolo ubade jifi bithe hūlame usin weilekini, inu emu bederere jugūn bifi, wecen jukten be enteheme siraci ombi, aika ne ere derengge wesihun lakcarkū seme amaga be bodorakū oci, dubentele goro

---

族中老幼，共同商定一則條例，將一年收支錢糧按房掌管，其祭祀、族學費用之事，輪流辦理，則無爭競，且典賣諸弊亦可消矣。即便有了罪，家產被沒，這祭祀產業，亦不會入官。抑或家道敗落，子孫來此讀書務農，亦有個退路，又可永續祭祀。若目今以爲榮華不絕，不計日後，

族中老幼，共同商定一则条例，将一年收支钱粮按房掌管，其祭祀、族学费用之事，轮流办理，则无争竞，且典卖诸弊亦可消矣。即便有了罪，家产被没，这祭祀产业，亦不会入官。抑或家道败落，子孙来此读书务农，亦有个退路，又可永续祭祀。若目今以为荣华不绝，不计日后，

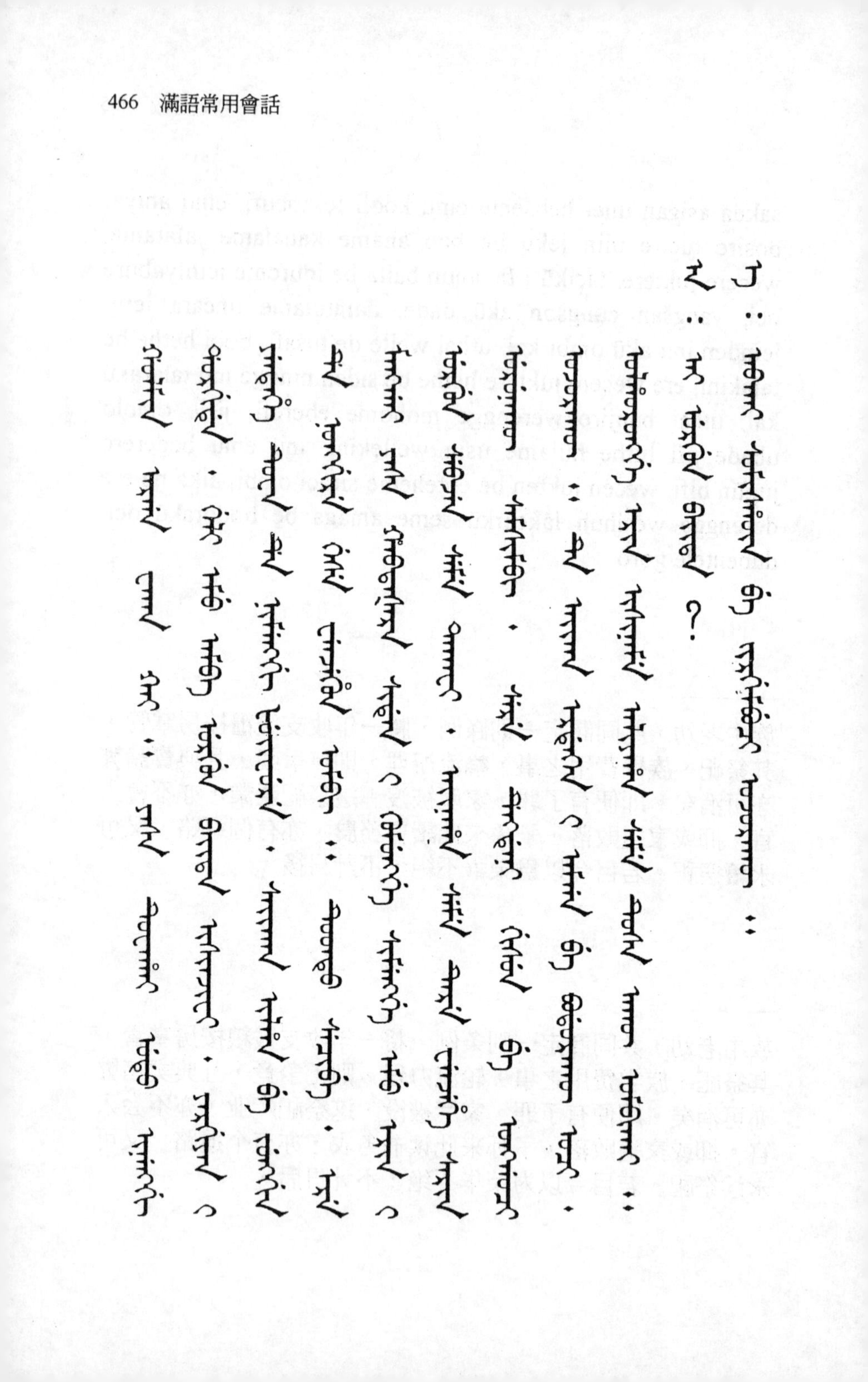

golmin arga waka kai. yasa tuwahai udu inenggi dorgide geli emu amba urgun baita isinjifi, yargiyan i yendehe tuwa de nimenggi fuifure saikan ilha be junggin de nonggire gese wenjehun ombi. tuttu secibe, ere manggai yasa habtašara siden i kumungge simengge emu erin i urgun sebjen seme takafi, ainaha seme tere" wenjehe sarin urunakū samsimbi. sere dekdeni gisun be onggoci ojorakū, te aika erdeken i amga be bodorakū oci, olhorongge erin isiname aliyaha seme tusa akū ombikai.

a：ai urgun baita?

e：abkai somishūn be firgembuci ojorakū.

終非長策。眼見得不日又有一件大喜事，實是烈火烹油，錦上添花之盛，然而要知道也不過是瞬息的繁華，一時的歡樂，萬不可忘了那「盛筵必散」的俗語！而今若不早爲後慮，只恐後悔無益了！

a：有何喜事？

e：天機不可洩漏。

终非长策。眼见得不日又有一件大喜事，实是烈火烹油，锦上添花之盛，然而要知道也不过是瞬息的繁华，一时的欢乐，万不可忘了那「盛筵必散」的俗语！而今若不早为后虑，只恐后悔无益了！

a：有何喜事？

e：天机不可泄漏。

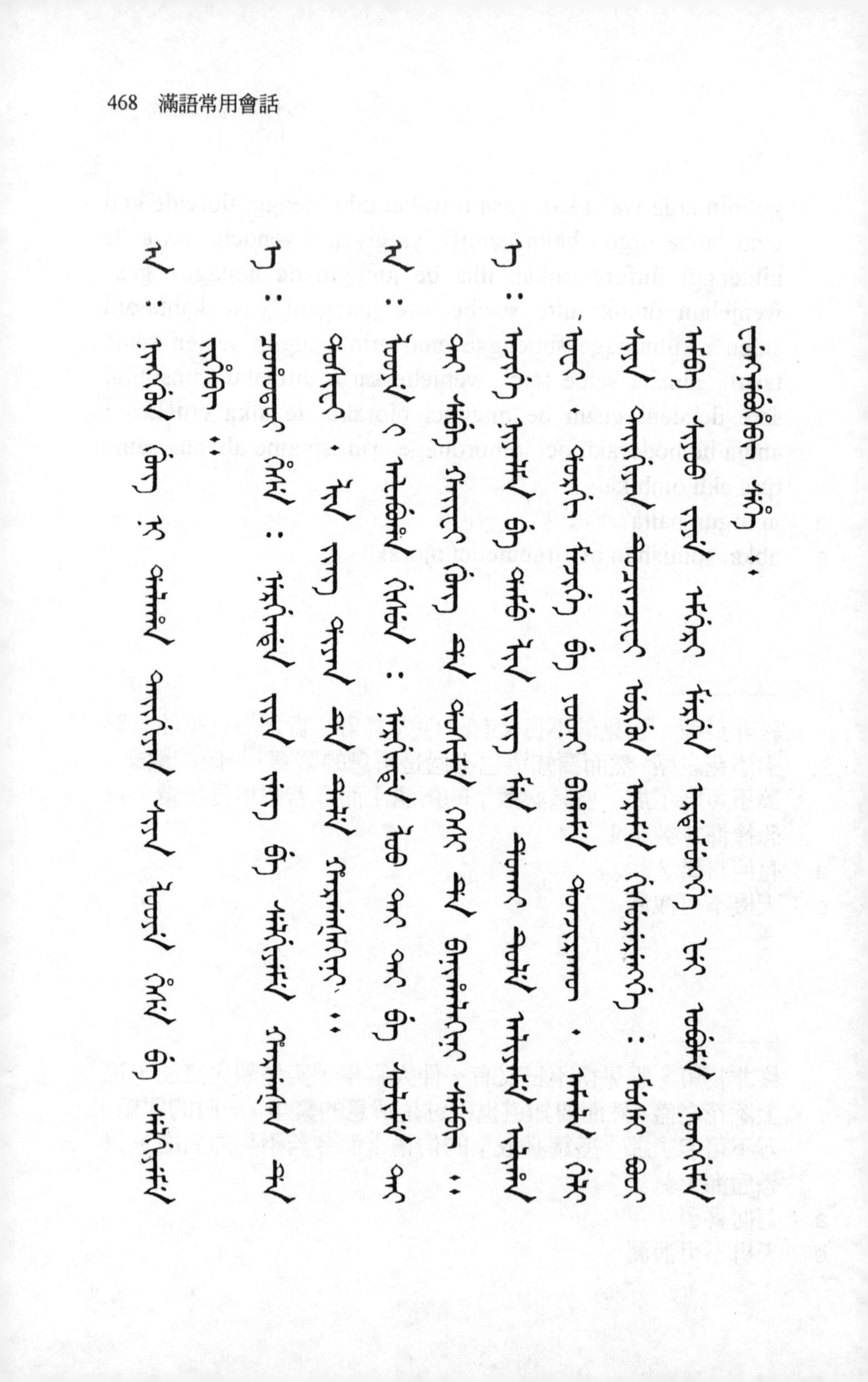

[illegible]

[illegible]

[illegible]

[illegible]

[illegible]

[illegible]

[illegible]

[illegible]

[illegible]

[illegible]

a：ninggun gung ni dalaha taigiyan siya looye hese be selgiyeme jihebi.

e：cohotoi hese: nerginde jiya jeng be selgiyeme hargašan de dosifi lin jing diyan de dele hargašakini.

a：looye i afabuha gisun, nerginde loo tai tai be solime tai tai sebe gaifi gung de dosime kesi de banihalakini sembi.

e：ajige niyalma be damu lin jing men dukai tule aliyame iliha ofi, dorgi mejige be yooni bahame donjirakū, amala geli siya taigiyan tucinjifi urgun arame gisurerengge, musei booi amba siyoo jiye emgeri mergen erdemungge fei obume nonggime fungnebuhebi sehe.

---

a：有六宮都太監夏老爺特來頒旨。

e：奉特旨：立刻宣賈政入朝，在臨敬殿上陛見。

a：奉老爺的命，立刻請老太太率領太太等進宮謝恩呢！

e：小的們只在臨敬門外伺候著，裡面的信息一概不能得知，後來夏太監出來道喜，說偺們家大小姐已經加封賢德妃。

---

a：有六宫都太监夏老爷特来颁旨。

e：奉特旨：立刻宣贾政入朝，在临敬殿上陛见。

a：奉老爷的命，立刻请老太太率领太太等进宫谢恩呢！

e：小的们只在临敬门外伺候着，里面的信息一概不能得知，后来夏太监出来道喜，说咱们家大小姐已经加封贤德妃。

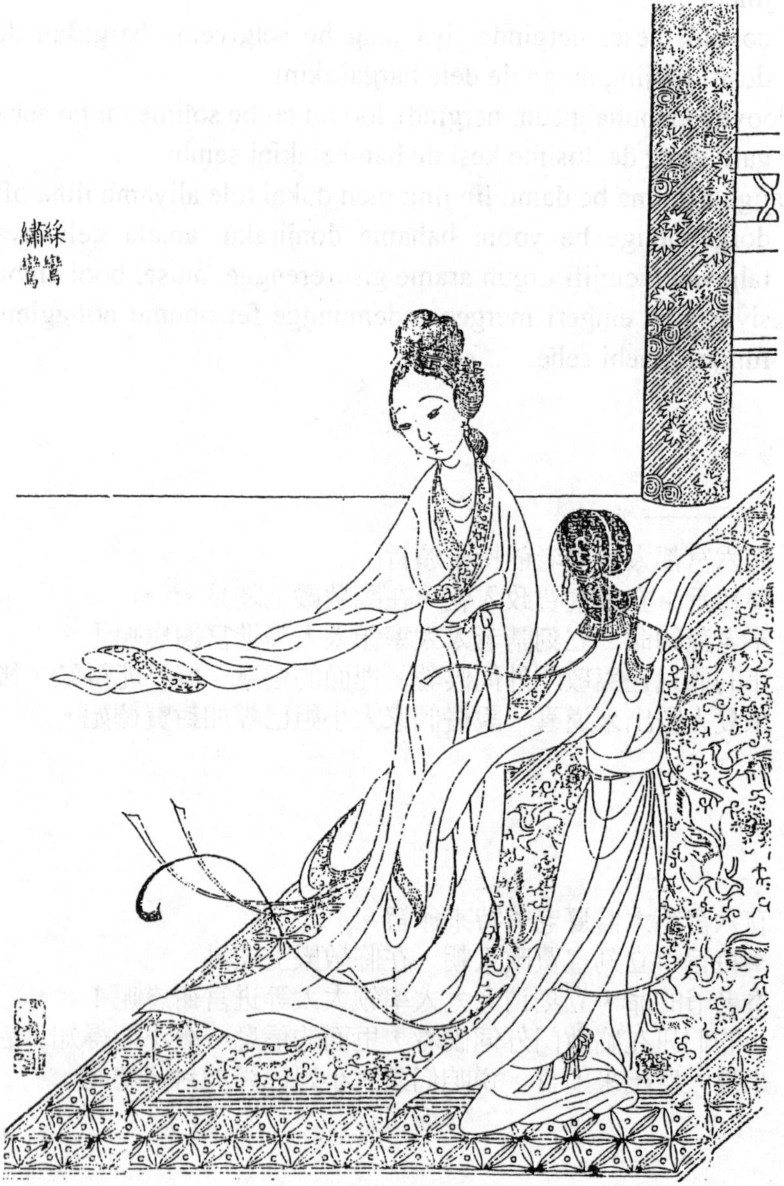
綵鸞
繡鸞

三十九、仙機隱語

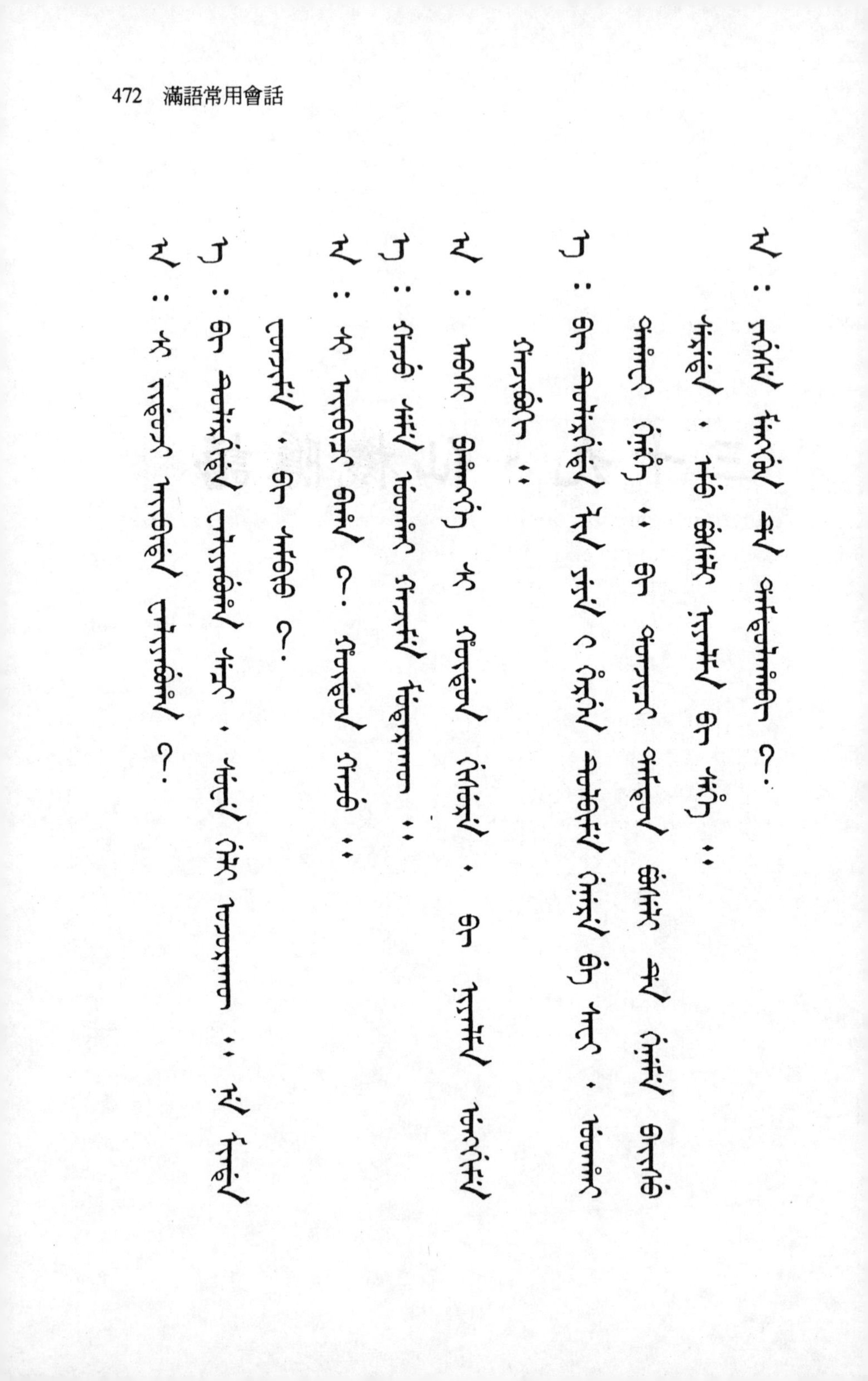

三十九、仙機隱語

a ：si jiduji aibide waliyabuha？

e ：bi tulergide waliyabuha seci，suwe geli ojorakū。ne minde fonjime，bi sambio？

a ：si aibici baha？hūdun gaju。

e ：gaju seme uthai gajime muterakū。

a ：absi bahangge si hūdun gisure，bi niyalma unggime gajibuki。

e ：bi tulergide lin yeye i hergen tulbime genere be safi，uthai dahafi genehe. bi donjici damtun puseli de geneme baisu serede，emu puseli niyalma" bi"sehe。

a ：yagese menggun de damtulahabi？

---

a ：你到底是在哪裡丟的？

e ：我說在外頭丟的，你們又不依，如今問我，我知道嗎？

a ：你從哪裡得到的？快拿來。

e ：不是說拿來就能拿來的。

a ：你快說怎麼得的，我好叫人取去。

e ：我在外頭，知道林爺爺去測字，就跟了去。我聽見說在當舖裡找，有一家便說"有"。

a ：當了多少錢？

---

a ：你到底是在哪里丢的？

e ：我说在外头丢的，你们又不依，如今问我，我知道吗？

a ：你从哪里得到的？快拿来。

e ：不是说拿来就能拿来的。

a ：你快说怎么得的，我好叫人取去。

e ：我在外头，知道林爷爷去测字，就跟了去。我听见说在当铺里找，有一家便说"有"。

a ：当了多少钱？

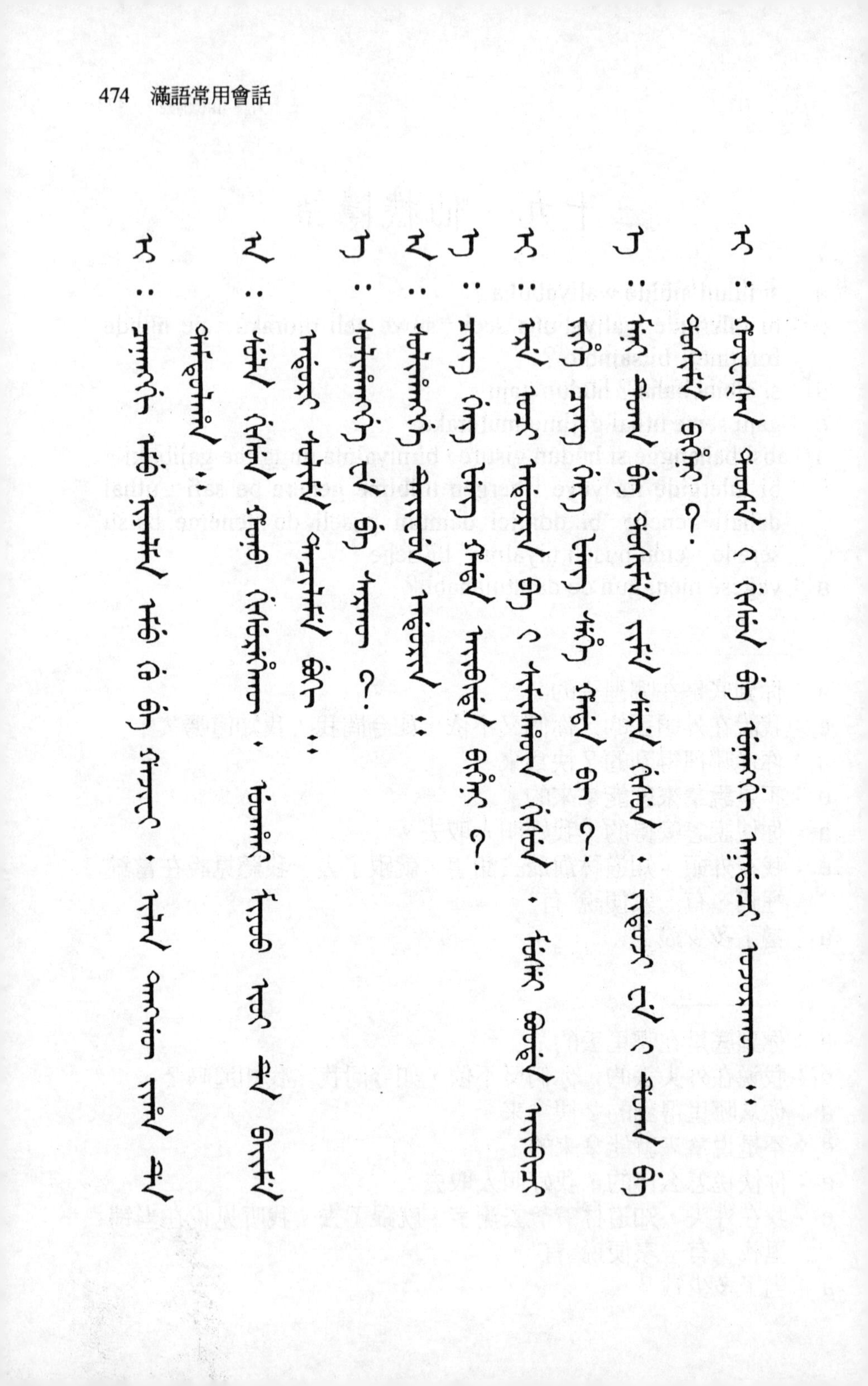

i ：cananggi emu niyalma emu gu be gajifi, ilan tanggū jiha de damtulaha。
a ：sula gisun hono gisurehekū, uthai miyoo ioi de baime enduri solime dacilame buki。
e ：solihangge we be sarkū？
a ：solihangge teifun endurin.
e ：cing geng feng hada aibide biheni？
i ：ere oci endurin ba i simishūn gisun, musei boode aibici jihe cing geng feng sehe hada bi？
e ：meni duka be dosime jime sere gisun, jiduji we i duka be dosime biheni？
i ：hūwašan doose i gisun be unenggi akdaci ojorakū.

---

i：前兒有一個人拿來一塊玉，當了三百文錢去。
a：不及閒話，便求妙玉扶乩。
e：不知請的是誰？
a：請的是拐仙。
e：青埂峯不知在哪裡？
i：這是仙機隱語，偺們家裡哪裡跑出青埂峯來？
e：入我門來這句，到底是入誰的門呢？
i：和尚道士的話真個信不得。

---

i ：前儿有一个人拿来一块玉，当了三百文钱去。
a ：不及闲话，便求妙玉扶乩。
e ：不知请的是谁？
a ：请的是拐仙。
e ：青埂峯不知在哪里？
i ：这是仙机隐语，咱们家里哪里跑出青埂峯来？
e ：入我门来这句，到底是入谁的门呢？
i ：和尚道士的话真个信不得。

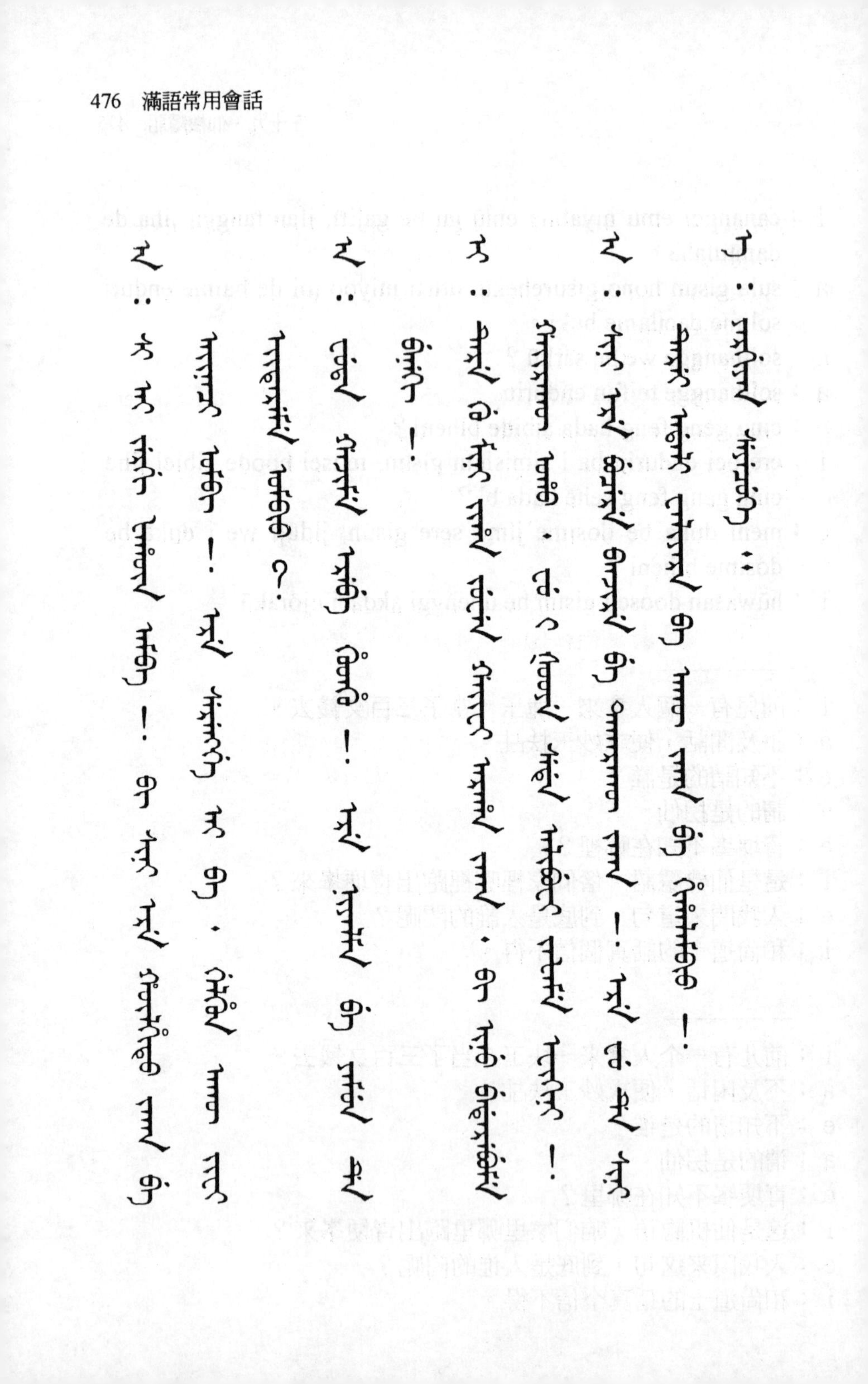

a：si ai jergi fahūn amba？bi sini ere hūlhitu jaka be ainaci ombi！ere serengge ai ba, gelhun akū jifi eitereme ombio？
a：futa gajime erebe huthu！ere niyalma be yamun de beneki！
i：tere gu mini jiha juwen gaifi araha jaka, bi inu bederebume gairakū oho, fu i šooye sede alibufi jafame efikini！
a：sini ere bucere banjire be takarakū jaka！ere fu de sini terei adali waliyara ba akū jaka be hihalambio！
e：yargiyan seyecuke.

---

a：你好大膽！我把你這個混帳東西可怎麼好，這裡是什麼地方，你敢來欺誑！
a：取繩子去綑起他來；把他送到衙門裡去！
i：那玉是我借錢做的，我也不敢要了，只得孝敬府裡的哥兒把玩了！
a：你這個不知死活的東西！這府裡誰希罕你那無處扔的東西！
e：實在可惡。

---

a：你好大胆！我把你这个混帐东西可怎么好，这里是什么地方，你敢来欺诳！
a：取绳子去捆起他来；把他送到衙门里去！
i：那玉是我借钱做的，我也不敢要了，只得孝敬府里的哥儿把玩了！
a：你这个不知死活的东西！这府里谁希罕你那无处扔的东西！
e：实在可恶。

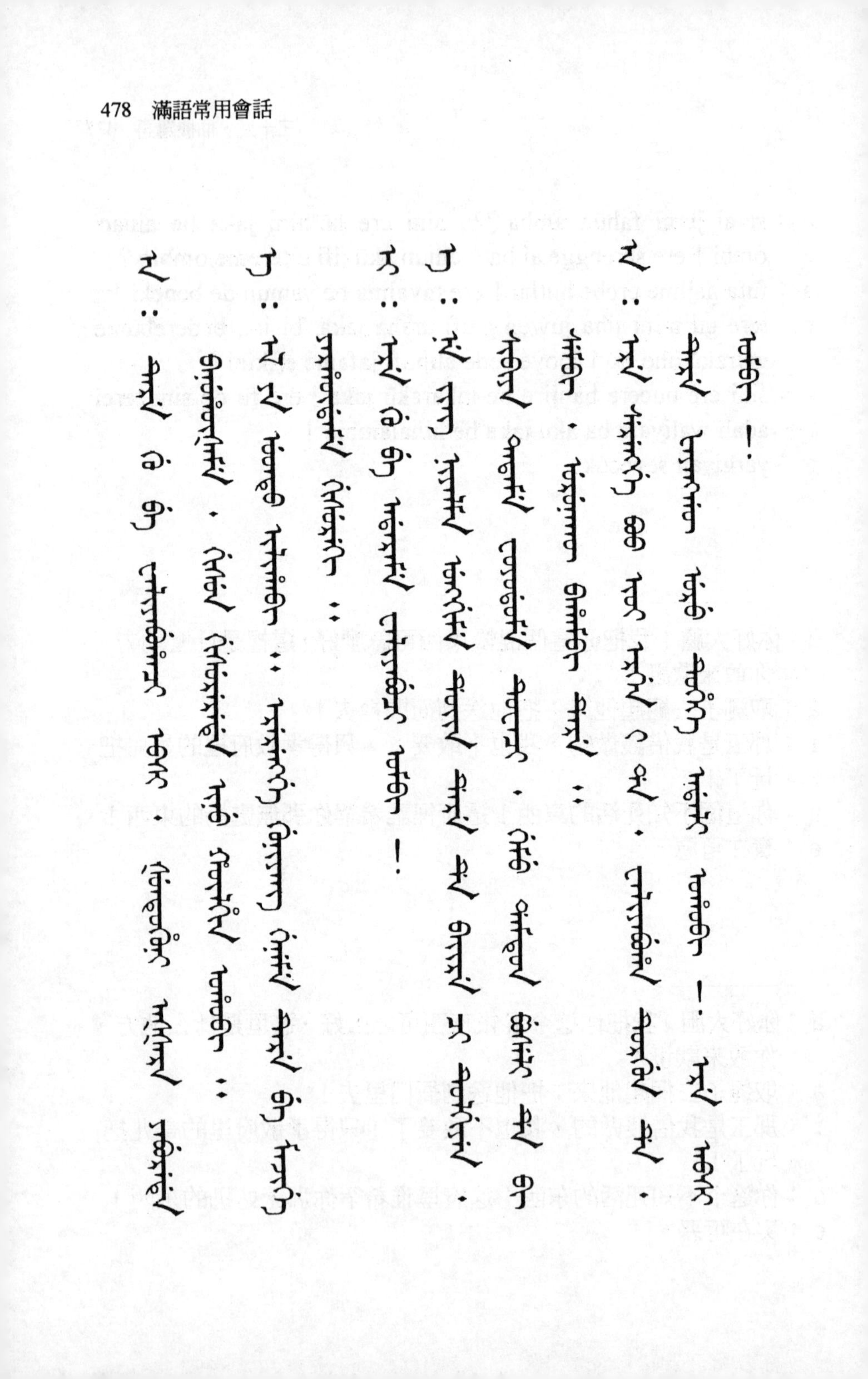

a：tere gu be waliyabuhaci ebsi, šuntuhuni aššara yaburede banuhūšame, gisun gisurerede inu hūlhin ohobi.
e：el ye uttu ilihabi. ererengge guniyang geneme tere be majige yarhūdame gisureki.
i：ere gu be adarame waliyabuci ombi！
e：ne jing niyalma unggime duin dere de baire ci tulgiyen, sibiya tatame foyodome tuwaci, gemu damtun puseli de bi sembi, urunakū bahambi dere.
a：ere serengge boo ioi ergen i da, waliyabuha turgun de, tere fayanggū uru tuheke adali ohobi！ere absi ombi！

---

a：他自失了玉後，終日懶得動彈，說話也糊塗了。
e：二爺這樣了，求姑娘過去開導開導他。
i：這件玉，如何是能丟得的？
e：現在著人在四下裡找尋，求籤問卦，都說在當舖裡，肯定能找著的。
a：這是寶玉的命根子，因爲丟了，所以他這麼失魂喪魄的，還了得！

---

a：他自失了玉后，终日懒得动弹，说话也胡涂了。
e：二爷这样了，求姑娘过去开导开导他。
i：这件玉，如何是能丢得的？
e：现在着人在四下里找寻，求签问卦，都说在当铺里，肯定能找着的。
a：这是宝玉的命根子，因为丢了，所以他这么失魂丧魄的，还了得！

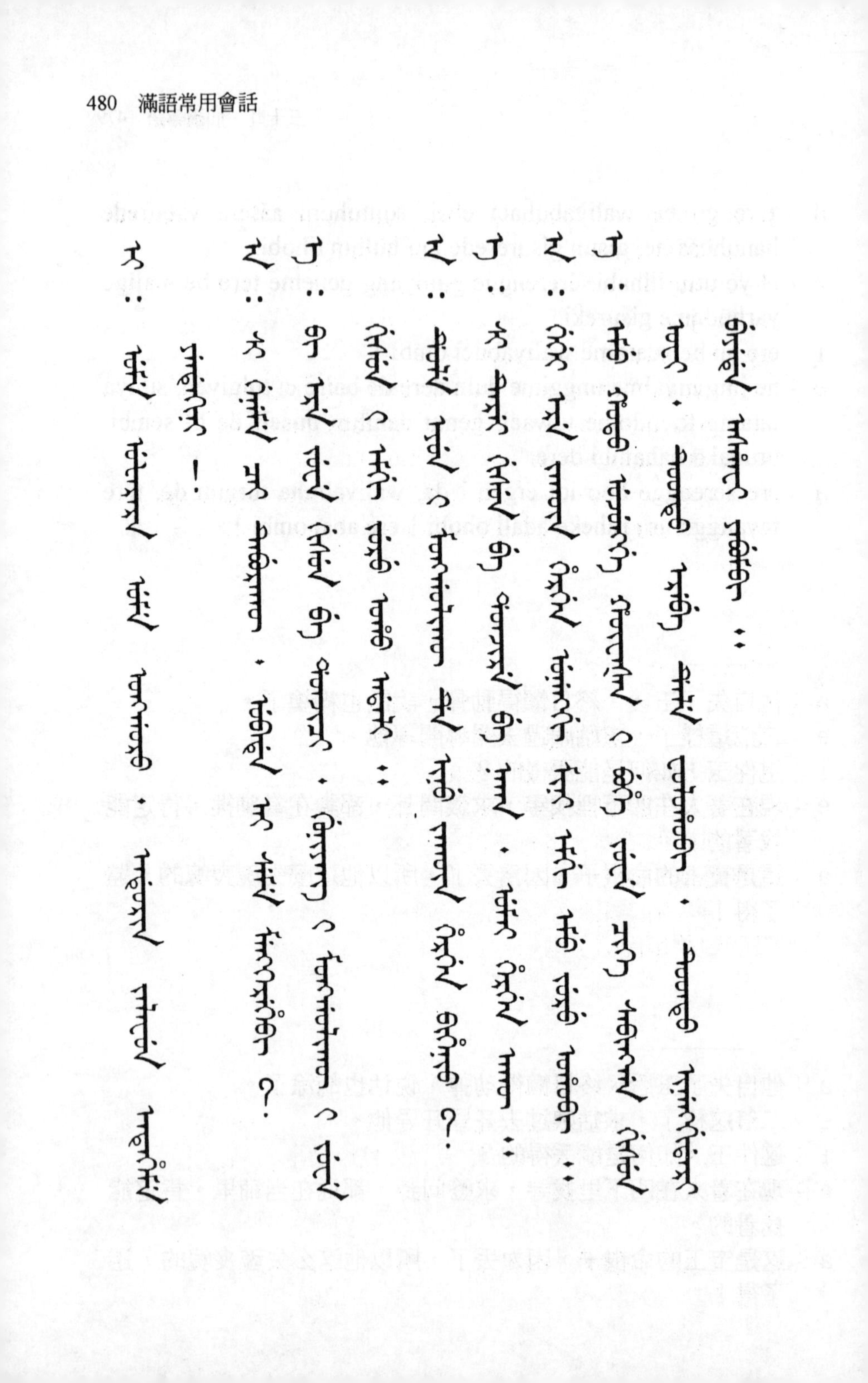

[illegible]

[illegible]

[illegible]

[illegible]

[illegible]

[illegible]

[illegible]

[illegible]

[illegible]

[illegible]

[illegible]

i ：ume ufarara ume onggoro, endurin jalafun enteheme yendekini!
a ：si geneme cai teburakū, ubade ai seme mengkerehebi ?
e ：bi ere juwe gisun be donjici, guniyang i monggolikū i juwe gisun i emgi juru oho adali.
a ：dule eyun i monggolikū de inu jakūn hergen bihenio?
e ：si terei gisun be donjire be naka, umai hergen akū.
a ：gegei ere jakūn hergen unenggi mini emgi emu juru ohobi.
e ：emu hoto ujungge hūwašan i buhe juwe cike sabingga gisun ofi, tuttu erebe dele folohobi,tuttu inenggidari beyede ashafi yabumbi.

---

i ：莫失莫忘，仙壽恒昌。
a ：你不去倒茶，在這裡發什麼獃？
e ：我聽這兩句話倒像和姑娘項圈上的兩句話是一對兒。
a ：原來姐姐那項圈上也有八個字？
e ：你別聽他的話，沒有什麼字。
a ：姐姐這八個字果然和我的是一對兒。
e ：是個癩頭和尚給了兩句吉利話兒鏨上了，所以天天帶著。

---

i ：莫失莫忘，仙寿恒昌。
a ：你不去倒茶，在这里发什么呆？
e ：我听这两句话倒像和姑娘项圈上的两句话是一对儿。
a ：原来姐姐那项圈上也有八个字？
e ：你别听他的话，没有什么字。
a ：姐姐这八个字果然和我的是一对儿。
e ：是个癞头和尚给了两句吉利话儿錾上了，所以天天带着。

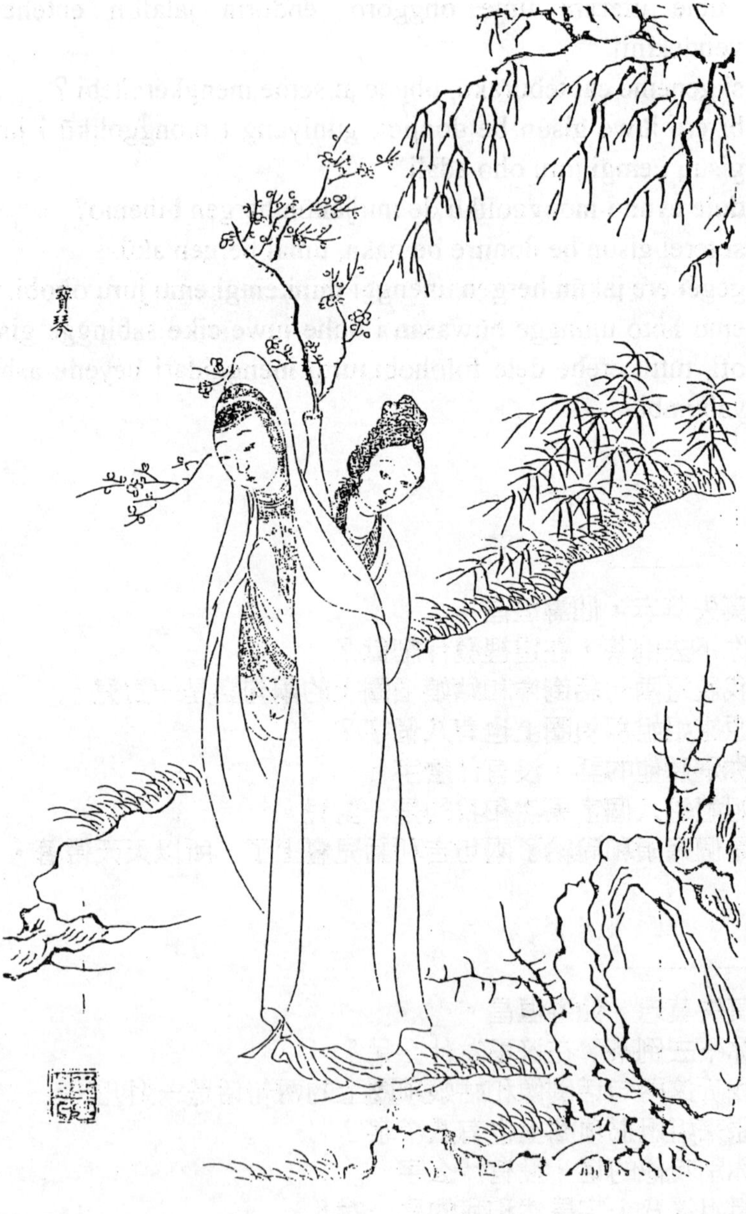
寶琴

四十、阿彌陀佛

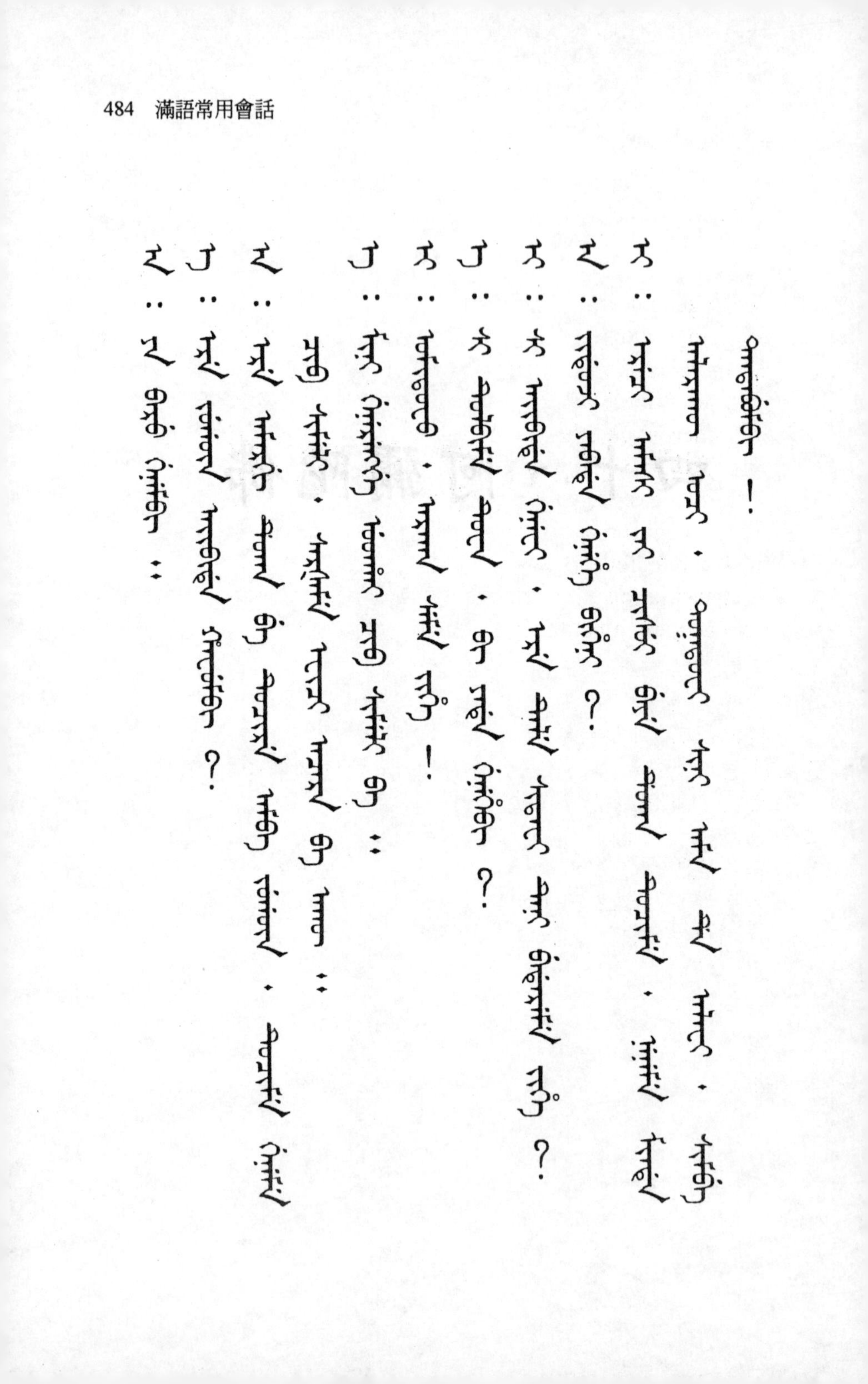

[illegible] !

[illegible] : [illegible] ?

[illegible] : [illegible] ?

[illegible] : [illegible] ?

[illegible] : [illegible] !

[illegible] : [illegible] ::

[illegible] ::

[illegible] : [illegible]

[illegible] : [illegible] ?

[illegible] : [illegible] ::

四十、阿彌陀佛

a ：ya baru genembi？
e ：ere jugūn aibide hafumbi？
a ：ere amargi duka be tucime amba jugūn, tucire geneme cib simeli, saršame efici acara ba akū.
e ：mini generengge uthai cib simeli ba.
i ：omitofo,arkan seme jihe！
e ：si tulbime tuwa, bi yade genehebi？
i ：si aibide genefi, ere tele sitafi teni bedereme jihe.
a ：jiduji yabade genehe biheni？
i ：ereci amasi jai cisui beye duka tucime, neneme minde alarakū oci,toktofi sini ama de alafi, simbe tantabumbi！

---

a ：要往哪裡去？
e ：這條路是通往哪裡的？
a：這是出北門的大道，出去冷清清的，沒有什麼可遊玩的地方。
e ：我要去的就是冷清清的地方。
i ：阿彌陀佛，可來了。
e ：你猜我去哪裡了？
i ：你去哪裡了，這麼晚才回來？
a ：到底去哪裡了？
i ：以後再私自出門，不先告訴我，一定叫你老子打你。

---

a ：要往哪里去？
e ：这条路是通往哪里的？
a ：这是出北门的大道，出去冷清清的，没有什么可游玩的地方。
e ：我要去的就是冷清清的地方。
i ：阿弥陀佛，可来了。
e ：你猜我去哪里了？
i ：你去哪里了，这么晚才回来？
a ：到底去哪里了？
i ：以后再私自出门，不先告诉我，一定叫你老子打你。

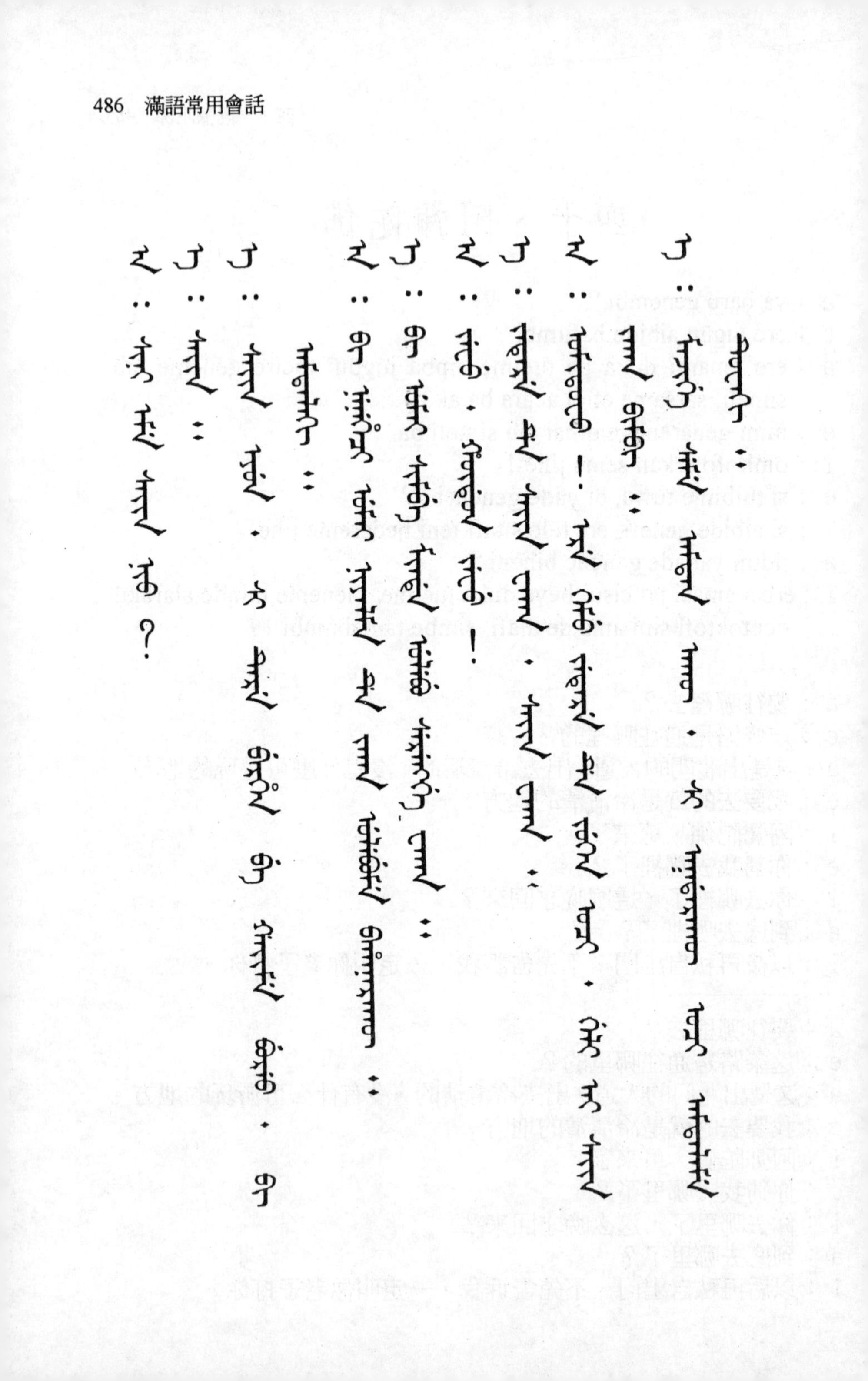

[illegible]

[illegible]

[illegible]

[illegible]

[illegible]

[illegible]

[illegible]

[illegible]

[illegible] ?

a ：sini eme sain nio?
e ：sain.
e ：sain eyun, si tere berhen be gaime bureo, bi amtalaki。
a ：bi neneheci umai niyalma de jaka ulebume bahanarakū。
e ：bi umai simbe minde ulebu serengge waka。
a ：jefu, hūdun jefu！
e ：jetere de sain waka, sain waka。
a ：omitofo! ere gemu jetere de juken oci, geli ai sain jaka bimbi。
e ：majige seme amtan akū, si akdarakū oci amtalame tuwaki。

---

a：母親可好？
e：好。
e：好姐姐，你把那湯端了來我嚐嚐吧！
a：我從來不會餵人家東西。
e：我不是要你餵我。
a：吃吧！快吃吧！
e：不好，不好吃。
a：阿彌陀佛！這個都不好吃，還有什麼好吃的呢？
e：一點味兒也沒有，你不信，嚐一嚐看吧！

---

a：母亲可好？
e：好。
e：好姐姐，你把那汤端了来我尝尝吧！
a：我从来不会喂人家东西。
e：我不是要你喂我。
a：吃吧！快吃吧！
e：不好，不好吃。
a：阿弥陀佛！这个都不好吃，还有什么好吃的呢？
e：一点味儿也没有，你不信，尝一尝看吧！

ᡝ: [illegible] [illegible] [illegible] ? [illegible] [illegible] ?

ᡝ: ᠪᡝᡳᠵᡳᠩ [illegible] [illegible] [illegible] ::

ᠣ: [illegible] [illegible], [illegible] [illegible] [illegible] [illegible] [illegible] [illegible] ::

ᡝ: ᠠ [illegible] [illegible] [illegible] [illegible] ::

ᠠ: ᠪᡝᡳᠵᡳᠩ [illegible] [illegible]!

ᡝ: [illegible]! [illegible] [illegible] [illegible] ::

ᠠ: [illegible] ::

ᡝ: ᠪᡝᡳᠵᡳᠩ [illegible] [illegible] [illegible] [illegible] [illegible] [illegible] [illegible] [illegible] [illegible], [illegible] [illegible]
[illegible] [illegible] [illegible] [illegible] [illegible] [illegible] [illegible] [illegible]
[illegible] ::

ᠠ: [illegible] [illegible] [illegible]!

a：ya ba halahabi? nimembio nimerakūn？
a：guniyang boode bederefi ergeki。
e：mujangga wakaye, mini ere uthai bederere erin ohobi。
a：si ume balai gisun gisurere。
i：guniyang ubaci jio！
a：omitofo！teni boode isinaha。
i：ainahabi。
a：guniyang jakan loo tai tai i baci bedereme jifi，beye asuru sain waka，gaitai senggi oksifi elkei uju leliyefi tuheke。
i：uttu geli ombio！

---

a：燙了哪裡？疼不疼？
a：姑娘，回家去歇歇吧！
e：可不是，我這就是回去的時候兒了！
a：你可別胡說。
i：姑娘，往這裡來。
a：阿彌陀佛！可到了家了。
i：怎麼了。
a：姑娘剛纔打老太太那邊回來，身上覺著不大好，一時吐出血來，幾乎暈倒。
i：這還了得！

---

a：烫了哪里？疼不疼？
a：姑娘，回家去歇歇吧！
e：可不是，我这就是回去的时候儿了！
a：你可别胡说。
i：姑娘，往这里来。
a：阿弥陀佛！可到了家了。
i：怎么了。
a：姑娘刚纔打老太太那边回来，身上觉着不大好，一时吐出血来，几乎晕倒。
i：这还了得！

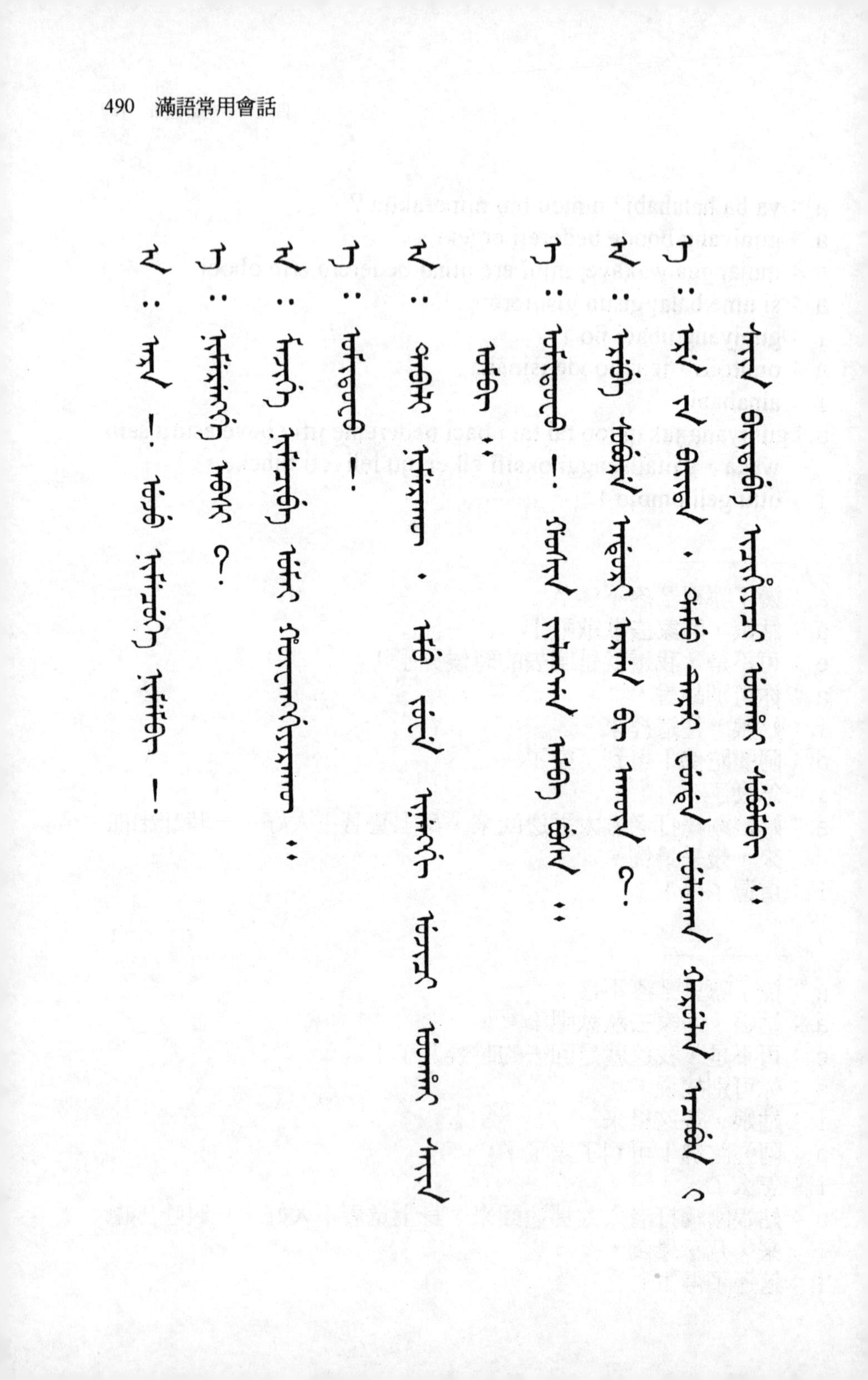

a ：ara! uju nimecuke nimembi!
e ：nimerengge absi?
a ：majige nimecibe umai hūwanggiyarakū.
e ：omitofo!
a ：dabali nimerakū, emu juwe inenggi ujici uthai sain ombi.
e ：omitofo! gosin jilangga amba pusa.
a ：erebe subure enduri arga bi akūn?
e ：ere ja baita, damu terei funde fulukan karulan acabun i sain baitabe icihiyaci uthai subumbi.

---

a ：噯喲！頭好疼！
e ：疼的怎樣？
a ：有些疼，還不碍事。
e ：阿彌陀佛！
a ：也不很疼，養一兩日就好了。
e ：阿彌陀佛慈悲大菩薩。
a ：這有沒有什麼神功解除這個呢！
e ：這個容易，只是替他多做些因果善事，也就罷了。

---

a ：嗳哟！头好疼！
e ：疼的怎样？
a ：有些疼，还不碍事。
e ：阿弥陀佛！
a ：也不很疼，养一两日就好了。
e ：阿弥陀佛慈悲大菩萨。
a ：这有没有什么神功解除这个呢！
e ：这个容易，只是替他多做些因果善事，也就罢了。

附錄 ㈠滿文字母表

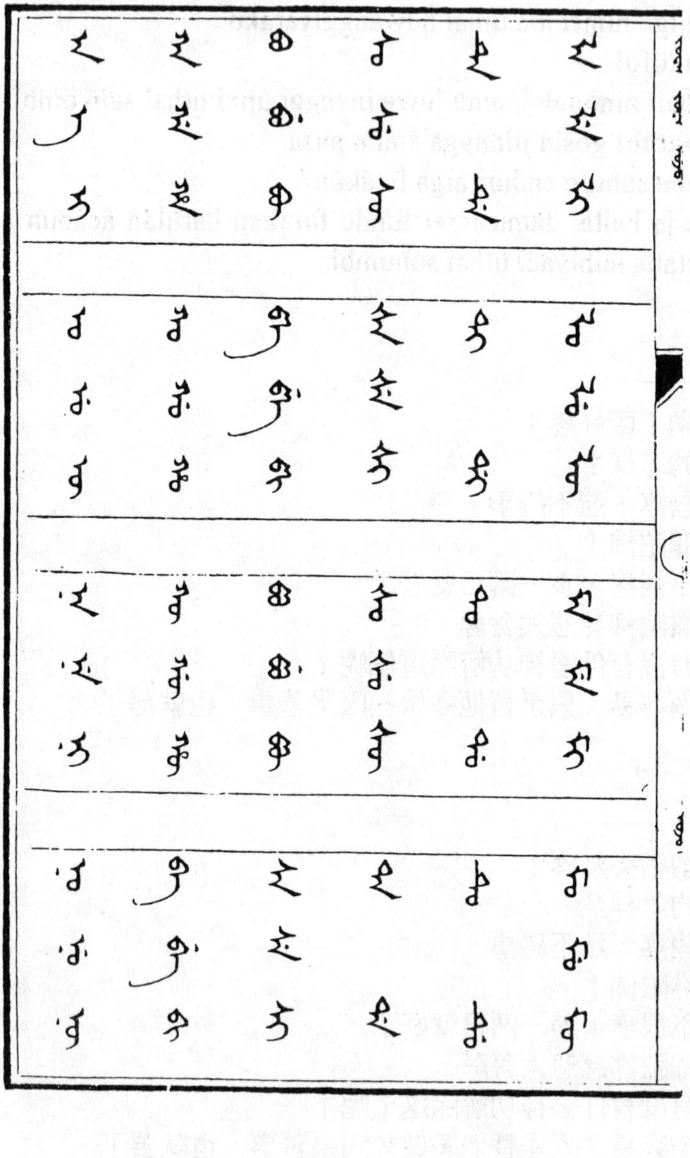

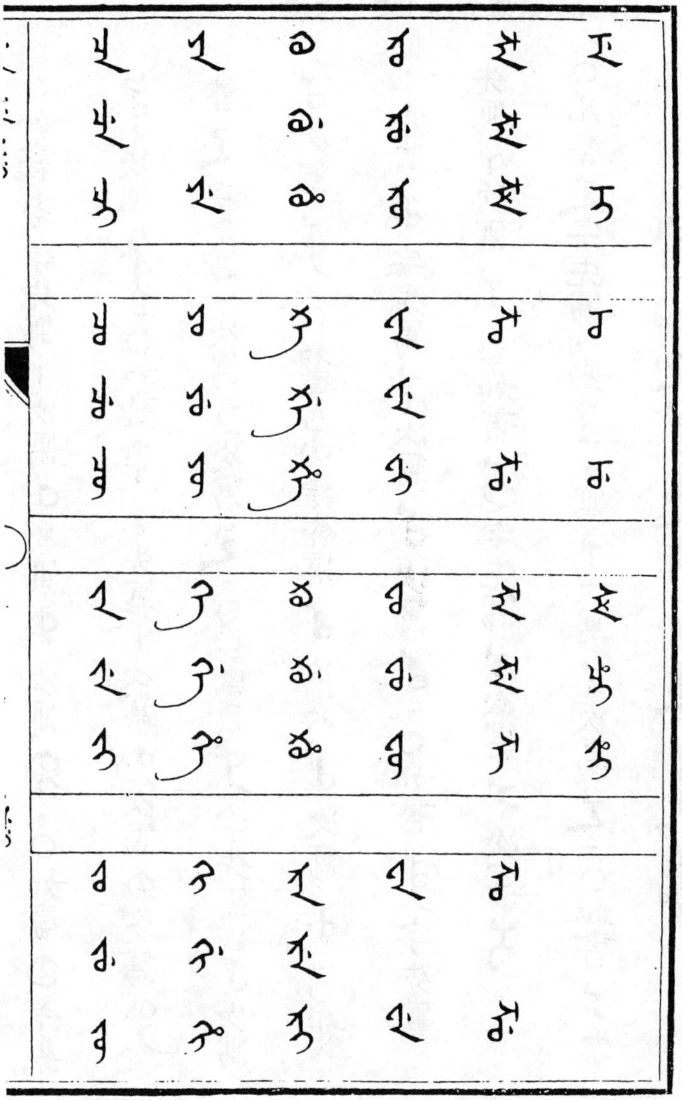

㈡滿文運筆順序（清文啓蒙）

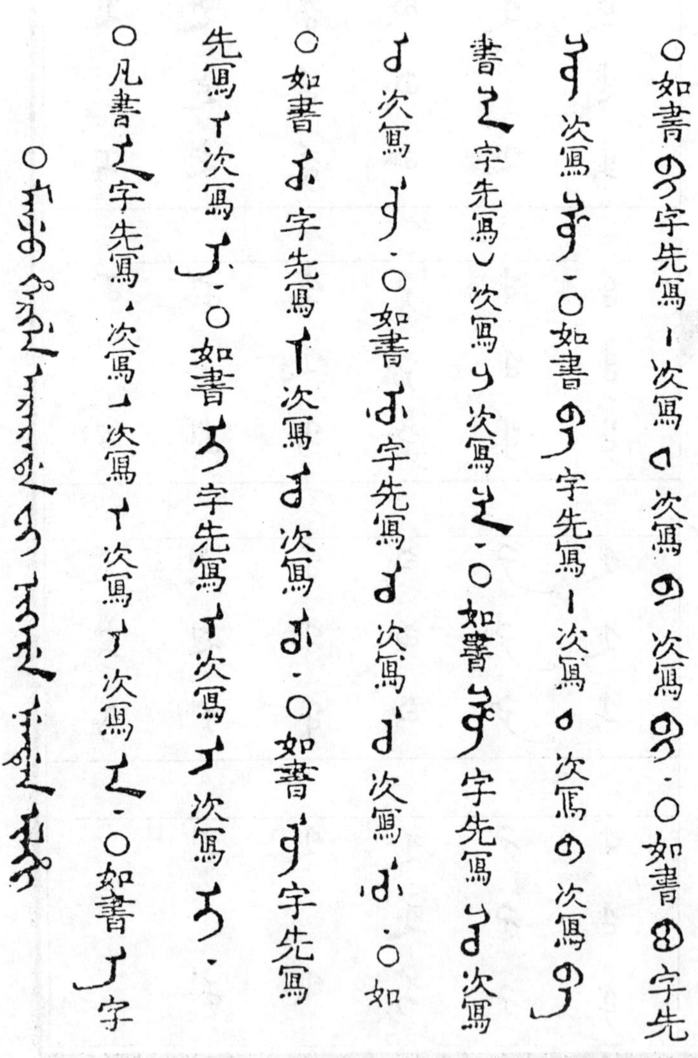

○如書字先寫次寫次寫次寫。○如書字先寫次寫。○如書字先寫次寫次寫次寫。○如書字先寫次寫次寫。○如書字先寫次寫次寫。○如書字先寫次寫次寫。○如書字先寫次寫次寫。○如書字先寫次寫。○凡書字先寫、次寫次寫次寫次寫。○如書字

○

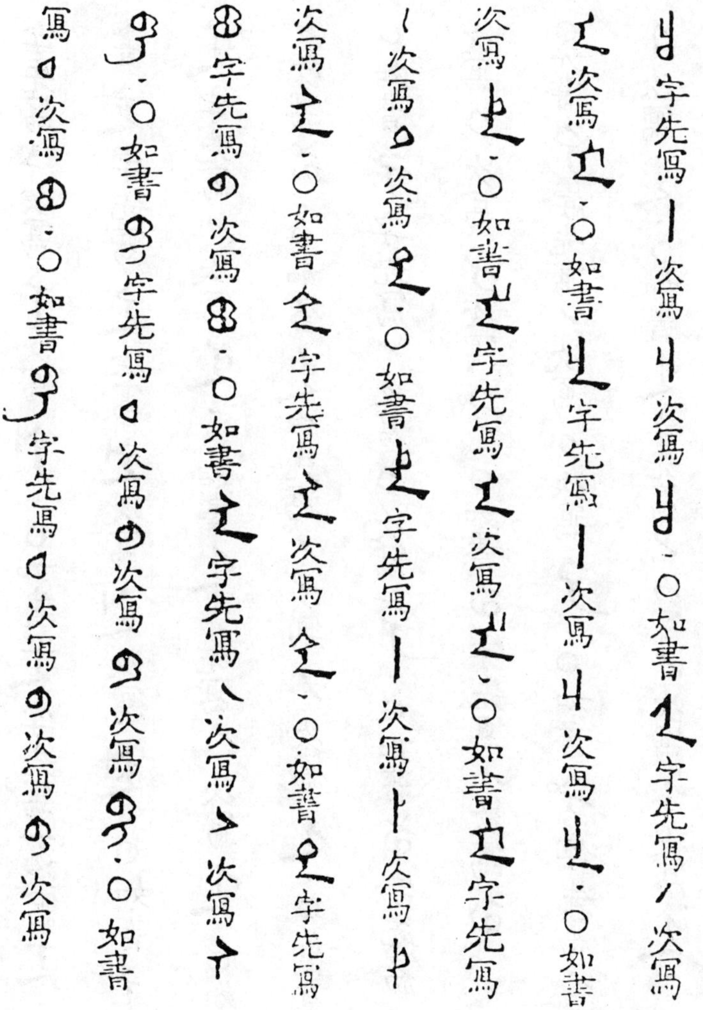
字先寫 次寫 次寫 ○如書 字先寫 次寫
次寫 ○如書 字先寫 次寫 次寫 ○如書
次寫 ○如書 字先寫 次寫 ○如書 字先寫
次寫 次寫 ○如書 字先寫 次寫 次寫
次寫 ○如書 字先寫 次寫 ○如書 字先寫
字先寫 次寫 ○如書 字先寫 次寫 次寫
○如書 字先寫 次寫 次寫 次寫 ○如書
寫 次寫 ○如書 字先寫 次寫 次寫 次寫

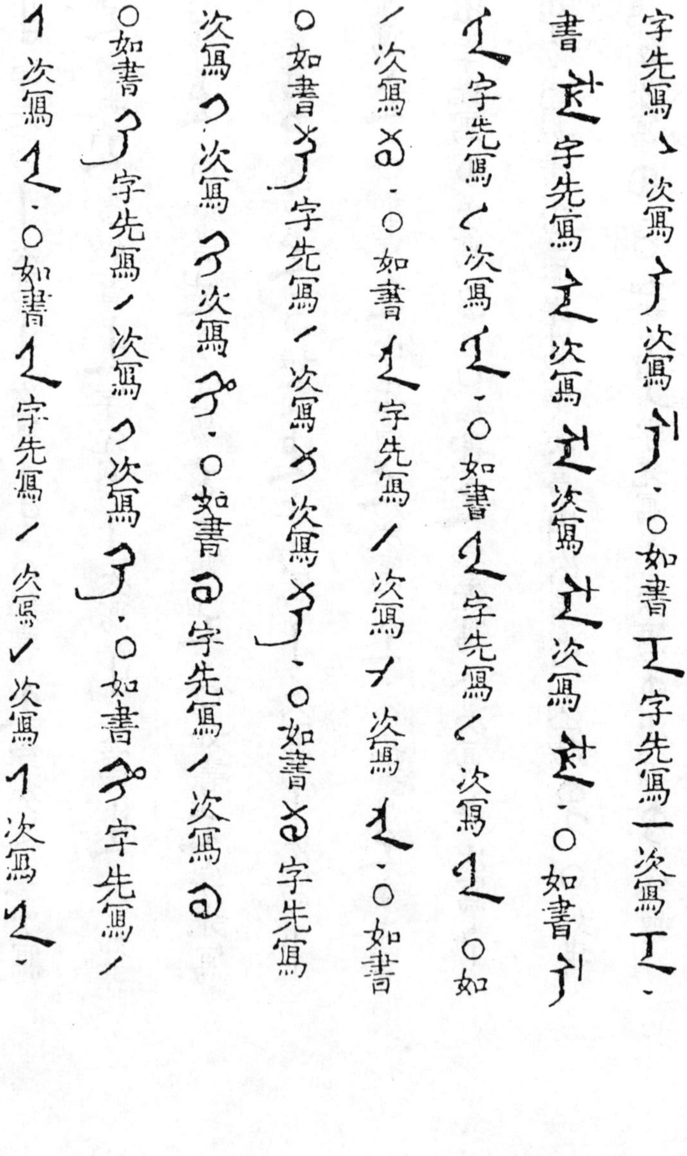

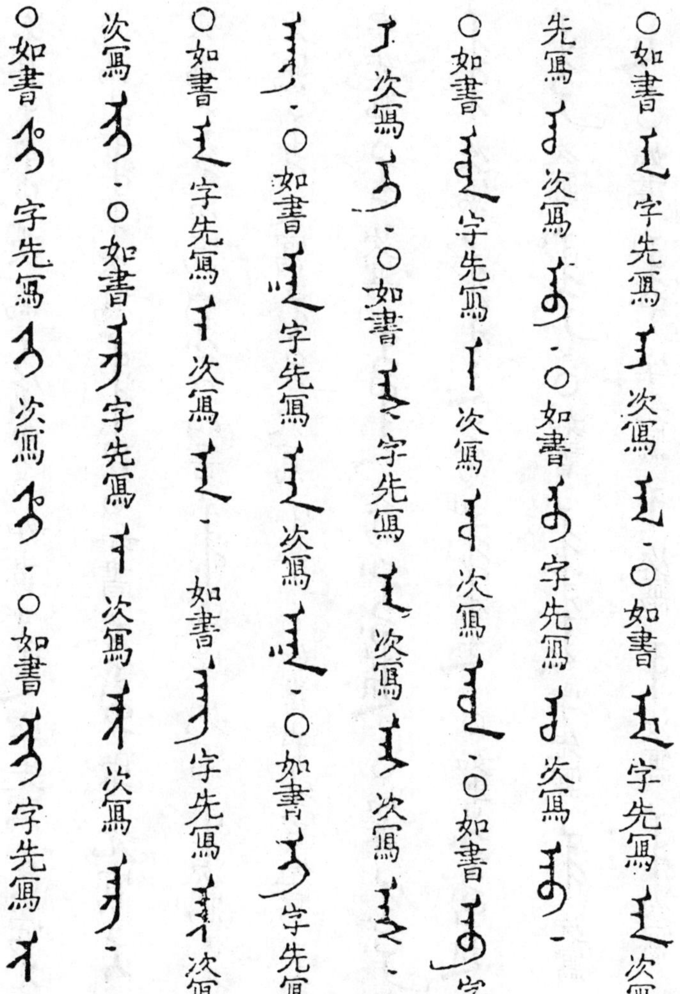
○如書字先寫次寫。○如書字先寫次寫
先寫次寫。○如書字先寫次寫。
○如書字先寫次寫次寫。○如書字
次寫。○如書字先寫次寫次寫。
。○如書字先寫次寫。○如書字先寫
○如書字先寫次寫。如書字先寫次寫
次寫。○如書字先寫次寫次寫。
○如書字先寫次寫。○如書字先寫

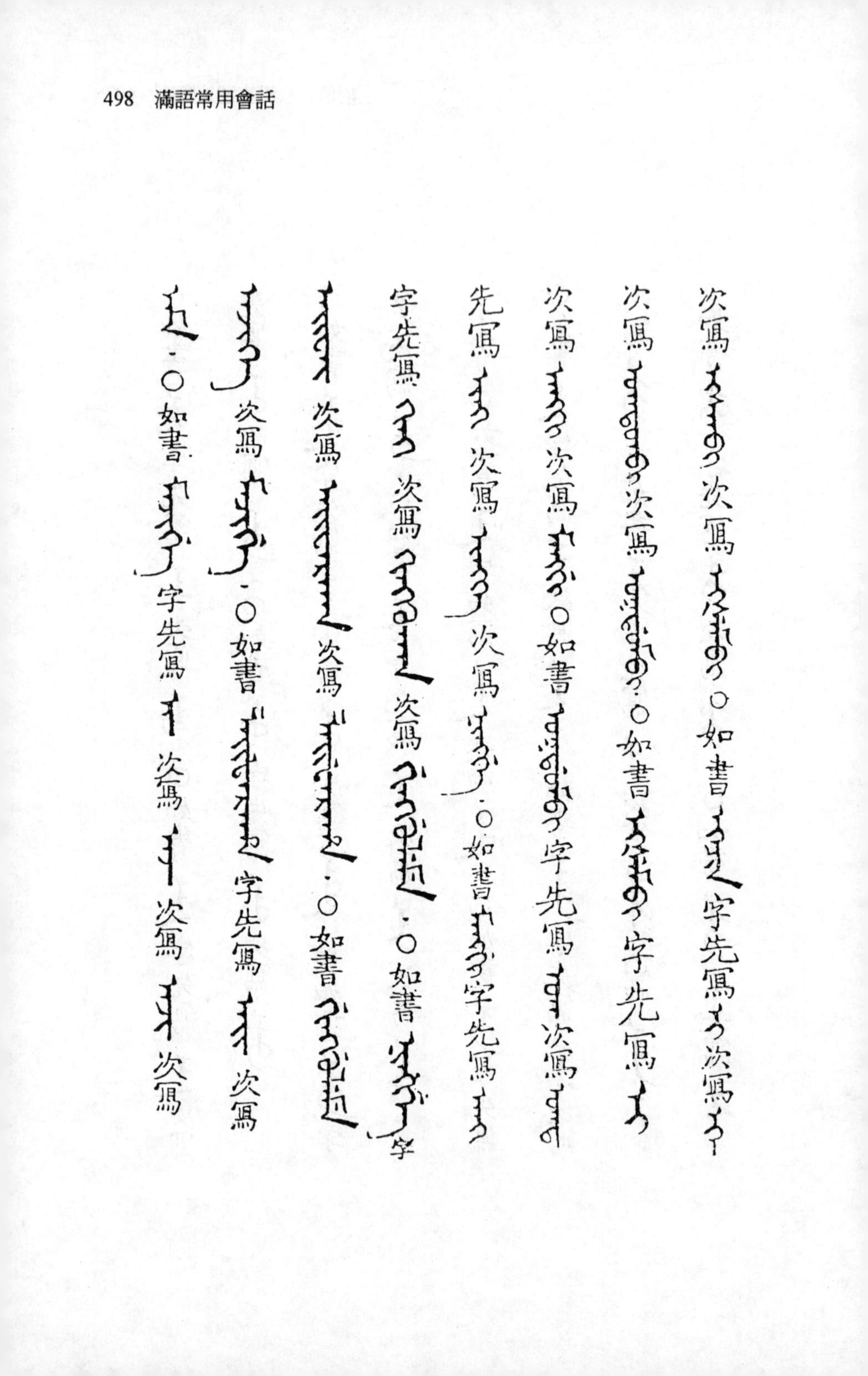

次寫 次寫 ○如書 字先寫 次寫

次寫 次寫 ○如書 字先寫

次寫 次寫 ○如書 字先寫 次寫

先寫 次寫 次寫 ○如書 字先寫

字先寫 次寫 次寫 ○如書 字

次寫 次寫 ○如書

次寫 ○如書 字先寫 次寫

○如書 字先寫 次寫 次寫 次寫

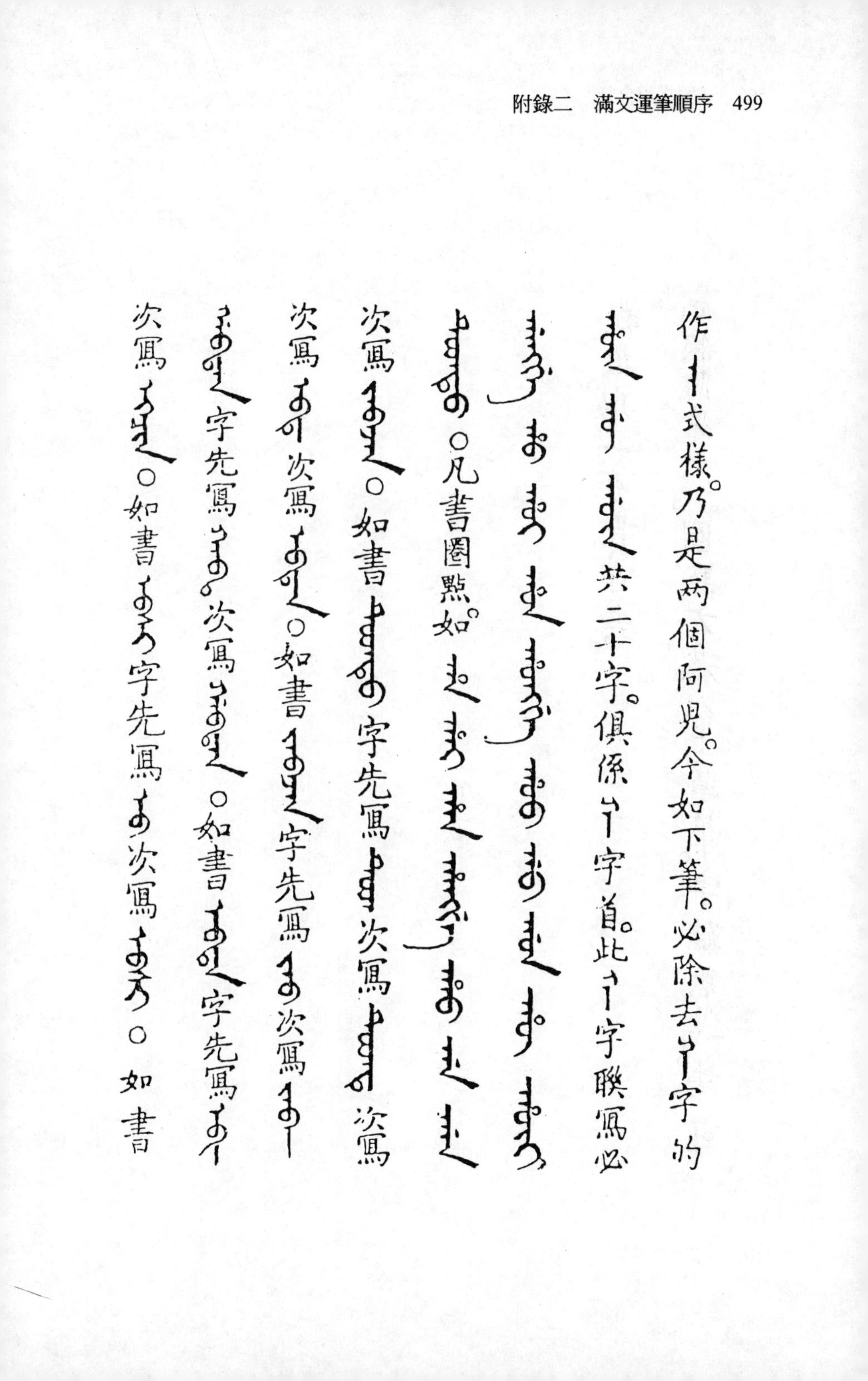

作[illegible]式樣。乃是兩個阿兒。今如下筆。必除去[illegible]字的

[illegible] [illegible] [illegible]共二十字。俱係[illegible]字首。此[illegible]字聯寫必

[illegible] [illegible] [illegible] [illegible] [illegible] [illegible] [illegible] [illegible] [illegible] [illegible]

[illegible]○凡書圈點。如[illegible] [illegible] [illegible] [illegible] [illegible] [illegible] [illegible]

次寫[illegible]○如書[illegible]字先寫[illegible]次寫[illegible]次寫

次寫[illegible]次寫[illegible]○如書[illegible]字先寫[illegible]次寫[illegible]

[illegible]字先寫[illegible]次寫[illegible]○如書[illegible]字先寫[illegible]

次寫[illegible]○如書[illegible]字先寫[illegible]次寫[illegible]○如書

類推。舉一可貫百矣。
兩個阿兒之下。圈點方是。以上運筆。字雖無幾。法可